守護所・戦国城下町の構造と社会

【阿波国勝瑞】

石井伸夫・仁木 宏 編
Ishii Nobuo　Niki Hiroshi

思文閣出版

はしがき

守護町勝瑞があった徳島県板野郡藍住町は徳島市の北隣に位置する。町の東端にあるＪＲ藍住駅から数分歩くとかつての守護町の中心部に着く。現在は一見、よくある郊外のベッドタウンであるが、一六世紀には日本有数の「都市」であった。

ここは、遅くとも一五世紀後半から天正一〇年（一五八二）まで、一〇〇年以上、阿波国の中心地であった。ここには、阿波守護細川氏はもちろん、次の室町将軍候補の足利氏や、幕府管領家の細川氏が居住した。一六世紀、ここを基盤に台頭した三好氏は、京都で中央政界の覇権を争うまでになった。そして、ついに三好長慶は室町将軍をしのぎ、織田信長に先んじて事実上の「天下人」となったのである。

一六世紀末期以降、守護町の痕跡は徐々に失われ、人々の記憶もうすれていった。しかし、平成六年（一九九四）、藍住町教育委員会が勝瑞城跡の発掘調査をおこない、さらに平成九年に勝瑞館跡が調査によって発見されるとその遺跡としての重要性から勝瑞は全国的な注目を集めるようになった。

武家の館や城を中心とする屋敷群、寺院、町屋、港津などが広域に広がる守護町勝瑞は、一六世紀の地方政治拠点のなかでもとりわけユニークな空間構造をもつ。藍住町や徳島県教育委員会の情報発信や働きかけに応じ、全国の歴史学（文献史学）、考古学、地理学、建築史学、城郭史、庭園史などの研究者がこの遺跡に注目するようになり、毎年のようにシンポジウムや研究会が開催された。また地元の市民の関心も高く、研究成果を伝える講演会場はたいてい満員の盛況である。

このように歴史的な価値が高く、研究者・市民の関心を集める勝瑞について、その都市構造や遺跡の範囲を確定するため、平成一九年、守護町検証会議が設置され、学際的な共同研究がはじまった。会議の成果は平成二六年三月に報告書にまとめられた。その成果を基礎に、より多様な視角から勝瑞の意義を明らかにし、多くの方々に勝瑞研究の到達点を理解いただくために本書を刊行することとした。

本書の各論攷をつうじて守護町勝瑞の歴史的意義が徳島県内・県外の多くの方々に伝われば幸いである。そして勝瑞遺跡が、地域の宝となり、全国の政治拠点研究の鑑となることを期待している。

仁木　宏

二〇一七年一月

もくじ――守護所・戦国城下町の構造と社会

第1部　守護町勝瑞の構造

第2部　守護町勝瑞と戦国社会

守護所・戦国城下町の構造と社会

――阿波国勝瑞――

序章　勝瑞研究と中世都市史

石井伸夫

はじめに

本書は、中世後期の阿波国に成立した地方政治拠点「守護町勝瑞遺跡」を対象に、考古学、文献史学、歴史地理学、城郭研究等関連する諸分野からの学際的検討を行い、その都市構造を可能な限り浮かびあがらせるとともに、都市が形成された中世から近世初頭における地域社会の推移について考察しようとするものである。

序章である本章では、勝瑞研究の成果と到達点を示すとともに、遺跡の調査・研究が直面する課題を明示することとし、その課題に対応するものとして、収載された各論文の位置づけを行いたい。

その際、検討の前提作業として、①守護町勝瑞遺跡の地勢と歴史を概観するとともに、②近世以降、現在にいたるまでの「勝瑞像」（勝瑞城館跡、およびそれに伴う都市の景観イメージ）の変化と研究のあり方を整理し、③これを全国的な都市研究史の流れに位置づけることにより、先述の課題把握に努めたい。

なお本章を含め本書においては、勝瑞の検討に際して「勝瑞城跡」「勝瑞館跡」「勝瑞城館跡」「守護町勝瑞遺跡」という、異なる概念からなる四つの用語を併行して使用することとなる。ここでは、その相互関係を明らかにすることを目的に、各概念の定義づけを行う。それぞれの定義は以下の通りである。

Ａ「勝瑞城跡」は、見性寺境内に現存する濠と土塁に囲まれた区画を指す。昭和三一年（一九五六）に県史跡に指定され、平成六年（一九九四）以降の発掘調査で、勝瑞廃絶直前に構築された出城的曲輪《くるわ》との性格づけがなされている。

Ｂ「勝瑞館跡」は、平成九年（一九九七）以降の発掘調査で、「勝瑞城跡」の南側一帯で順次確認された、大型の濠に囲繞される複数の区画（館群）を指す。土塁等の防御施設は確認されておらず、複数の庭園遺構や大型の礎石建物跡に象徴される居館的性格を持つ区画である。

Ｃ「勝瑞城館（跡）」は、最終段階で一体的な機能を果たしたと考えられる「勝瑞城跡」と「勝瑞館跡」の総称である。勝瑞の政治的中心機能を持つ区画であり、平成一三年（二〇〇一）の国史跡指定名称でもある。

Ｄ「守護町勝瑞（遺跡）」は、「勝瑞城館跡」を中心に、その周囲に広がると考えられる寺院跡、町屋跡、街道および港津遺構、物構跡等の都市要素を総合した広域都市遺跡を指す概念であり、文化財保護法にもとづく「埋蔵文化財包蔵地」の名称でもある。この四つの概念は、ＡとＢは並立しつつあわせてＣを構成し、ＣはＤに含まれる関係となる。

以下、本章および本書収載の各論文においては、上記の定義にもとづき、四つの概念を適宜使い分けながら論を進めていくこととしたい。

第一節　勝瑞の位置と環境、および歴史について

本節では守護町勝瑞遺跡（以下、必要に応じて「勝瑞」と略す）のおかれた位置と環境について検討するとともに、その歴史的展開について守護所設置以前の時期も含めて概観したい。

まず勝瑞の位置と地理的環境について整理する。勝瑞は、徳島県の北東部、現在の板野郡藍住《あいずみ》町の東端に位置する。当該地域は徳島県北部を東西に貫流する吉野川の下流域にあたり、吉野川が形成する広大なデルタ（三角州）のほぼ中央にあたる。地形はきわめて低平で、乱流する旧河道の痕跡を多く確認することができ、河道跡のあいだに微高地が点在する地形となっている。現状では地域の南側を吉野川の本流が貫流しており、北側にはこれと併行するように旧吉野川が同じく東西に流れている。中世段階ではこの旧吉野川が吉野川の本流であったと考えられており、川幅も地形等の分析から現状の三倍以上の大河川であったと考えられる。勝瑞はこの旧吉野川（中世の吉野川本流）の右岸に沿って展開しており、デルタ地帯の中心に位置するとともに、旧吉野川が形成する自然堤防帯の下流側の限界点に位置しているともいえる。(1) 旧吉野川は、勝瑞を過ぎた地点から南北二方向に分流しており、中世では、北側の水路（旧吉野川）は撫養《むや》に、南側の水路（今切川）は別宮《べっく》に通じていたとされる。(2) 撫養・別宮とも文安二年（一四四五）の『兵庫北関入船納帳』に記載された港町であり、水運を意識した立地であったと思われる。

次に、勝瑞の歴史について略述する。勝瑞は、中世後期に阿波国守護であった細川氏の守護所がおかれた場所であり、後年には、細川氏に取って代わった三好氏の戦国城下町が営まれた場所であるとされる。

細川氏による守護所建設以前の歴史については詳らかではないが、古くには小笠原氏の守護所がおかれたとの説があり、(3) 徳島県史もこれを採用しているが、確かな根拠にもとづくものではない。わずかに住吉大社領井隈《いのくまの》荘《しょう》に属していたことが推定されるのみであるが、近年、この荘園内に所在したと考えられる「勝瑞津」に関する検討が行われており、守護所移転以前からの拠点性についての研究が進められつつある。(4)

守護所としての勝瑞の成立時期については諸説がある。細川氏は建武三年（一三三六）に足利尊氏の命により四国の国大将として阿波に入部し、四国経営の拠点として足利氏の所領であった秋月に守護所をおいたとされる。(5)

その後、南北朝内乱の終息、康暦の政変を経て、阿波一国の守護としての地位が確定していくなかで、秋月から勝瑞に守護所を移転していったとされる。具体的な移転時期については、早いものでは①応安年間とする説(6)、②明徳年間までとする説(7)など、応仁の乱以前に成立時期を求めるものと、③応仁の乱以後の守護在国体制への変化に画期を求める説とがある。いずれにしても、文献による守護の勝瑞居住の初見は『後法興院記』明応二年（一四九三）の条であることから、遅くとも明応年間には守護所として成立していたと考えられる(8)。

その後阿波守護細川氏は、畿内の両細川の乱に関与し、勝瑞を起点に畿内の政争に参戦するようになる。その過程で台頭してきたのが、当時守護代クラスの有力被官として阿波細川氏の軍事部門を担当していた三好氏であった。三好氏は明応の政変以降、之長《ゆきなが》、元長（之長の孫）が再三にわたって畿内に出兵し、元長の子である長慶《ながよし》の時期に畿内で覇を唱えるようになる。一方、阿波においては長慶の弟である実休《じっきゅう》が天文二一年（一五五二）に守護細川持隆を自殺に追い込み実権を掌握する。これ以後勝瑞は、細川氏の守護所から戦国大名阿波三好氏（実休の家系）の城下町へと都市の性格を変化させていくことになる(9)。

実休が三好本宗家（長慶の家系）との連携にもとづき河内に拠点を移した後、阿波国は実休の子である三好長《なが》治《はる》と、家宰としてこれを支えた篠原長房を軸に運営されるようになるが、天正元年（一五七三）の上桜合戦で篠原長房が三好長治に滅ぼされて以降は国内が混乱し、三好氏は求心力を失い、長治自身も敵対勢力の反抗を受け自害することとなる。このような阿波国内の状況は隣国土佐の長宗我部氏の侵攻を招き、長治の後継者となった十河《そごう》（三好）存保《まさやす》は、天正一〇年（一五八二）に勝瑞近郊の中富川付近で長宗我部軍を迎え撃つも大敗を喫し（中富川の合戦）、讃岐に退いたことから、阿波における三好氏の本拠地勝瑞は廃絶することとなった。

勝瑞廃絶の三年後、天正一三年（一五八五）に、豊臣秀吉の四国平定にともない阿波に入国した蜂須賀氏は勝瑞を政治拠点として利用せず、当初、阿波国内最大の山城である一宮城に入った後、時をおかず現在の徳島に新たに織豊系城郭を築き、城下町の整備に取りかかる。この際に勝瑞からは多くの寺院や商職人が移転させられたことから、勝瑞の現地には往時の姿をとどめるものが伝えられず、ほどなく田畑にかえり、近年の発掘調査により その遺構が確認されるまで、阿波の守護所・戦国城下町は長い眠りにつくこととなった。

第二節　廃絶後「勝瑞像」の変遷について

本節では、文献史料を中心に近年の発掘調査の成果も援用しながら、中世末の勝瑞廃絶以後現代にいたるまでの、阿波国における「勝瑞像」の変化をたどることとする。その際、歴史学、また考古学等による詳細な検討については各論文に譲ることとし、ここでは近世以降に記述・編纂された二次史料を用いて、これらの史料が書かれた各時点において勝瑞がどのようにとらえられていたのか、各時期の「勝瑞像」に着目し、これを時系列にたどることにより、近世から近代・現代にいたる「勝瑞像」の変化の様相を明らかにしたい。

(1) 軍記物語から藩撰地誌へ

ここでは、近世初頭から中期にかけて成立した軍記・地誌等を取り上げ、そこに記載された「勝瑞像」を確認することにより、近世人の勝瑞に対する意識の変化をたどってみたい。

まず、数ある軍記物類のなかでも比較的早期に成立したものとして、元亀三年（一五七二）の奥書を持つ『故城記』（『阿波国徵古雑抄』所収）を取り上げる。これは、中世阿波国の城館について逐条的に列挙したいわゆる「書き上げ物」であるが、関連の記事としては、勝瑞の項の筆頭に「細川屋形」を記載するとともに、これとは別に「勝瑞屋形」が並記されている。それぞれの当主についても、「御屋形様」とされる「細川屋形」の細川真之と「勝瑞屋形」の三好長治・存保が対置されており、複数の中心核を持つ政治拠点像を示唆する記述となっている。

次に、寛永年間（一六二四～四四）に成立したと考えられる『昔阿波物語』（『阿波国徴古雑抄』所収）の記述からは、①勝瑞に「市」と称される町場空間が所在したこと、②そこには一定の人口を有する「町人」と呼ばれる住民が居住していたこと、③彼らは「盗人」に対し自衛的な「合戦」を行う能力を有したことなど、商業的に発展した都市像を読み取ることができる。また、同史料の後段には、多数で多宗派からなる寺院についての記載がある。これは同じく近世初期に成立したと思われる「阿州三好記大状前書」および「阿州三好記並寺立屋敷割次第」（ともに『阿波国徴古雑抄』所収）に見られる寺院の書き上げとも内容的に符合しており、勝瑞の都市的発展を物語る根拠の一つとなっている。

以上、『故城記』および『昔阿波物語』の記述からは、複数の都市核を持ち、一定の人口を有する町場や多数の寺院が展開する発展した都市様相を読み取ることができる。このことから、勝瑞廃絶から時間経過の浅い近世初期の段階では、大規模に発展を遂げた都市像が存在していた可能性を指摘することができる。

一方、上記の諸史料からやや年代が下がった寛文三年（一六六三）に成立したとされる『三好記』[10]の記載を見てみよう。

勝瑞の城と申すは、墓々敷堀も掘らず、僅かに堀一重ばかり塗て、方一二町には不過、其内に櫓十四五程掻双べたり

ここからは、一七世紀も後半に入り同時代の記憶が薄れていくなかで、大規模に発展した都市イメージが、単純・小規模でマイナーな政治拠点像へ変化していく様を読み取ることができる。

続いて、半世紀ほど時代が下った享保年間（一七一六～三六）成立の『南海通記』[11]（香西元資著）にも、屋形構えの単郭方形館という、『三好記』に見られる勝瑞イメージを承けての記述が見られ、近世中期以降、シンプ

ルで小規模な勝瑞像が定着していく様子を確認することができる。

さらに、文化年間（一八〇四～一八）に編纂された藩撰地誌『阿波志』(12)の記事を取り上げ、近世後期の勝瑞像を確認するとともに、勝瑞像の変化の理由について整理したい。

勝瑞城　南貞方に至る、北馬木に至る、南門西貞方小島の間にあり、台を距る千二百歩許り、延元二年源頼春此に居る。（略）池を穿つ三重、貞方、吉住吉、音瀬、矢上、笠木、高房等皆羅城中に在り

ここには、広大な範囲におよぶ羅城の記載が見られる。文中の「池」について、仮にこれを「堀・濠」または「堀川」と解釈した場合、「三重」は南千間堀・北千間堀・館堀に比定することが可能である。しかしながら、この解釈によった場合、城館自体は単郭構造となり、『三好記』『南海通記』に見られるイメージを踏襲する小規模でマイナーな「勝瑞像」が採用されたこととなる。

このような認識が踏襲された理由としては、第一に、当該時期の勝瑞の現状からの影響をあげることができる。城館廃絶後の勝瑞は、慶長期から寛永期にかけての讃岐街道の西遷により流通ルートからはなれ、町場機能を漸次消失しながら農村化していったと考えられている。現地では三好氏菩提寺である見性寺が旧郭跡に移転して存続したため、農地の中に方形単郭の城跡のみが伝世されたことがマイナー評価の一因と考えられる。また第二として、『阿波志』の文献としての性格があげられる。徳島藩の藩撰地誌として編纂されたことから、蜂須賀入部以前の三好治世に関する過小評価があったのかもしれない。これに対して、「羅城」、いわゆる惣構については、域内の字名が継続したこと、また、南千間堀、北千間堀が水路として継続使用され地形が大きく改変されなかったことから、この時点まで伝承が残ったものと思われる。

（2）郡村誌・郡誌から県史・町史へ

ここまで、近世に編纂された軍記物・地誌等の二次史料を素材に、各時期の人々が描いた勝瑞像をたどってきた。そのなかで、当初、大規模で発展的にとらえられていた都市像が、時代の経過とともに単純で小規模なイメージに変化する傾向にあることを確認した。このような都市イメージは、近代以降どのように受け継がれ、または変化していったのであろうか。ここでは明治以降、敗戦までのあいだに書かれた資料を記述年代順に検討し、近代における勝瑞像を明らかにしていきたい。

まず、最初の検討対象として、明治初年に編纂された『阿波国板野郡村誌』[13]を取り上げたい。ここには、

勝瑞城跡址　幅員詳ナラズ　本丸ノ址ト称スル地　本村ノ北方字馬木ニアリ　高凡壱丈　面積千三百坪許　堀アリ　回字形ヲ為ス　享保年間見性寺ヲ此地ニ移ス　南西ノ方ニ中廓ノ壕址アリ　坤ノ方凡六町ヲ距リ大門ノ址称するアリ　細川三好の両氏続テ　此ニ居ル　天正十年長曾我部元親ノ為メ陥ル　阿波志曰　南至貞方　北至馬木　西南門在　西貞方小島之間距臺千二百歩許（下略）

とある。この記述からは、まず、『阿波志』と同様に勝瑞城の主郭（本丸）を現在の見性寺境内に比定し、これを単郭の方形館ととらえていること、また、惣構の範囲についても『阿波志』の記述を援用していることがわかる。注目すべき点としては、勝瑞を建設したと思われる細川氏や、これに取って代わった三好氏も、ともに現見性寺境内に所在した単郭方形館を居城としていたと解釈していることがあげられる。『故城記』など近世初期の記載とは異なる解釈が成立していたことを読み取ることができる。

第二例目としては、大正一五年（一九二六）編纂の『板野郡誌』[14]の第二二章「阿波諸城址（板野郡分）」の項を取り上げる。まず、勝瑞城跡に関する記述の冒頭で勝瑞の規模と構造について先述の『阿波国板野郡村誌』の記述を援用し、続いて『阿波志』および『三好記』の記事を引用している。しかる後に、

これらを綜合して推察するときは昔の本丸の址に今の見性寺を建てられしものの如く見性寺及び天主村山の邊に至る一帯は勝瑞屋形の所在地にして廣さ凡そ二町四方に及びしならん、而して本城は吉野朝末期に属するものなれば鉄砲伝来後の築城法と其の趣を異にし構造寺院に近く本丸を除く外別に内堀などなかりしかば城郭の変遷もまた甚しからずや

と結んでいる。ここでは、近世後期以降の単純小規模なマイナーイメージが、そのままのかたちで採用されていることを確認できる。

三例目は昭和四年（一九二九）に発行された『徳島県史蹟名勝天然記念物調査報告』第一輯(15)の勝瑞城跡の記述である。ここでは冒頭で、

板野郡住吉村字勝瑞に在り。現今屋形と称する小高き地面と、其の外堀とを存し、地域四反許あり。城内には龍音山見性寺、三好大権現堂、並に三好家累代の墓石あり。其付近に天守址、雞場、お山、西町等の古名を存す

とした後に、『阿波志』の記述を引用し、

詮春屋形を構へしより以来十代、次ぎて三好三代、前後二百有余年、兵威四隣振ひ殷盛を極めたりしも兵変の為、高楼臺閣悉く鳥有に帰して、当年の繁華一炊の夢と化す。城跡の付近は田畑となり、僅に地名に当時の面影を偲はしむるに過ぎず。

と結ぶ。城跡付近に存する天守跡、雞場、お山、西町等の古地名の採録は注目に値するが、城館本体の構造については単郭の方形館とし、見性寺境内地をもって細川氏・三好氏共通の政治拠点とするなど、ここでも近世後期以来のイメージを踏襲していることが明らかとなる。

このようにして形成された戦前までの勝瑞イメージは、戦後、どのように継承され、また変化したのであろう

か。ここではまず、戦後の徳島県における歴史の集大成である『徳島県史』(昭和三八年発行)[16]に見られる勝瑞城関連の記述を取り上げ、検討したい。『徳島県史』第二巻第四章第一節に「勝瑞城」として、

貞治六年(一三六七)九月細川頼之は、将軍義詮の召により上洛するにあたり、阿波を弟の詮春の分国とした。詮春は勝瑞の居館を応安年間(一三六八〜七一)に修補して居城とし阿波の守護所とした。

勝瑞はかつて初期小笠原氏の守護所の所在地井隈荘にあり、細川和氏は先にここに退隠し、居室に適粋の額を掲げて風流吟味を楽しんだと伝えられ、詮春の居館もすでに此処に在ったのを修補したのである。

との記述があり、県史が勝瑞の前史を小笠原初期守護所に求めること、また、細川氏の守護所としての勝瑞成立を南北朝期とすることがわかる。次に県史は『阿波志』の記事を引用し、広域にわたる「羅城」を持つ政治拠点像を採用する。また、「羅城」中の中心区画については、

現在の龍音山見性寺のある所は小高くなり地域約四十アール、外堀をめぐらせてここが城の本丸である。

とする。以上から、県史は、守護所勝瑞の成立を南北朝期とするところに独自の見解を有するが、その範囲・構造等については基本的に『阿波志』の解釈を援用していることとなる。

次に県史の二年後に勝瑞の地元である藍住町から刊行された『藍住町史』(昭和四〇年発行)[17]の記述内容を確認しよう。この町史の勝瑞に関する記述の最大の特徴は、これまでの主な史料による勝瑞像を並記することにある。具体的には『阿波志』『昔阿波物語』『阿州古戦記』『三好記』等の記事を列挙する。それぞれの史料からの勝瑞像は、都市の殷賑を伝えるものや、単純・小規模な本拠像を語るものなど諸説が混在しているが、そのまとめとして、

何が真かわからないが、城の外方防御線は、勝瑞、矢上、音瀬、笠木、馬木、高房、吉成、東貞方、西貞方の広域に亘っていたらしいのである。

と、『阿波志』の解釈を援用し結んでいる。

以上、戦後に公的な歴史叙述として刊行された県史および地元町史の記載内容は、基本的に『阿波志』の記述を援用しており、広大な羅城の存在と小規模で単純な構造の本城という、近世を通じて形作られたイメージを踏襲しているといえよう。

(3) 科学的研究の萌芽

昭和四〇年代以降、県史、町史等の編纂事業とは別に、研究者個人による科学的研究の萌芽が見られた。ただ、勝瑞については、その規模や構造を直接的に示す同時代史料が存在しないこと、また構造確認のための発掘調査がこの時点ではまったく行われていないことなど、歴史学的な面からも、また考古学的な面からも資料的制約が大きいことから、とくに地理学的な手法によるアプローチが行われたことに特徴がある。これは研究対象となる遺跡について、詳細な地形観察から立地条件を分析し、地籍図を解析することにより復原的に検討しようとするものであり、徳島県内における初期の代表的な研究として本田昇氏(18)、および羽山久男氏(19)の研究をあげることができる。ここに見られる「勝瑞像」は、精緻な地理学的考証から広域にわたる大規模遺跡として提示されており、主に伝承にもとづくこれまでの記述とは一線を画する意義を有するものである。また、これらの研究は、後述する全国の都市研究における歴史地理学の動向とも連動するものであり、後年の学際的研究の基礎をなすものとして評価することができる。ただし、勝瑞の中心区画については、資料等の不足から、あくまでも現見性寺に所在する単郭方形館との立場をとっており、その意味においては、『阿波志』によって確立された勝瑞像の延長線上にあるものといわざるを得ない。

（4）発掘調査の進展による都市像の大転換

ここまで、近世中後期に形作られ藩撰地誌に採用された都市イメージが、近代以降も基本的に踏襲されてきたこと、戦後においても科学的・学術的研究により、都市の全体構造についてはいくばくかの修正を加えられながらも、城館の中心部分の構造については昭和の末年を迎えてもあまり変化が見られなかったことを確認した。

この歴史的な都市像を劇的に塗り替え、勝瑞の都市構造について抜本的な見直しを迫るきっかけとなったのが、平成六年度から開始された藍住町教育委員会による発掘調査の成果である。以下、勝瑞の都市構造の見直しに直接関係する調査成果について、実施年代順に逐条的に整理し、それが持つ意味について考えてみたい。

平成六年度　勝瑞城跡＝最末期の築城と判明（土塁囲み、瓦葺き）
　　居館ではなく出城・要塞的性格

平成九年度　居館候補地として長尾鉄工所内で確認調査
　　京都系土師皿等の出土、館跡の可能性

平成一一年度　会所跡、枯山水庭園遺構などを検出
　　三好氏の居館跡の可能性

平成一二年度　庭園遺構北側を調査、西側区画で館跡を単郭の方形館として検出
　　⟶国史跡指定へ

平成一三年度　指定地東側隣接地で大型礎石建物跡を検出
　　建物跡遺構直上層からかわらけ焼成窯を検出

平成一六年度　西側区画で東西濠を検出
　　⟶単郭方形館構造の見直しへ

平成一七年度　指定地東側隣接地で大型庭園遺構を検出
　　　　　　　一三年度検出の大型礎石建物＝平面プランおよび庭との位置関係から主殿と推定
　　　　　　　→史跡追加指定
平成一八年度　主殿西側の南北掘（主郭に伴うと推定）から紀年名の入った卒塔婆を検出、永禄七年（一五六四）＝遺物年代と一致
　　　　　　　→主郭造営年代を三好政権期に特定
平成二一年度　史跡指定地外、東側地区（観音寺南側）で大型の堀跡遺構を検出
　　　　　　　周辺から京都系土師皿を検出
　　　　　　　→館跡東限の可能性
平成二四年度　正貴寺跡発掘調査、中心伽藍遺構の確認と寺域の確定

以上、二〇年間以上におよぶ発掘調査の継続実施は、近世から近代、戦後にまでおよぶ「勝瑞像」を大きく転換させるものとなった。ここでは、その変化の様相について具体的に確認していきたい。なお、発掘調査成果から見た「勝瑞像」の変化については、大きく三つの画期が考えられることから、以下、画期ごとに調査成果を整理することにより段階的に変化の様相を確認し、最後に、現在考えられている都市像の概要を記すこととしたい。

まず、第一の画期は、平成六年度に実施された藍住町教育委員会による発掘調査である。守護町勝瑞遺跡エリア内でのはじめての発掘調査であったが、勝瑞城跡（旧県指定史跡）土塁基底部から備前焼の五期新段階（一五〇〇年代第4四半期）の遺物が出土した。また、同郭内のトレンチからは明確な建物遺構が検出されなかったことから、勝瑞城跡は、廃絶（一五八二年）の直前に造営された出城的な性格を持つ郭であり、細川氏、もしくは三好氏の守護所や居館たり得ないことが判明した。

第二の画期は、徳島県教育委員会、藍住町教育委員会が合同で実施した平成一一・一二年度の発掘調査に求めることができる。この調査では、勝瑞城跡の南西部に位置する旧長尾鉄工所敷地内から、会所と推定される礎石建物および、建物とセット関係を持つ枯山水庭園が検出された。また当該区域の四周から、区域を囲繞する濠跡が検出されたことから、この区画を大型方形居館跡と判断するにいたった。この居館跡は、濠跡から検出された遺物の年代観から、天文二一年（一五五二）の勝瑞事件で細川氏から実権を奪った三好氏の居館跡であると推定され、平成一三年一月に国史跡に指定された。

第三の画期は、平成一六・一七年度に、藍住町教育委員会が主体となり、徳島県教育委員会が支援するかたちで実施された発掘調査である。居館跡推定地（国史跡指定地）の中央部で、居館跡を東西に横断するかたちの濠跡が検出され、単郭の方形居館像の見直しが図られることとなった。また、国史跡指定地東側からは大型の池庭遺構が検出された。この池庭遺構は、平成一三年に確認されていた大型礎石建物跡とセット関係を有するものと思われ、現在では当該区画が城館の中心部分をなす区画であったと考えられている。

以上の成果から得られた具体的な「勝瑞像」を整理するならば、以下の事実を指摘することができる。

①従来からの勝瑞城跡（旧県史跡指定地）は、最末期に造営された出城的性格の郭であり、守護所・居館たり得ない。

②平成一二年度確認の会所・枯山水庭園区画は、単郭の大型方形居館ではなく、主郭に隣接する複郭の一つ、若しくは別の館城である。

③平成一六年度検出の池庭区画が、ある時期までの城館の中心であり、城館の全体プランは、この周囲に複数の郭（もしくは館）が連続して立地し、必要に応じて増殖していく復郭構造の館城群として把握される。

これは、後述する山城化を中心に説明される中近世移行期のシェーマからは乖離するものであり、きわめて地域性の強い構造であると考えられる。

以上、発掘調査の成果の整理を試みたが、広大な面積を有する守護町勝瑞遺跡の全体像はいまだ未確認の部分も多く、そういう意味では、「勝瑞像」は現在でも更新中であるともいえる。次節では、ここまで確認してきた勝瑞研究の軌跡を全国的な都市史研究の流れのなかに位置づけ、現時点での「勝瑞像」が都市史研究のなかでどのような意義を持つのかについて考えてみたい。

第三節　都市史研究のなかの勝瑞

本節では、前節までで、その歴史的な展開を概観した守護町勝瑞遺跡が、全国的な都市史研究の場においてどのように位置づけられてきたのか、とくに「勝瑞像」を抜本的に変化させた近年の発掘調査の成果が、都市史研究上どのような意義を有するのかについて考察し、今後の研究の方向性を探りたい。ただし、全国的な都市研究の業績については、戦後の研究にしぼっても約七〇年間におよぶ分厚い蓄積があり、その全体像をもれなく通観することはきわめて困難な状況にある。一方、研究史の各段階においては、これまでにも多くの先学によって優れた研究史の整理が行われている。一九八〇年代までの動きを整理した脇田晴子氏(20)、佐々木銀弥氏(21)の業績や、一九〇〇年代末までの市村高男氏(22)、仁木宏氏(23)、前川要氏(24)、鍛代敏雄氏(25)、宇佐見隆之氏(26)、斎藤慎一氏(27)の整理などがこれにあたる。また二〇〇〇年以降まで含めての動向については、山村亜希氏に詳細な整理(28)がある他、京都研究に特化したものではあるが、仁木宏氏の近年の整理(29)をあげることができる。

ここでは、これら先行研究の成果に学びながら、とくに守護所・城下町の成立と展開に関わる研究の軌跡をまとめてみたいと思う。具体的には、戦後の都市史研究の歴史を便宜上大きく五つの時期に区分し、研究の流れを概観するとともに、その流れのなかに勝瑞研究を位置づけることとしたい。

（1）Ⅰ期・地方都市研究の萌芽

戦後間もない時期から一九六〇年代にいたるまでの間、都市史研究において一大潮流となった動きとして、自由都市論の展開をあげることができる。中世都市の輝かしい達成を示す事例として自由都市を検出しようとする研究が勃興し、自由都市の存否を巡って様々な立場から活発な議論が展開された。代表的な論者としては、自由都市を積極的に肯定する高尾一彦氏(30)、都市の自由を限定的に捉える豊田武氏(31)、脇田晴子氏(32)、佐々木銀弥氏(33)、自由都市の存在そのものを否定する原田伴彦氏(34)、林屋辰三郎氏(35)などをあげることができる。しかし、その検討対象は京都・堺・博多などを対象とするものであり、一般的な地方都市への言及はほとんど見られなかった。

そのようななかにおいてとくに注意を要するのが、原田伴彦氏の一連の研究である。原田氏は、戦前に文献によって確認できる中世都市を網羅的に析出し、多数の中世都市の存在を確認するとともに、戦後、一九五〇年代までの都市研究を牽引した。その著書『中世における都市の研究』（一九四二年）(36)では、全国の中世都市を①社寺関係都市、②港津関係都市、③宿駅関係都市、④政治関係都市、⑤市場関係都市の五類型に分類し、合計二三一箇所の地方都市を析出している。阿波では「雪ノ湊」が『太平記』の記述をもとに人口五〇〇〇人以上の都市として紹介されているが、この時点では政治都市である勝瑞はリストアップされていない。しかし、同じ原田氏による『日本封建制下の都市と社会』（一九六〇年）(37)では、勝瑞と宍喰《ししくい》が阿波の中世都市の例として抽出されており、都市史研究の場における勝瑞への注目の嚆矢として評価することができる。

その後、自由都市論は西洋中世の都市像をもって日本の中世都市を論じようとする矛盾や、特定の大都市を対象とする限界性から、最終的には当該時期を代表する議論とはなり得ず、一九七〇年頃から衰退していくこととなる。一方、自由都市論が退潮していくなか、地方都市に注目した新たないくつかの成果が登場する。このなかでは、まず中世の国府・府中に関する研究があげられる。全国に展開した古代政治拠点である国府の中世的展開を中世都市の萌芽としてとらえる動きであり、この時期の代表的論者として義江彰夫氏(38)、小川信氏(39)などがあげられる。

また、これと併行して世に出された今谷明氏(40)、松山宏氏(41)などによる守護城下町に関する網羅的研究も注目される。発掘調査が進展していない時期の成果であり、修正すべき点もあるが、守護所を都市としてとらえ、これを後世の城下町の祖型とする先駆的な業績として評価できる。とくに松山宏の『守護城下町の研究』（一九八二年）(42)では、勝瑞の項で、第二節で紹介した羽山久男論文(43)を取り上げ、その都市としての性格について詳細なコメントを付すなど注目すべき内容となっている。

（2）Ⅱ期・都市的な場の発見と確認

一九七〇年代後半に都市研究は大きな画期を迎える。その原動力となったのが網野善彦氏による都市論の展開である(44)。網野氏は、旧来からの農業中心史観を強く批判した。百姓はそのまま農民とはとらえがたく、日本は必ずしも農業国とはいえないとし、商業・交易を重視する立場から非農業民に注目した。その主著である『無縁・公界・楽』(45)のタイトルネームが示すように、世俗の支配原理から切り離された「無縁」の原理と、自由な交易の場としての「公界」「楽」を設定し、それらの結節点として都市を把握しようとした。また、形態・規模等からそのまま都市とは認定しにくいが、交通・流通・産業などの側面から何らかの都市要素をそなえる場を「都市的な場」として措定し、自由な非農業民の活動の場として位置づけた。このことにより、全国各地で様々な都市もしくは都市的な場が相次いで検出されることになる。

このような動きと軌を一にして、考古学や歴史地理学の分野でも、大きな研究の進展が見られた。まず考古学分野では、大規模都市遺跡の発掘調査が継続的に実施された。その初期の代表例が一乗谷朝倉氏遺跡、および草戸千軒町遺跡である。

一乗谷朝倉氏遺跡は、戦国大名の政治拠点を福井県が事業主体となって計画的に発掘調査を継続し、城館、庭園、武家屋敷、寺院、町屋など多様な都市要素を包含するきわめて中心性の高い政治都市が検出されたもので、戦国城下町の実在を可視的に証明する成果となった。早い時期の主な研究としては、小野正敏氏(46)、石井進氏(47)、水藤真氏(48)などの業績があげられる。これを嚆矢として、豊後府内(49)、周防山口(50)、伊予湯築(51)など、全国各地で中世の政治都市が確認されることとなった。平成六年度から始まった勝瑞の発掘調査もこのような動きの延長線上に位置づけることができ、その成果を各地の類例と比較検討することにより、多くの議論を喚起することとなる。

一方、草戸千軒町遺跡は、芦田川の改修に伴う開発対応の緊急調査として継続実施された。河川改修という人命・財産に直結する工事に伴う調査であることから、現地での遺跡保存はかなわなかったが、精度の高い記録保存のための発掘調査が実施された結果、瀬戸内の主要流通経路からはずれた小港津から、きわめて豊富で国際的な物流の痕跡が確認され、あらためて中世水運の活性化を実証する事例となった。岩本正二氏(52)、志田原重人氏(53)、鈴木康之氏(54)等の研究が代表である。両遺跡の発掘調査以後、政治都市としての城下町研究および、経済都市としての港町研究が中世都市研究の二大潮流をなすこととなる。

また、以上の動きと併行して、松本豊寿氏(55)、藤岡謙二郎氏(56)、小林健太郎氏(57)等に代表される歴史地理学的な方法にもとづく研究が継続実施される。地籍図の分析を主たる方法とする学問分野であり、ミクロなレベルでは、発掘調査に拠って確認することのできない部分の復元案の作成や、対照的に広域に亘るマクロな空間分析まで精緻な研究を積み重ね、都市の学際的研究に欠くことのできない分野となった。

（3）Ⅲ期・中近世移行シェーマの提示

一九八〇年代に入ると、上述の①網野都市論の提示、②発掘調査の継続実施、③歴史地理学的検討などを基礎的条件とし、建築史学[58]、民俗学[59]をも巻き込んだ学際的研究が本格的に展開されるようになる。この学際的研究の大きな特徴として、考古学・文献史学・歴史地理学・建築史学などが共同で実施したシンポジウムをあげることができる。初期の代表的なシンポジウムとして、学際シンポの嚆矢となった東海埋蔵文化財研究会主催の清須シンポジウム（通称八八清須シンポ、一九八八年実施）や、「守護所から戦国城下へ」と題し、政治都市の中近世移行のあり方をテーマとした日本考古学協会・新潟大会（新潟シンポジウム、一九九二年実施）をあげることができる。

このような動きを受け、組織的な学際的研究の場として「考古学と中世史研究シンポジウム」（主催・帝京大学山梨文化財研究所、一九九三年開始）、中世都市研究会（代表、網野善彦・石井進・大三輪龍彦、一九九〇年開始）などが継続的活動を展開し、学際的研究は盛行期をむかえた。

この時期の研究動向のなかで、とくに重要視すべきものとして、小島道裕氏、千田嘉博氏、前川要氏による城下町に関する中近世移行シェーマの提示をあげることができる。

小島氏によると、戦国期城下町は多くの場合、一六世紀の第2四半期以降山城化していく傾向が認められるという。その山下には惣構に囲繞された城下町が建設されるが、町屋区画（商業区域）は領主のイエ支配がおよぶ範囲であり、領主隷属の町場的性格が強く領国経済の中心的機能を果たし得ないとされる。一方、城下町の近傍では従来からの「楽」的空間である市場が所在し、城下町と経済の中心機能を分け合う二元的構造をとるという。この傾向は信長の城下町では小牧・岐阜で確認できるが、安土段階で一元化の方向に向かい、最終的には近江八幡で完成するとされる[60]。

千田氏は、一六世紀の第2四半期から急増する戦国大名居城としての山城には、二つのパターンが存在するとする。一つは主郭を中心に第二郭以下の各郭が階層的に配置された求心的な縄張りを持つもので、織豊系の城郭を代表に中部・東国に多く分布する。対して、もう一つは、東北や南九州に典型的に見られるものであり、各郭が並列的に配置され求心性を有さない。この郭配置の差は権力構造を反映すると考えられ、前者が近世城下町に直結するコースと考えている(61)。

前川氏は、長方形街区と短冊型地割を近世商業地区(町場)の指標としてとらえる。戦国・織豊期から近世初頭にかけての城下町の事例を網羅的に収集し、長方形街区・短冊型地割の展開の有り様をもって近世化の達成度を推し量ろうとした(62)。

小島氏・千田氏・前川氏によって提示された城下町の中近世移行シェーマは、三者の長い共同研究にもとづくものであり(63)、その学説は相互に補完しあっている。その成果は、網野都市論につづく都市史上の画期をなすものであり、以後多くの議論を喚起し、反証的事例を提示されながらも、現在でも一定の規範性を有している。

(4) Ⅳ期・研究状況に対する反問と検証

一九九〇年代末~二〇〇〇年代初頭にかけては、学際的研究の方法に対する反問が見られた。仁木宏氏は、中世都市の研究が、同じような切り口による同じような分析の結果、同じような結論にいたる紋切り型の都市像が目立ってきたことをとらえ、学際的研究の停滞とマンネリ化への警告を行った。またこのような状況への対応として、個別の学問領域に立ち戻り、それぞれの方法論を鍛えることによる戦線の立て直しを提唱し、一方で、これまで培った学際的研究のチャンネルを絶やさない努力が必要であるとした(64)。

これに対して、石井進氏による仁木説への反論が行われた。石井氏は、停滞・マンネリ化という仁木氏の現状認識には賛意を表しつつも、中世都市研究の現状は、それほど定型化した割り切り方、いわゆる「金太郎飴」にはなっておらず、何もわざわざ固有の学問領域のなかだけに戻って行う必要はなく、諸学共同の場で議論していくべきとして、仁木氏の説を批判した(65)。

一方で、宇佐見隆之氏は網野都市論の短絡的もしくは過度の援用に対する懸念を表明し、網野氏が非農業民の活動の場として注目した「都市的な場」が、実態不明の都市として独り歩きしはじめていることへの警鐘を鳴らした(66)。また山村亜希氏は、学際的都市研究における学問分野相互の空間認識の混同を指摘した。網野都市論の空間認識と、具体的復元を目指す空間論における空間認識は議論のレベルが異なっており、空間認識、空間概念を混同したまま既存の概念を無批判に各地の事例に適応することが、紋切り型の都市像の再生産を生じさせた要因ではないかと指摘した(67)。

仁木氏と石井氏は課題への対応方法において見解を異としているが、学際的研究の停滞・マンネリ化という現状認識では一致している。また、宇佐見氏・山村氏は、網野理論の無批判な現実空間への援用の問題を指摘することにおいて一致している。各者は、それぞれの論点から研究状況を把握し批判を行っているが、いずれも一九七〇年代後半からの網野都市論と、その延長上にある諸研究の達成と限界を示すものであるといえる。斎藤慎一氏が指摘するように、仁木氏の研究史整理は学際的研究が一定段階に到達したがための整理であり、学際的研究は実践の第一段階を乗り越えた(68)といえよう。

このような動きは、これまで中世都市研究の全国的な活動の場として定着しつつあった「考古学と中世史研究シンポジウム」の中断や、中世都市研究会の休止宣言として現れた。折から、学際的研究を牽引してきた石井進・網野善彦両氏の逝去も重なり、中世都市に関する学際的研究は新たな方向性を模索する必要に迫られた。

（5）Ｖ期・学際的研究の再スタートと新たな研究傾向

二〇〇三年の中世都市研究会の休会宣言は全国の地域研究者に大きな衝撃を与えた。研究の場の継続を求める動きのなかで、九州地区の研究者の尽力により中世都市研究会九州大会（二〇〇三年）が開催され、中世都市研究会の活動は継続されることとなった。九州大会以後、中世都市研究会は、鎌倉大会、京都大会、三重大会と特定の都市や地域の研究をベースに実施される傾向が強まった。

一方、一九九五年以来休止していた「考古学と中世史研究シンポジウム」も同じ二〇〇三年に再開されることとなり、一九九〇年代初期以来の全国的な学際的研究のチャンネルが復活することとなった。以上の動向のなかで、従来からのパラダイムやシェーマを見直す動きが高まり、都市研究は新たなステップを求める方向に展開しはじめた。

この流れのなかで、二〇〇〇年頃から、これまでの反省（都市論の画一化、金太郎飴化）を踏まえ、多様な都市像が模索されるようになった。中近世移行シェーマとしてパラダイム化していた小島・千田・前川の単線的な発達段階説（求心的な山城を中心とし二元的な構造から一元的構造へ進化する）に対しても、様々な批判が現れた。

この動きが顕在化したのは濃尾地方を中心に開催された守護所シンポジウム＠岐阜研究大会(69)である。全国の調査事例が集積され、必ずしも従来のシェーマに収斂しない地域独特のあり方が数多く報告された。その成果は、二〇〇六年に論文集として公刊され(70)、勝瑞についても、山城とのセット関係を持たず、中世末の廃絶期まで方形居館が継続する、中近世移行シェーマとは乖離する事例として報告されている(71)。また二〇〇七年一六一七会岐阜大会では、信長の城下町の事例集成による織田系城下町の歴史的位置づけの見直しが行われ、安土城下の画期性を見直す方向性が示された(72)。また、石垣技術や惣構の建設など畿内先進事例との関連性が指摘され、織豊系城下町の拡散は豊臣政権の全国統一過程と併行するとする見解が示された。同じ二〇〇七年に本書のもととなる守護町勝瑞遺跡に関する共同研究、守護町検証会議もスタートしており、二〇〇九年には、その中間報告としての位置づけで一六一七会・勝瑞例会が実施された(73)。この会で勝瑞が、城館区画が経年的に増殖し、かつ中心拠点が移動する複郭的な館城群として報告されたこと、また、同じ西国の守護系城館である豊後府内や伊予湯築と比較検討されたことも、先述の中近世移行シェーマに収斂しない代表例として、地域独自のあり方を確認しようとする動きとしてとらえることができる。

一方、再スタートした中世都市研究会のあり方とも関連するが、特定の都市や地域を対象とする学際的研究が活性化し、同時代・同地域の都市・集落との関係性のなかで城下町をとらえる方向性が強まった。また畿内を中心とする寺内町研究からは(74)、寺内町と城下町の関連性が提起され、城下町の先行事例としての意義づけがなされるようになり、周辺の他の都市との関係性にも注意が払われるようになった。このような動向を背景に実施された中世都市研究会大阪大会（二〇一四年）では、城下町を多様な様相を示す中世都市の一類型としてとらえ、同時展開する他都市との関わりやネットワークの中でその多様性について考える方向性が示された(75)。現在、本書の取り組みをその一部として包摂する「城下町科研(76)」が二〇一三〜二〇一七年の五年計画で継続実施されており、その第一回集会として二〇一四年に行われた城下町科研・徳島研究集会において、勝瑞を単独の都市としてではなく、秋月・一宮・徳島など地理的に近接し、歴史的に連続する都市と併せて取り扱ったことも、このような新しい傾向の一環である(77)。また、政治拠点の推移について、一定の時代幅を持った検討を進めるなかで、阿波の守護所・城下町が、中近世を通じて、終始阿波一国を支配単位に経営されている事実が再認識され、阿波国が、中近世における政治拠点の推移と変容について、「阿波モデル」とでもいうべき新たな事例を提示できる格好のフィールドであることが確認された。同じ二〇一六年には守護所シンポジウム２新・清須会議も開催され、@岐阜大会以来一〇年ぶりに、守護所・城下町に関する全国規模での最新情報の再結集が行われており(78)、都市史研究は、学際的研究に関する新方向を模索する時期を迎えつつある。先述の「阿波モデル」の構築は、その重要な構成要素となる可能性を有しているといえよう。

おわりに

ここまで三節にわたり、勝瑞研究の歴史と現状を確認してきたわけであるが、稿を閉じるにあたり、改めてこれまでの成果と今後の課題について言及したい。また、これまでの成果の到達点として本書収載の各論文が存在すること、さらに、ここで確認する課題は今後の勝瑞研究の方向性を示すものであることから、収載した各論文と課題との関係性についてもふれておきたいと思う。

これまでの成果としては、第一に城館構造の確認があげられる。主に発掘調査の成果によるものであるが、複数の方形区画が連続し、必要に応じて増殖していく複郭的な構造であることが確認された。第二点は一六世紀中葉以降の大名居館の展開と成立および廃絶の様相が確認できたこと、第三点としては、数多くの試掘・立会調査により、守護町勝瑞遺跡のおおよその範囲の確認が進んだこと、さらに第四点として、複数の寺院区画の所在が明らかになったこと等があげられる。これらの成果は、先述したように近世以降、戦後にいたる「勝瑞像」を劇的に変化させるものであり、都市史研究の場においても好個の検討事例として研究活動の俎上にのぼることとなった。本書の収載論文は、これら成果の基礎的根拠をなすものであり、研究の現時点における到達点を示すものであることから、ここで、各論文の概要についてふれておきたい。

まず、第1部では、「守護町勝瑞の構造」について検討する。収載論文は考古学二本、文献史学一本、歴史地理学一本、城郭研究一本、複合的考察一本の計六本である。

第1章の重見髙博「発掘調査から考える守護町勝瑞の範囲と構造」は、これまでの発掘調査成果を整理・総括し、守護町勝瑞遺跡の現時点における構造と各地区の性格について考察するものである。とくに守護町勝瑞および勝瑞城館の各地点における出土遺物の組成に着目し、一六世紀中葉から後半にかけて順次整備・拡張が進められていく様子を動態的にとらえている。

第2章の須藤茂樹「文献史料から考える守護町勝瑞」は、南北朝期における守護所・秋月の成立から、戦国末期の長宗我部氏侵攻による勝瑞の廃絶までを対象に、主に阿波国内に残された文献史料からその実像に迫ろうとするものである。中世文書がきわめて少ない実情のなか、検討対象となりうる史料を博捜しており、今後の研究の基礎となりうる論考となっている。

第3章の石井伸夫「守護町勝瑞遺跡における寺院の立地とその存立基盤」は、寺院立地の問題について、地名、伝承、石造物の分布状況、また発掘調査の成果や文献史料の確認など多角的な分析を試み、その所在を実証するとともに、徳島城下町寺町への移転の様相と、移転寺院の宗派的偏向および立地状況から、徳島城下町寺町との関係について考察を加え、阿波における近世城下町の形成を問い直すものとなっている。

第4章の山村亜希「室町・戦国期における勝瑞の立地と形態」は、勝瑞の空間構造について、従来からの地籍図を元にした景観復元をベースに、近年の文献史学の分析や考古学的成果を踏まえ、歴史地理学的な立場から論の深化を図ろうとするものである。とくに国絵図の検討では、慶長絵図に寛永絵図の情報を加味することで、勝瑞の立地論の精度を高めるとともに、「板野郡勝瑞村分間絵図写」を地籍図と対照させて検討することにより、戦国期勝瑞の景観を復元し、その形態の持つ意味を考察する興味深い論考となっている。

第5章の小野正敏「勝瑞館の景観と権威空間としての意味」は、勝瑞城館跡から検出された二つの庭園遺構と、これと対応する館の構造を検討素材とし、それを経営した権力の性格について論じる。まず、権威表徴としての大名館の空間概念が提示され、これをもとに勝瑞館の最新の発掘調査成果を踏まえた分析が行われる。とくに池庭をもつ館の公的な性格に着目し、阿波守護細川家と阿波三好氏の権力関係を考察する内容となっている。

補論1の千田嘉博「城郭史における勝瑞城館」は、城郭史研究の立場から勝瑞城館跡の特徴について考察し、全国的な城郭史への位置づけを試みる。とくに最終段階の勝瑞城築城に注目し、これを経年的に拡張していく館城群の求心化現象としてとらえることに特徴を有する。近年、勝瑞城館跡については、これを「必ずしも求心化しない城館」として把握し、地域の権力構造と照合させながら検討する方向性が主流であることから、今後、勝瑞城館の構造的な本質に関する議論を提起する論考といえよう。

続く第2部では、「守護町勝瑞と戦国社会」と題して、阿波国の地域社会の中における勝瑞の位置づけと、果たした機能・役割について考える。収載論文は、文献史学三本、歴史地理学二本、宗教史一本、考古学一本の計七本である。

第6章の福家清司「勝瑞津と聖記寺の創建」は、守護町勝瑞の成立に係る「前史」を整理し、当該地域の都市性について論じる。具体的には、これまで存在を知られながらも、勝瑞関連史料としては活用されてこなかった『仏通禅寺住持記』を取り上げ、聖記寺の建立された「勝瑞津」が吉野川水運の要衝として早くから発展し、都市的な要素を備える地域であったことを論証するものである。

第7章の福本孝博「歴史的景観復原から見る勝瑞とその周辺――鳴門市大麻地区の検討を中心に――」は、歴史地理学的な視点から守護町勝瑞の周辺環境を捉え直し、その構造や展開について考えるものである。とくに、勝瑞地区の北側に接し、細川氏の菩提寺である光勝院が所在する鳴門市大麻地区に注目し、これを勝瑞の政治的、経済的機能を分有する地区ととらえることにより守護町勝瑞を相対化し、広域にわたる「大勝瑞」的な構造を模索しようとする意欲的な論考である。

第8章の長谷川賢二「勝瑞と修験道——戦国期阿波国における顕密仏教・寺院をめぐる一視点——」は、宗教史の立場から戦国期阿波国の顕密仏教、とくに真言宗と修験道を中心に勝瑞の宗教的・文化的側面について論じる。とくに、熊野三山検校・聖護院道興の勝瑞逗留を取り上げ、その動向を確認するとともに、逗留の意義について考察を加える。また、戦国期阿波国の修験道に関する基本史料である「阿波国念行者修験道法度」を素材に、権力や都市・港津と修験道との関係についてアプローチを試みている。

第9章の島田豊彰「勝瑞をとりまく村・町・モノ」は、これまでの発掘調査で確認された阿波の中世集落遺跡の特徴を整理し、勝瑞との関係や集落遺跡のなかで勝瑞をとらえようとする。具体的には、溝・濠に囲繞された屋敷地を持つ集落遺跡を中心に一四遺跡を抽出し、これらと勝瑞を対比する。とくに屋敷地の規模と出土遺物における日用雑器と奢侈品との比率に注目し、階層性を持つ社会における勝瑞の位置づけを考えるものである。

第10章の天野忠幸「戦国阿波の政治史から考える勝瑞」は、戦国期の畿内や、阿波を含む東四国の政治史のなかに勝瑞を位置づけ、その果たした役割や都市としての性格について論究する。とくに阿波細川氏や阿波三好氏の文書発給に注目し、その奉行人や取次の動向から、勝瑞への被官層の集住状況と都市としての発展について考察する。また、勝瑞の廃絶については、信長の統一戦争の一環としてとらえる視点を提示している。

補論2の平井松午「絵図資料からみた勝端」は、阿波国絵図を題材に、中近世移行期の阿波における「道」の変遷と、都市勝瑞が変容していく様子について検討を加える。具体的には、慶長期と寛永期の「阿波国絵図」の対比から讃岐街道の変遷を確認し、勝瑞が拠点性を損失していく過程を読み取るとともに、文化年間作成の「板野郡勝瑞村分限絵図写」から近世段階の勝瑞の集落景観を確認し、戦国期の守護町勝瑞との関係性を模索するものとなっている。

終章の仁木宏「守護町勝瑞と権力・地域構造——阿波モデルの構築——」は、全国の都市史研究のなかに勝瑞を位置づけ、その構造・性格・様相について解析を加え、本書の総括を行うとともに、都市史における「阿波モデル」構築の可能性を示唆する内容となっている。考察の対象は、中世後期から中近世移行期の全体に及んでおり、とくに一六世紀第2四半期以降、急速に拡充の進んだ東勝地地区の戦国城下町について、三好権力のあり方や阿波国の地域性を色濃く反映するものであり、中世都市研究における「阿波モデル」を構築するうえでの重要な素材として評価している。

以上、本書収載論文の概要を示し、研究の到達点を概観してきたわけであるが、その一方で、研究の深化と併行して、従前から未解決であった課題や、調査によって新たに生じた課題も数多く提示されるようになった。

主な課題を列挙するならば、

課題一　秋月からの移転時期、すなわち守護所勝瑞の成立時期について
課題二　細川期守護所の位置と様相、西勝地・東勝地下層、大麻等の諸説について
課題三　三好期戦国城下町の様相、とくに中近世移行シェーマとの乖離について
課題四　都市的発展の様相、とくに寺院と町場のあり方について
課題五　地域社会の中での勝瑞の位置づけ、「なぜ勝瑞なのか」
課題六　近世城下町（徳島城下町）への連続と不連続について

などをあげることができる。

冒頭に記したとおり、本章の目的は、勝瑞研究の歴史を概観し、これを都市史研究の流れの中に位置づけ、現時点の到達点を示し課題を明示することにある。そして、これらの課題は今後の研究の方向性を指し示すものであり、本論集全体に通底するものでもあることから、最後に諸課題と収載論文との主な対応関係を示しておきたい。

課題一　福家清司論文、須藤茂樹論文、福本孝博論文
課題二　重見髙博論文、須藤茂樹論文、福本孝博論文
課題三　重見髙博論文、須藤茂樹論文、石井伸夫論文、天野忠幸論文、仁木宏論文
課題四　重見髙博論文、石井伸夫論文、山村亜希論文、長谷川賢二論文
課題五　山村亜希論文、福家清司論文、島田豊彰論文、長谷川賢二論文、平井松午論文
課題六　石井伸夫論文、平井松午論文、仁木宏論文

総じて、一つの課題に対して、学問領域の異なる複数の切り口から検討を加える構成となっていることが本書の特徴である。もとより、本論集の収載論文がこれらの諸課題すべてに回答を用意するものではないが、今後の研究の好個の糸口となることを祈念して筆を置きたい。

（1）山村亜希「戦国期吉野川デルタにおける勝瑞と港」（『徳島県の中世城館　徳島県中世城館跡総合調査報告書』徳島県教育委員会、二〇一一年）。
（2）前掲註（1）。
（3）島田泉山「勝瑞の研究」（『阿波名勝』第二號、阿波名勝会、一九二二年）。
（4）福家清司「勝瑞津と聖記寺の創建」（原稿検討会資料『戦国城下町の構造と社会――阿波国勝瑞――』二〇一五年）。
（5）『梅松論』（矢代和夫・加美宏校注『梅松論・源威集』現代思潮社、一九七五年）。
（6）『徳島県史』（一九六三年）。
（7）本田昇「守護所秋月城存立期間についての一考察」（『史窓』二一号、徳島地方史研究会、一九九〇年）。
（8）須藤茂樹「文献史料から考える「守護町勝瑞」」（『勝瑞　守護町検証会議報告書』徳島県教育委員会、二〇一四年。加筆・修正のうえ、本書第2章として収録）。
（9）発掘調査の成果においても一六世紀中葉を境に館を取り囲む堀が大規模化することが確認されており、この時期が守

護町勝瑞遺跡の転換期にあたると考えられる。

(10)『三好記』（徳島県立図書館）。

(11)「南海通記」（『南海通記・四国軍記』歴史図書社、一九七六年）。

(12)佐野山陰『阿波志』（文化一二年＝一八一五）。

(13)『阿波国板野郡村誌』明治初年。

(14)『板野郡誌』（徳島県板野郡教育会、一九二六年）。

(15)『徳島県史蹟名勝天然記念物調査報告』第一輯（徳島県、一九二九年）。

(16)前掲註(6)。

(17)『藍住町史』（一九六五年）。

(18)本田昇「勝瑞城跡の地理的研究」（『立正大学教養部論集ＬＯＴＵＳ』二号、立正大学教養部、一九六八年）。

(19)羽山久男「守護町勝瑞の復原的研究」（『高校地歴』一二・一四号、徳島県高等学校地歴学会、一九七五・一九七七年）。

(20)脇田晴子「中世史研究と都市論」（『日本中世都市論』東京大学出版会、一九八一年）。

(21)佐々木銀弥「日本中世都市の自由・自治研究をめぐって」（『日本中世の都市と法』吉川弘文館、一九九四年）。

(22)市村高男「中世後期東国史研究の軌跡と本書の視角」（『戦国期東国の都市と権力』思文閣出版、一九九四年）。

(23)仁木宏『空間・公・共同体』（青木書店、一九九七年）。

(24)前川要『都市考古学の研究――中世から近世への展開』（柏書房、一九九一年）。

(25)鍛代敏雄「都市社会史論――認識と方法」（『中世後期の寺社と経済』思文閣出版、一九九九年）。

(26)宇佐見隆之「中世都市研究の課題」（佐藤信・吉田伸之編『新体系日本史六　都市社会史』山川出版社、二〇〇一年）。

(27)斎藤慎一「序章」（『中世東国の領域と城館』吉川弘文館、二〇〇二年）。

(28)山村亜希「序章　問題の所在と本書の視角」（『中世都市の空間構造』吉川弘文館、二〇〇九年）。

(29)仁木宏「序論　中世都市研究と京都」（『京都の都市共同体と権力』思文閣出版、二〇一〇年）。

(30)高尾一彦「一六世紀日本の自由都市」（『研究』四〇号、神戸大学文学会、一九六七年）。

(31)豊田武「都市の勃興」（『増訂　日本中世商業史の研究』岩波書店、一九五二年）、「自由市とその限界」（『日本の封建

都市』岩波書店、一九五二年、後『封建都市　豊田武著作集第四巻』吉川弘文館、一九八三年に所収)。
(32) 脇田晴子『日本中世商業発達史の研究』(御茶の水書房、一九六九年)。
(33) 前掲註(21)。
(34) 原田伴彦「一六世紀の自由都市」(『歴史評論』四巻五号、一九五〇年、後に『日本封建都市研究』東京大学出版会、一九五七年に所収)、「中世都市の自治的共同組織について」(『歴史学研究』一五六・一五七号、一九五二年、後に『日本封建都市研究』東京大学出版会、一九五七年に所収)。
(35) 林屋辰三郎「町衆の成立」(『思想』三一二号、岩波書店、一九五〇年、後に『中世文化の基調』東京大学出版会、一九五三年に所収)。
(36) 原田伴彦『中世における都市の研究』(講談社、一九四二年、一九七二年三一書房より復刻)。
(37) 原田伴彦『日本封建制下の都市と社会』(三一書房、一九六〇年)。
(38) 義江彰夫「中世前期の国府——常陸国府を中心に——」(『国立歴史民俗博物館研究報告』第八集、一九八五年)。
(39) 小川信「淡路・讃岐両国の守護所と守護・守護代・国人」(『国立歴史民俗博物館研究報告』第八集、一九八五年)、小川氏の府中関連の論考は後に、『中世都市「府中」の展開』(思文閣出版、二〇〇一年)としてまとめられている。
(40) 今谷明「畿内近国に於る守護所の分立」(『国立歴史民俗博物館研究報告』第八集、一九八五年)。
(41) 松山宏「室町時代の越中国の守護と守護所」(『国立歴史民俗博物館研究報告』第八集、一九八五年)。
(42) 松山宏『守護城下町の研究』(大学堂書店、一九八二年)。
(43) 前掲註(19)。
(44) 網野氏の都市論に関連する初期の著作として後掲註(45)の他に、『日本の歴史一〇　蒙古襲来』(小学館、一九七四年)、「中世都市論」(『岩波講座日本歴史七　中世三』岩波書店、一九七六年、後に『網野善彦著作集一三』岩波書店、二〇〇七年に所収)、『日本中世の非農業民と天皇』(岩波書店、一九八四年)をあげておく。
(45) 網野善彦『無縁・公界・楽——日本中世の自由と平和——』(平凡社、一九七八年)。
(46) 小野正敏「生活と文化を支えた人々」「日々の暮らし」(『小野正敏・水藤真編『よみがえる中世六　実像の戦国城下町越前一乗谷』平凡社、一九九〇年)、『戦国城下町の考古学』(講談社、一九九七年)。

(47) 石井進「復元された戦国の城下町　一乗谷」（網野善彦・石井進編『中世の風景を読む四　日本海交通の展開』新人物往来社、一九九五年）。

(48) 水藤真「一乗谷の信仰世界」（前掲註46『よみがえる中世六　実像の戦国城下町越前一乗谷』）、「一乗谷の石塔・石仏」（『絵画・木札・石造物に中世を読む』吉川弘文館、一九九四年）。

(49) 豊後府内に関する主な研究を列挙しておく。①玉永光洋「豊後府内の形成と寺院」（中世都市研究会編『中世都市研究四　都市と宗教』新人物往来社、一九九七年）、②坂本嘉弘「中世都市豊後府内の変遷」（鹿毛敏夫編『戦国大名大友氏と豊後府内』高志書院、二〇〇八年）、③坪根伸也「大友館の変遷と府内周辺の方形館」（前掲『戦国大名大友氏と豊後府内』）、④鹿毛敏夫『戦国大名の外交と都市・流通』（思文閣出版、二〇〇六年）など。

(50) 周防山口に関する主な研究を列挙する。①古賀信幸「守護大名大内（多々良）氏の居館跡と城下山口」（金子拓男・前川要編『守護所から戦国城下へ』名著出版、一九九四年）、②同「防州山口における城・館・寺」（中世都市研究会編『中世都市研究七　都市の求心力』新人物往来社、二〇〇〇年）、③山村亜希「守護城下山口の形態と構造」（『史林』八二巻三号、一九九七年、後に前掲註28『中世都市の空間構造』に所収）、④増野晋次「山口における戦国期のみちとまち」（藤原良章編『中世のみちと橋』高志書院、二〇〇五年）など。

(51) 伊予湯築に関する主な研究を列挙する。①川岡勉『河野氏の歴史と道後湯築城』（青葉図書、一九九二年）、②川岡勉・西尾和美『伊予河野氏と中世瀬戸内世界』（愛媛新聞社、二〇〇四年）、③柴田圭子「消費地遺跡から復元する戦国期流通の一様相」（川岡勉・古賀信幸編『西国における生産と流通』清文堂、二〇一一年）、④同「出土遺物からみた湯築城跡」（川岡勉・島津豊幸編『湯築城と伊予の中世』創風社出版、二〇〇四年）、⑤中野良一「伊予の中世遺跡と湯築城跡」（前掲『湯築城と伊予の中世』）など。

(52) 岩本正二「町屋の構造」（松下正司編『よみがえる中世八　埋もれた港町　草戸千軒・鞆・尾道』平凡社、一九九四年）、「草戸千軒の発掘成果から」（中世都市研究会編『中世都市研究三　津・泊・宿』新人物往来社、一九九六年）。

(53) 志田原重人「草戸千軒にみる中世民衆の世界」（網野善彦・石井進編『中世の風景を読む六　内海を躍動する海の民』新人物往来社、一九九五年）。

(54) 鈴木康之「国産陶磁器の交易・流通」（前掲註52『よみがえる中世八　埋もれた港町　草戸千軒・鞆・尾道』）、「草戸千軒をめぐる流通と交流」（柴垣勇夫編『中世瀬戸内の流通と交流』塙書房、二〇〇五年）。
(55) 松本豊寿『城下町の歴史地理学的研究』（吉川弘文館、一九六七年）。
(56) 藤岡謙二郎『地理学と歴史的景観』（大明堂、一九七七年）。
(57) 小林健太郎『戦国城下町の研究』（大明堂、一九八五年）、なお一九九〇年前後の歴史地理学では、藤田裕嗣「一六世紀都市住人の活動から見た商品流通」（高橋康夫・吉田伸之編『日本都市史入門Ⅰ　空間』東京大学出版会、一九八九年）、同「市庭と都市のあいだ」（中世都市研究会編『中世都市研究一　都市空間』新人物往来社、一九九四年）などがある。
(58) 比較的早期の建築史学からの成果を列挙する。①伊藤毅「中世都市と寺院」（前掲註57『日本都市史入門Ⅰ　空間』）、②同「「宿」の二類型」（五味文彦・吉田伸之編『都市と商人・芸能民』山川出版社、一九九三年）、③伊藤裕久「戦国期上吉田宿の町割・屋敷地割とその変容」（前掲『都市と商人・芸能民』）、④同「中世末における町場の空間形成とその居住形態について」（前掲註57『中世都市研究一　都市空間』）⑤玉井哲雄「都市史における都市空間研究」（前掲註57『日本都市史入門Ⅰ　空間』）、⑥同「都市の計画と建設」（『岩波講座日本通史一一　近世一』岩波書店、一九九三年）、⑦宮本雅明「都市空間の均質化と近世都市の建設」（中世都市研究会編『中世都市研究五　都市をつくる』新人物往来社、一九九八年）など。
(59) 文献史学・考古学等と民俗学の協業の成果としては、網野善彦ほか編『海と列島文化』全一一巻（小学館、一九九〇〜一九九三年）があげられる。また個別報告としては、宮田登「民俗文化と地域差」（網野善彦ほか編『帝京大学山梨文化財研究所シンポジウム報告集　中世日本列島の地域性――考古学と中世史研究――』名著出版、一九九七年）、同「民俗学と都市研究」（中世都市研究会編『中世都市研究六　都市研究の方法』新人物往来社、一九九九年）などをあげておく。
(60) 小島道裕「戦国期城下町の構造」（『日本史研究』二五七号、一九八四年、後に『戦国・織豊期の都市と地域』青史出版、二〇〇五年に所収）、同「織豊期の都市法と都市遺構」（『国立歴史民俗博物館研究報告』第八集、一九八五年）、同「戦国・織豊期の城下町――城下町における「町」の成立」（高橋康夫・吉田伸之編『日本都市史入門Ⅱ　町』東京大学出版会、一九九〇年）、同『城と城下――近江戦国誌――』（新人物往来社、一九九七年）。

（61）千田嘉博「戦国期の城下町プランと大名権力」（前掲註50『守護所から戦国城下へ』）、同『織豊系城郭の形成』（東京大学出版会、二〇〇〇年）。

（62）前川要『都市考古学の研究』（柏書房、一九九一年）、同「守護所から戦国大名城下町への展開——都市空間構造論から見た視点」（前掲註50『守護所から戦国城下町へ』）。

（63）前川要・千田嘉博・小島道裕「戦国期城下町研究ノート　郡山城・吉田・春日山・岡豊」（『国立歴史民俗博物館研究報告』三二集、一九九一年）など。

（64）前掲註(23)。

（65）石井進「中世都市論の課題」（前掲註50『中世都市研究七　都市の求心力』）。
仁木は石井からの批判に対して、『中世都市研究八　都市と職能民』（新人物往来社、二〇〇一年）で「中世都市の学際的研究の方法について」と題して反論を行い、自らが編者をつとめた『都市　前近代都市論の射程』（青木書店、二〇〇二年）の「総論」においても再度反論している。

（66）前掲註(26)。

（67）山村亜希「中世都市の空間構造と空間認識」（前掲註65『都市　前近代都市論の射程』）。

（68）前掲註(27)。

（69）シンポジウムの詳細については『守護所シンポジウム@岐阜研究会資料集　守護所・戦国城下町を考える』第一分冊（二〇〇四年）で報告されている。

（70）内堀信雄・鈴木正貴・仁木宏・三宅唯美編『守護所と戦国城下町』（高志書院、二〇〇六年）。

（71）重見高博「阿波の守護所」（前掲註70『守護所と戦国城下町』）。

（72）仁木宏・松尾信裕編『信長の城下町』（高志書院、二〇〇八年）。

（73）会の詳細についてはシンポジウム資料『阿波国勝瑞の空間構造をさぐる——守護所・戦国城下の館・寺・港』（二〇〇九年）を参照。

（74）大澤研一・仁木宏編『寺内町の研究』第一巻〜第三巻（法藏館、一九九八年）、山科本願寺寺内町研究会編『戦国の寺・城・まち』（法藏館、一九九八年）など。

(75)　中世都市研究会編『中世都市研究一八　中世都市から城下町へ』（山川出版社、二〇一三年）。
(76)　二〇一三～二〇一七年度科学研究費補助金　基盤研究（A）研究代表仁木宏「中世・近世移行期における守護所・城下町の総合的研究」。
(77)　研究集会の詳細については、城下町科研・徳島研究集会実行委員会編『阿波の守護所・城下町と四国社会』（二〇一四年）を参照。
(78)　新・清須会議実行委員会編『守護所シンポジウム2@清須　新・清須会議　資料集』（二〇一四年）参照。

第1部　守護町勝瑞の構造

第1章　発掘調査から考える守護町勝瑞の範囲と構造

重見髙博

はじめに

勝瑞における発掘調査は、平成六年に始まった。以後、毎年実施された範囲・内容確認調査の成果により平成一三年一月二九日に勝瑞城館跡は国史跡に指定された。その後も発掘調査は継続され、平成一九年二月六日、平成二六年一〇月六日、平成二七年一〇月七日にも追加指定を受け、その範囲・内容は充実したものになってきた。勝瑞における発掘調査成果は、藍住町教育委員会が毎年開催している勝瑞城シンポジウム(1)や、発掘調査現地説明会、発掘調査概要報告書(2)等で随時公開されている。

本稿では、それらの成果から勝瑞の町（守護町勝瑞）や城館の範囲と構造を考察する。

なお、守護町勝瑞とは、勝瑞において城下町的な要素を持っているであろう地域を指す。この名称は、細川氏の守護所を中心に発展した町が勝瑞に形成されていたであろうとする考えのもと、発掘調査が始められた平成六年度に付けられた遺跡の名称である。また、勝瑞城館跡の国史跡指定範囲は、現状から勝瑞城跡と勝瑞館跡の地点に分けられており、正貴寺跡までが含まれるが、本稿で「勝瑞城館」とする場合は、勝瑞城跡と勝瑞館跡を中心に形成される政治的な中枢の城館を指している。地点を指す場合はそれぞれ「勝瑞館跡」「勝瑞城跡」「正貴寺跡」とする。詳細については本書の序章を参照されたい。

第一節　守護町勝瑞の成立と都市的展開の様相

(1)　地名等地理環境から見る守護町勝瑞

勝瑞は、吉野川水系によって形成された沖積地で、旧吉野川南岸に形成された自然堤防帯の東端に位置する。水上交通の大動脈であった吉野川沿いに所在し、勝瑞に残る地名には「渡り」「浜」「舟戸」「城ヶ淵」等があることを考えると、河川交通を媒介とした都市が形成されていたことが想像される。

勝瑞の詳細な標高データや空中写真等からは、小字東勝地に所在する勝瑞城館を中心として、当時中心的な街道であったと考えられる「大道」沿いのＡ地区と、馬木地区といわれる小字西勝地のＢ地区の大きく二箇所に微高地が確認でき、これらの上に遺跡が展開することが想定できる（図１）。

(2)　発掘調査成果等から概観する守護町勝瑞

大字勝瑞地区の大部分は、いわゆる周知の埋蔵文化財包蔵地となっており、その中で開発行為を行う場合は、文化財保護法第九三条の規定により届出がされる。それを受けて、様々な対応がなされるわけであるが、これまで発掘調査や工事立会を行った地点は一〇〇箇所以上にのぼる。その成果を図１に示した。

まず、Ａ地区における発掘調査成果からその様相を概観する。

この地域では、勝瑞城跡や勝瑞館跡をはじめ多くの地点で遺構や遺物が密に検出されていることが分かる。なかでも、勝瑞館跡の下層では標高〇・五～一・二メートルの地点で一〇世紀頃の遺物を包含する層が確認できる。

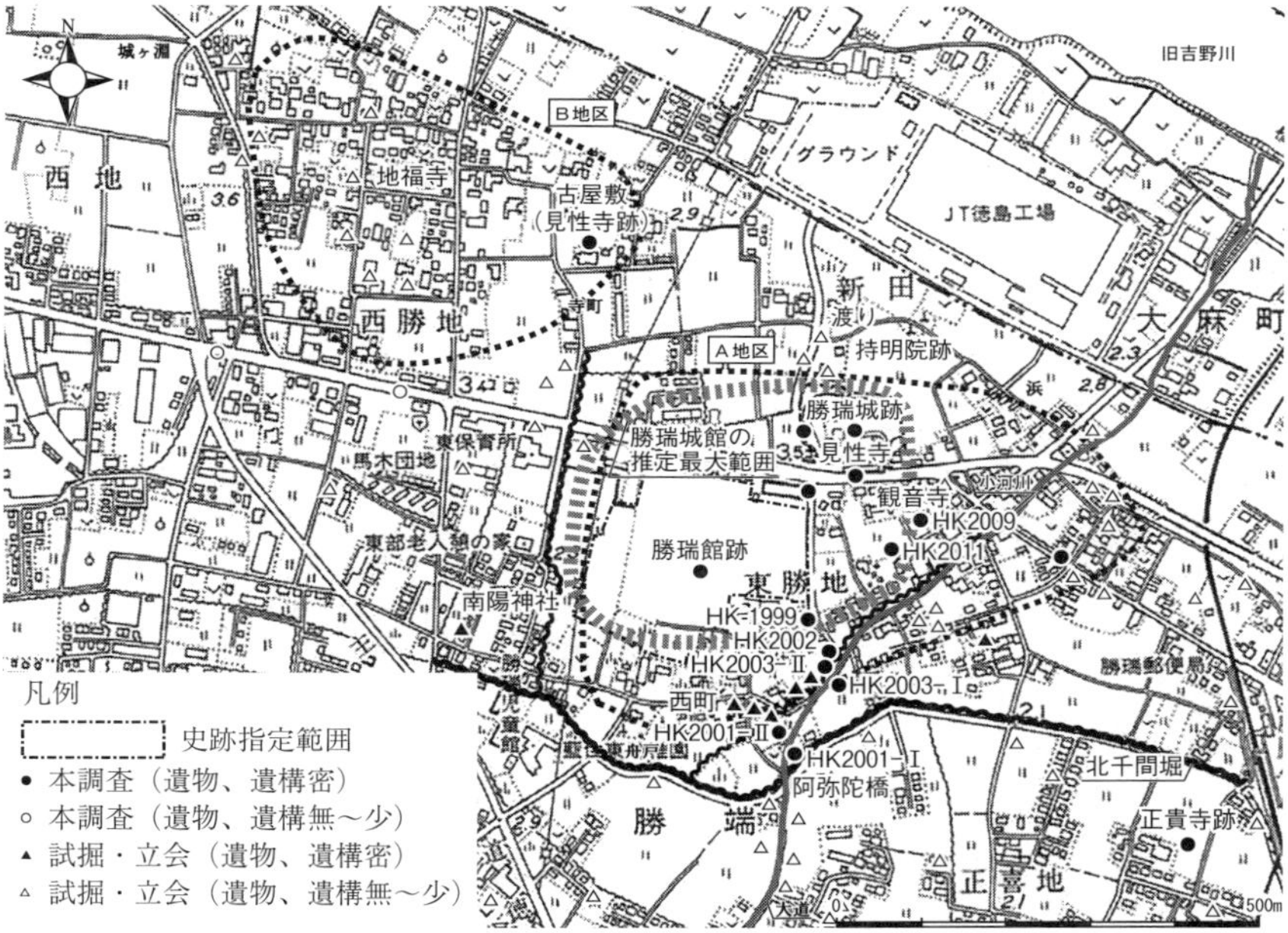

調査地点の成果概要

地点	遺跡の性格	遺構				遺物				
		濠・区画溝	礎石建物跡	掘立柱建物跡	その他	古代	15世紀以前	16世紀以降	瓦	その他
勝瑞城跡	城館	○			土塁	○	○	○	○	
勝瑞館跡	城館	○	○	○	庭	○	○	○	○	
正貴寺跡	寺院		○				○	○	○	鬼瓦、五輪塔
見性寺跡	寺院				溝跡			○	○	
HK1999	屋敷地？	○		○			○	○	○	鬼瓦
HK2001-Ⅰ	寺院		○		千軒堀			○	○	
HK2001-Ⅱ	寺院							○	○	鯱瓦
HK2002	寺院		○	○	基壇状、自然流路		○	○	○	海恵寺瓦
HK2003-Ⅰ	寺院		○	○	自然流路			○	○	
HK2003-Ⅱ	寺院				基壇状		○	○	○	
HK2009	屋敷地	○					○	○		
HK2011	屋敷地						○	○		

図１　守護町勝瑞遺跡の調査地点と地名、城館の推定範囲

この層は、勝瑞館跡の中心部でもっとも標高が高くなり、そこから離れるにしたがって低くなる。周辺では勝瑞館跡の南に隣接するHK一九九九地点や勝瑞城跡では確認されるものの、それ以外の地点では確認されていない。そして、HK二〇〇三—I地点では下層に砂層が確認されており、地震による液状化の痕跡が認められるのに対して、勝瑞城跡や勝瑞館跡の中では砂層すら確認されない。このことから、勝瑞城館は、勝瑞の中でもっとも安定した土地に立地していることが分かる。

一方、周辺部では小河川や水路が複雑に入り組んだ様子が見られる。

勝瑞城館の東側にはA地区の微高地の中心部を南北に縦貫する街道である「大道」があるが、この道は緩やかなカーブを描いている。この形状は地理学的な検討の結果(3)や発掘調査成果から、小河川に影響されたものであることが分かっている。また、微高地の南端を東西に延びる北千間堀についてももともとは小河川である。

勝瑞館跡から南東に約七〇〇メートルの地点、小字正喜地には正貴寺という三好氏の祈願寺の跡があり、当地では三次にわたる発掘調査が実施されている。この周辺にも小河川が認められ、地形的に見るとおそらく守護町勝瑞の南東端にあたるであろうことが推定される。正貴寺跡の発掘調査では、中心部に大規模な礎石建物跡が検出されているが、寺域の縁辺部に向かって落ち込んだ堆積が確認できる。つまり、正貴寺は低湿地の中の島状の高まりの上に造営された寺院であったことが推定できる(4)。

このように、勝瑞城館の周辺は小河川や水路等に区切られた複数の島状の高まりが想定でき、ここにはクリーク地帯のような景観が復元できるのではないだろうか。勝瑞城館は安定した微高地上に立地しているようであるがとくに規格性は認められない。また、周辺の街路や地割りのパターンも規格性に乏しい。このことから、この地区は複雑に入り組んだ小河川等によって規定された土地の形状に合わせて形成された町であったことが考えられる(5)。

Ｂ地区についてはどうであろうか。この地区は、勝瑞でもっとも標高が高く安定した土地であるうえ、直線道路と方格地割りが見られ、他地域の守護所の景観と類似することから、細川氏の守護所が置かれた地域であると想定した(6)。また、天野忠幸氏は馬木という地名は、脇町（美馬市）にあった宝珠寺が見性寺と改名されて勝瑞に移された時に、宝珠寺のあった脇町の馬木地区の住民が勝瑞に移されたことによるものではないかとしている(7)。しかし、この地域での工事立会や試掘調査の結果、遺物は非常に少ないうえ遺構は検出されておらず、守護所は他の場所に想定すべきかもしれない。とはいえ、この地区にある地福寺は文治年間創建の言い伝えがあり、境内にある石造物は大永七年（一五二七）の紀年が入っていたという(8)。また、同じく地福寺境内には細川澄賢の墓との伝承がある永正一八年（一五二一）の紀年の入った五輪塔もある。さらにこの地区の微高地の東端には古屋敷といわれる見性寺跡があり、青海波紋の軒平瓦や茶臼が表面採取され、発掘調査では溝跡等が検出されている。

これらのことを勘案すると、この地区はさらなる検証が必要であろう。

（3）守護町勝瑞の景観

以上のことから、守護町勝瑞はおおよそＡ地区を中心に広がることが分かる。それでは、そこにはどのような景観が広がっていたのであろうか。

近世初頭に成立した『昔阿波物語』（二鬼島道知作、『阿波国徴古雑抄』所収）には、勝瑞の城下に市が立ち、盗賊が横行していた様子や、その盗賊に対して町人が団結して立ち向かう様子が記されている。その他にも多くの寺院の名が見えたり、人々が行き交う様子が描かれており、「勝瑞千軒」といわれた勝瑞城下の賑わいが看取できる。また、同じく近世に成立したものであるが、『阿州三好記大状前書』や『阿州三好記並寺立屋敷割次第』（いずれも『阿波国徴古雑抄』所収）、『阿波志』等の記述も併せてみると勝瑞には三〇を超す寺院の名が見え、寺院が多く立ち並ぶ景観も想定できる。

これらを発掘調査成果と照らし合わせてみよう。

まず、勝瑞の市や町場についてであるが、当時の阿波の中心地である勝瑞において、当然、阿波一国を支える経済基盤として必要なものである。しかし、現在のところ発掘調査からはよく分からない。地割等から唯一、町場が想定できるのが「西町」であり、ここには短冊形地割も見られる。『藍住町史』には、「西町」は「日枝神社の東にある。地下に石が多い。勝瑞の全盛時代には人馬が多く往来した処か」とある。しかし、阿波一国の経済核として見ると西町は狭い。勝瑞の対岸に大麻町市場という地名があり、ここに市場を想定することもできるが、この土地にしてもさほど広くなく、吉野川河口の諸港等、水運で結ばれる別の町が大きな経済機能を持っていた可能性が高いとされる(9)。

次に寺院であるが、こちらは守護町勝瑞遺跡の発掘調査で正貴寺跡をはじめ、多くの地点でその存在が推定できる成果があがっている(10)。また、位置は移動しているが見性寺や観音寺のように当時から存続する寺院があり、さらに、「寺町」(11)の地名が残っていたり、持明院跡や妙蓮寺跡のように伝承地が残る寺院もある。さらに、徳島城下に移されたとする寺院の存在を考えると、守護町勝瑞には多くの寺院が立ち並んでいたことが想定できる。

(4) 守護町勝瑞の変遷

今までに述べた、A地区の微高地上に形成された守護町勝瑞の景観は、最終段階のものである。出土遺物の組成から得られた情報を重ねて検討すると、そこに至るまでの変遷が見えてくる。

出土遺物を見ると、東播系須恵器や瓦器椀等の一五世紀以前の遺物が見られる地点と、土師質土器皿の年代が一六世紀中葉以降に収まる地点の、大きく二つのグループに分類できる。前者のグループは勝瑞城跡、勝瑞館跡、正貴寺跡、勝瑞館跡南側に位置するＨＫ一九九九地点、ＨＫ二〇〇二地点、勝瑞館跡東側に位置するＨＫ二〇〇九地点、ＨＫ二〇一一地点で、複数枚の遺構面が確認されている。後者のグループは大道沿いで千間堀付近のＨＫ二〇〇一―Ⅰ地点、ＨＫ二〇〇一―Ⅱ地点、ＨＫ二〇〇三―Ⅰ地点である。

勝瑞城館の南側には、小河川を改修した水路である北千間堀が東西に延びる。ＨＫ二〇〇一―Ⅰ地点における発掘調査では一六世紀中葉に北千間堀の北肩に礫を含んだ土で盛土を施した痕跡が認められた。このことから、北千間堀は一六世紀中頃に整備されたことが考えられる。

ＨＫ二〇〇二地点は、一五世紀以前の遺物が確認されている地点であるが、ここでは調査区南端から南へ向かって小河川の落ち込みが確認されており、またその南側のＨＫ二〇〇三―Ⅰ地点では一六世紀後半の遺構面が確認された。下層では調査区北端から北に向かって小河川の落ち込みが確認された。「大道」の緩やかにカーブした形状は、小河川があったことによるものであることは先に述べたが、つまり、その小河川はＨＫ二〇〇二地点とＨＫ二〇〇三―Ⅰ地点の間を通り、ほぼ「大道」と同じ形状で北へ延びているのである。そして、この小河川を境として北西側と南東側で出土する遺物の年代幅が異なるのである。

図２　勝瑞城館跡周辺の地籍図（藍住町税務課所蔵）

この小河川あるいは大道の場所を地籍図で確認すると、水路を挟む二本の里道が確認できる（図２）。おそらく水路はここに想定されている小河川を整備したものであろう。

水路北側の里道は旧吉野川から勝瑞城館の北東部に向かう。この里

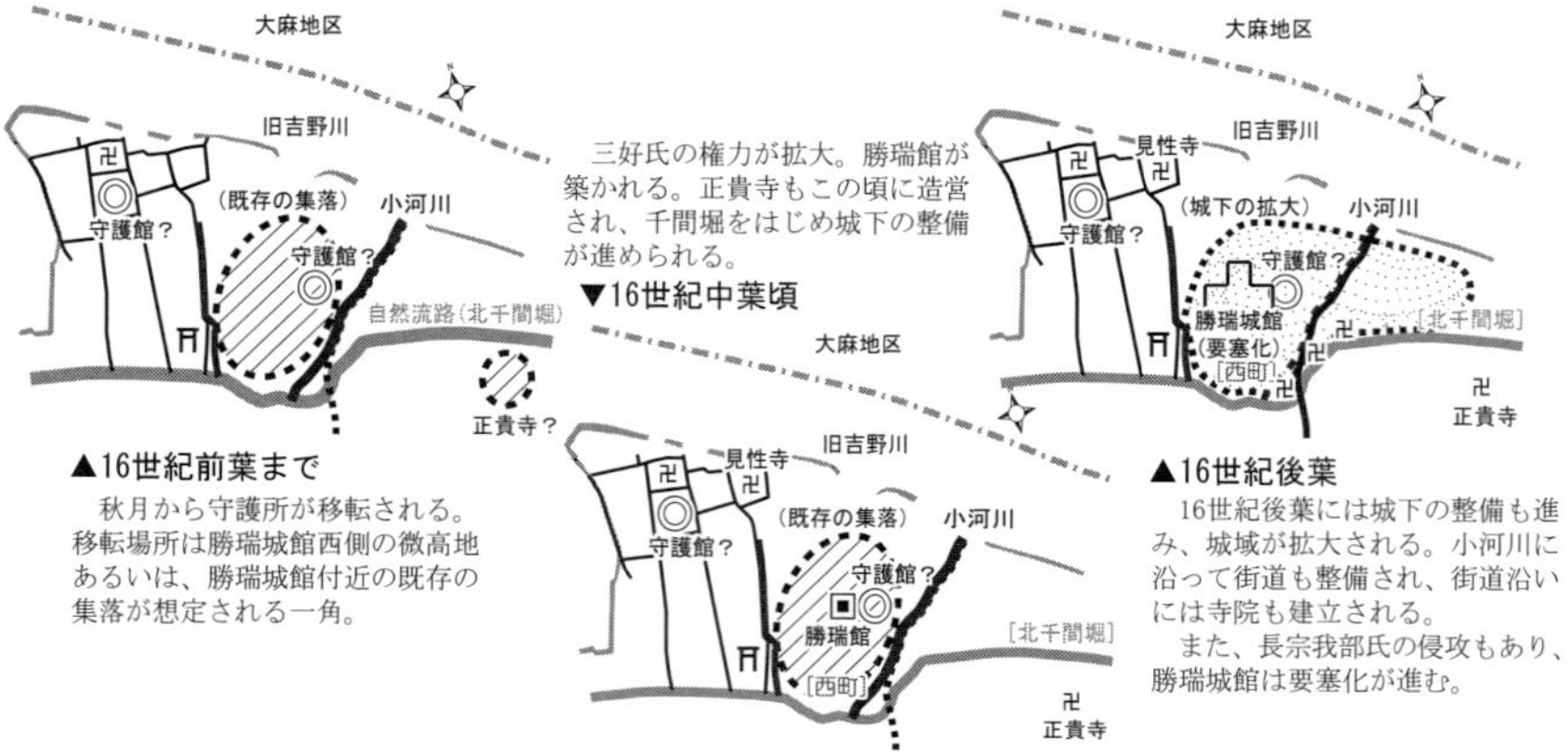

図3　勝瑞の空間構造の変遷模式図

道がこの地籍図の中でもっとも太い赤線で示されているのは興味深い。今は狭い路地道になっているが、当時は主要な道だったのであろう。里道は、現在観音寺がある場所の直前で左へ折れ、さらに右に折れて勝瑞城館を取り巻くように、前述した一〇世紀頃の遺物を包含する層が確認できる微高地の東辺と南辺部をなぞるように延び、西町方面へ向かっている。

水路南側の里道は南方から延びてきており、北千間堀を渡り、水路沿いに旧吉野川まで続く。近世初頭に讃岐街道[12]として整備されたのは「大道」といわれたこの里道であろう。

以上のことから、守護町勝瑞が広がると考えられるA地区においては大道沿いの小河川を境にその北西側と南東側で開発時期に差があることが推定できる。一六世紀前葉までは小河川の北西側を中心に守護町勝瑞が展開していたのであろう。この時期の守護町勝瑞の主要道は水路北側の里道であったのではないだろうか。正貴寺については、一五世紀代に勝瑞城館南東側のやや離れた位置に、島状に存在した微高地上に建てられる。そして、一六世紀中葉には千間堀を整備するとともに千間堀を渡り旧吉野川まで延びる街道「大道」を整備し、その南東側の開発を進めるなど、積極的に守護町勝瑞の整備を進めたのではないだろうか（図3）。

このことは、中国磁器の組成比率からもうかがわれる。中国磁器の年代は、いずれも一五世紀後葉〜一六世紀前葉にピークが認められるが、大道の北西側であるHK二〇〇九地点では一五世紀前葉〜後葉のものが三七・一四パーセントと高い比率を示すのに対して、HK二〇〇一―I地点やHK二〇〇三―I地点では一六世紀中葉〜後葉のものがそれぞれ二五・〇〇パーセント、二二・四九パーセントと高くなる（表1）。さらに、HK二〇〇一―I地点やHK二〇〇三―I地点ではF群とされる青花皿も出土しており、砂目の唐津焼皿や京焼系の製品等、一六世紀末から一七世紀初頭に比定される遺物も見られる。これは、天正一〇年（一五八二）に長宗我部氏の勝瑞侵攻により勝瑞城館がその機能を失った後も、守護町勝瑞を通る街道にはその機能が残っていたことを示す成果であり、慶長国絵図に見える讃岐街道が「大道」であることを裏付けるものであろう。

今後のさらなる検証が必要であるが、守護町勝瑞の消長を知るうえで貴重な成果である。

第二節　勝瑞城館の構造とその変遷

（1）勝瑞城館の内と外――城館の範囲

ここまで、守護町勝瑞についてその構造や景観について述べてきた。それでは、その中心であった勝瑞城館はどのような規模・構造であったのだろうか。

勝瑞における発掘調査でもっとも多く出土しているのはかわらけ（土師器皿）である。かわらけは、宴会や儀式の場で多く使用される素焼きの土器皿で、これが大量に出土することは盛んに儀礼的な饗応がなされていたことを示しており、その地域の政治的中枢をなす館であることを示している。また勝瑞のかわらけには、地元の技術で作られたロクロ成形のものと京都周辺の技術である手づくね成形のもの（京都系かわらけ）があり、京都風の儀式も行われていたことが分かっている。京都系かわらけは、徳島県内では丈六寺内遺跡（徳島市）や徳島城

紀後葉～16世紀前葉					16世紀中葉～後葉								総計
青花				小計	青磁	白磁		青花				小計	
碗Ｂ	碗Ｃ	皿Ｂ1	皿Ｃ		景徳鎮	Ｅ3	Ｅ4	碗B2	碗Ｅ	皿E1	漳州窯系		
	3	1	4	31					1		8	9	45
	6.67	2.22	8.89	68.89%					2.22		17.78	20.00%	
20	90	48	36	500	6		13		16		45	80	668
2.99	13.47	7.19	5.39	74.85%	0.90		1.95		2.40		6.74	11.98%	
3	27	48	9	253	4	4	4		9		25	46	483
0.62	5.59	9.94	1.86	52.38%	0.83	0.83	0.83		1.86		5.18	9.52%	
10	121	77	29	607	21		6		23	2	112	164	895
1.12	13.52	8.60	3.24	67.82%	2.35		0.67		2.57		12.51	18.32%	
0	4	8	1	48					3	1	2	6	67
0.00	5.97	11.94	1.49	71.64%					4.48	1.49	2.99	8.96%	
	1	1	1	23								0	36
	2.78	2.78	2.78	63.89%									
	5	5	5	48	2		3	2	3		11	21	84
	5.95	5.95	5.95	57.14%	2.38		3.57	2.38	3.57		13.10	25.00%	
	18	17	21	159					11	15	21	47	209
	8.61	8.13	10.05	76.08%					5.26	7.18	10.05	22.49%	
	3	3		20					1		1	2	35
	8.57	8.57		57.14%					2.86		2.86	5.71%	

花は小野正敏（小野1982）に従った。また、陶磁器の時期は小野正敏氏の設定した区分（小野1985）に

瀬戸美濃		青磁		白磁		青花		その他		合計
201	0.38%	272	0.51%	321	0.61%	382	0.72%	930	1.75%	53,033
123	0.30%	344	0.83%	195	0.47%	188	0.45%	735	1.77%	41,431
222	0.26%	253	0.30%	539	0.64%	447	0.53%	1,204	1.44%	83,793
25	0.826%	33	1.09%	58	1.92%	28	0.93%	119	3.93%	3,025
33	3.17%	23	2.21%	48	4.61%	39	3.75%	7	0.67%	1,041
57	3.54%	19	1.18%	137	8.50%	137	8.50%			1,612
8	0.22%	30	0.83%	21	0.58%	13	0.36%	116	3.20%	3,626
4	0.6%	25	3.7%	17	2.5%	14	2.0%	23	3.4%	684

表1　勝瑞出土中国磁器組成

調査区	15世紀前葉～後葉									15世	
	青磁							白磁	小計	青磁	白磁
	B1	B2	B3	C2	D	E	稜花皿A	D		B4	E2
勝瑞城跡					2	1	1	1	5	4	19
					4.44	2.22	2.22	2.22	11.11%	8.89	42.22
勝瑞館跡区画Ⅱ-①	1	6	4	4	14	26	21	12	88	91	215
	0.15	0.90	0.60	0.60	2.10	3.89	3.14	1.80	13.17%	13.62	32.19
勝瑞館跡区画Ⅱ-②		4	6	7	37	53	46	31	184	55	111
		0.83	1.24	1.45	7.66	10.97	9.52	6.42	38.10%	11.39	22.98
勝瑞館跡区画Ⅲ		5	4	11	12	21	58	13	124	72	298
		0.56	0.45	1.23	1.34	2.35	6.48	1.45	13.85%	8.04	33.30
勝瑞館跡区画Ⅳ					1	2	4	6	13	10	25
					1.49	2.99	5.97	8.96	19.40%	14.93	37.31
正貴寺跡（平成9年度調査）			1	2	3	5	2		13	7	13
			2.78	5.56	8.33	13.89	5.56		36.11%	19.44	36.11
HK2001-Ⅰ					2		12	1	15	5	28
					2.38		14.29	1.19	17.86%	5.95	33.33
HK2003-Ⅰ						2		1	3	5	98
						0.96		0.48	1.44%	2.39	46.89
HK2009		1			2		2	8	13	12	2
		2.86			5.71		5.71	22.86	37.14%	34.29	5.71

注：中国磁器の編年については、白磁は森田勉（森田1982）、青磁は上田秀夫（上田1982）、青
従った。

表2　勝瑞出土遺物の組成

調査区	京・土師器皿		ロクロ・土師器皿、杯		鍋・釜		備前	
勝瑞館跡区画Ⅱ-①	18,169	34.26%	31,107	58.66%	509	0.96%	1,142	2.15%
	92.92%							
勝瑞館跡区画Ⅱ-②	19,209	46.36%	18,215	43.96%	828	2.00%	1,594	3.85%
	90.33%							
勝瑞館跡区画Ⅲ	35,720	42.63%	43,166	51.52%	1,004	1.20%	1,238	1.48%
	94.14%							
勝瑞館跡区画Ⅳ	1,134	37.49%	1,405	46.45%	17	0.56%	206	6.81%
	83.93%							
HK2001-Ⅰ	568	54.56%	61	5.86%	68	6.53%	194	18.64%
	60.42%							
HK2003-Ⅰ	518	32.13%	57	3.54%	155	9.6%	532	33.00%
	35.67%							
HK2009	2,716	74.90%	535	14.75%	145	4.00%	158	4.36%
	89.66%							
HK2011	131	19.2%	284	41.5%	45	6.6%	141	21%
	60.67%							

下町遺跡（徳島市）、黒谷川宮ノ前遺跡（板野町）、田上遺跡（美馬市）等で出土が見られる。しかし、細川氏の菩提寺である丈六寺内遺跡を除くと出土量はいずれも数点〜十数点で、勝瑞以外では大量に出土することはない。また、全国的に見ても守護クラスの居館に関連する遺跡に限られている、権威の象徴となる器である。

勝瑞城館内の各地区や、城下に当たるとされる地点における出土遺物の割合を表したのが表2である。これを見ると、かわらけの出土割合は勝瑞城館内ではほぼ九〇パーセント以上の比率を示しているのに対し、ＨＫ二〇〇一―Ｉ地点では六〇・四二パーセント、ＨＫ二〇〇三―Ｉ地点では三五・六七パーセントである。これらの地点はいずれも寺院跡と推定されている。

勝瑞館跡の東側、ＨＫ二〇一一地点は大半が後世に攪乱された地点であり、検討が必要ではあるが、かわらけの出土割合は六〇・六七パーセントと城館内と比べて割合が低下していることから、城館の外となることが考えられる。

ＨＫ二〇一一地点の東側、ＨＫ二〇〇九地点では特異な様相が見られる。この地点は阿関山観音寺の東側であり、『阿州三好記大状前書』等に観音寺が戦国期に勝瑞に所在した三好氏の取立寺院としてその名が見えることから、この寺院の一角であることが想定された。しかし、寺院の存在を示すような遺物はなく、南北方向に延びる幅五メートル以上の溝跡が検出された。溝跡には、東側から大量のかわらけが投棄されており、溝の東側に生活空間の存在が想定される。溝の東側には土坑等の遺構が密に検出された。この地点の調査面積は約六〇平方メートルと狭小であるが、大量の出土遺物があり、そのうちかわらけが八九・六六パーセントと高い比率を示す。そのうえ、かわらけのうち京都系が八〇パーセント以上を占めており、勝瑞城館内の京都系かわらけの占有率三〇〜五〇パーセントという数字と比較するとその特異性が分かる。その他、青磁の大型製品や鉢のような威信材、小札や鉄鏃《てつぞく》（矢じり）といった武器・武具も見られる。さらに、吉野川下流域では客体的な出土状況を示す播磨型の鍋[13]も高い比率で出土しており、このこともこの地点の特異性を表している。

これらのことから、HK二〇一一地点付近が勝瑞城館の東端となり、HK二〇〇九地点は別の空間が広がる可能性が高いのではないかと考える。しかも、突出した権威の存在が想定できることや、一四～一五世紀の東播系こね鉢や瓦器椀等の出土も見られることから、細川氏の守護館がこの付近に存在していた可能性も考えられるであろう。

現時点で想定される勝瑞城館の最大の範囲は、東はHK二〇一一地点付近まで、北は勝瑞城跡まで、南は勝瑞で唯一の町が想定される「西町」まで、西は西勝地と東勝地の小字境に南北に延びる大規模な水路までと考えられ、東西約三〇〇メートル、南北約三〇〇メートルの範囲の内に収まると思われる（図1）。

（2）勝瑞城館のかたち

①濠から想定できる複数の区画（図4）

勝瑞館跡の発掘調査では、縦横に張り巡らされた幅一〇メートルを超す大規模な濠が各所で見つかっている。これらは、屋敷地や城館内部を区画するものである。まず、それらを紹介する。

濠一〇〇一は、勝瑞館跡のほぼ中央を南から一二〇メートルほど北へ延び、東へ曲がる。幅一〇～一五メートル、深さは三～三・五メートルを測り、濠底には常時帯水していたことを示す有機質粘土層が堆積する。構築年代は一六世紀後半である。

濠一〇〇二の北端は、近年までかじ池と呼ばれるため池があったところで、濠の痕跡と考えられていた。調査によって深さ二メートル程度の濠跡が確認され、濠底には有機質粘土層が堆積する。濠はここから南へ延びた後、東へ曲がり、西町の北辺を東へ延びることが推定される。

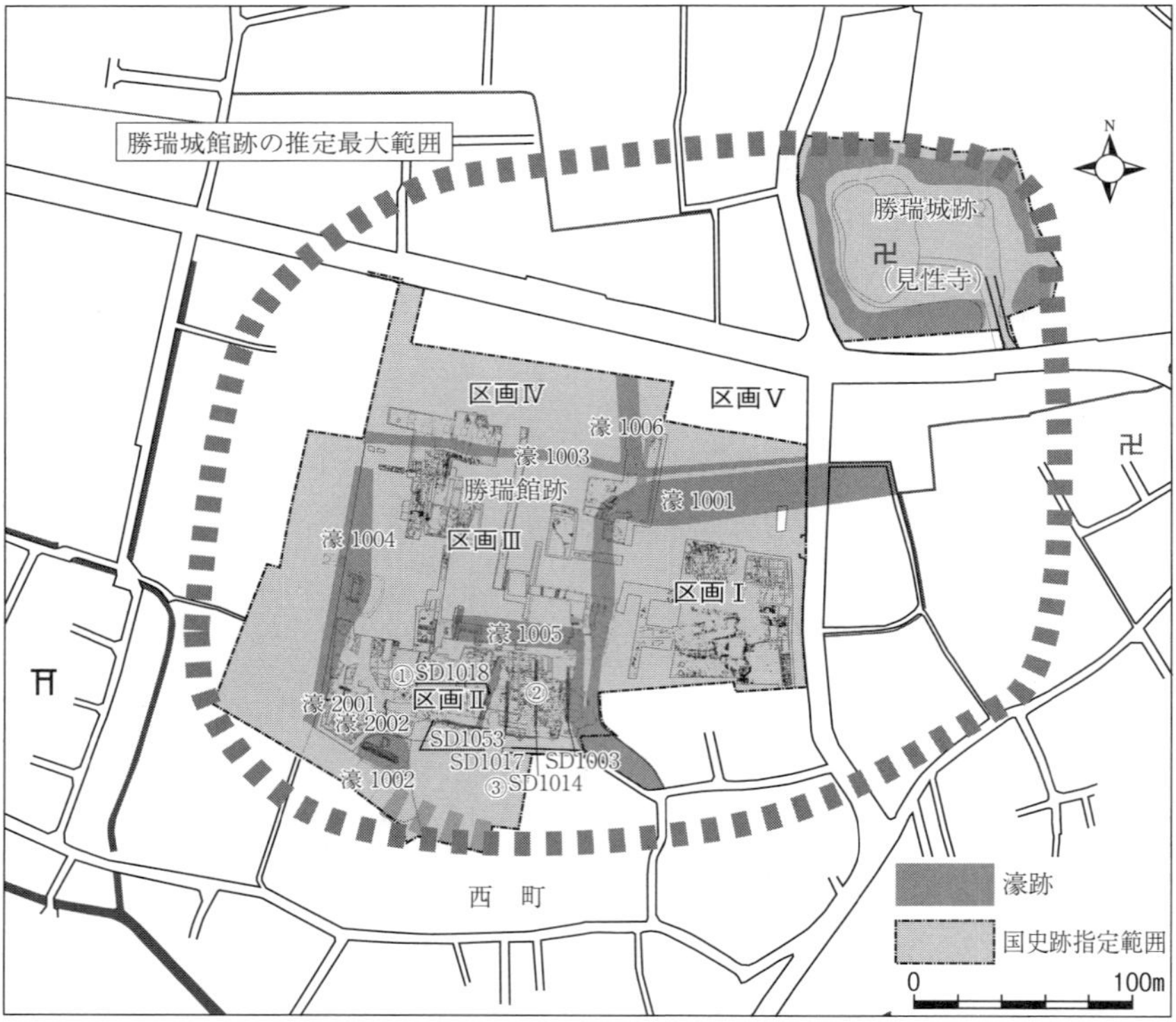

図4　勝瑞城館跡遺構配置図

濠一〇〇三は勝瑞館跡の北部を東西方向に延びる濠で、幅五～七メートル、深さ約二メートルを測る。濠底には常時帯水していたことを示す有機質粘土層が堆積しており、この層から「永禄七年（一五六四）五月廿四日」の紀年銘の入った卒塔婆が出土している（出土地点は図5②の★）。

濠一〇〇四は勝瑞館跡の西側を南北方向に延びる濠で、部分的にしか確認できていないが幅一〇メートル以上、深さ二メートル程度となると思われる。構築年代は一六世紀後半である。勝瑞館跡の南西部、濠一〇〇四の東側では東西方向に延びる濠二〇〇一も確認されている。濠二〇〇一は幅約五メートル、深さ約二メートルの断面V字型を呈する薬研

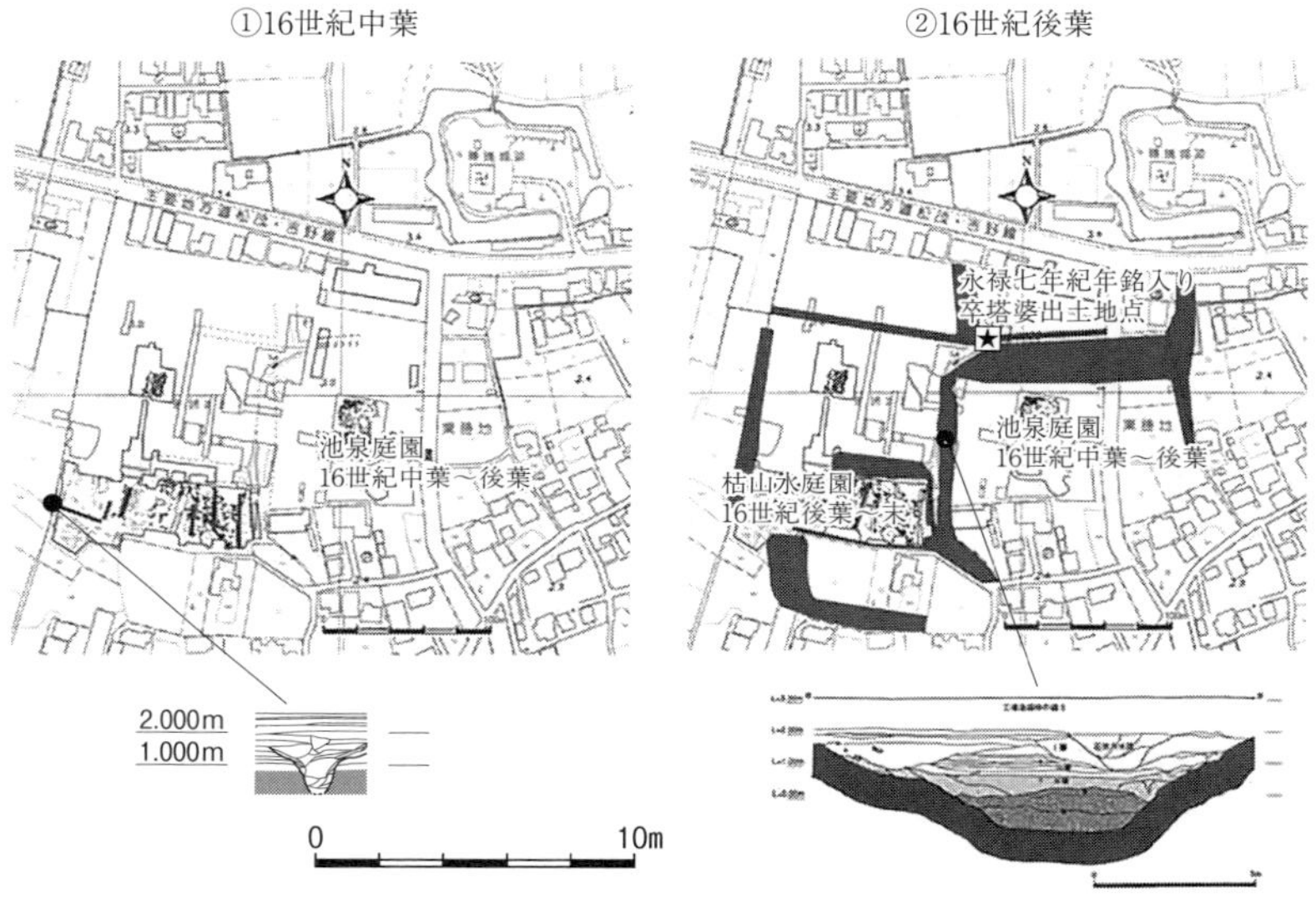

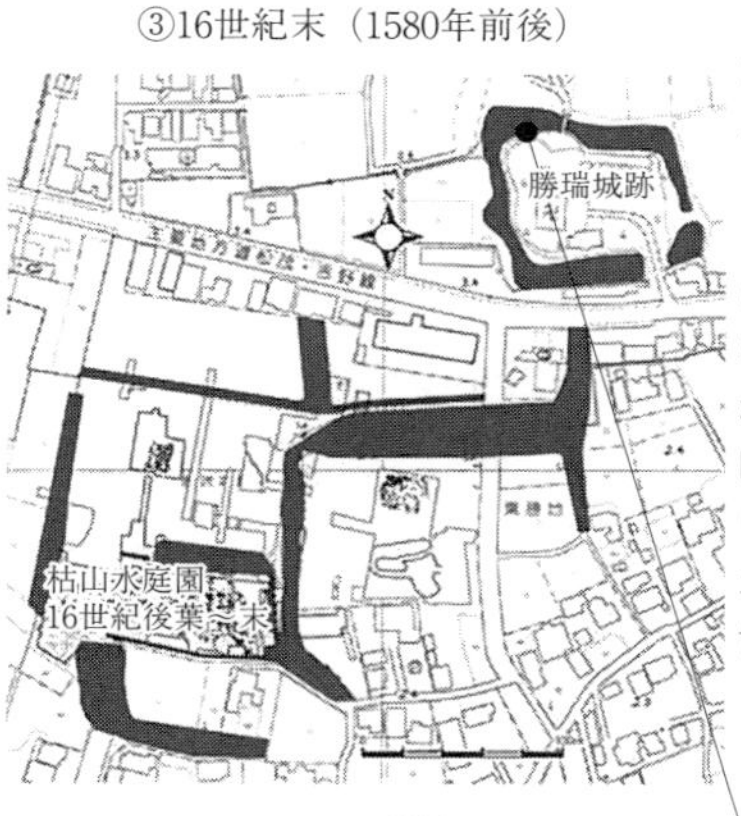

16 世紀中葉頃：上幅約 5m、深さ約 2m。断面Ｖ字形を呈する薬研堀や規模の小さい溝が確認されている。この頃、池泉庭園が造営される。

16 世紀後葉：薬研堀は埋没。溝で区画された小区画は統合され、上幅 10m以上、深さ 3m～ 3.5m、断面が逆台形を呈する箱堀で区画された曲輪が形成される？同一面から掘り込まれた濠の埋土（出土地点は★）からは永禄七年五月廿四日の紀年銘の入った卒塔婆が出土。また、枯山水庭園が造営される。池泉庭園は 16 世紀後葉のいずれかの時期に廃絶。

16 世紀末（1580 年前後）：土塁を持つ城、勝瑞城跡を築城。

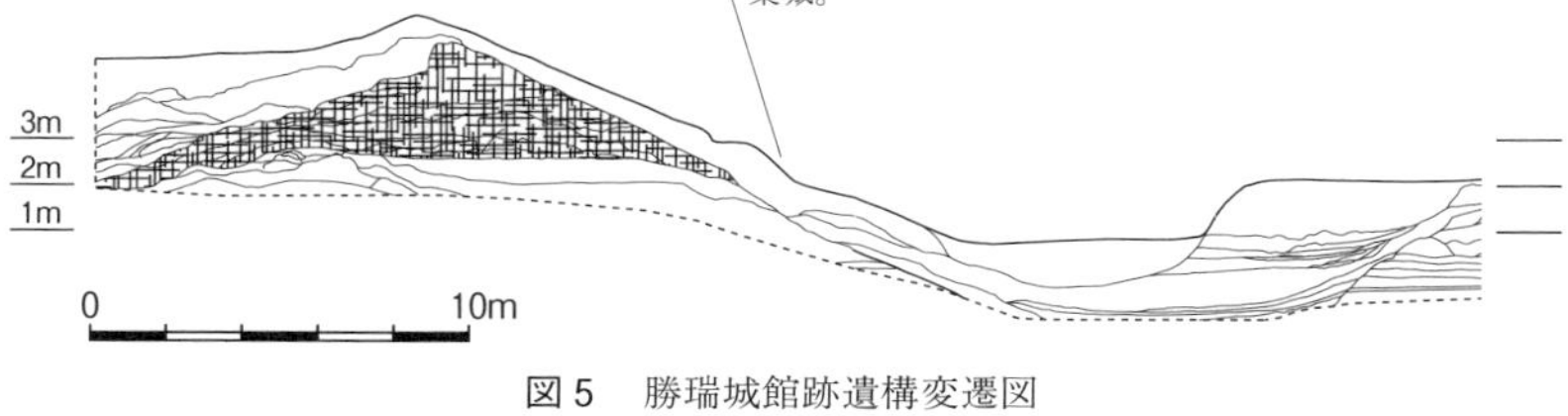

図５　勝瑞城館跡遺構変遷図

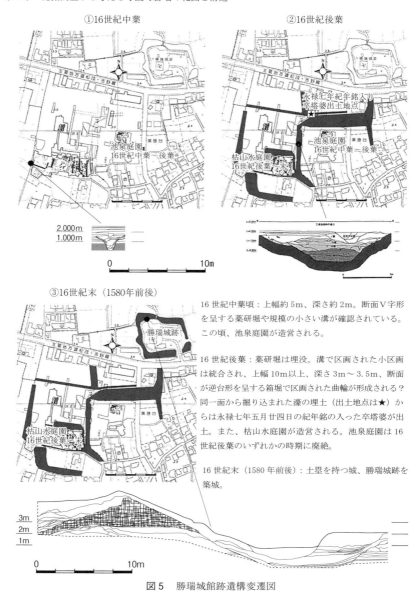

堀で、濠一〇〇四の前段階のものであることが推定される。

濠一〇〇五は濠一〇〇一から西方向へほぼ垂直に分岐する濠で、約八〇メートル西に延びて収束する。幅約一一メートル、深さ約二メートルを測り、濠底には有機質粘土層が堆積する。構築年代は濠一〇〇一と同時期と考えられ、一六世紀後半である。

濠一〇〇六は濠一〇〇三から分岐する濠で、幅一〇メートル程度と推定される。深さは約二メートルで、濠底には有機質粘土層が堆積する。

以上、濠一〇〇一～一〇〇六はやや時間差はあるかもしれないが、ほぼ同時期に構築された濠と考えられ、これらの濠によって五つの区画が想定できる。

興味深いのは、大規模な濠で区画されるものの、勝瑞城跡以外では土塁が付随しないことである。戦国期の阿波の情勢は安定しており、ほとんど戦乱がなかった。徳島県内の中世城館は、こうした社会情勢からその構造にあまり発展が見られないことが指摘される(14)。勝瑞において戦乱を意識する状況となるのは天正期に入ってからであることから、これらの濠には、外敵に対する防御的な意図はあまり考えられず、館を区画する用途に加え、当初は治水のためのものであったと考えている。

②各区画の様相

次に、それぞれの区画の概要を紹介する。

区画Ⅰでは三枚の遺構面が確認されている。

第一遺構面ではかわらけの焼成窯と礎石建物跡、複数の土坑、第二遺構面では礎石建物跡と池泉庭園、第三遺構面では礎石が検出された。時期的には、第一遺構面は勝瑞の最終段階の生活面で一六世紀第三四半期から天正一〇年（一五八二）、第二遺構面は一六世紀中葉から一六世紀第二四半期に比定される。

第二遺構面で検出された池泉庭園は、東西約四〇メートル・南北約三〇メートルの範囲に広がる大規模な池を中心とした庭で、池の規模は発掘庭園としては全国的にも最大級の規模である。池泉庭園の北側で一〇メートル程離れた地点には建物群が検出されているが、これらは主殿や会所等の建物になるのであろう。こうした権威の象徴となる空間を持つ曲輪Ⅰは、第二遺構面の時期には勝瑞城館の中枢の曲輪であったと考えられる。しかし、最終段階にはかわらけの焼成窯が築かれ、曲輪の性格は一変しており、興味深い空間である。

区画Ⅱは、溝ＳＤ一〇一八や溝ＳＤ一〇五三によって三つの区画に細分される。

区画Ⅱ―①では、二枚の遺構面が確認されている。

第一遺構面では、枯山水庭園とそれに伴う礎石建物跡が確認されており、建物は会所跡と推定されている。時期的には、一六世紀第三四半期以降に造営された庭と建物で、一六世紀末に廃絶する。

第二遺構面では、庭と建物跡の下層で東西方向に延びる溝ＳＤ二〇〇一が確認されており、この溝は一六世紀第三四半期に埋没する。また、やや西側では南北方向に延びる幅約五メートルで断面がＶ字型を呈する濠二〇〇二が確認されており、庭が造営される以前の区画であろうと考える。濠二〇〇二の埋没時期は一六世紀中葉である。

区画Ⅱ―②では、区画Ⅱ―①より遺構面がやや低くなり、出土する遺物では鍋・釜等の煮炊具や壺や甕等の貯蔵具の割合が増える。また、建物を復元するには至っていないが、多数の柱穴が検出されていることから掘立柱建物も想定される。これらのことから、①の空間が庭のあるハレの空間であるのに対して、②はケの空間であることが想定されている。

またこの区画では、検出面は同じであるが多くの柱穴に切られた溝がＳＤ一〇〇三、ＳＤ一〇一四、ＳＤ一〇一七と等間隔に並ぶ。これらは前段階の区画溝であることが考えられる。濠二〇〇二や、これらの溝の存在を考えると、勝瑞城館は小区画を統合しながら拡張した可能性が考えられる。

区画Ⅲでは西側で二棟の礎石建物跡と一棟の掘立柱建物跡が検出されている。また、北側では高い密度で遺構が検出されており、遺物の出土量も多い。出土遺物では人形手の青磁碗や交趾《こうち》三彩の桃形水滴、青白磁梅瓶等、希少な中国磁器が認められることは特筆すべき点である。現時点で曲輪の性格はよく分からないが、曲輪の北西部は遺構の切り合いも激しく、使用頻度の高い地区であったことがうかがわれる。

区画Ⅳでも遺構面が低くなるものの、遺構の広がりが確認されている。かわらけの出土割合も高く、城館の曲輪の一つであろうと考えられる。

③勝瑞城跡

勝瑞城館は、指定地としては現状から見性寺の境内となっている勝瑞城跡と、県道松茂吉野線を挟んで南側にある勝瑞館跡に分けられている。しかし二つの遺跡は、最終段階には一体のものとして機能していたと思われ、前述した範囲に広がる可能性が高い。

勝瑞城跡は、現状でも周囲を幅約一三メートルの濠で区画されており、土塁が一部に残っている。その規模は、濠を含めて東西約一〇五メートル、南北約九〇メートルで、北西部に張出を有した不整方形を呈する。

勝瑞城跡の発掘調査は、平成六年から一〇年にかけて実施された。発掘調査の結果、この部分を築く際に七〇センチメートル程の盛土が施されていることが確認された。その盛土層の下層から一五八〇年頃を上限とする備前焼Ⅴ期新段階の擂鉢が出土しており、このことから勝瑞城跡の部分は廃絶の直前、つまり天正一〇年（一五八二）の直前に築かれたものであることが確認されている。

この時期、勝瑞を取り巻く軍事的緊張は高まっており、天正九年（一五八一）には羽柴秀吉からは勝瑞の防備を固めるよう命じる書状が送られている（「九鬼文書」『阿波国徴古雑抄』所収）。勝瑞城跡の構造を見てみると、幅約一三メートルの大規模な濠とともに基底部幅約一二・五メートル、高さ約二・五メートルの土塁が築かれており、勝瑞館跡と対照的にここでは防御的な意識が感じられる。これらのことから、勝瑞城跡は長宗我部氏の勝瑞侵攻に対して築かれたものであり、有事には北側に近接する旧吉野川への退路を確保するための詰城的性格の砦であったことが考えられるのである。

また、大量の瓦の出土が特徴的で、織豊系城郭として築かれたことがうかがわれる。

(3) 勝瑞城館の構造の変遷と居館整備の画期

以上が、勝瑞城館の様相であるが、これらを概観すると、最終段階の形に至るまでの変遷が次のように認められる。

まず、一六世紀中葉には池泉庭園が造営される。大規模な池を持つ、権威を表現する空間が整備されるのである。これに先行する区画施設としては曲輪Ⅱで検出されている薬研堀(濠二〇〇一・二〇〇二)や小規模な区画溝(SD一〇〇三・一〇一四・一〇一七)が考えられる。

次に、一六世紀後葉になると薬研堀は埋没し、溝で区画された小区画は統合され、幅一〇メートル以上、深さ三~三・五メートルの大規模な濠で区画された曲輪が形成される。この大規模な濠は、低湿地に立地する城館であるため、区画の目的のみならず、治水を兼ねたものである。一六世紀の第三四半期には池泉庭園は廃絶し、枯山水庭園が造営される。

そして、最終段階の一五八〇年前後に勝瑞城が築かれるのである。

こうした変遷の背景にある歴史事象としては、権力者の移り変わりや社会情勢の大きな変化があげられると考え、以下の点を抽出した。

まず、第一の画期は三好氏の勝瑞居住である。三好元長は、岩倉（美馬市脇町）にあった阿波小笠原氏が宝治二年（一二四八）に創建したといわれる宝珠寺を永正年間に勝瑞に移転させ、祖父之長《ゆきなが》の院号「見性寺殿」に因んで見性寺に改称したという(15)。また、大永七年（一五二七）に管領細川晴元とともに足利義維《よしつな》を擁して堺へ渡海するが、このとき「井隈内勝瑞分壱町壱段」を見性寺に寄進している（「三好元長寄進状」見性寺文書）。このことから、この時期には三好氏は勝瑞に居住をしていたと思われる。前述したが、三好氏は見性寺の移転に際し岩倉の馬木の住人をともに移住させたことも考えられており、このことは、三好氏が勝瑞を拠点とするにあたり、大きな画期となったであろう(16)。

第二の画期は三好元長死後に長慶の本宗家と、実休の阿波三好家に分化する時期である。そして、実休は天文二二年（一五五三）に守護の細川持隆を殺害し、実質上阿波の実権を握ることになる。この時期がまさに権威を表す空間である池泉庭園を造営した時期ではないかと考える。

発掘調査ではこれ以後の時期に勝瑞城館が拡張、整備されていく様子がうかがわれるが、三好氏の権力の伸長があらわれているのではないだろうか。

そして、第三の画期は天正八（一五八〇）～一〇年頃である。この時期には城主のめまぐるしい変遷が見られる。三好長治没後に阿波三好家を再建した十河存保《そごうまさやす》であったが、織田信長や羽柴秀吉と通じて、当時阿波に侵攻していた長宗我部元親や一宮成助を引き込んだ篠原松満らと対立することにより、一時讃岐へ退去することになる。このとき、一宮成助が勝瑞に入る。しかしその後、信長と本願寺の和睦に反対して本願寺を退去した牢人や紀伊・淡路の軍勢が勝瑞を奪い取り籠城する。これに対して秀吉は、黒田孝高や生駒親正、仙石秀久らを阿波へ派遣して勝瑞を攻略した。しかし、阿波への介入はさほど深入りしなかったため、最終的には天正九年一月には十河存保が再び勝瑞を奪還することとなる。さらに、その翌年の天正一〇年には土佐の長宗我部氏の勝瑞侵攻もあり、戦国時代を通じて軍勢が迫るような危機的な状況がなかった勝瑞が、信長を中心とした広範な地域を巻き込む大規模な戦争の一環に組み込まれることとなり、勝瑞の要塞化が現実的な問題としておこったと分析する(17)。この時期がまさに勝瑞城が築かれた時期であろう。

おわりに

守護町勝瑞と勝瑞城館の規模・構造等について発掘調査成果をもとに検討を加え、そこから見えるかたちや変遷を概観してきた。それらはともに一六世紀中葉頃から後半にかけて整備、拡張を進めていく様子が見える。このことは、阿波三好氏が成立しその地位が確立していく時期と対応するものであり、ここに見える勝瑞城館と守護町勝瑞の整備、拡張は阿波三好氏によるものと考えている。

守護町勝瑞においては現時点で考えられる特徴として、一つに経済基盤と成り得る市や町場が確認できないこと、もう一つに多くの寺院が存在したことの二点をあげた。

経済基盤として欠かせない市や町場の存在が確認できないことについては、撫養《むや》や別宮等、水運で結ばれる別の町が大きな経済機能を持っていた可能性は高いであろう。三好氏の畿内における都市政策のあり方は、街道等でつながっている宿等、すでに発達した既存の流通経済を利用することで、新たに城下町を築造し経営することをせずに、一定の経済統制に成功していた(18)。仁木宏氏は、「勝瑞において、顕著な町場が見られなかったことも同様の説明が可能であろう」とする。市や町場を持たず、多くの寺院が建ち並ぶ景観は、守護町勝瑞の特徴的な景観であった。ただ、市や町場の痕跡が確認できないことと、多数の寺院が立地することは、都市形態の観点からは相矛盾する一面を持つため、この関係をどのように捉えるかは今後の課題となろう。

また、城館は平和な中世後期の阿波の社会情勢を反映させたように、当初は防御施設を持っておらず、そこでは優雅な生活が営まれていたであろう。しかし、突如、戦乱に巻き込まれ、長宗我部氏の勝瑞侵攻までに要塞化していく様子は非常に興味深い。今後、細かい個別の遺構毎に検討を加えれば、さらに詳細な城館の変遷や社会情勢の変化が浮き彫りになってくるであろう。

一方で課題も残る。もっとも大きな問題は、細川氏の守護所についてである。当初の勝瑞における最高権力者であった守護細川氏の館をはじめ、その時代の市や町場はどこにあったのであろうか。そのことと関連して、守護所の位置については福本孝博氏によって勝瑞の対岸の大麻地区の重要性が示唆され、新しい見解も示されている(19)。また、小野正敏氏からは勝瑞城館の曲輪の解釈について、池泉庭園が一六世紀第三四半期に廃絶し、その後にかわらけの焼成窯が築かれていることから、権威の象徴となる空間をまったく否定するこの行為は、単に三好氏の代替わりではなく、細川氏から三好氏への権力交代も含めもっと大きな変化であったのではないかとの大きな問題が投げかけられている(20)。

これらを踏まえ、今後も調査・研究を進めていくことにより、勝瑞城館や守護町勝瑞の解明に向けて前進していきたい。

（1）　勝瑞城シンポジウムは、勝瑞における発掘調査成果の速報を一般に公開することを目的として、平成七年度から毎年開催されており、平成二七年度で二一回を数えた。
（2）　今までに刊行されている発掘調査概要報告書は次のとおりである。
徳島県教育委員会『勝瑞館跡　守護町勝瑞遺跡東勝地地点第三次発掘調査概要報告書』一九九九年五月。

徳島県教育委員会『勝瑞館跡　守護町勝瑞遺跡東勝地地点第七次発掘調査概要報告書』二〇〇一年三月。

藍住町教育委員会『勝瑞館跡第一〇次発掘調査概要報告書』二〇〇五年七月。

藍住町教育委員会『守護町勝瑞遺跡東勝地地点発掘調査概要報告書Ⅰ　二次・三次・七次・八次調査――庭園及び礎

石建物跡の調査──』二〇〇六年三月。

藍住町教育委員会『勝瑞館跡第一一次発掘調査概要報告書』二〇〇七年三月。

藍住町教育委員会『勝瑞館跡第一二次発掘調査概要報告書』二〇〇八年三月。

藍住町教育委員会『勝瑞館跡第一三次発掘調査概要報告書』二〇〇九年三月。

藍住町教育委員会『勝瑞館跡発掘調査概要報告書──第六次・第九次・第一四次調査──』二〇一〇年三月。

藍住町教育委員会『正貴寺跡発掘調査概要報告書──第一次・第二次調査──』二〇一四年三月。
（3）山村亜希「勝瑞の立地と景観」（『勝瑞──守護町勝瑞検証会議報告書』徳島県教育委員会、二〇一四年三月）。
（4）前掲註（2）『正貴寺跡発掘調査概要報告書──第一次・第二次調査──』。
藍住町教育委員会『正貴寺跡発掘調査現地説明会資料』二〇一五年三月。
（5）前掲註（3）と同じ。
（6）重見髙博「阿波の守護所」（内堀信雄・鈴木正貴・仁木宏・三宅唯美編『守護所と戦国城下町』高志書院、二〇〇六年）。
（7）天野忠幸「戦国期阿波の政治史から考える勝瑞」（前掲註３『勝瑞──守護町勝瑞検証会議報告書』）。
（8）藍住町史編纂委員会編『藍住町史』（臨川書店、一九六五年）。
（9）山村亜希「阿波勝瑞」（城下町科研・徳島研究集会第五回事前検討会資料、二〇一四年）。
（10）城下で発掘調査を実施した多くの箇所で大量の瓦とともに礎石建物跡が検出されている。洛中洛外図屏風等を見ると、この時期の瓦葺きの建物は寺社であることから、勝瑞においても同様であろうと考え、こうした成果のあった箇所は寺院跡と推定している。
（11）見性寺跡の南側一帯は地元では「寺町」といわれる。しかし、地形的には低くなっており、ここに寺が建ち並ぶ景観を想定するのは疑問である。
（12）徳島県教育委員会『徳島県歴史の道調査報告書　第一集　讃岐街道・撫養街道』一九九九年三月。
（13）島田豊彰・大川沙織・石井伸夫「中世後期における阿波の流通──煮炊具、石造物、港津の視点から──」（『中近世土器の基礎研究』二四号、日本中世土器研究会、二〇一二年）。

(14) 本田昇「阿波の中世城郭」上・下（『史窓』一七・一八号、徳島地方史研究会、一九八六・八七年）。
(15) 『板野郡誌』（名著出版、一九七二年）。
(16) 前掲註(7)と同じ。
(17) 前掲註(7)と同じ。
(18) 仁木宏「中世都市史における勝瑞の歴史的位置」（『勝瑞――守護町勝瑞検証会議報告書』徳島県教育委員会、二〇一四年）。
(19) 福本孝博「室町期地方政治都市「勝瑞」の成立と変容――歴史地理学的景観復原による考察――」（『四国中世史研究』第一二号、四国中世史研究会、二〇一三年）。
(20) 小野正敏「戦国期武家館の景観と意味」（『勝瑞城シンポジウム――戦国期・武家の館――』勝瑞城シンポジウム資料、二〇一六年三月）。

【参考文献】


上田秀夫「一四～一六世紀の青磁碗の分類について」（『貿易陶磁研究』二号、日本貿易陶磁研究会、一九八二年）。

小野正敏「一五～一六世紀の染付碗・皿の分類と年代」（『貿易陶磁研究』二号、日本貿易陶磁研究会、一九八二年）。

小野正敏「出土陶磁よりみた十五、十六世紀における画期の素描」（『MUSEUM』四一六号、東京国立博物館、一九八五年）。

本田昇「勝瑞城跡の地理的研究」（『LOTUS　立正大学教養部論集』一号、立正大学教養部、一九六六年）。

羽山久男「守護町勝瑞の復原的研究」（『高校地歴』一二号、徳島県高等学校教育研究会地歴学会、一九七六年）。

森田勉「一四～一六世紀の白磁の分類と編年」（『貿易陶磁研究』二号、日本貿易陶磁研究会、一九八二年）。

第2章　文献史料から考える守護町勝瑞

須藤茂樹

はじめに――問題の所在――

三好氏は、室町時代には、室町幕府を支えた管領細川氏（京兆家）の有力な庶流家であった阿波細川氏のもとで、阿波の地域支配の一翼を担っていた。やがて、細川政元に実子がなかったため、管領細川家に後継者問題が起こった。阿波守護細川氏から澄元・晴元親子がその後継となるに及んで、三好之長《ゆきなが》・元長が相次いで上洛し、これを支えた。三好氏は畿内の政局を握る存在にまで成長し、長慶《ながよし》の時代には晴元から離れ、一三代将軍足利義輝を追放して、独自の京都支配を展開するなど、新しい権力を模索した。

この三好本宗家を支えたのが、長慶の次弟の三好実休（之虎など、阿波では義賢《よしかた》と呼称）である。実休は、三好氏の本拠地阿波を支配するとともに、讃岐や河内南部にも支配領域を形成した。その三好氏の阿波国支配の拠点が勝瑞（徳島県板野郡藍住町勝瑞）である[1]。

本稿では、「阿波の中世史料から考える勝瑞」という視点から、文献史料の検討をおこない、「守護町勝瑞」の様相を素描することを主たる目的とする。「文献史料から考える「守護町勝瑞」」と題した所以である。

しかし、阿波は中世文書がきわめて少ない地域であることから、中世史料に限定すると歴史叙述が困難となるので、「勝瑞」について記されている軍記物を含む近世史料、さらには関連の諸資料も含めて検討することとしたい。

そこで、以下の目標と手法を設定して日本史学、とりわけ文献史学の立場から、「守護町勝瑞」の実像に少しでも迫ることを目標とする。

（1）細川氏はいつ頃、秋月《あきづき》（徳島県阿波市土成町《どなりちょう》）から勝瑞に拠点、すなわち守護所を移したのか。その契機は何であったのか、などを解明する。

（2）三好館の範囲、細川館（守護館）の位置、範囲、さらには板野郡藍住町勝瑞字東勝地《ひがしかっち》を中心に展開する守護町、戦国城下町としての勝瑞の範囲を想定する。

（3）三好館、細川館の実態、さらには守護町、戦国城下町としての勝瑞の形成過程とその実態を明らかにする。

考察の手法としては、古文書や古記録といった同時代の史料、軍記物や地誌などの江戸時代の編纂物などの収集・検討から上記課題を検討するが、あわせて伝承・伝説などにも目を配りたい。

当該課題にアプローチするための史料としては、以下のようなものがある。

①「軍記物語」に見る勝瑞

『昔阿波物語』『みよし記』『三好記』『元親記』『長元記』など。これにより、初出、範囲、勝瑞の様子などを確認する。

②「地誌」に見る勝瑞

『阿波志』『阿波奇事雑話』など。これにより、初出、範囲、近世人の勝瑞の捉え方を確認する。

③古文書・古記録に見る勝瑞

「三好千熊丸・千満丸寄進状」(「見性寺文書」)など。このうち、成立時期の確定が困難な「三好大状前書」などの扱いに注意する必要がある。

ただし、結論を先に述べれば、従来から指摘されているように、勝瑞のみならず、阿波の中世に関する同時代史料があまりにも少なく、断片的な考察にならざるを得ず、先学を越えるような結果を導き出すことはできなかった。

しかし、改めて、「勝瑞城館」「守護町勝瑞」の視点で文献史料を収集・整理することは意味のないことではないと考える。

第一節　戦国期阿波に関する史料の残存状況

本論に入る前にまず、戦国期阿波に関する史料の残存状況について触れておきたい。すでに、福家清司氏も指摘されているように(2)、阿波の中世文書は約一六〇点のみしか確認されておらず、そのうちの半数の八〇点強が南北朝期の文書(内南朝年号が四四点)であり、阿波に伝存する戦国時代の文書は寡少といわざるをえない。なによりも、三好長慶・実休兄弟の発給文書は元服前を除けば皆無に等しいのである。

よって、阿波の戦国史を叙述するためには、『昔阿波物語』や『三好記』、『みよし記』などといった軍記物を利用しなければならないのが現状である。これら軍記物については、その書誌学的研究も含めて慎重に取り扱う必要があることを指摘しておきたい。

文献史料のみで、勝瑞城館および守護町勝瑞を浮き彫りにするのは困難と言わざるを得ず、考古学的、また地理学的手法によるアプローチが必要となるのである。

勝瑞を語る前に、勝瑞移転前の守護所所在地とされる秋月（徳島県阿波市土成町）について考えてみたい。勝瑞に守護所が置かれる前の初期守護所の状況を明らかにすることは、勝瑞を検討するうえで重要であると考えるからである。

第二節　勝瑞移転前夜──初期守護所秋月──

（1）細川氏と秋月

貞応三年（一二二四）以後と推定される「宣陽門院領目録」（「島田文書」）には、「阿波国秋月荘」と見え、上《じょう》西門院《さいもんいん》統子《むねこ》内親王（鳥羽天皇の皇女）から姪にあたる宣陽門院（後白河法皇の第六皇女覲子《きんし》内親王）に譲られ、新しく同女院の所領となった。覲子内親王の母は高階栄子で、高階家が歴代阿波守を務めていたことから、隣接する朽田《くちた》荘とともに高階家が秋月荘に関与していたと考えられている(3)。

応永二〇年（一四一三）に書写された「長講堂領目録」(4)には法金剛院の所領として秋月荘が見えるが、「守護横領歟」と記されており、この頃には阿波国の守護にその所領が横領されていたと考えられる。そうでなくても、秋月荘からは領主に対して年貢が納められていなかったと思われる。鳥羽天皇の中宮待賢門院障子が大治五年（一一三〇）京都双ケ丘（現京都市右京区）に建立した御願寺である法金剛院の所領は、待賢門院の死後、その娘上西門院統子内親王から宣陽門院に譲られ、承久の乱後幕府に一度没収されたが、後に還付されて宣陽門院の養女である鷹司院から後深草天皇に譲られて持明院統に伝えられていく。

正中二年（一三二五）四月二一日の「尊忍田地寄進状」(5)に関係すると思われる「高野山灌頂院寄進覚書」には「秋月荘切畑寺」と見える。「切畑寺」とは四国八十八ヶ所霊場のひとつ第一〇番札所切幡寺《きりはたじ》（徳島県阿波市市場町）のことと考えられる。

さて、前述した「守護横領」は、建武三年（一三三六）に細川氏が阿波国に入部し、秋月荘に守護所を構えたことが大きく影響していると推察される。力を付けてきた細川氏によって国内の荘園が横領されていったと考えられ、守護所のお膝元である秋月荘などは真っ先に横領の餌食になったものと思われる。

それでは、なぜ細川氏は秋月に入ったのであろうか。鎌倉時代の末期には秋月荘には足利氏がその地頭に補されており、少なからず足利氏の所領化が進んでいたと考えられている。そのような歴史的背景から、足利一門であった細川氏は支配の拠点となる守護所を「秋月」の地に置いたのではないだろうか。細川和氏《かずうじ》が建武三年末頃に阿波国守護職に補任され、秋月が守護所の候補地として浮上したものと推測できる。

しかし、後醍醐天皇は延元三年（一三三八）一二月六日付の綸旨で愛洲《あいす》七郎左衛門尉憲俊《のりとし》に秋月荘の地頭職を安堵している。また、後村上天皇は興国二年（一三四一）四月八日付の綸旨で同人に対して同内容の安堵を与えている。(6)さらには、五年後の興国七年（一三四六）八月三日付「愛洲憲俊譲状」によれば、秋月荘を含む自分の所領を分割譲与しているが、『紀伊国続風土記』によれば愛洲氏は紀伊国（和歌山県）の住人で南朝方に組していたことが知られている。

嘉慶元年（一三八七）一一月二六日の「細川頼有譲状(7)」によれば、秋月荘の三分の一は本領であると記され、阿波・讃岐・伊予三ヶ国内の一八ケ所の所領を子息の頼長に譲っている。また、応永七年（一四〇〇）八月二四日付の「畠山基国施行状(8)」にも頼長の知行すべき七ヶ所の所領のひとつとして「秋月荘参分壱」とみえる。以上のことから、秋月荘が細川氏の所領のひとつとして確立していたことがわかる。

（2）初期守護所秋月

『細川三将略伝』(9)には、「阿波国をいただいて秋月に館を築いて居住した」とあり、細川氏は阿波入部当初から秋月に拠点を置いたことは間違いないように思われる。『細川三将略伝』には、細川和氏は老いたので勝瑞の地に隠居してその居室を粋適《すいてき》と名付け、竹を愛することから竹径《ちっけい》と名乗り、髪を落として花月などの自然と親しみ詩歌に興じて余生を送り、秋月の府南明山中、すなわち南明山補陀《ほだ》寺に葬られた。導師は大道一以禅師であった、とみえる。史料の信憑性に問題はあるものの、「勝瑞に隠居した」という記述は興味深い。

それでは、室町初期、細川氏が拠点を置いた守護所の場所はどの辺りだったのであろうか。秋月の地には、門城、御屋敷址、御釜場、獄門（的場）といった館や屋敷に関わる地名が今も残されており、有力な手掛かりとされてきた。現在、秋月城跡とされる場所には、「史跡　秋月城址」と刻まれた標柱が建てられているが、この場所が守護所の跡と断定すべき材料は残念ながらない。土成町教育委員会によって、推定地の確認調査が何度か行われたものの、確証の得られる遺構や遺物は検出されなかった。「ここだ」といえるはっきりとした比定地はないというのが現状である。今後の調査に期待するところである。

しかし、守護所と関係すると思われる寺院跡がいくつか残されている。

暦応二年（一三三九）に、細川和氏が夢窓疎石を開山として建立した補陀寺があった。後にこの寺は安国寺となった。また、管領として三代将軍足利義満を補佐した細川頼之《よりゆき》は、亡父頼春を弔うために春屋妙葩《しゅんおくみょうは》を招いて光勝院を建立した。光勝院は、後に補陀寺を併せて鳴門市大麻町萩原に移転し、現在に至っている。臨済宗妙心寺派に属し、南明山補陀寺とも号している。さらに、頼之は、至徳二年（一三八五）に絶海中津《ぜっかいちゅうしん》を開山に招いて宝冠寺も建立している。ただし、宝冠寺については、一次史料には見えない。いずれの寺院も秋月の地には現存していないが、安国寺の経蔵跡にあたる場所に現存する輪蔵庵《りんぞうあん》には、細川和之の墓といわれる宝篋印塔が残されている。

広島県瀬戸田町にある耕三寺には応永二年（一三九五）に鋳造され、永享七年（一四三五）に改鋳された梵鐘が残されているが、その銘には「大阿波国秋月庄八幡宮鐘之事」とあり、その大檀那として梵光寺守格《ぼんこうじしゅかく》、右京大夫（細川）頼元《よりもと》、兵部少輔（細川）義之《よしゆき》の名が見える。「秋月庄八幡宮」の名が出てくる資料はほかにもある。(10)

このように、現在は建物など目に見える形のものはあまり残されていないが、秋月には館を中心に社寺が存在したことが推定される。

先にも触れたが、地名などを参考に秋月の館跡を確定するために発掘調査を行っているが、確定するに足りる発見はなされていない。いままで、発掘成果や文献史料など比較的データが蓄積されている室町時代後期の守護所と、秋月のような初期の守護所とを同じもののように想定している向きが強かったように思われるが、歴史は時代の状況によって変化するものである。前期の室町幕府が守護在京体制であったことから、最初の頃の守護所は独立した構造のものではなく、寺院などに付属するようなかたちで守護所の機能を持つ役所があった、すなわち小さな守護所と想定することもできるのではないかとの説もだされている。

実際、阿波安国寺跡（南明山補陀寺跡）からは、多量の丸瓦・平瓦など寺院跡と推定しうる遺物が土師質土器《はじ》片・瓦器《がき》片などとともに出土している。さらには、宝冠寺跡推定地からも瓦が出土している。明確な遺構は伴わないものの、これらの遺物から秋月に寺院が存在したことは確実である。守護所関連の寺院と考えることには異論はないであろう。(11)

秋月城については、城郭史の立場から検討された本田昇氏の論考がある。(12)本田氏は、秋月城についての研究史を整理され、その位置について的場説と御屋敷説のそれぞれについて詳細な検討を加えられ、またその存立時期についても考察を加えられている。しかし、発掘による確認調査では、秋月城跡の痕跡を発見することができず、近年では秋月の守護所は別の場所にあったのではないかとも考えられている。

第三節　守護町勝瑞の形成と発展

前節で初期守護所秋月について見てきたが、いよいよ勝瑞について考察を加える段となった。

かつて守護町が展開したとされる勝瑞は、徳島県板野郡藍住町勝瑞に位置し、古代には「井隈郷《いのくまのごう》」、中世には「井隈荘」の内であった。勝瑞の地形は、吉野川下流地域のデルタ地帯に位置し、内陸の秋月から沿岸部へ移動したものである。

守護町勝瑞の位置付けとしては、室町時代後期に細川氏が守護館を置き、その館を中心に守護町が展開したと考えられている。発掘調査が行われた勝瑞城館跡は、戦国時代の阿波三好氏、具体的には三好実休とその後継者たちの居館跡と推定されている。

さて、勝瑞について、徳島県史編さん委員会編『徳島県史』二巻では、以下のように記している(13)。

（細川）詮春は勝瑞の居館を、応安年間（一三六八～一三七五）に修補して居城とし阿波の守護所とした。勝瑞はかつて初期小笠原氏の守護所の所在地井隅庄にあり、細川和氏は先にここに退隠し、居室に適粋の額を掲げて風流吟咏を楽しんだと伝えられ、詮春の居館もすでに此所にあったのを修補したのである。地形において後に吉野川の本流を臨み、前に住吉川をひかえ、四通豁建ちの阿波平野の中心部にあって、近畿へはただちに吉野川から船を利用できるし、また東の撫養港からも行動して兵庫、尼崎、堺に上陸し得る景勝の地である。

つづいて『徳島県史』は、『昔阿波物語』などの軍記物語の検討から、市の存在、自治組織、治安維持、風流踊りなど勝瑞城下の状況を紹介し、領主は治安維持に対して「ほうかむり主義」をとっていた、とされた。

本節では、先に提示した本稿の目標（1）～（3）を見ていく。守護町勝瑞について明らかにしたいことをより具体的にまとめると、以下の通りである。

・初期守護所とされる秋月から何時移転したのか。
・なぜ勝瑞を選んだのか。移転の理由は何か。
・存在を推定している守護細川氏の守護館の場所、規模、機能はどのようなものであったのか。
・勝瑞城館（三好実休の館）はどのような規模、機能を有していたのか。
・守護町、戦国城下町としての勝瑞の規模、歴史的変遷、機能はどのようなものであったのか。

以上の諸点について、考察を加える。

（1）秋月から勝瑞へ――守護所の移転――

①移転の時期：いつ移ったのか

阿波の守護所は、南北朝時代細川氏の入部以来、秋月に置かれたが、やがて勝瑞の地に移転する。秋月から勝瑞へ、守護所はいつ移転したのか、このことについては、徳島の郷土史においても諸説ある。『徳島県史』には、承久の乱後に阿波守護となった小笠原長清が守護所を置いたとするが、可能性は低い。また、土御門上皇の行在所が勝瑞にあったとする説もあるが、信憑性は高くはない(14)。『阿波志』には延元二年（一三三七）細川頼春が築城したとの説(15)、「南海通記」にも頼春が勝瑞に安居したとする説(16)、南北朝期の応安年間に守護細川詮春《あきはる》が移転したという南北朝時代移転説などがあるが、詳細は不明である。江戸時代には、南北朝時代には移転したものと考えられていたのだろう。しかし、この南北朝時代移転説は頷きがたい。

現在のところ、文献史料などの検討からは、南北朝―室町初期移転説を実証することは困難である。しかし、勝瑞城跡周辺には五輪塔や宝篋印塔など中世前期の古い石造物が確認されることから、細川和氏、詮春が勝瑞に居たとする伝承をにわかに否定するのには躊躇を覚えるし、細川氏との関連を否定することはできないかもしれない。

また、一宮松次氏は『土成町史』[17]のなかで、京都大徳寺庫裡《くり》にある雲版《うんぱん》に「応永六季己見卯仲秋吉日　阿州路南明山光勝禅院庫司　住山釈沙門大周希綱誌」とあり、南明山がもと補陀寺の山号であったことから、応永六年（一三九九）以前に補陀寺と光勝院を合併したことが明らかであるとした。そして、この二寺合併を光勝院の板東郡萩原（鳴門市萩原）移転の時期と推定している。この説を重視した本田昇氏はこの応永六年を守護所が秋月から勝瑞へ移転した時期の最下限と考えられた。さらに本田氏は、康応元年（一三八九）に足利義満と細川頼之が完全に和解して以降、あるいはその翌々年の明徳二年（一三九一）に頼之が再び上洛する頃との説を出されている。[18]

「勝瑞」の地名が確実な文献史料に登場するのは、大分時代が下がってからである。「勝瑞」の地名の初見は、いつだろうか。明応九年（一五〇〇）没の天隠龍澤《てんいんりゅうたく》の「天隠語録」延徳三年（一四九一）三月一七日条に「阿州勝瑞里統宗院」とあるのが初見である[19]「天隠語録」『続群書類従』一三輯上）。「翰林五鳳集」巻第二四では「勝瑞を発して舟阿波の撫養に泊る」とある。[20]「後法興院記」明応二年（一四九三）一一月三日条には、「慈雲院（細川成之）御仰せ進せ、セウスイと云う在所にて御越年の用意致すの由」とみえる。[21]以上の史料から、室町時代後期の細川持常・成之の代に移転した可能性が指摘される。[22]

それ以後、勝瑞は阿波支配の拠点として繁栄する。大永七年（一五二七）二月二日付で、三好元長は見性寺に対して「井隈之内勝瑞分壱町壱段」ほかを寄進している。[23]三好氏は、この頃には勝瑞近辺の土地集積を積極的に行っていたのかもしれない。

②移転の理由：何故移転したのか

移転の理由はどのようなものであったのだろうか。

『粟田口猿楽の記』[24]の「其比東條のなにがし、逆浪をたてしも、しづまりしかば」の記述に見られるように、畿内の乱れと阿波国内支配の動揺を原因として、国内の動乱の鎮圧、そして守護の在国が一般化し、支配体制の強化の必要性から「勝瑞」が選ばれたと考えられる。勝瑞を選んだ理由は、いくつか想定されるが、前述のように阿波国支配の拠点、河川流通の拠点となりうる点に着目したことをあげておきたい。

石清水八幡宮領萱嶋荘《かやしまのしょう》と別宮《べっく》に関する古文書や「兵庫北関入船納帳」などの史料、さらには徳島市川内町大松の大松遺跡の平成二〇年度調査成果から、川湊の存在が確認された。堺をはじめとする港湾都市との交渉、京や堺など畿内との往復の必要性などから河川交通・海上交通・流通経済の拠点となり得る、「勝瑞」の地に着目したことによるのではないかと考える。

そのことは、戦国期に流通経済都市として栄えた和泉国堺の津田宗達・宗及、今井宗久等の豪商や文化人との交流を見ても肯けよう。

細川成之《しげゆき》による金岡用兼《きんこうようけん》を招いての丈六寺（徳島市丈六町）の再興、同寺所蔵「細川成之画像」（重要文化財）の存在、そして細川持常《もちつね》による桂林寺（小松島市中田町）の建立、同寺への文安四年（一四四七）閏二月二〇日の持常の「此御経者、為二頼春朝臣百年忌一、自二公方様一賜レ之、」との奥書を有する「法華経」八巻（徳島県指定文化財）の寄進など[25]から、この頃には阿波細川氏が吉野川以南へ積極的に施策をすすめているように思われ、阿波国全体の領国支配を見据えたうえでの勝瑞移転と考えたい。

（2）守護町勝瑞の規模

勝瑞城の規模について、文化年間（一八〇四～一八）、徳島藩儒学者佐野山陰編『阿波志』(26)には、

南は貞方に至り、北は馬木に至る。南門は西貞方・小島の間に在り、名を距ること千二百歩許り、池を穿つこと、三重・貞方・吉成・水由・音瀬・矢上・笠木・高房等、皆羅城の中に在り

とあり、南は貞方《さだかた》、北は馬木《うまき》、南は西貞方と勝瑞城の範囲を示し、貞方、吉成《よしなり》、住吉、音瀬（乙瀬）、矢上《やかみ》、笠木、高房《たかぼう》などはすべて城内としている。この場合の城内とは、城下町を含むものと考えてよいと思われるが、それでもかなり広範囲に及び、今後検証を行っていく必要がある。

勝瑞城の規模については、『南海通記』の「勝瑞城攻記」(27)には、「此の城ハ上代ヨリ屋形構えナレバ、方二間ニシテ土居堀一重也」とあり、また『昔阿波物語』(28)には、「政安公（存保）の御城はついぢ（築地）の中拾間四方にて候」、『阿州古戦記』(29)には「勝瑞の城は上代より屋形構なければ、方二町にして土居構一重なり、其内に楼十四、五搔ならべて、」「二、三丸を攻破り、本丸許にして攻戦ふ」、『三好記』(30)には、「勝瑞城と申すは、墓々敷堀をもほらず、わずかに屏一重ばかり塗りて、方一、二町に過ぎず、その内に櫓十四・五搔雙べたり」とある。このように、軍記物の記述には、一種の館《やかた》、小規模な城をイメージしていることがわかる。この記述は、現存する見性寺のある勝瑞城跡の印象が投影されていると考えられる。軍記物を編んだ近世びとの城構えの常識とは非常に隔たった感想を三好氏の館にもったのであろう。

これら軍記物や地誌など近世の編纂物の影響を受けてのことと思われるが、『徳島県史』一巻には、「いずれにしても後世の城構えとは非常にへだたった一種の館《やかた》であったであろうし、吉野川水路の変遷、蜂須賀氏入国の後は徳島城材料として石塁や建造物を移動したので復原し難いが、現在の見性寺が旧本丸で高房に東門があり、住吉の大門、東貞方に南門があり、住吉の大門から矢上西の西町にかけて大道路があり、数多の社寺があったこと

はうかがわれる。この勝瑞を最大として第五章に記したとおり中世の末期には阿波の各郡に大小の集落が城主を中心として存在したのである」と記されている[31]。

勝瑞城館の規模は、発掘により、ほぼ推定できており、かなり大規模な館が想定されているが、東側については不明な部分も多い。館の入口、すなわち勝瑞城館の出入口は何ヶ所存在したのか、そのなかで大手門はどこにあったのかなど解明しなければならない点は多い。さらに城館内にあった施設についても、遺構は多数確認されているものの、どのような建物にあたり、どのような機能を有していたかも考えていかなければならない。枯山水を伴う礎石建物は会所跡と推定され、池庭を伴う礎石建物は主殿跡とされている。文献史料からは、城館内にどのような建物があったかはわからないが、『宗達茶会記・他会記』から、城館内に「茶屋」と称する建物があったことは認めてよいだろう[32]。

また、城下町については、正貴寺など発掘調査で明らかにし得た以外は、ほとんど未解明の状態であり、地籍図や航空写真などの検討による歴史地理学的手法を用いた推定、守護町勝瑞推定範囲内の発掘調査による成果の蓄積、検討により、その推定を実証していき、確定されることに期待するものである。

大きな発掘成果が見られている正貴寺の事例から明らかなように、勝瑞の場合は地名が勝瑞城下町の状況を解明するのに有効である。今後も、地名を手掛かりに勝瑞の範囲や機能を推定することが重要となろう。

(３)　時代の変遷と勝瑞の構造

①勝瑞をめぐる変遷

守護所勝瑞は、守護細川氏の後期守護所として成立し、続く三好政権期には都市としての性格を漸次戦国城下町的なものに変化させていった。そこで、まず勝瑞の時代的な変遷を見て[33]、ついでその構造について考えてみたい。

移転の画期は、応仁・文明の乱の終結、守護の領国下向、在国支配体制の強化が考えられる。阿波の場合、畿内では細川澄元の擁立、両細川の乱、阿波では在国支配の強化、澄元の擁立に伴い阿波守護家と京兆家の一体化がなされる。阿波と畿内で頻繁に往復する必要性が増え、水運の掌握による畿内との連携強化がなされていく。そのような状況のなかで、ますます勝瑞の位置は重要視されていくのである。阿波の政治的流れをおさえておこう。

天文二二年（一五五三）　家臣三好実休が守護細川持隆を誘殺する。

永　禄　五　年（一五六二）　三好実休が久米田合戦で戦死し、長子長治《ながはる》が家督を継承する。

永禄一一年（一五六八）　足利義栄《よしひで》を室町幕府一四代将軍として擁立、細川真之《さねゆき》・三好長治が共同参画する。

天　正　三　年（一五七五）　この頃から同五年にかけて、土佐長宗我部氏が阿波に侵入し、阿波国人の切り崩しを図る。

天　正　五　年（一五七七）　三好長治、反三好氏勢力により、長原（板野郡松茂町長原）で戦死する、弟存保《まさやす》が家督を継承する。

天正一〇年（一五八二）　織田信長、三男織田信孝を大将とする四国方面軍を組織。それ以前に三好康長を阿波に先発させる。中富川の合戦で三好勢、長宗我部勢に敗れ、ついで存保が讃岐（香川県）に逃亡し、勝瑞落城。

天文二二年、細川持隆は家臣三好実休に誘殺され、永禄五年にはその三好実休が和泉久米田の合戦で戦死すると、その子長治が跡を継いだ。天正四年（一五七六）一二月五日、国主細川真之は密かに勝瑞を抜け出し、那賀《なか》郡仁宇谷《ぐんにうだに》で反三好の旗を揚げた。同五年三月上旬、長治は荒田野口（阿南市新野町）に出陣したが敗れ、細川真之派によって別宮（徳島市。または松茂町）で戦死する。その長治は熱心な法華宗信者で阿波国内を法華宗に改宗させようとしたとされる。[34] 法華騒動の実態は詳らかにはし得ないが、和泉堺の妙国寺日珖《にちこう》が勝瑞の地で宗論に及んだことは日珖の日記「己行記《こぎょうき》」の記述から事実である。[35]

天正五年（一五七七）頃に長宗我部元親の阿波侵入が本格化すると、長治の跡を継いで勝瑞に在城していた十《そ》河《ごう》存保（長治弟で、讃岐十河一存の養子）は同八年に讃岐に逃亡、同九年には再び勝瑞に入った。天正九年（一五八一）と推定される羽柴秀吉書状[36]では、勝瑞城を堅固にするよう命じているが、近年本文書の年代比定に異論が出されており、再検討を要する。[37]

近年注目されている「石谷家文書」[38]のなかには、長宗我部元親の阿波侵攻に関する史料も多く含まれているが、そのなかの（年未詳）十一月廿四日付井上殿宛「中島重房・忠秀書状」には、

（前略）

一阿州の儀者、来春一行可レ被二差競一候、落着之段、兎角大坂・雑賀御手遣之節可レ被二擽果一候、

一淡州へ之御一勢、於二御遠慮一者、是非雑賀を被二押置一候やう之御申成肝要候、勝瑞をハ雑賀者過半相踏候、可レ被レ成二其分別一候、

一讃岐国之事、勝瑞一着を相願躰に候、当分此方敵心候へ共、至極之無遺恨候、干レ時中国ニ被レ搦、此方と敵筋候、勝瑞澄候へハ、讃岐之事ハ如何やうも可レ輙趣候、連々調略子細候間、今一渥（握カ）にて可二相下一候

（後略）

とある。本史料は、「摂州表悖乱」とあることから、荒木村重が謀反を起こした天正六年（一五七八）に比定されるが、勝瑞に雑賀衆が入っている点、讃岐のことは勝瑞のことが片付けばいかようにもなると見通しを述べて

いる点などが興味深い。「阿州之儀被㆑懸念第一㆒」とも記している。親信長勢力と反信長勢力との対立が背景にあると説明されている。

この後、信長との良好な関係（同盟関係とはいえない）にあって四国平定を目指して軍事活動を積極的に推し進めた元親と信長との関係は、徐々に悪化していくことになる。

天正一〇年（一五八二）には織田信長の命で、四国征討軍の先鋒として阿波に入った三好山城守政康（笑岩）も勝瑞に合流した。しかし、本能寺の変で信長が討死すると、政康は畿内へ帰った。同年八月、長宗我部元親は大軍をもって勝瑞に迫った。中富川の戦いで敗れた存保は勝瑞に立て籠もったが、長宗我部に包囲され、二〇日余の籠城の後、城を明け渡し、讃岐に落ち延びた。合戦の経過は『三好記』などの軍記物に詳しい(39)。元親は勝瑞には入らず、その後も使われることはなく、勝瑞の地は近世農村へと変貌を遂げていった。

このような畿内の情勢の変化と外敵の侵入により、阿波国内も軍事的緊張関係が高まり、また「勝瑞」内部の権力闘争もおこなわれていった。

守護館（細川館）の存続時期はいつまでか、三好館の発生時期はいつからかという問いに答えられる明確な史料は存在しないが、元亀三年（一五七二）正月の奥書を持つ『故城記(40)』には、

細川屋形　掃部頭真之
勝瑞屋形　三好孫六郎存保

とあり、細川・三好両氏の館が存在した可能性が指摘できる。ただし、『故城記』は元亀三年正月の奥書を有するものの、成立年代は下がると考えられ、江戸時代の作成にかかるものと思われる。よって、その利用には注意が必要である。しかし、「細川屋形　掃部頭真之」と「勝瑞屋形　三好孫六郎存保」を並列させているところが阿波の戦国末期の緊張を表現しているように感じて、記述を信頼しても良いように思っている。すなわち、当時

の政治状況から考えても、二つの館が存在した可能性は高いと考えられる。

三好氏の居館が何時つくられたのか。細川氏の館、すなわち阿波の守護所はどこにあったのか。勝瑞については、史料的制約により、このような基本的な問題が明らかにされていないのが現状であるが、今後の課題としたい。

ところで、「松家文書」[41]（徳島県指定文化財）にみる細川真之と三好長治との関係も興味深い。有力家臣の篠原氏を討伐するにあたり、三好氏は守護家の細川氏の軍事動員権を利用せざるを得なかったのである。

織田政権の急速な勢力伸長は、阿波勝瑞にも大きな影響を及ぼしている。天正九年（一五八一）九月八日付羽柴秀吉書状「九鬼文書」[42]には、勝瑞の防備を固めるべしとの指示があり、館の拡張を行った可能性がある。明智光秀と長宗我部元親のライン、羽柴秀吉と阿波の国人たちとのラインがめまぐるしく葛藤していたようである。近年、本文書の年代比定について諸説あるが、ここでは従来の天正九年説に従っておきたい。

なお、徳島城築城に際して、勝瑞城並びに一宮城（徳島市一宮町）の石垣の石や櫓などの資材が移築されたとの説があるが、勝瑞城については事実とは認めがたく、また一宮城についても慎重に考える必要があるとの本田昇氏の指摘は傾聴に値する[43]。

②守護町の構造

守護町勝瑞の実態を示す同時代史料は皆無に等しいため、江戸時代前期に編まれた軍記物に目をやらなければならない。

阿波三好氏の動向を記した軍記物では『三好記』が知られている。寛文三年（一六六三）四月の刊行で、寛文二年の序文を有することから、成立はそれ以前と考えられ、徳島藩蜂須賀家の重臣長谷川貞恒《さだつね》の依頼により医師福長玄清《げんせい》が執筆したものである。

比較的信頼性が高い物に覚書風の『みよし記』と『昔阿波物語』をあげることができる。

『みよし記』は、明暦三年（一六五七）に正本通りに書写したと二鬼島道智《にきしまどうち》が証判を加えている。『昔阿波物語』は細川氏・三好氏の盛衰を中心に戦国期の阿波の状況を記したもので、道智なるものが近世初期に戦国の「むかし」を振り返りながら記したという姿勢が書名に反映されている。巻頭の序文に、「元亀三年よりこのかたは、見伝たる事なり、永禄あとの事は、古人の語り伝也」とあり、安政二年（一八五五）書写本の書入れには道智は永禄八年（一五六五）の生まれで、元亀三年には八歳、勝瑞の三好政安（存保）に仕えたと見える。すなわち、二鬼島道智の体験と古老の伝承から記述されたものと考えられる。

『昔阿波物語』（『阿波国徴古雑抄』）には、以下のように見える。

・勝瑞の町に市たて候、盗人も市たち仕候、在郷の者の売り物は、筵を敷きならべて、綿紅葉・かう苧にて候に、盗人どもは二十人ばかり、我どうし喧嘩つかまつり候様に刀を抜いて振り回り候えば、斬られじとて、売り物捨てて逃げ退き候をなでさらえて盗人共は取り申し候、再々の事なる故に、町人どもがいよいよにくき事かなと申して、堅木の棒をこしらえて、百五十人若き者どもが、家へ隠れて待ち候時、いつもの如く、盗人ども刀を抜いて振り回し候を、町人出合い、ぼうこきにつかまつり候えば、人の家の内へ逃げ入る者もあり、在郷へ逃げ行く者有り、その内大将の日下又之進を町屋に取り込め置き候ところに、盗人の同類どもが二千人ばかり、勝瑞へ取りかけ、稠入候時、勝瑞よりも取り出て合戦に及び、互いに手負い出来申し候、その時正安公は勝瑞に御座候いつれども、曲事とも仰せられず、結句、御前衆にも盗人の同類多く候故に、れんれんに盗人が強くなり候は、人の物を取り候て惜しげもなく進上申すゆえなり、町人一夜も寝ず、早鐘をつかぬ間もなく、過ぐなる事をこい申し候、かようの盗人にせびらされてつらき事は、年寄り外は存ぜず候、天正十年に三好山城殿御下り候時、日下又之進、成敗なされ盗人静まり申し候、

・町人の牛かい共聞候て、おやかた共に物かたり仕候に付いて、即町人とも、具足甲をきて、さうひょう《（雑兵）》千人計、実休様の御番を仕候時、

・堺の町人ハ、細々阿波衆たすけ申候、阿波の勝瑞之町人も、細々手柄を仕御用ニ立萬事の御免被レ成候、昔ハ軍ニ間か無二御座一候故、（後略）

・実休様和泉の久米田にて打死被レ成候時、永禄四年三月三日ニ打死被レ成候ニ、同三月朔日に、山伏一人来申様ハ、実休様ハ久米田にて打死被レ成候か、御傍にて人数六拾果候、堺のせんもん衆、篠原左橘兵衛か被レ果候と申候を、台所に居申おこ御はしたかなきもたへ申候を、広間の番衆か、何事になくそと尋候へハ、実休様の打死被レ成候と、山伏か申候と答へ候、山伏ハ何方に居そと申候へハ、今在官町さして行とこたへ候、其まま追かけ尋候つれ共、失候て不レ見候時、勝瑞の千間の家にて候か、志るも志らぬも、是ハともたへ、山伏をも尋候ても、跡もなく候所ニ（後略）

・勝瑞にハ新乗院、最勝院、龍音寺、堅昌寺、正貴寺、宗知寺、永昌院、これ皆禅宗也、昔ハ国中に侍の禅宗の外なし、日蓮宗ハ仁木法善、石瀬帯刀弐人して取立申候、百五拾年以前の事也、（後略）

主なものを挙げたが、ほかにも寺院などの記述も見られる。

守護館を中心に武家地、町人地、社寺地が展開していたと推定されるが、『昔阿波物語』[44]『三好記』など軍記物語に市、風流踊（『三好記』下巻六「風流之事　付けたり天狗出家を脳《（悩）》ます事」）、紺屋などの記事が見出せ、「勝瑞千軒」（『昔阿波物語』第二）といわれた勝瑞城下の町の賑わいを感じ取ることができる。一次史料は残されておらず、実際のところは詳らかにし得ない。

社寺については、「阿州三好記大状前書」[45]に二七ヶ寺が記載され、観音寺・見性寺は現地で現存し、一二ヶ寺は徳島城下に移転した。そして、一三ヶ寺が廃絶したことがわかる（『阿波志』）。この点は、石井伸夫氏の論考

に譲るが、二七ヶ寺が勝瑞にあったとすると、寺院が勝瑞のほとんどを占めることになってしまう。「阿州三好記大状前書」の史料評価も重要な論点となってくる。

文献史料がほとんどないため、考古学の成果に期待しなければならない(46)。永禄七年（一五六四）銘の卒塔婆、柿経、銘文「古松丸（花押）」などとある硯、「セウス（イ）」（勝瑞ヵ）の文字が刻まれた文字瓦などが出土しており、このような出土文字資料の発見への期待が高まる。

近年、三好氏が連歌、茶の湯など戦国時代の文化の牽引役であったことが明らかになっているが、取り分け勝瑞館の主であった三好実休は堺の豪商茶人と深い交渉を持っており、津田宗達は弘治二年（一五五六）一一月二八日に阿波に渡り、勝瑞館内の「茶屋」で夕暮れまで実休と語り合っている(47)。また、一二月二日朝には実休が主人、客は宗達一人で口切の茶事を行っている（「天王寺屋会記　他会記」）。「今井宗久茶湯日記抜書」同四年一月五日条の朝の茶会が勝瑞館であるとするならば、今井宗久《そうきゅう》とともに千宗易《そうえき》（後の利休）、北向道陳《きたむきどうちん》が勝瑞を訪れたことになる(48)。

おわりに――まとめと残された課題――

以上、文献史料からたどれる「勝瑞」について考察を加えてきた。以下、まとめと課題について述べておきたい。

まず、考察のまとめは以下の通りである。

（1）細川氏はいつ頃秋月から勝瑞に拠点、すなわち守護所を移したのか。その契機は何であったのか。

・守護町勝瑞の形成で秋月から勝瑞への移転について、その時期を明確にすることはできない。理由についても明確にし得ない。立地やその後の活動から、流通経済の拠点となる、畿内へ進出し易いなどが考えられる。ただし、持常・成之の史料が勝浦郡域で確認されることから阿波国南部への支配強化という視点も必要ではないか。なお、福家清司氏が本書において、「勝瑞津」をめぐる新史料を掲示され、勝瑞の移転の時期について新しい見解を提示されている。参照されたい。

・守護町勝瑞の立地について、なぜ勝瑞を選んだのかは、勝瑞関係の史料からははっきりいえない。『兵庫北関入船納帳』や萱島荘の存在から、水運・流通との関係が指摘される。周囲の遺跡や荘園の動向などから勝瑞を考える必要がある。

（2）三好館の範囲、細川館（守護館）の位置、範囲、さらには板野郡藍住町勝瑞字東勝地を中心に展開する守護町、戦国城下町としての勝瑞の範囲を想定する。

・近世史料には言及があるものの、同時代史料に範囲を示す記述はない。

（3）三好館、細川館の実態、さらには守護町、戦国城下町としての勝瑞の形成過程とその実態を明らかにする。

・この点についても、同時代史料で明らかにすることは困難ではあるが、『昔阿波物語』『三好記』などの軍記物に勝瑞の繁栄ぶりを描いた記述が散見され、参考とすることができる。

つぎに課題について述べる。

・守護所・戦国城下町の構造という点で、守護所から戦国城下町への変遷を考える必要があるが、文献ではこの点もはっきりできない。ただし、政治状況から見ると守護細川氏から三好氏への支配権力の移行が見て取れる。この支配移行期と守護所（細川館）、三好館、守護町、戦国期城下町としての勝瑞を考える必要がある。

・中世後期、戦国期阿波の地域権力がどのように展開したのか。その変遷のなかに勝瑞をどう位置づけるのかを考える。

・そのために、基礎作業として守護町勝瑞関連の史料を集成する必要がある。しかし、その数は過少で、文献史料からは勝瑞の具体像を明らかにすることはできない。

・いずれにしろ文献史学では、とりわけ阿波の場合は限界がある。考古学的成果に期待せざるを得ない。あわせて古絵図や地籍図などによる地理学のアプローチも、多くの示唆を与えてくれるものと期待する。都市化が進み聞き取り調査が困難な環境になりつつあるが、地域に残された伝説・伝承の収集も大切となる。藍住町教育委員会事務局において、小字など地名の採集とともに、屋号について情報の収集をおこなったとのことであるが、中世に遡ることのできるものはなかったようである。

・また、他地域の成果との比較検討、近年の守護所・戦国城下町といった都市史研究の成果と照らし合わせることが必要である。戦国時代の城館と城下町の代表的遺跡である越前朝倉氏の一乗谷遺跡（福井県福井市）と同じように、勝瑞は近世には一村落へと変貌を遂げており、遺跡の残り具合は良好であると考えられるので、地道な発掘調査とともに、一乗谷遺跡をはじめとする戦国時代の城館と城下町の遺跡と比較検討することによって、新たな視点が見えてくると思われる。

・また、文献史学の立場でも、史料の豊富な他大名の城館と城下町のなりたちやあり方が参考になると思われる。

このようなことから、今後は文献史学の立場から、より一層証明できる事実を整理するとともに、関連する他の学問分野との情報の共有を促進し、総合的な検討を進めていくことが必要となるだろう。

〔付記〕　本稿は、『守護町勝瑞検証会議報告書　勝瑞』（徳島県教育委員会、二〇一四年）に掲載された「文献史料から考える「守護町勝瑞」」を改稿したものである。

（1）『徳島県の中世城館　徳島県中世城館跡総合調査報告書』（徳島県教育委員会、二〇一一年）。
（2）福家清司「『阿波山岳武士論』再考」（徳島地方史研究会創立三〇周年記念論集『阿波・歴史と民衆』Ⅲ、徳島地方史研究会、二〇〇〇年）。
（3）「宣陽門院領目録」（「島田文書」『鎌倉遺文』五巻―三二七四号）。
（4）「京都御所東山御文庫記録」（東京大学史料編纂所編『大日本史料』七編八、東京大学出版会、一九～一三頁）。
（5）「高野山文書」（東京大学史料編纂所編『大日本古文書』家わけ一の二、東京大学出版会）。
（6）「愛洲文書」（小杉榲邨編『阿波国徴古雑抄』日本歴史地理学会、一九一三年）。
（7）「細川家文書」（熊本大学文学部附属永青文庫研究センター編『永青文庫叢書　細川家文書』中世編、吉川弘文館、二〇一〇年）。
（8）前掲「細川家文書」。
（9）『細川三将略伝』東京大学史料編纂所架蔵写本。
（10）坪丸良平『日本古鐘銘集成』（角川書店、一九七二年）。
（11）阿波市教育委員会体育文化振興課編『秋月城跡・阿波安国寺跡発掘調査概要報告書』（阿波市教育委員会、二〇〇六年）、林泰治「発掘調査から考える秋月」（二〇一三年一二月一二日発表レジュメ）など。
（12）本田昇「細川氏初期守護所秋月城について」（『阿波・歴史と民衆』Ⅱ、徳島地方史研究会、一九九〇年）、同「守護所秋月城存立期間についての一考察」（『史窓』二一号、徳島地方史研究会、一九九〇年）。本田にはほかに「阿波の中世城郭」上・下（『史窓』一七・一八号、徳島地方史研究会、一九八六・一九八七年）がある。
（13）徳島県史編さん委員会編『徳島県史』二巻（徳島県、一九六六年）。
（14）前掲『徳島県史』二巻。
（15）土成町史編纂委員会編『土成町史』上巻（同編纂室、一九七五年）。
（16）『南海通記』（『南海通記・四国軍記』歴史図書社、一九七六年）。

(17)　前掲註(15)『土成町史』上巻。
(18)　本田昇前掲註(12)「守護所秋月城存立期間についての一考察」。
(19)　『天陰語録』(『続群書類従』一三輯上、続群書類従完成会、一九〇七年)。
(20)　『翰林五鳳集』巻第二四。「三月十八日、発勝瑞泊舟於阿波之撫養、二十日趁晴以解纜、風順潮平、帰程其安乎、喜慰可知也、策監西宥相随、保護性厳也、両月以来晨夕無沾恩、何以報之乎哉、所禱者檀門益盛、振起七朝帝師之風、因賦一章、奉寄光勝禅伯云。(漢詩略)」とある。
(21)　『後法興院記』明応二年(一四九三)一二月三日条。「細河伊豆守政誠来、聖門備前児島ニ下着以後、就彼社領、与讃州一家上野依執合、一向留通路及難儀由風聞間、昨日仰伊豆守相尋讃州処、去十九日自児島讃岐之ヒケタヘ下着、慈雲院進御仰セウスイト云在所ニテ致御越年之用意之由有注進之由有返答。令祝着者也」とある。
(22)　福家清司「勝瑞の位置と歴史」(『守護所勝瑞遺跡東勝地地点　勝瑞城館跡第三次発掘調査概要報告書』徳島県教育委員会、二〇〇〇年)。
(23)　「見性寺文書」(前掲註6『阿波国徴古雑抄』)。

奉寄附所之事

井隈庄地頭分内浜崎壱町　段、

合　井隈之内勝瑞分壱町壱段、但寺廻

すけたうの内竹田弥次方知行分

淡州柿寺之内竹内新兵衛尉方知行分

右所之田地之事　段銭課役令㆓免除㆒　為喜雲道悦禅門菩提令㆓寄附㆒所実也、萬一於子々孫々致乱者可㆑被㆑處罪㆓科㆒、仍為㆓後日㆒寄進状如㆑件、

(中略)

大永七年二月二日　　三好筑前守

源元長(花押)

見性寺

（24）『粟田口猿楽の記』（『群書類従』一九輯、続群書類従完成会、一九三三年）。「細川讃岐守なをざりならず、此道の数奇にて侍る。桑門姿にて慈雲院とぞ申ける。年来知己なりしかば、延徳はじめの年はづきのすゑつかた、おもひたち侍りしさかひ《（堺）》の浦より船のともづなときて、淡路がたせとの塩あひ、秋かぜもことに身にしみて、名にしおふゑじまが崎、いみじきゑしといへども、筆かぎりあればと也。有明の月入がた、住吉の松のひまよりながめけむ、ふるごとおもひあわせられて、やくやもしほの身もこがれつつと、定家卿の詠ぜられけるは恋路也。これは帰りのぼらん日を、遠く松ほの浦に袖しほれて、なるとのおきも過ぬれば、浪のあはしま阿波の国にいたりて、彼入道のもとへ申しつかはす。其比東條のなにがし、逆浪をたてしも、しづまりしかば、浪風も君が心におさまれる　国となるとの浦のしづけさ」とある。

（25）徳島県教育委員会・徳島新聞社編『徳島の文化財』（徳島県教育委員会・徳島新聞社、二〇〇七年）「細川成之像」「法華経」写真・解説。

（26）『阿波志』（佐野之憲編・笠井藍水訳『阿波誌』歴史図書社、一九七六年）。

（27）前掲註（16）『南海通記』。

（28）『昔阿波物語』（前掲註6『阿波国徴古雑抄』）。

（29）『阿州古戦記』（前掲註6『阿波国徴古雑抄』）。

（30）『三好記』（山本大校注『四国史料集』〈第二期戦国史料叢書5〉、人物往来社、一九六六年）。

（31）前掲註（13）『徳島県史』二巻。

（32）『天王寺屋会記　自会記・他会記』（永島福太郎編『天王寺屋会記他会記』千宗室等編『茶道古典全集』第七巻、淡交社、一九五九年）。

（33）秋永政孝『戦国三好党　三好長慶』（人物往来社、一九六八年）、長江正一『三好長慶』（吉川弘文館、一九六八年）、今谷明『戦国　三好一族』（新人物往来社、一九八五年）、天野忠幸『戦国期三好政権の研究』（清文堂出版、二〇一〇年）、天野忠幸編『論集戦国大名と国衆一〇　阿波三好氏』（岩田書院、二〇一二年）、今谷明『室町幕府解体過程の研究』（岩波書店、一九八五年）、今谷明・天野忠幸監修『三好長慶』（宮帯出版、二〇一三年）、小川信『足利一門守護発展史の研究』（吉川弘文館、一九八四年）、小川信『中世都市「府中」の展開』（思文閣出版、二〇〇一年）、新見明生修士論文「戦国期阿波における地域権力——阿波三好氏の動向を中心に——」（二〇〇六年）、若松和三郎『中世阿波細川氏考』（原田印刷出版、二〇〇〇年）、三好昭一郎『阿波勝瑞館物語』上巻（徳島県教育印刷、二〇〇〇年）、須藤茂樹『阿波勝瑞館物語』中巻（徳島県教育印刷、二〇〇一年）、三好昭一郎・須藤茂樹『阿波勝瑞館物語』下巻（徳島県教育印刷、二〇〇三年）、天野忠幸「三好氏の権力基盤と阿波国人」（『年報中世史研究』三一号、中世史研究会、二〇〇六年）、飯田義資（羊我山人）「細川と三好」（『ふるさと阿波』五号、阿波郷土会、一九五五年）など。

(34)『三好別記』（塙保己一編『群書類従』二一輯、続群書類従完成会、一九三一年）。

(35)「己行記」（妙国寺蔵）（『堺市博物館研究報告』二六号、二〇〇七年）。長谷川賢二「天正の法華騒動と軍記の視線——三好長治の「物語」をめぐって——」（高橋啓先生退官記念論集『地域社会史への試み』原田印刷出版、二〇〇四年）。

(36)「羽柴秀吉書状」（「九鬼文書」前掲註6『阿波国徴古雑抄』）

尚以長宗我部かたよりも申分候へ共、不能返事候、已上、

阿州表之儀、重而　被㆓申越㆒候、勝瑞弥堅固之由尤候、淡路衆毎日追々渡海之旨可㆑然候、行之儀者、自遁其外何も之人質共悉丈夫ニ請取、於㆓其上㆒、各を相越、人数壱万余も差越可㆓申付㆒候、彼人質請取次第、人数之儀、何程も可㆓申付㆒候、其已前之事ハ、聊爾之行在㆑之間敷候、警護船なと何も召寄、無㆓油断㆒可㆑被㆓申付㆒候、恐々謹言、

九月八日　筑前守

秀吉判

生駒甚介殿

天正九年（一五八一）九月一二日付「羽柴秀吉書状」（「黒田家文書」前掲註6『阿波国徴古雑抄』）。ここでは福岡市博物館編『黒田家文書』一巻〈一九九八年〉を参考にしている）

猶以舟儀者入次第、梶原弥介方可㆑申候、以上、

阿州自遁かたより如㆑此注進候、然者勝瑞之城、何之道ニも相渡候ハバ、権兵衛ニ阿（淡）州衆召連、可㆑令㆓入城㆒之由申遣候、生甚、明與四者、自遁「木津」城迄可㆑令㆓渡海㆒候、左候ハハ、其方早々被相越、野孫五城ニ在城ニて、右之両人を自遁城へ可㆓相越㆒候、為㆑其申進候、恐々謹言、

「天正九ヵ」

九月十二日　筑前守
秀吉判
黒田官兵衛殿

「権兵衛ハ仙石秀久、生甚ハ生駒甚介、明與四ハ明石與四郎、野孫五ハ野口孫五郎、三好ノ男安宅冬康ノ弟ナリ、」

※「木津」「天正九ヵ」は『阿波国徴古雑抄』にあり、『黒田家文書』一巻の原本にはない。

(37) 尾下成敏「羽柴秀吉勢の淡路・阿波出兵」（『ヒストリア』二一四号、大阪歴史学会、二〇〇九年）、天野忠幸「織田・羽柴氏の四国進出と三好氏」（四国中世史研究会・戦国史研究会編『四国と戦国世界』岩田書院、二〇一三年）。

(38) 林原美術館蔵「石谷家文書」（浅利尚民・内池英樹編『石谷家文書　将軍側近のみた戦国乱世』吉川弘文館、二〇一五年）。

(39) 前掲註(30)『三好記』。

(40) 『故城記』（前掲註6『阿波国徴古雑抄』）。

(41) 「松家文書」（前掲註6『阿波国徴古雑抄』）。

(42) 前掲註(36)「九鬼文書」。

(43) 本田昇「蜂須賀家政の徳島城築城に関する考察」（『史窓』二八号、徳島地方史研究会、一九九八年）。

(44) 『昔阿波物語』（前掲註6『阿波国徴古雑抄』）。

(45) 「阿州三好記大状前書」（前掲註6『阿波国徴古雑抄』）。

(46) 重見髙博「勝瑞城館跡の調査」（『日本歴史』六三一号、二〇〇〇年）、重見髙博「阿波の守護所」（仁木宏ほか編『守護所と戦国城下町』高志書院、二〇〇六年）。それ以前の研究として、島田泉山「勝瑞の研究」（『阿波名勝』二号、一九二二年）、新見明生「勝瑞騒動以後の阿波三好氏権力について」（『鳴門史学』二〇集、二〇〇六年）、羽山久男「守護町勝瑞の復原的研究」（『高校地歴』一二号、地歴学会、一九七六年）、羽山久男「吉野川下流平野の開発と中世城館」（『高校地歴』一四号、地歴学会、一九七八年）、藤川正一「阿波屋形・勝瑞城主考」（『ふるさと阿波』一一三号、阿波郷土会、一九八二年）などがある。ほかに若松和三郎「三好義賢雑考」上・下（『ふるさと阿波』一七二・一七三号、阿波郷土会、一九九七年）、山下知之「阿波国守護細川氏の動向と守護権力」（『四国中世史研究』六号、四国中世史研究会、二〇〇一年）などがある。

（47）『昔阿波物語』第一には「実休様の御すきや《（数寄屋）》わら《（藁）》にて候に」とある。

（48）米原正義「三好長慶とその周辺の文芸」（小川信先生の古稀記念論集を刊行する会編『日本中世政治社会の研究』続群書類従完成会、一九九一年）、須藤茂樹「三好氏と「戦国文化」——茶の湯を中心として——」（『水脈　徳島県立文学書道館研究紀要』九号、徳島県立文学書道館、二〇〇〇年）。

『天王寺屋会記　他会記』（永島福太郎編『天王寺屋会記他会記』前掲註32）。

　弘治二

　　辰十一月廿一日罷立、同廿八日ニ阿州へ着申候、同日豊州へ御礼参、茶屋ニ而暮候まで御物語承候、

　　御会十二月二日朝、御口切　宗達一人

　　一ゐろり　しやうはり　くさりにて、

　　一床　なすひ壺　四方盆ニ　袋かんとう　おもへき

　　一竹茶杓　あさち

　　　天目　けんさん　黒台　かうらい茶碗　ことく

勝瑞関係略年表

畿内関係				阿波関係			
和暦	西暦	月日	事項	和暦	西暦	月日	事項
				建武3年	1336	2月11日	足利尊氏、室津会議で四国に細川一族配置を決める。細川和氏、頼春兄弟、阿波に入る。(梅松論)
				暦応2年	1339	8月	細川和氏、秋月荘に補陀寺を建立し、夢窓疎石を開山とする。(夢窓国師語録)
				貞治2年	1363	2月20日	細川頼之、秋月に光勝院を建て、春屋妙葩を開山とする。(妙葩法語)
貞治6年	1367	11月25日	細川頼之、管領に就任。				
応安5年				応安5年	1372	11月21日	木屋平新左衛門尉、細川氏に下る。
				至徳2年	1385	7月	細川頼之、秋月に宝冠寺を建て、絶海中津を開山とする。(絶海年譜)
				応永2年	1395	8月12日	秋月八幡宮梵鐘銘に細川頼元(頼之弟)、義之(頼之弟詮春の子)の名あり。(耕三寺蔵)
				文安4年	1447	閏2月20日	細川持常、小松島市桂林寺に法華経8巻を寄進する。
寛正3年	1462	5月12日	守護細川成之、管領代となる。				
				寛正6年	1465	2月24日	三郡守護代として三好式部少輔が登場。三好氏の初見。(細川三好両氏消息)
				文正1年	1466		守護細川成之、丈六寺を再興し、金岡用兼を開山とする。
応仁1年	1467	5月	守護細川成之、阿波・三河の兵を率いて東軍に参加。				
				文明4年	1472	8月	阿波守護細川成之、三好式部に三郡の犬神人を停止させる。(緒方家文書)
				文明10年	1478	9月	守護細川成之、守護職を子政之に譲る。
文明17年	1485	8月9日	細川政之被官三好之長、京都で一揆の張本人として追捕の対象となる。				
				文明17年	1485	10月12日	阿波国内乱れる。細川成之、政之、京より阿波に急ぎ下る。(東寺過去帳など)

				延徳1年	1489	8月	青蓮院尊応、細川成之を勝瑞に訪ね、猿楽の秘事を聞く。(粟田口猿楽記)
				明応1年	1492	5月	猪苗代兼載、勝瑞来訪。光勝院、慈雲院で和歌を詠む。(蓮花桜)
				明応2年	1493	12月3日	聖護院道興、勝瑞を来訪。(後報越院記)
				明応4年	1495	4月	猪苗代兼載、再度阿波来訪。(実隆公記)
文亀3年	1503	5月20日	管領細川政元、細川成之の孫澄元を養子とする。				
永正3年	1506	10月12日	三好之長、摂津木代荘の訴訟に関与。摂津守護代に就任。(石清水文書)				
永正4年	1507	8月2日	細川澄元、管領細川家の家督を継承する。				
				永正5年	1508	2月23日	細川成之、祖谷山の阿佐氏に内乱にあたり、三好之長の下知に従うよう命じる。(阿山氏所蔵文書)
永正8年	1511	3月	足利義澄の子義維、阿波守護細川持之に託される。				
永正14年	1517		三好之長、淡路に侵攻、守護支配権を掌握。				
永正17年	1520	5月11日	三好之長殺害される。				
		6月10日	細川澄元、勝瑞で死没。				
				永正17年	1520	12月18日	三好千熊丸、安楽寺に諸役免許を与え、還住を命じる。(安楽寺文書)
大永3年	1523	4月9日	足利義植、撫養で死没。				
						5月11日	三好元長、見性寺に禁制を与える。(見性寺文書)
				大永7年	1527	2月2日	三好元長、見性寺に「井隈庄之内勝瑞分」などを寄進。(見性寺文書)
		3月	元長、晴元ら足利義維を擁して堺に上陸、「堺幕府」を開く。元長山城下五郡守護代。				
天文1年	1532	6月21日	細川晴元と結ぶ一向一揆に攻められ、三好元長、堺顕本寺に死去。				
						8月9日	三好千熊丸・千満丸、見性寺に寄進。(見性寺文書)
天文2年	1533	6月	三好長慶、本願寺と細川晴元との講和を仲介。				
天文3年	1534		三好長慶、細川晴元の家臣となり、越水城主となる。	天文3年	1534		守護細川持隆、足利義維(義冬)を阿波平島に迎える。

天文18年	1549		三好氏、畿内において細川晴元から自立。				
				天文22年	1553	6月9日	三好義賢、主君細川持隆を勝瑞に殺害する。細川真之阿波守護家を継承。（細川両家記）
		8月	足利義輝朽木谷に逃亡、三好長慶京都支配を開始。				
				弘治2年	1556	11月28日	津田宗達、阿波勝瑞に来訪。館内の茶屋で歓談。（天王寺屋会記）
				弘治4年	1558	1月5日	今井宗久、千宗易ら、勝瑞を来訪。実休の茶会に出席。（今井宗久茶湯日記抜書）
永禄1年	1558	11月	三好長慶、将軍足利義輝と講和し、京都を明け渡す。				
				永禄2年	1559	6月26日	塩屋惣左衛門に阿波一国における徳政を免除。（木戸氏文書）
永禄3年	1560	10月	三好長慶、高屋、飯盛両城を陥れ、河内まで版図に加える。				
永禄4年	1561	3月29日	将軍足利義輝、三好亭御成り。				
永禄4年	1561	4月	十河一存死去。				
永禄5年	1562	3月	久米田の戦い。三好実休戦死。5月教興寺合戦で、畠山氏を破る。	永禄5年	1562	3月16日	三好義長、吉成出雲守に三好実休の戦死を伝える。（妙国寺文書）
		11月29日	篠原長秀以下9名の家臣の連署状による南河内支配の再編を図る。				三好長治、阿波三好氏を継承。
永禄6年	1563	8月	三好長慶嫡子義興病死、十河一存の子義継、三好氏の家督を継承。				
永禄7年	1564	5月	安宅冬康、兄三好長慶に飯盛城で謀殺される。				
永禄7年	1564	7月4日	三好長慶飯盛城で病没。				
				永禄7年	1564		三好実休・篠原長房、讃岐に進出。（村上文書）
永禄8年	1565	5月	松永久秀、三好三人衆、足利義輝を謀殺。				
永禄11年	1568	2月8日	足利義栄、将軍就任。				
		9月	織田信長、足利義昭を奉じて入京。				
		10月	三好義継、織田信長配下で若江城主となり、河内北半国を与えられる。				

		天正１年　1573　５月	上桜合戦、篠原長房戦死。三好長治、細川真之を担ぐ。（木屋平松家文書）
天正１年　1573　11月	三好義継、若江城にて敗死。三好本宗家滅亡。		
		天正３年　1575　９月	長宗我部元親、海部郡より阿波に侵入、宍喰城、海部城を陥れる。
			三好長治、勝瑞城下で宗論を行う。（己行記）
		天正４年　1576　12月５日	細川真之、三好長治の専横を憎み、仁宇谷に逃げる。
			池田城白地城主大西覚養、長宗我部元親に降伏する。
		天正５年　1577　３月28日	三好長治、長原で自刃。
		11月17日	日和佐肥前守、長宗我部元親に降る。（土佐国蠹簡集）
		天正６年　1578　１月	三好存保、勝瑞城に入る。
		天正９年　1581　９月８日	羽柴秀吉、勝瑞の防備を堅固にするよう命じる。秀吉、淡路を制圧。（九鬼文書）
		天正10年　1582　５月	三好康長、信長の先陣として勝瑞城に入る。織田軍の渡海直前。
		６月２日	本能寺の変により、三好康長急ぎ上洛する。
		８月28日	中富川の戦い。
		８月29日	三好存保、勝瑞城に籠城する。
		９月21日	三好存保、勝瑞城を開城する。讃岐虎丸城に退去する。
		天正13年　1585　８月	秀吉の四国平定。蜂須賀家政阿波に入国。

第3章　守護町勝瑞遺跡における寺院の立地とその存立基盤

石井伸夫

はじめに

現在、発掘調査等の進展により、史跡「勝瑞城館跡」およびその周辺部分において、戦国期大名居館の構造と範囲が徐々にではあるが明らかになりつつある。一方、その周辺地域については、東西約一五〇〇メートル、南北約八〇〇メートルという広大な範囲が、埋蔵文化財包蔵地「守護町勝瑞遺跡」として法的に把握されているが、城館に伴って展開していたと考えられる町屋・港津・寺院等については、いまだに具体的な像を結ぶことができない状況にある。

本稿は、「守護町勝瑞遺跡」を構成する諸要素のうち、近年、断片的ながらも資料の蓄積が進みつつある「寺院」に焦点をあて、その立地の様相と存立基盤（寺院経営を支える人や集団）について考察するものである。その際、

①「守護町勝瑞遺跡」には相当数の寺院が集中的に配置され、近世寺町の萌芽的な要素を有していたのではないか。

②配置された寺院街区は、宗派の構成等において、阿波国の全体傾向とは異なる都市的な要素を持っていたのではないか。

③勝瑞の寺院街区は、後に続く徳島城下町寺院街区（寺町）と不可分の関係を持ち、同じ存立基盤を有していたのではないか。

の三点を課題として検討を進めたい。

検討の方法としては、⑴地名・伝承および石造物の分布状況、⑵発掘調査の成果、⑶文献史料から確認できる情報等を個別に整理することとし、次にこれらを比較、検討することにより、「守護町勝瑞遺跡」における寺院立地の様相を探るとともに、確認された勝瑞寺院街区と徳島寺町を対比することで、戦国城下町・勝瑞と近世城下町・徳島の関係について考察してみたいと思う。

第一節　地名・伝承および石造物分布状況からの検討

守護町勝瑞遺跡区域内での主な寺院関連地名としては、正喜地《しょうきち》、妙蓮寺橋、阿弥陀橋の三地点があげられる。ただし妙蓮寺橋、阿弥陀橋は、ともに北千間堀に架かる橋であり至近距離に隣接して所在すること、また、旧讃岐街道(1)（通称「大道」、以下「大道」と略す）の南側に沿った位置に並んで所在することなど立地上の共通点が多いことから、ひとくくりの地点（一地点）として取り扱うこととする。一方、寺院伝承地としては、伝持明院跡、伝見性寺跡の二地点がある。

以下では、上記の四地点の寺院関連地名および寺院伝承地（以下「伝承地等」と略す）を対象に、地点ごとに中世石造物の分布状況を加味しながら考察する。その際に、石造物自体は移動可能なものであり必ずしも原位置をとどめるとは限らないが、一定の場所に集積される場合、原位置とまったく乖離した遠方に集積されるケースは少ないと考えられることから、これらの集積状況をもって、近辺に遺跡が所在する傍証として取り扱いたい。

なお、石造物の分布状況についての資料としては、二〇一三年二月実施の石造物分布調査（辻・重見・大川・石井）の成果（表1参照）を用いることとする。また、石造物の集積地点については、図1を参照されたい。

（1）正喜地地点の状況

城館跡の東南部、守護町勝瑞遺跡の東端部に位置する。守護町勝瑞遺跡の惣構（北千間堀）を超えて南に突出

表1　守護町勝瑞遺跡内　石造物（中世）分布状況

地点	所在地	種類	材質	個数
1	見性寺境内	一石五輪塔	砂岩	8
		五輪塔片（空風輪）	花崗岩	1
		宝筺印塔（完存）＊1	砂岩	2
		地蔵尊	天霧石	1
2	ワタリ付近	五輪塔片（火輪）	花崗岩	1
3	伝持明院跡	五輪塔（完存）	凝灰岩	1
		五輪塔（一部欠損）	凝灰岩	1
		五輪塔片（空風輪）	凝灰岩	4
		五輪塔片（火輪）	凝灰岩	1
		五輪塔片（基壇）	凝灰岩	1
		五輪塔片（空風輪）	花崗岩	1
		五輪塔片（水輪）	花崗岩	3
		五輪塔片（地輪）	花崗岩	1
		宝筺印塔（完存）	砂岩	1
		宝筺印塔片（相輪）	凝灰岩	1
4	観音寺境内	五輪塔（灯籠改修）	凝灰岩	1
		五輪塔片（水輪）	凝灰岩	1
		一石五輪塔	花崗岩	1
		五輪塔片（空風輪）	花崗岩	1
		一石五輪塔	砂岩	1
		仙人さん像	凝灰岩	1
5	正喜地Ａ	五輪塔片（水輪）	凝灰岩	1
		一石五輪塔	砂岩	13
		五輪塔片（空風輪）	砂岩	2
		五輪塔片（火輪）	砂岩	2
		五輪塔片（地輪）	砂岩	3
6	正喜地Ｂ	一石五輪塔	花崗岩	1
		一石五輪塔	砂岩	13
7	阿弥陀橋	板碑	結晶片岩	1
8	西勝地	一石五輪塔	砂岩	1
9	地福寺境内	一石五輪塔＊2	砂岩	1
		一石五輪塔＊3	花崗岩	1
		地蔵尊＊4	砂岩	1

＊1：三好氏三代の墓
　2：伝 細川澄賢墓
　3：空風輪部のみ残存
　4：大永七年銘

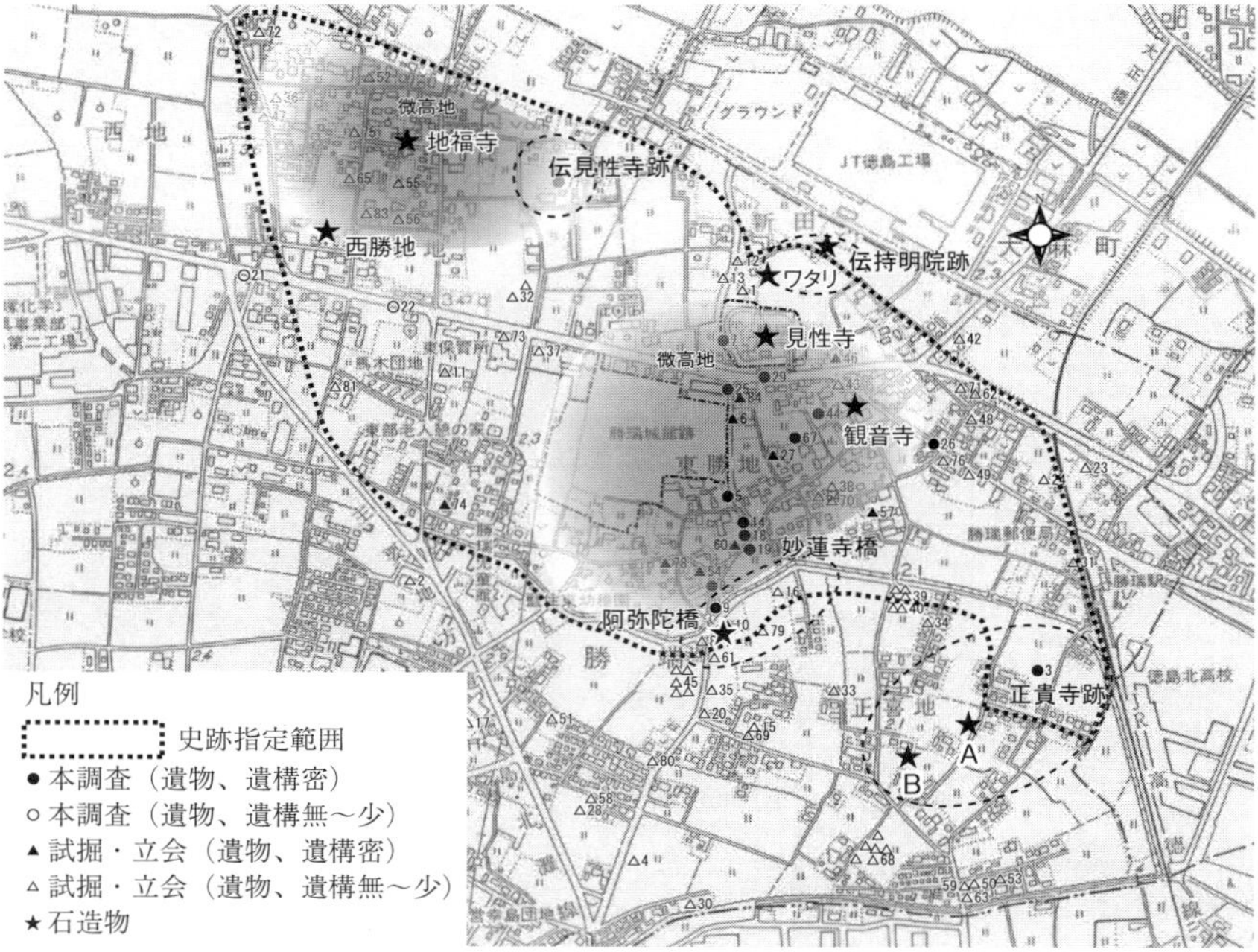

図１　発掘調査地点および石造物分布状況

する位置に所在する。従来から、地名の音韻に基づき、「阿州三好記大状前書」（『阿波国徴古雑抄』所収、以下「大状前書」）に「御祈願所、七堂大伽藍」とあり、『阿波志』には「廃寺」の記載がある正貴寺跡に比定されている。

正貴寺の範囲としては、周辺の地籍図の検討から、最大で一町四方の区画を想定している。この区画を含む字正喜地の区域内には二ヶ所の中世石造物集積地が所在する。[2]これを便宜上「正喜地Ａ地点」「正喜地Ｂ地点」と呼称する。

Ａ地点には、一石五輪塔一三基を含む二一個体が集積している。石材は一個体（五輪塔片・水輪＝凝灰岩製）を除きすべて砂岩製である。

Ｂ地点には、一石五輪塔一四基が集積している。石材は一基（花崗岩製）を除き、すべて砂岩製であり、Ａ地点と同様の傾向を有する。こらの五輪塔は規模・形態等から一六世紀中葉から後半のものであると思われ、三好政権の発展期と時期的に符合している。

（2）妙蓮寺橋・阿弥陀橋地点の状況

ともに北千間堀に架かる橋名であり、城館跡の南部に位置する。妙連寺橋は「大道」の南側に隣接し、阿弥陀橋は「大道」の路線上に位置する。

妙蓮寺については「大状前書」に記載が見られ、『阿波志』では「廃寺」としての記載がある。阿弥陀橋については、文献等の記載は見られない。

石造物に関しては、阿弥陀橋南角に板碑（藍住町指定文化財）が所在する。石材は結晶片岩製で、表面に二本条線、輪郭線、種子（キリーク）、名号、蓮座が見られる。形状から中世段階にさかのぼるものと考えられる。

（3）伝持明院跡地点の状況

城館跡の北部に位置し、城館と旧吉野川本流とのあいだに所在する。

「大状前書」に記載があり、『阿波志』には「在寺街、舊在勝瑞村」と記載される。徳島城下町寺町の持明院については、近世には荘厳院（現五番札所・地蔵寺）と並ぶ真言宗の統括寺院として繁栄し、近代に廃寺となったことが知られる。寺町の現天理教教会敷地が旧境内跡である。(3)

石造物としては、大型の五輪塔一基（完存）、宝篋印塔一基（完存）他、五輪塔片など合計一五個体が集積している。石材は凝灰岩・花崗岩が卓越し、砂岩製の石造物は少数にとどまる。また、完存する五輪塔・宝篋印塔は、ともに石材・形態等から南北朝期までさかのぼる可能性を有すると思われる。

当該地点に集積する石造物は、正喜地点と異なり一石五輪塔は一基も存在しない。また、各個体は比較的大型のものが多く、時期的にも正喜地地点の石造物に先行すると考えられるものが大半を占める。このようなことから、伝持明院跡については、守護町勝瑞成立以前からの寺院立地の可能性も含めて検討する必要があると考える。

(4) 伝見性寺跡地点の状況

城館跡北西部の馬木地区に位置する。当該地区は細川氏守護所推定候補地の一つである西勝地集落の東縁部にもあたる。「大状前書」に所在についての記載があり、『阿波志』では「舊在勝瑞村馬木寺町」とあることから、守護町勝瑞遺跡内に現存する見性寺の故地とされるが、『阿波志』が地元の伝承を採録したのか、『阿波志』の記載が伝承化したのかは不明である。中世石造物の集積、石碑等は見られない。

(5) 小括

以上、守護町勝瑞遺跡区域内の「伝承地等」四地点のうち、三地点で石造物の集積や石塔の建立が見られることを確認した。

また、守護町勝瑞遺跡内の中世石造物集積地としては、上記の他に現存する三箇寺（見性寺・観音寺・地福寺）の境内地があるが、このことは、逆に現役の寺院境内以外の集積地はすべて「伝承地等」と重なることを意味する。また、中世石造物の個体数についても、守護町勝瑞遺跡で確認された全体数の過半数を「伝承地等」が占めることが明らかとなっている。

このようなことから、「伝承地等」と中世石造物の分布状況のあいだには、強い相関性が存在するといえよう。

第二節　発掘調査成果からの検討

守護町勝瑞遺跡の区域内で寺院関連の発掘調査が行われたのは①正喜地地区（三ヶ所）、②東勝地地区（五ヶ所）、③伝見性寺地区（一ヶ所）の三地区九ヶ所であり、調査主体はすべて藍住町教育委員会である（図1・表2参照）。このうち、正喜地地区、東勝地地区では発掘調査において寺院関連の遺構・遺物が出土しており、とくに正喜地地区においては、平成二五年度・二六年度の調査成果から、寺院の規模を推定しうる資料が蓄積しつつある。

以下、藍住町教育委員会から刊行された発掘調査概要報告書や現地説明会資料等をもとに、各地区の調査概要を整理するとともに、検討を加えたい。

(1)　正喜地地区の概要

当該地区では、平成九年度と平成二五年度および平成二六年度の合計三回、発掘調査が実施されている。

このうち、平成九年度の調査は、文献・地名・地籍図分析・石造物分布状況等から推定される寺院遺構の確認を目的とする内容確認調査として実施された。調査の結果、礎石建物跡一棟と自然流路が検出され、遺物としては、大量の瓦をはじめ、土師器皿、陶磁器等が出土した。遺構の年代は、出土遺物の形式等から一六世紀中葉から後半と推定される。この年代は、第一節で示した正喜地地区の石造物と同様に、勝瑞における三好氏権力の発展期と一致するものである。

平成二五年度の発掘調査は、宅地造成に伴う事前確認調査として実施された。調査区は平成九年度のトレンチを拡張するかたちで設定され、九年度と同様に礎石建物跡（二棟）が確認され、大量の瓦等が出土した。遺構の

遺跡の性格	遺構	遺物	時期
寺院跡	礎石建物跡、流路	瓦、土師器皿、陶磁器	16C中～後半
寺院跡？	礎石、堀	瓦、土師器皿、陶磁器	16C中～後半
寺院跡？	礎石	瓦、土師器皿、陶磁器	16C中～後半
寺院跡	溝、基壇状遺構、柱穴	土師器皿、陶磁器、銭・瓦	15C～16C
寺院跡？	礎石建物跡、掘立柱建物	土師器皿、陶磁器、瓦	16C中～後半
寺院跡？	基壇状遺構	土師器皿、陶磁器、瓦	16C中～後半
寺院跡	礎石建物跡・溝・盛土整地層	土師器皿、陶磁器、銭・瓦	16C中～後半
寺院跡	礎石建物跡・雨落ち溝	土師器皿、陶磁器・瓦	16C中～後半

年代は、出土遺物から平成九年度調査と同時期であると考えられる。また調査区中心部で検出された礎石建物跡周辺からは、境内を地業（地盤固め）したと思われる盛土整地層も確認されている。一方、調査区の縁辺部からは寺域を区画したと思われる溝が検出されており、平成九年度検出の流路のラインと併せて、寺域の推定が可能な状況となった。現時点では、半町四方（五〇～六〇メートル四方）程度の寺域を想定している。

平成二六年度の発掘調査は、当該地区が平成二六年一〇月六日に国史跡勝瑞城館跡に追加指定されたことを受け、史跡の内容確認調査として、平成二五年度の発掘調査区の隣接地で実施された。調査成果としては、寺院の中心伽藍と推定される大型礎石建物跡や、これに伴う雨落ち溝等が検出され、前年度と同様に瓦片、土師器等が出土した。

正喜地地区での発掘調査は、従来から指摘のあった「大状前書」等文献の記載、地名や地籍図の分析、地元伝承の整理、石造物の分布状況等からの推定を裏付ける物証となった。これは、守護町勝瑞遺跡内に存在する寺院を確認する上でのモデルケースとなり得る事例であり、今後の確認調査の実施にあたって、寺院関連の諸要素が累積する地区・地点のリストアップおよび、その総合的な分析の重要性を示す事例であるといえる。

表2　守護町勝瑞遺跡 寺院関連遺構検出地点

年度	西暦	地点	原因
平成9	1997	正喜寺跡	内容確認調査
13	2001	東勝地2001-Ⅰ区	道路改良工事
13	2001	東勝地2001-Ⅱ区	道路改良工事
14	2002	東勝地2002	道路改良工事
15	2003	東勝地2003-Ⅰ区	道路改良工事
15	2003	東勝地2003-Ⅱ区	道路改良工事
25	2013	正貴寺跡	宅地造成工事
26	2014	正貴寺跡	内容確認調査

（2）東勝地地区の概要

この地区では、これまで道路改良工事（町道拡幅工事）に伴い五ヶ所で発掘調査が実施されている（図2参照）。

平成一三年には、東勝地二〇〇一-Ⅰ区およびⅡ区で発掘調査が行われ、両地点から礎石が検出されている。出土遺物は、瓦、土師器皿、陶磁器等であり、推定年代は一六世紀中葉から後半にかけてである。平成一四年度には、東勝地二〇〇二地区において、溝および基壇状遺構、柱穴等が検出されている。出土遺物は土師器皿、陶磁器、瓦、銭等であり、推定年代は一五世紀から一六世紀とされる。また、当調査区から、「海恵寺」と刻まれた軒丸瓦が出土していることも注目される。守護町勝瑞の寺院については、後述するように複数の近世史料に多くの寺名の記載が見られるが、「海恵寺」についての記載は見当たらない。このことは、文献に記載の見られない寺院が所在した可能性を示唆する事例であるといえる。

平成一五年度は、東勝地二〇〇三-Ⅰ区およびⅡ区の二ヶ所で発掘調査を実施しており、Ⅰ区からは礎石建物跡が、Ⅱ区からは基壇状遺構が検出されている。推定年代は一六世紀中葉から後半にかけてである。

以上のように、当該地区の発掘調査地点からは、例外なく礎石・基壇状遺構、瓦等の寺院に特有な遺構・遺物が検出されている。この発掘調査は町道拡幅工事に伴う緊急発掘調査であることから、調査区は路線上に点在し、各調査区の面積は狭小であるが、延長距離は長く、二〇〇メートルを超える範囲から遺構・遺物が出土している状況にある。このようなことから、当該地区においては、複数の寺院が集中する可能性を指摘することができる。出土遺物から推定される遺構の年代についても、平成一四年度の調査区を除き、大半が一六世紀中葉から後半で

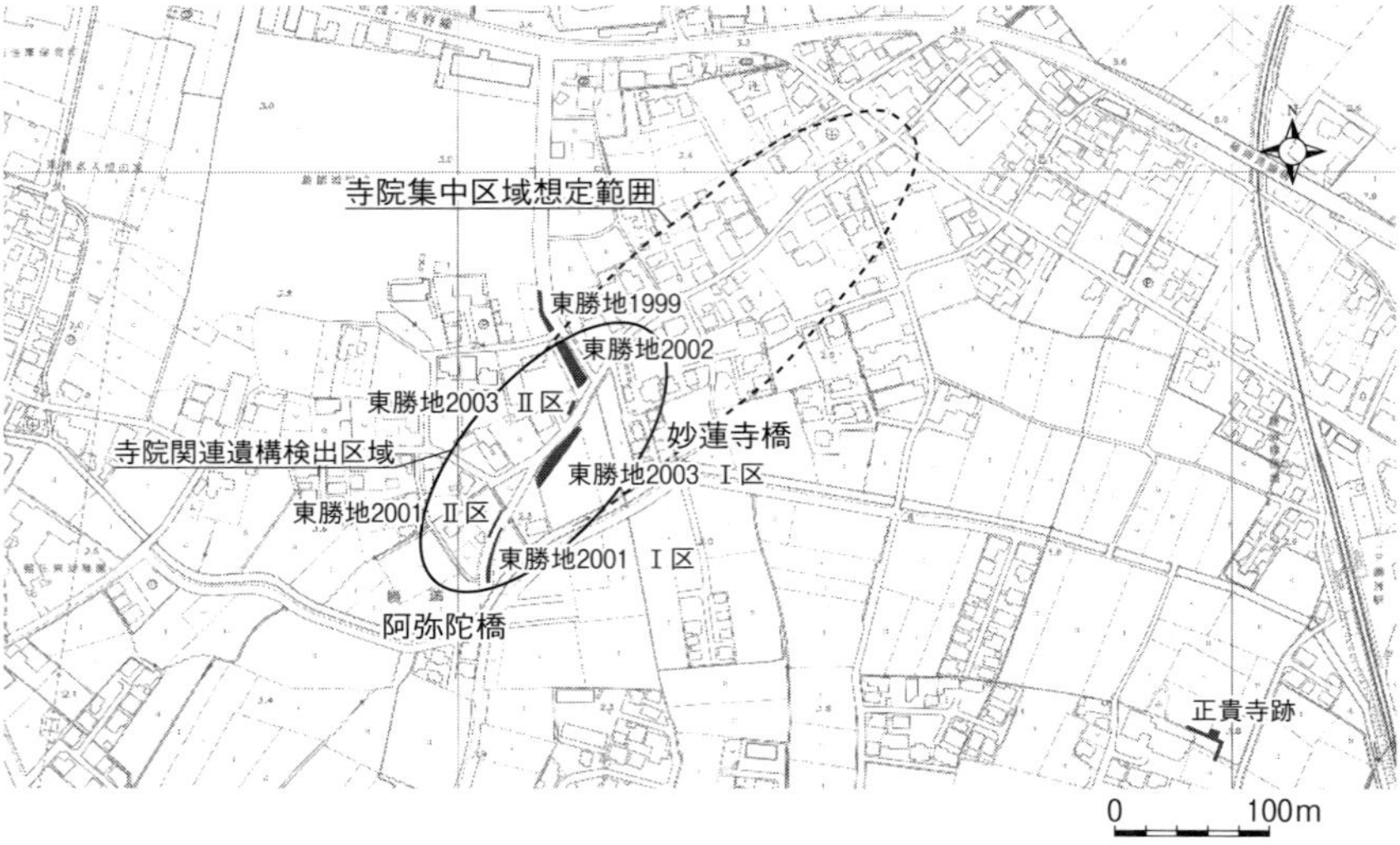

図２　発掘調査地点および寺院想定範囲

あり、三好氏権力の発展期と一致している。

また、寺院遺構確認地点が、すべて旧讃岐街道である「大道」沿いに位置していることにも注意を要する。「大道」と北千間堀に挟まれた当該地区は、前節の地名・伝承地等で検討した妙蓮寺橋・阿弥陀橋地点に該当もしくは近接しており、正喜地と同様に、寺院関連の諸要素が累積する地域であるといえる。

(3)　伝見性寺跡地区の概要

当該地区では、平成二四年度に寺院遺構の確認を目的とする内容確認調査が実施されている。伝見性寺跡推定地である方形区画の南北二ヶ所に、東西方向のトレンチを設定し調査した。その結果として、帯状に広がる砂利敷状の遺構が検出され、遺物についても少量であるが土師器皿片や備前擂鉢の小片等が出土している。砂利敷状遺構については、調査面積が狭小であったことから現時点では寺院関連遺構と断定することはできず、性格不明遺構とせざるを得ない状況にある。ただ、当該発掘調査時に、表採ではあるが、青海波文を持つ軒平瓦が採集されており、このことからも寺院関連遺構の存在を否定できない状況にある。

(4) 小括

以上、各地区ごとに発掘調査の成果を概観してきた。その結果、①正喜地地区および東勝地地区においては寺院遺構が確認されていること、②この調査成果は従来からの、文献、地名・伝承・地籍図の分析、石造物分布状況の分析等からの寺院推定位置とかさなっており、これまでの説を裏付ける物証となっていることが明らかとなった。

したがって、発掘調査未実施ではあるが、寺院関連の諸要素が累積する「伝持明院跡」に関しては寺院関連遺構が所在する可能性が高く、今後の計画的な調査の実施が望まれるところである。また、現時点で発掘調査の実施にかかわらず明瞭な寺院関連遺構を確認できなかった伝見性寺跡についても、調査面積が狭小であったこと、性格不明ながら遺構が所在していたこと、また周辺の状況などからも、再度確認調査を実施し遺構の有無を確定していくことが必要であると思われる。

第三節　文献史料からの検討

本節では、文献史料に記載された内容から、勝瑞における寺院立地の様相について検討したいと思うが、守護町勝瑞遺跡における戦国期の寺院立地の様相を示す一次史料は、管見の限り皆無といって良い状況にある。

そこで二次史料ではあるが江戸初期の成立とされる「昔阿波物語」および、同じ江戸初期の成立とされ情報量の多い「大状前書」「阿州三好記並寺立屋敷割次第」(以下「屋敷割次第」)をもちいて、推定材料となり得る最低限度の情報を抽出することとする。さらに、これを後年の編纂ではあるが、藩撰地誌としての位置づけを持つ

『阿波志』の記事と比較検討することにより、限定的ではあるが、文献史料から推定しうる寺院関連の事象について考察を行いたい。以下、史料ごとに検討する。

（1）「昔阿波物語」に関する考察

昔阿波物語は、三好存保《まさやす》に仕えた二《に》鬼島《きしま》道智《どうち》なる人物が、江戸初期に記した軍記物語であり、その書写本が安政年間に写され、『阿波国徴古雑抄』に採録されたものとされる。その性格については、『徴古雑抄』「昔阿波物語」の冒頭注釈に、

> 蓬庵公御入国の節、廿一歳と見ゆ、御入国遙に後に書たる物也、実記とみゆれとも、間々覚違もあるにやと思う

とあるように、同時代の人物が記した実記としての性格を持つ史料であるが、記載された事件と記載年代に乖離があることから、不正確な部分、事実との整合性がとれない部分も含まれる史料でもある。このため、記載された記事の中から、信憑性を有すると思われる部分を抽出し、検討を進めたい。

「昔阿波物語」における寺院関連記事としては中段に①日蓮宗（法華騒動、勝瑞宗論）についての、後段に②禅宗について、および、③浄土宗についての記載がある、以下では宗派ごとに記事の概要を確認しつつ考察したい。

まず、日蓮宗に関する記事として、天正三年の三好長治による日蓮宗改宗政策とこれに伴う勝瑞宗論関連の記事が注目される。「昔阿波物語」の中段に、

> 阿波禅宗、真言宗、旦那をとられ、迷惑ニ付而、阿波一国の真言宗山伏三千人、持明院へ集り、御そせう申上候様は、仏法の事に付て、国中を日蓮宗に被成候儀ニ候はば宗論を被仰付候様にと被申上、御訴訟叶候て、

則持明院よりねころのゑんしやうをよひ候て、（下略）

とあることから、(1)日蓮宗改宗政策が実施されたこと、(2)日蓮宗が相応の勢力を得ていたこと、(3)この政策への真言宗側の対応の中心が持明院であったこと、(4)宗論にあたって根来など阿波国外との交渉の窓口を持明院が務めていたこと等が知られる。このことは、第一節で検討した伝承地および石造物集積地としての伝持明院跡との関連で、持明院が勝瑞に存在したことの傍証となり得るものと思われる。

次に、禅宗関連の記事としては、後段部分に「侍之寺之事」として、国内の禅宗寺院の書き上げが見られる。この中で勝瑞については、

勝瑞には新乗院、最勝院、龍音寺、堅昌寺、正貴寺、宗知寺、永昌院、これ皆禅宗也、昔は国中に禅宗の外なし

とあり、武家の保護のもと禅宗が一定の勢力を得ていたこと、勝瑞の町中にも複数の禅宗寺院が存在していたこと等が知られる。とくに現存する見性寺（堅昌寺）や、発掘調査で存在が立証されつつある正貴寺についての記載があり、当該史料の記述が一定の信憑性を持つ根拠となっていることに注意したい。

また、浄土宗についても、同じく後段に、禅宗関連記事に引き続くかたちで次のような記載がある。

浄土宗は百年以前に出来申候、勝瑞にちんせい宗と申て、（中略）歌念仏宗と申寺を常知寺と申候、京の百万遍の御下り候て、談義を御とき候、（中略）念仏申ものは、此とくの佛になり、さむき事もあつき事なく候と御とき候ニ付、勝瑞之町人は皆浄土宗になり申候

史料の「常知寺」は「浄智寺」に比定される。浄智寺については、「大状前書」に記載されるとともに、『阿波志』にも「在寺街、舊在勝瑞村」と記載されており、現在も浄土宗寺院として徳島城下の寺町に現存している。このことから、「昔阿波物語」の記載により、守護町勝瑞における浄智寺の所在を推定することは可能であると

考える。

以上、「昔阿波物語」の記述には、持明院、正貴寺、見性寺、浄智寺など他の史料や物証からその存在を確認できる寺院が散見されることから、戦国期の守護町勝瑞には、少なくとも複数の宗派と相当数の寺院が立地したこと、それら寺院は、真言宗が多数を占める阿波国全体の傾向とは異なり、鎌倉新仏教系の寺院が多く所在したであろうことを読み取ることができる。

（2）「阿州三好記大状前書」と『阿波志』の比較検討

「阿州三好記」は幕末から明治期に小杉榲邨《すぎむら》によって『阿波国徴古雑抄』に採録された、近世初期の成立とされる文書である。この前書にあたる「阿州三好記大状前書」および「阿州三好記並寺立屋敷割次第」には、三好長治《ながはる》御取立とされる五三ヶ寺についての記載がある（章末表３参照）。

このうち勝瑞に所在したとされる寺院は二七ヶ寺である。この二七ヶ寺については、勝瑞廃絶後に、徳島城下の寺町に移されたとの伝承を持つ寺院が多数存在する。そこで、江戸中期成立の藩撰地誌『阿波志』の記事と対比することにより寺院移転の様相を探りたい。

表４によると、二七ヶ寺のうち二ヶ寺（見性寺、観音寺）が現地に残り、九ヶ寺が徳島城下の寺町に移転している。また、一一ヶ寺が廃寺となり、五ヶ寺については不明である。このうち、①現地に残された二ヶ寺がともに現在まで存続していること、②移転した九ヶ寺についても近代に廃絶した持明院を除き現存していること、③廃寺についても、正貴寺の存在が発掘調査から立証されること、④同じく廃寺とされる妙蓮寺についても橋名として地元伝承が残ることなどから、「大状前書」の記事のうち、寺院の所在に関する記載についてはおおむね信頼しても良いものと考えられる。

表4　三好長治取立寺院（勝瑞）寺町移転確認表

	阿州三好記大状前書			寺立屋敷割次第	阿波志						
	寺院名	知行	所在	境内土地	寺院名	所在	本地	知行	境内・土地	本末	宗派
1	持明院	18貫文	勝瑞村	7反	持明院	在寺街	舊在勝瑞村	18貫	7段	隷山城大覚寺	真言宗
2	春日寺	13貫文	勝瑞村	3反							
3	正貴寺	貫文	勝瑞村	1町7反	正貴寺	廃寺		2貫			
4	妙蓮寺	7貫文	勝瑞村	5反	妙連寺	廃寺		7貫			
5	瑞川院	20貫文	勝瑞村	1町6反							
6	瑞岩寺	13貫文	勝瑞村	9反	瑞巌寺	在寺街	舊在勝瑞村	13貫		隷妙心寺	臨済宗
7	圓徳寺	8貫文	勝瑞村	5反	圓徳寺	在寺街	舊在勝瑞村	8貫	5段	隷興正寺	浄土真宗
8	東光寺	13貫文	勝瑞村	1町7反	東光寺	在寺街	舊在板野郡川崎村	13貫	1町7段	隷興正寺	浄土真宗
9	安楽寺	13貫文	勝瑞村	7反							
10	見性寺	18貫文	勝瑞村	1町5反	見性寺	臺址に就いてこの寺を作る	舊在勝瑞村馬木寺街	18貫	1町5段	隷興源寺	臨済宗
11	観音寺	8貫文	勝瑞村	8反	観音寺	勝瑞村に在り		8貫	8段		
12	東宗院	10貫文	勝瑞村	7反	東宗院	在寺街	舊在勝瑞村	8貫	7段	隷仁和寺	真言宗
13	源國寺	15貫文	勝瑞村	1町7反	還國寺	在寺街	舊在勝瑞村	15貫	1町7段	修浄土教	浄土宗
14	明正寺	13貫文	勝瑞村	8反							
15	淨智寺	14貫文	勝瑞村	1町5反	淨智寺	在寺街	舊在勝瑞村	14貫	1町5段	隷知恩院	浄土宗
16	蓮華寺	15貫文	勝瑞村	8反	蓮華寺	廃寺		15貫			
17	般若院	8貫文	勝瑞村	9反	般若院	廃寺		8貫			
18	妙典寺	7貫文	勝瑞村	5反	妙典寺	在寺街	舊在勝瑞村	7貫	5段	隷摂津尼崎本興寺	日蓮宗
19	林光寺	8貫文	勝瑞村	9反	林光寺	廃寺		8貫			
20	能正寺	10貫文	勝瑞村	1町2反	能正寺	廃寺		12貫			
21	貴明院	10貫文	勝瑞村		貴明院	廃寺		10貫			
22	長善寺	7貫文	勝瑞村	8反	長善寺	在寺街	舊在勝瑞村	7貫	8段	隷興正寺	浄土真宗
23	光明院	5貫文	勝瑞村	8反	光明院	廃寺		5貫			
24	西光寺	5貫文	勝瑞村	8反							
25	長尾寺	13貫文	勝瑞村	8反	長尾寺	廃寺		13貫			
26	小川寺	8貫文	勝瑞村	7反	小川寺	廃寺		8貫			
27	小篠寺	7貫文	勝瑞村	6反	小篠寺	廃寺		8貫			
28					本行寺	在寺街	舊在板野郡勝瑞村			隷平安妙覚寺	日蓮宗
29					妙永寺	在寺街	舊在勝瑞村			隷身延山久遠寺	日蓮宗
30					善学寺	在寺街	舊在勝瑞村			隷身延山久遠寺	日蓮宗
31					本覚寺	在寺街	舊在勝瑞村			隷身延山久遠寺	日蓮宗
32					慈船寺	在寺街	舊在勝瑞村	8貫	9段	隷平安興正寺	浄土真宗
33					地福寺	在勝瑞村				修真言	真言宗

注：▒は徳島寺町へ移転したとされる寺院、▓は勝瑞に現存する寺院を示す。

なお、『阿波志』には、「大状前書」記載寺院とは別に、六ヶ寺について、もと勝瑞に所在したとの記載があるが、この六ヶ寺についても、一ヶ寺（地福寺）は勝瑞で現存し、他の五ヶ寺も徳島の寺町に移転し現存している。

以上のことから、戦国期の守護町勝瑞には相当数の寺院が集中し、近世における寺町の萌芽的な要素を有していたこと、また、この寺院街区は、徳島城下の寺町と強い関係性を有することなどが明らかとなった。一般に、都市もしくは都市的な場の成立要素として「多数で多宗派からなる宗教施設の存在」をあげることがあるが[4]、以上の検討から守護町勝瑞においても同様の要素が整っていた可能性を指摘することができる。

（3）「阿州三好記大状前書」の七堂伽藍の記載について

「大状前書」の記事のうち、今ひとつ注意を要すると思われるのが「七堂伽藍」の記載である。三好長治御取立の寺院として書き上げられた五三ヶ寺のなかで、正貴寺（勝瑞村）、霊山寺（板東村）、福成寺（住吉村）、地蔵寺（矢武村）、丈六寺（丈六村）の五ヶ寺に「七堂伽藍」もしくは「七堂大伽藍」の記載がなされている（章末表3参照）。このうち、廃寺となった正貴寺以外の寺院は、近世以降も地域を代表する大寺として繁栄し、現在まで存続している。また、廃寺となった正貴寺についても、先述したとおり、近年の発掘調査によって、少なくとも半町四方を上回る規模を持つ大型寺院であることが明らかになりつつある[5]。

本節の分析の対象としている「大状前書」は、いわゆる「書き上げ物」であり、一定の尺度によって同種で多数の項目（この場合は寺院）を書き上げるのが常である。そのような性格の編纂物において、あえて特記事項を付すことは、書き上げの筆者が、特記の対象とそれ以外を明確に区別していることのあらわれと解することが可能である。この考え方を「大状前書」に見られる勝瑞所在寺院に当てはめた場合、勝瑞では正貴寺のみが七堂伽藍を兼備した大寺院であり、その他の寺院はこれよりも規模の下回る中小寺院であった可能性を指摘することもできると思われる。発掘調査によってその存在が確認された正貴寺が、推定される守護町の惣構の外側に位置し、独立の境内地を持つことも、以上の可能性を検討する際の傍証となろう。

（4）「阿州三好記並寺立屋敷割次第」に関する考察

当該史料は、「大状前書」に対応する書き上げで、先述の五三ヶ寺について、①境内面積（丁・反）、②境内方向（向き）、③本尊、④伽藍構成（客殿・方丈・庫裡・玄関・鐘楼等）など多数の情報が記載されている（章末表3参照）。ただし、『徴古雑抄』の編者の指摘するように、境内面積等において著しい誇張が見られることなどから、その取り扱いには慎重を要するが、ここでは検討対象となり得る可能性の一つとして、境内の「向き」に焦点をあて、分析を試みたい。

「屋敷割次第」に記載された五三ヶ寺のうち、南向は二九ヶ寺（五五％）、東または西向は二一ヶ寺（四〇％）、北向が三ヶ寺（五％）となっている。このことから、約半数強の寺院が、南を正面に建立される古代以来の慣例を踏襲している様子を見て取ることができる。東西向、北向の理由としては、山間部を中心とする地形的制約などの自然的理由、街道・街区等からの規制などの社会的理由等が考えられる。

そこで寺立方向の分析対象を地形的制約の少ない平野部の寺院に限定した場合、守護町勝瑞遺跡の二七ヶ寺を除いた一七ヶ寺のうち一二ヶ寺（七〇％）が南向という結果になり、平野部では先述の南側正面の慣例が強く表れる結果となる。これに対して、守護町勝瑞所在の二七ヶ寺を分析の対象とした場合、すべて平野部の立地であるにもかかわらず、南向が一三ヶ寺（四八％）、東西向一四ヶ寺（五二％）となり、周辺の平野部と乖離する数値となる。この原因として、南北道路の両側への寺院立地の可能性等、都市計画上の制約を想定することができる。

ここで思い起こされるのが、本稿の前半で検討した妙蓮寺橋・阿弥陀橋地区の存在である（一〇六頁図２）。当該地区は、地名、伝承等の遺存地であり、石造物の建立もみられ、発掘調査の成果から多数の寺院関連遺構が検出されるなど、複数の寺院関連要素が重層する区域である。また、当該地区の中央を、南西から北東に向けて「大道」が貫通しているが、このルートは、絵図の分析等を中心とする先行研究から、①慶長の国絵図に見られる讃岐街道の旧ルートで戦国期までさかのぼる可能性が高いこと、(6) ②街路の中央に水路が所在しており、街路自体が先行する水路に規制されていた可能性が高いこと、(7) ③街路（水路）周辺は、東勝地の城館跡（国史跡）に伴う集落等の立地を想定できることなどの指摘がなされている。(8) このようなことから、本稿では、これら先行研究の成果に、上述の「屋敷割次第」の分析を加えて、第二節で触れた「大道」南部に沿って確認された寺院遺構の延長として、「大道」の両側もしくは片側に沿って展開する寺院街区の存在を想定し、(9) 守護町勝瑞遺跡における寺院立地の可能性の一つとして指摘しておきたい。

（5）小括

以上、「昔阿波物語」「大状前書」「屋敷割次第」における寺院関連記載を確認しながら、これを『阿波志』の記載内容と対比させることにより、守護町勝瑞の寺院立地に関して、推定可能な事象の抽出を試みた。

その結果、①守護町勝瑞には、相当数の寺院が立地していた可能性が高いこと、②これらの寺院は、阿波国全体の傾向とは異なり鎌倉新仏教系の宗派が相当数を占め、多宗派混在の状況にあること、③守護町勝瑞の寺院街は徳島城下の寺町と強い関係性を有すること、④勝瑞に所在する寺院は、発掘調査で確認された正貴寺を典型とする守護町縁辺部に位置し相応の規模を持つ寺院と、城館近傍に集約的に所在する中小規模の寺院の、少なくとも二類型に大別できる可能性があること、⑤城館近傍の集約的寺院は「大道」に沿ってに立地する可能性が高く、

「大道」の街路および水路による規制を受けていた可能性があることを推定した。このようなことから、守護町勝瑞においては、大規模城館の成立に加え、寺院立地の面からも、一定の都市的発展の徴証が見られたと考えられる。

第四節　勝瑞寺院街区と徳島城下寺町との関係について

ここまでの検討で、勝瑞には多数で多宗派からなる寺院街区が存在した可能性が高いこと、また、この寺院街区は、後に続く徳島城下町の寺町と強い関係性を有することを確認してきた。ここで、さらに注意を要すると思われるのは、勝瑞から徳島城下へ移転した寺院の宗派についてである。徳島県域における宗派の分布状況について、「徳島県宗教法人名簿」(10)によると、登録寺院数六六八ヶ寺のうち、四六八ヶ寺が真言宗系の寺院であり、登録寺院数の約七〇％を占めていることがわかる。阿波国では中世から近世への移行期に多くの寺院が廃絶したり再興されたりしていることから、上記の数値をもっていきなり中世の状況にあてはめることはできないが、大括りな傾向を把握するための目安にはなろう。また、四国は真言宗の開祖である空海生誕の地であり、近世以降の札所寺院の定着や、遍路道の存在から、真言宗の盛んな地域との認識があるが、実際には、四国の他の三県における真言宗の占有率は三〇％前後であり、徳島県の七〇％は突出して多く、全国的にも希有な例となっている。

それではこのような傾向はどこまでさかのぼることが可能なのであろうか。『阿波志』においても、記載された寺院数六三六ヶ寺のうち真言宗系の寺院が四五九ヶ寺と、近世においても現代と同様に圧倒的に真言宗が卓越しており、阿波国宗派分布上の最大の特徴となっている。これと比較した場合、徳島城下寺町の宗派構成は、所在する二五ヶ寺のうち、真言宗系寺院が九ヶ寺（三六％）、日蓮宗・浄土宗・浄土真宗など非真言宗系寺院が一六ヶ寺（六四％）となっており、阿波国全体の傾向とは乖離する結果となる。また、非真言宗系寺院一六ヶ寺の

表5　徳島寺町・勝瑞間 寺院移転記載確認表

		阿波志		阿波志・大状前書双方に記載	阿波志のみに記載	移転記録	宗派	現存状況
		寺院名	本末					
1	寺町	潮音寺	隷妙心寺				臨済宗	○
2		敬臺寺	隷富士山大碩寺			有	日蓮系	○
3		還國寺	修浄土教	舊在勝瑞村		有	浄土系	○
4		淨智寺	隷知恩院	舊在勝瑞村		有	浄土宗	○
5		持明院	隷山城大覚寺	舊在勝瑞村			真言宗	×
6		春日寺	隷山城仁和寺				真言宗	○
7		来福持	隷大覚寺				真言宗	○
8		安住寺	隷大覚寺				真言宗	○
9		善福寺	隷仁和寺				真言宗	○
10		願成寺	隷大覚寺				真言宗	○
11		源久寺	隷大覚寺				真言宗	○
12		東宗院	隷仁和寺	舊在勝瑞村		有	真言宗	○
13		般若院	隷仁和寺				真言宗	○
14		本行寺	隷平安妙覚寺		舊在勝瑞村	有	日蓮宗	○
15		壽量寺	隷身延山久遠寺				日蓮宗	○
16		妙永寺	隷身延山久遠寺		舊在勝瑞村	有	日蓮宗	○
17		善覚寺	隷身延山久遠寺		舊在勝瑞村	有	日蓮宗	○
18		妙典寺	隷本能寺本興寺	舊在勝瑞村		有	日蓮宗	○
19		本覚寺	隷身延山久遠寺		舊在勝瑞村	有	日蓮宗	○
20		妙長寺	隷身延山久遠寺				日蓮宗	○
21		慈船院	隷平安興正寺		舊在勝瑞村	有	浄土真宗	○
22		東光寺	隷興正寺	舊在板野郡川端村	舊板野群川崎村	有	浄土真宗	○
23		元勝寺	隷興正寺				浄土真宗	○
24		圓徳寺	隷興正寺	舊在勝瑞村		有	浄土真宗	○
25		長善寺	隷興正寺	舊在勝瑞村		有	浄土真宗	○

注：▒は非真言宗寺院。

うち一二ヶ寺が勝瑞からの移転伝承をもっており（表5参照）、徳島城下の寺町建設にあたっては、真言宗寺院については広く周辺から集め、非真言宗系寺院については主に勝瑞から移した可能性を指摘しうる。ただし、この可能性を追求する場合、なぜ非真言宗系寺院が勝瑞から移される必要があったのかについての説明が求められることとなる。

勝瑞から徳島への寺院移転の理由を考える際に、とくに注意を要するのが日蓮宗系寺院の存在についてである。阿波では真言宗系寺院が分布の大半を占め、非真言宗系寺院が少数派にとどまることは先述したとおりであるが、日蓮宗系寺院はその中でも極端に少なく、『阿波志』においては総数で一二ヶ寺にとどまる。またその分布は、撫《む》養《や》で二ヶ寺、富岡に一ヶ寺、海部《かいふ》で一ヶ寺が所在するのみで、残りの八ヶ寺はすべて徳島の寺町に集中しており、さらにその過半にあたる六ヶ寺は勝瑞からの移転伝承を持つ寺院となっている。このことは、阿波国においては日蓮宗系寺院はほとんど教線を延ばすことがなく、少数所在する寺院は政治拠点の周辺に政策的に配置された寺院である可能性が高いことを示唆している。近年、天野忠幸氏は、畿内の三好政権が日蓮宗寺院との関係を基礎に大阪湾岸の商職人の支配を推し進めていった過程を明らかにしているが(11)、阿波国においても同様の関係が成立していた可能性はないのであろうか。

阿波三好氏による商職人支配については「阿州三好記大分前書」(『阿波国徴古雑抄』)の記載が知られている。

表６　「阿州三好記大分前書」のうち商職人抜き書き

	職種	人数	記事
1	刀鍛冶	貳十人	八人扶持拾貳石自貳十石已上
2	医者衆	貳十人	百石自五百石迄
3	大工	三百人	四人扶持自五石
4	木引	百人	三人扶持四石已上
5	鍛冶	八十人	三人扶持四石宛
6	桶屋	五十人	三人扶持四石宛
7	細工	五十人	四人扶持五石宛
8	檜物屋	五十人	三人扶持四石宛
9	□大工	五十人	三人扶持五石宛
10	□屋	三十人	四人扶持六石宛
11	□師屋	五十人	四人扶持自五石已上
12	□飛脚	六十人	四人扶持自五石已上
13	日々足甲張	拾人	五人扶持自八石宛
14	さやし	貳拾人	四人扶持五石宛
15	羽織屋	貳十人	三人扶持五石已上
16	革屋	三十人	三人扶持五石宛
17	萬小遣人	百人	貳人扶持四石宛
18	狩人	五十人	三人扶持四石宛

注：□は判読不明。人数の表記は原文のままとする。

近世に編纂された三好氏配下の被官・奉公人・職人等の書き上げであるが、その中には一八業種、一〇九〇人に及ぶ商職人が含まれている(表6参照)。後世の編纂物であり、これをすべて鵜呑みにするわけにはいかないが、勝瑞に三好氏に編成された商職人の一定の集住が見られたことの傍証となろう。そして日蓮宗が畿内を中心に町人層に教線を伸ばしていったことや(12)、三好一族が日蓮宗に帰依しており、阿波においても保護的施策を講じた形跡のあることから(13)、これらの商職人が、本稿で存在を確認してきた勝瑞の非真言宗系の寺院群を支える存立基盤となっていた可能性を指摘しておきたい。勝瑞所在の寺院群は、商職人の信仰の受け皿であり、結集核として機能した可能性を持つのである。

それでは、勝瑞廃絶後、これらの商職人はどこにいったのであろうか。また、四国平定を経て阿波に入国した蜂須賀氏は、城下町の建設にあたりどのようにして商職人を集めたのであろうか。これに関しては根津寿夫氏の研究が参考になる。根津氏は『阿波志』に見られる初期豪商を分析し、初期豪商として確認される三四人のうち阿波出身者は六人にとどまり、大半を尾張・竜野・堺など他国からの商人が占めることを明らかにした。そのうえで前代の城下町である勝瑞との関わりでは、寺院は新城下町である徳島にその多くを包摂したが、武士や町人を勝瑞から取り込んだとはいえないとする一方、それではなぜ寺院だけ積極的に包摂していったのか、改めて考える必要のあることを指摘している(14)。

このことに関連して想起されるのが、蜂須賀氏の家臣団編成のあり方である。蜂須賀氏は阿波入部直後から、領地の加増に伴う家臣団の増員、再編成を段階的に行った。その際に、主要ポストは出身地である尾張や旧領の竜野の士卒が占める政策をとるが、不足する中下級藩士としてまず三好系士卒、次にその他の国人衆、やや遅れて細川系士卒などの在地勢力を採用し、家臣団に取り込んでいったことが知られている(15)。このあり方を町人地の編成に当てはめるのであれば、初期豪商にあたる上級町人層は他国出身者が占めるものの、人口の大半を占める実務者、労働者層は現地人を再編成した可能性があるのではないだろうか。

新城下町の建設に際して、先行する在地の都市要素を「町替え」として再編し取り込んだ例としては、佐和山城下町の町替えによって成立した彦根城下魚屋町や、「清須越し」と称される清須城下からの住民異動によって形成された名古屋城下本町(16)、浦戸町、朝倉市など国内各地の市町を再編し町人地を形成した高知・大高坂城下町(17)などが知られる。また、戦国期武田氏支配下の駿府城下町において、今川氏時代の商人集団が町立てに関与した事例[18]なども、在地都市要素の再編・活用の例としてあげることができよう。とくに、寺院と市町再編の関連性に関する事例としては、隣接する豊後府内から寺院や商職人が町ごと移転したと考えられる大分城下町[19]、一乗谷城下近傍の市町である安波賀《あばか》から福井城下町に寺院（西山光照寺）とセットで移転した西山町[20]、尼子氏の富田城下町から、多数の日蓮系・浄土系寺院が移転した松江城下白潟の例[21]などが注目される。以上、全国各地の類例からも、徳島城下町形成において在地都市要素の再編・活用が行われたとすることは、あながち無理な推定ではないと考える。徳島の寺町が城下の惣構や外郭ラインに規制されることなく、新設の町人地である「新町」に隣接する位置にブロック状の街区をもって形成されていること、すなわち、町人地と寺町が街区構成上表裏の関係にあることも、この推定の証左となろう。ここでは以上の検討に基づき、勝瑞からの寺院移転を、徳島城下町の町人地建設と不可分のものとしてとらえておきたい。

おわりに

先述したとおり、守護町勝瑞に関する同時代史料はきわめて少ない状況にあり、今後、新史料が発見される可能性もけっして高くない。また、発掘調査に関しても、広大な面積を有する守護町勝瑞遺跡の中で、既調査地はごく一部にとどまっており、公有地化されている史跡指定地内のように、一定面積を一気に調査することは、事実上困難な状況にある。

このようなことから、守護町勝瑞の実態解明のためには、地名、伝承、地形・地籍図の分析、石造物の分布状況、遺物の散布状況等の多角的な情報を収集・整理し、これに二次史料を含む文献史料記載内容の検討結果や発掘調査の成果を加味してデータ化することが必要となる。また、整理されたデータを、寺院・港津・街道・町屋などの都市要素ごとに丹念に積み重ね、情報の累積するポイントを抽出し、効果的な発掘調査の継続実施で物証を得ることにより、想定された都市要素を立証していくことが必要となろう。

本稿では、以上の目的意識に基づくささやかな試みの一つとして、寺院関連データの整理を行った。各検討項目ごとの分析については、各節の小括にまとめたのでくり返さないこととし、ここでは、全体を通して指摘しうることを列挙し、まとめとしたい。

まず第一点として、各検討項目とも、それぞれのデータから寺院立地に関する徴証が得られることから、守護町勝瑞には相当数の寺院が所在し、多宗派からなる寺町的な様相を呈していた可能性が高いことをあげておきたい。また、第二点として、発掘調査や文献の検討から守護町勝瑞に所在した寺院は、正貴寺に代表される縁辺部に独立の境内地を持ち相応の規模を有する大規模寺院と、城館の近傍に集約的に立地する中小寺院の、少なくとも二類型が存在する可能性があることをあげたい。第三点としては、本稿で確認した勝瑞の寺院街区は徳島城下町の寺町と強い関係性を持ち、その徳島城下への移転は、寺院と住民である商職人を一対にした徳島城下建設と不可分の政策であった可能性を指摘しておきたい。

以上、既存の資料の整理の中から、守護町勝瑞における寺院の様相について考察したが、資料的な制約から、守護町の様相やその変遷については、依然として「霧のなか」の感が強い。今後とも計画的な確認調査が継続実施され、今回行った各検討分野からの想定が立証、または修正されていくことを期待して稿を閉じたい。

（1）　旧讃岐街道の同定については、山村亜希「戦国期吉野川デルタにおける勝瑞と港」（『徳島県の中世城館』徳島県教育委員会、二〇一一年）にしたがった。

（2）　『藍住町史』は、かつて正喜地から十数基の一石五輪塔などが出土したとの伝承を採録している。

（3）　持明院の位置については、『綱矩様御代御山下画図』（『徳島城下絵図　図録』徳島市立徳島城博物館、二〇〇〇年）に依った。

（4）寺院の立地と都市成立の相関関係については従来から多くの言及があるが、ここでは比較的早期の例として、湯浅治久「中世東国の「都市的な場」と宗教」（峰岸純夫・村井章介編『中世東国の物流と都市』山川出版社、一九九五年）、五味文彦「文献　史学からみた都市研究」（中世都市研究会編『都市研究の方法』中世都市研究六、新人物往来社、一九九九年）をあげておく。

（5）発掘調査を担当した藍住町教育委員会は、正貴寺の境内面積について、約五〇～六〇メートル四方で約三〇〇〇平方メートル程度の規模と推定している。この面積は、「大状前書」に記された一町七反（約一万四〇〇〇平方メートル）よりはるかに小規模であることから、ここに史料上の誇張を確認することができる。また、地籍図の検討（本稿第一節で言及）に基づく一町四方（約一万平方メートル）にも及ばないが、少なくとも半町四方以上に及ぶ独立の境内地が確認されたことから、本稿では後述の館周辺に密集すると考えられる中小規模の寺院群に対する意味で、「大型寺院」として把握しておく。

（6）山村亜希「戦国期吉野川デルタにおける勝瑞と港」（『徳島県の中世城館』徳島県教育委員会、二〇一一年）。

（7）山村亜希「阿波勝瑞――城下町の立地と景観」（中世都市研究会編『中世都市から城下町へ』中世都市研究一八、山川出版社、二〇一三年）。

（8）重見髙博「阿波の守護所」（内堀・鈴木・仁木・三宅編『守護所と戦国城下町』高志書院、二〇〇六年）。

（9）戦国期城下町における寺院街区については、甲府（武田氏）や、周防山口（大内氏）等でその所在についての推定がなされている。また、発掘調査による確認事例としては一乗谷朝倉氏遺跡の赤淵・奥間野・吉野本地区をあげることができる。同地区では、出土遺物の検討から日蓮宗寺院の集中を推定しているが、守護町勝瑞においても、宗派単位で立地する複数の寺院集中地区を推定することは可能であると考える。

（10）「徳島県宗教法人名簿」（『全国寺院名鑑』一九六九年）。

（11）天野忠幸「大阪湾の港湾都市と三好政権」（『戦国期三好政権の研究』清文堂、二〇一〇年）。

（12）畿内における日蓮宗系諸宗派と町人層の関連については従来から数多くの論考が見られるが、ここでは比較的近年の成果として、古川元也「洛中法華宗諸本山の信徒形成と地域的展開」（中世都市研究会編『都市の求心力』中世都市研究七、新人物往来社、二〇〇〇年）、五島邦治『京都町共同体成立史の研究』（岩田書院、二〇〇四年）、河内将芳『日蓮宗と戦国京都』（淡交社、二〇一三年）をあげておく。

(13) 河内将芳「戦国末期畿内における一法華宗僧の動向──日珖『己行記』を中心に」（『戦国史研究』三六号、戦国史研究会、一九九八年）、長谷川賢二「天正の法華騒動と軍記の視線──三好長治の「物語」をめぐって」（高橋啓先生退官記念論集『地域社会史への試み』原田印刷出版、二〇〇四年）など。

(14) 根津寿夫「文献からみた城下町徳島の成立──天正～寛永──」（城下町科研・徳島研究集会資料集『阿波の守護所・城下町と四国社会』城下町科研・徳島研究集会実行委員会、二〇一四年）。

(15) 山川浩實「阿波藩家臣団の編成──国人衆の登用──」（『徳島県博物館紀要』第三集、一九七二年）。

(16) 彦根城下魚屋町、名古屋城下本町の事例については、松本四郎『城下町』（吉川弘文館、二〇一三年）に依った。

(17) 市村高男「土佐の守護所城下町──地域構造論の視点による考察──」（前掲註14『阿波の守護所・城下町と四国社会』）。

(18) 仁木宏「戦国時代の城下町における「町づくり」」（『都市文化研究』一六号、二〇一四年）。

(19) 坪根伸也「中世豊後府内から近世城下町へ」（前掲註14『阿波の守護所・城下町と四国社会』）。

(20) 宮永和美「西山光照寺と町・町人──一乗谷・安波賀と北庄──」（城下町科研・福井研究集会資料集『中近世移行期越前国における都市・地域・権力』──一乗谷から北庄（福井）へ──』城下町科研・福井研究集会実行委員会、二〇一五年）。

(21) 長谷川博史「月山富田城から松江城へ」（城下町科研・米子研究集会資料集『中近世移行期の山陰東部における都市・地域・権力』城下町科研・米子研究集会実行委員会、二〇一六年）。

【主要参考文献】

藍住町教育委員会　二〇一三『正貴寺跡発掘調査現地説明会資料』

藍住町史編集委員会　一九六五『藍住町史』

一六一七会編　二〇〇九『阿波国勝瑞の空間構造をさぐる──守護所・戦国城下の館・寺・港』

日本歴史地理学会　一九一三『阿波国徴古雑抄』

徳島県教育委員会　二〇〇〇『勝瑞城館跡　守護町勝瑞遺跡東勝地地点　第三次発掘調査概要報告書』
徳島県教育委員会　二〇一一『徳島県の中世城館　徳島県中世城館跡総合調査報告書』
福井県立一乗谷朝倉氏遺跡資料館　一九八一『一乗谷』

				阿波志						
取次	玄関	鐘楼	護摩	寺院名	所在	本地	知行	土地	本末	宗派
3×3	2×3	2×4	4×4	持明院	寺街	舊勝瑞村	18貫	7段	山城大覚寺に隷す	真言宗
2×3		2×2	3×3							
3×4	2×3	2×2	3×3	正貴寺	廃寺		2貫			
2×3		2×2		妙蓮寺	廃寺		7貫			
3×5		3×3		瑞川院	吉成村	舊勝瑞村	20貫	2町6段	真言を修す	真言宗
3×6		3×3		瑞厳寺	寺街	舊勝瑞村	13貫		妙心寺に隷す	臨済宗
2×3		2×2		圓徳寺	寺街	勝瑞	8貫	5段	興正寺に隷す	浄土真宗
3×5		3×3		東光寺	寺街	舊板野郡川崎村	13貫	1町7段	興正寺に隷す	浄土真宗
3×3		3×3								
3×4		2×4		見性寺	臺址に就いて此寺を作る	舊勝瑞村馬木寺街	18貫	1町5段	興源寺に隷す	臨済宗
3×5		3×4	4×4	霊山寺	坂東村		13貫	2町8段	荘厳院に隷す	真言宗
3×5		3×4	3×3	福成寺	住吉村		20貫	5段	仁和寺に隷す	真言宗
3×5		3×3		吉祥寺	廃吉祥寺		13貫			
3×5		3×3	4×4	大龍寺	大龍獄		20貫	1町5段		真言宗
3×5		3×3	4×4	鶴林寺	敷地村		20貫		真言を修む	真言宗
2×3		3×3	4×4	大坊	一宮村		12貫	1町3段	持明院に隷す	真言宗
3×3		3×4	4×4							
2×3		3×4	2×3							
2×3		2×2	2×3	観音寺	勝瑞村		8貫	8反		
2×3		2×2	2×2							
4×5	2×3	3×3	4×4	長谷寺	木津山麓		13貫	1町7段	荘厳院に隷す	真言宗
3×8	3×3	3×4	3×5	荘厳院	矢武村	又，地蔵寺と称す	20貫	3町7段	真言を修む	真言宗
3×5		3×4	4×4	地蔵寺	立江村		13貫		神応寺に隷す	真言宗
2×3	2×3	2×2	3×4	能満寺	中村		13貫	1町7段	荘厳院に隷す	真言宗
2.5×3		3×3	3×3	東宗院	寺街	舊勝瑞村	8貫	7段	仁和寺に隷す	真言宗
3×6	2×3	4×4	4×4	丈六寺	本庄村		15貫	2町8段	曹洞を伝う	曹洞宗
2×3		2×2	4×5	国分寺	矢野村		7貫		丈六寺に隷す	曹洞宗
3×4	2×3	2×4	3×4	還国寺	寺街	舊源国，勝瑞村	14貫	1町7段	浄土教を修す	浄土宗
2×3		3×4	3×3	蔵珠院	芝原村	舊芝原寺と称す	20貫	1町7段		
2.5×3		2×2	3×3							
3×3	2×3	3×3		浄智寺	寺街	舊勝瑞村	14貫	1町5段	知恩院に隷す	浄土宗
2.5×3		3×4	3×3	蓮華寺	廃寺		15貫			
		3×3	3×4	般若院	廃寺		8貫			
2×3		2×4	3×4	極楽寺	檜村		10貫	5段	荘厳院に隷す	真言宗
2.5×3		2×4		妙典寺	寺街	舊勝瑞村	7貫	5段	摂津尼崎本興寺に隷す	日蓮宗
2×3	2×3	2×2	3×3	吉祥寺	堂浦		18貫	8段	東林院に隷す	真言宗
2×3		2×2	3×3	林光寺	廃寺		8貫			
2×3		3×3	4×4	東林院	大谷村		12貫	1町	真言を修む	真言宗
3×5	3×4	2×2	2×3	密厳寺	新居南村		12貫		荘厳院に隷す	真言宗
2.5×3	2×3	2.5×4	4×4	能正寺	廃寺		12貫			
2.5×3		2.5×3	2×3	徳命寺	廃寺		7貫			
2.5×3		2×2		光徳寺	小桑島		5貫	8段		
2.5×3		2×2	2×3	貴明院	廃寺		10貫			
2.5×3		2.5×4	2×3	神宮寺	廃寺		8貫			
2.5×3		2.5×3	2×3	長善寺	廃寺		7貫			
2.5×3		2.5×3	2.5×3	貴徳院	廃寺		7貫			
2.5×3		2×2		光明院	廃寺		5貫			
2.5×3		2×2	3×3	福重院	廃寺		7貫			
3×4		2×2	2×3							
3×5	2.5×3	3×4		光勝院	萩原村		13貫	8段		
2.5×3		2×2	2×3	長尾寺	廃寺		13貫			
2.5×3		2×2	3×3	小川寺	廃寺		8貫			
2.5×3		2.5×3	2.5×3	小篠寺	廃寺		8貫			

表3　「阿州三好記」・『阿波志』対応表

	阿州三好記大状前書				寺立屋敷割次第（縦×横）					
	寺院名	知行	所在	備考	境内	向き	本尊	客殿	方丈	庫裡
1	持明院	18貫文	勝瑞村	御祈禱僧，下寺15ヶ寺	7反	東	薬師	5×9.5		4×8
2	春日寺	13貫文	勝瑞村	御祈禱僧，下寺15ヶ寺	4反	東	観音	4×8.5		3×5
3	正貴寺	20貫文	勝瑞村	御祈願所，**七堂大伽藍**	1丁7反	南	阿弥陀	5.5×11		4×8
4	妙蓮寺	7貫文	勝瑞村		5反	東	日蓮		4×7	3×5
5	瑞川院	20貫文	勝瑞村	御墓所，下寺13ヶ寺	1丁6反	南		5×9.5		4×6
6	瑞岩寺	13貫文	勝瑞村	下寺15ヶ寺	9反	東	達磨		6×15	5×9
7	圓徳寺	8貫文	勝瑞村		5反	東	釈迦		4×7	3×5
8	東光寺	13貫文	勝瑞村	門徒宗之頭寺，下寺28ヶ寺	1丁7反	南	阿弥陀		6×2	4×7
9	安楽寺	13貫文	勝瑞村	門徒宗之頭寺，下寺15ヶ寺	7反	南	阿弥陀		5×9	4×6
10	見性寺	18貫文	勝瑞村	御墓所	1丁5反	南	達磨		5×8	3×6
11	霊山寺	13貫文	坂東村	御祈願所，大麻別当，**七堂伽藍**	2丁8反	南		5×9.5		4×7
12	福成寺	20貫文	住吉村	御氏宮寺，住吉別当，**七堂大伽藍**	5反	南		5×9.5		4×7
13	吉祥寺	13貫文	別宮浦	別宮大明神別当	2丁7反	南		5×9.5		4×6
14	大瀧寺	20貫文	南方	御祈禱僧，下寺12ヶ寺	1丁5反	西	阿弥陀	6×11		4×7
15	鶴林寺	20貫文	南方	御祈禱僧，下寺6ヶ寺	1丁5反	西	薬師	6×11		4×7
16	一宮寺	20貫文	佐那河内村	御祈禱僧，鎮守	1丁3反	東	阿弥陀	4×8.5		3×5
17	白鳥宮	20貫文	国実村	御祈禱僧	1丁5反	西	阿弥陀	4×8		3×5
18	梅之寺	8貫文	奥野村		7反	東		3×8		3×5
19	観音寺	8貫文	勝瑞村		8反	東	観音	4×8		3×5
20	神宮寺	10貫文	別宮浦		6反	南	毘沙門	4×8		3×6
21	木末衛寺	13貫文	木末衛浦	長谷寺と云う，下寺7ヶ寺	1丁7反	南	観音	5×10		4×6
22	地蔵寺	20貫文	矢武村	真言宗之頭寺，**七堂伽藍**	3丁7反	南	地蔵	8×15		6×8
23	地蔵寺	13貫文	立江村		8反	南		4×10		3×7
24	能満寺	13貫文	中村	下寺16ヶ寺	1丁7反	南	虚空増	5×9.5		3×5
25	東宗院	10貫文	勝瑞村		7反	南	阿弥陀	4×9		3×5
26	丈六寺	15貫文	丈六村	**七堂大伽藍**，下寺20ヶ寺	2丁8反	北	観音		8×13	4×8
27	金寺	7貫文	矢野村		1丁5反	東	薬師		4×8	3×5
28	源国寺	15貫文	勝瑞村	下寺15ヶ寺	1丁7反	東	阿弥陀		5×11	4×5
29	芝原寺	20貫文	芝原村		1丁7反	南			4×9	3×5
30	明正寺	13貫文	勝瑞村		8反	東	阿弥陀	4×7		3×5
31	浄智寺	14貫文	勝瑞村	下寺6ヶ寺	1丁5反	西	阿弥陀	5×11		4×7
32	蓮華寺	15貫文	勝瑞村		8反	東	阿弥陀		4×8	3×5
33	般若院	8貫文	勝瑞村		9反	西	阿弥陀		4×8.5	3×6
34	極楽寺	10貫文	檜村		5反	南			4×8	3×5
35	妙典寺	7貫文	勝瑞村		5反	南			4×8	3×5
36	吉祥寺	18貫文	堂浦	青井之別当	8反	北	阿弥陀	4×8		3×6
37	林光寺	8貫文	勝瑞村		9反	南	達磨		4.5×9	3×6
38	東林院	12貫文	大吉村	下寺16ヶ寺	1丁	南		5×11		4×5
39	密厳寺	12貫文	新居村		1丁5反	南	阿弥陀	4×9.5		3×7
40	能正寺	10貫文	勝瑞村		1丁2反	東	虚空増	4×9.5		3×5
41	徳命寺	7貫文	徳命村		8反	東	観音	4×7		3×5
42	高徳寺	5貫文	撫養浦		8反	西	阿弥陀	4×9.5		3×6
43	貴明院	10貫文	勝瑞村		8反	南	不動		3×8	3×5
44	神宮寺	8貫文	大谷村		8反	南	阿弥陀	4×8		3×6
45	長善寺	7貫文	勝瑞村		8反	南	阿弥陀	4×8.5		3×6
46	貴徳院	7貫文	吉成村		7反	南	不動		4.5×8	3×6
47	光明院	5貫文	勝瑞村		5反	北	不動		4×7	3×5
48	福重院	7貫文	大谷村		8反	南	阿弥陀		4×9	3×6
49	西光寺	5貫文	勝瑞村		8反	西	阿弥陀		4×8.5	3×6
50	光正院	13貫文	萩原村		8反	南			5×10	3×7
51	長尾寺	13貫文	勝瑞村		8反	南	阿弥陀		4×8	3×6
52	小川寺	8貫文	勝瑞村		7反	南	阿弥陀		4×8	3×6
53	小篠寺	7貫文	勝瑞村		6反	南	阿弥陀		3×7	3×5

第4章　室町・戦国期における勝瑞の立地と形態

山村亜希

はじめに

近年、各地の守護所・戦国城下町研究を集成し、その景観の特性を議論する研究会が各地で盛んに開催されている[1]。そのなかで、城下町の空間構造が地域によって多様であることが強調され、全国の城下町に共通する画一的モデルを構築するのではなく、その城下町特有の「個性」を、それが立脚する地域社会の様相をふまえて位置づける視点が主張されている[2]。この動向のなかで、室町期に守護細川氏が守護所を置き、戦国期に実権を握った三好氏が引き続いて居城を営んだ阿波勝瑞への関心も、守護所、戦国城下町としての共通モデルの模索だけでなく、阿波を地盤とした細川氏、三好氏の権力特性や阿波の地域性と、勝瑞の都市空間構造との関連を問う方向に発展している[3]。本稿は、このような研究状況をふまえて、あらためて歴史地理学の視点から、室町・戦国期における勝瑞の景観復原を試みたい。

勝瑞の景観を考えるうえで、近年、注目すべき研究成果が次々と挙げられている。一つは、福家清司による、守護所創設以前の勝瑞前史に関する一連の研究である[4]。福家は、新史料の解釈を通じて、勝瑞が中世住吉大社領井隈荘《いのくまのしょう》の内津であって、吉野川上流域と畿内を結ぶ結節港として、守護所以前から水運の拠点であったことを明らかにし、細川氏が阿波国の統治体制の整備・充実のため、一五世紀前期の応永年間後半までに、守護所を勝瑞へ移転させたことを主張した。なぜ勝瑞が守護所として選ばれたのかという問いに、鮮やかな回答を提起する文献史学の研究成果である。この知見をふまえたうえで、地理学的視点から、吉野川デルタの河川環境における勝瑞の立地と、「勝瑞津」の具体的な位置はどのように想定できるのだろうか。

二つ目は、守護町勝瑞遺跡の発掘調査の深化と石造物調査、文献史料の総合的分析の成果としてもたらされた、戦国期勝瑞の都市景観に関する指摘である。重見髙博は、勝瑞城館の南を流れる北千間堀と勝瑞を通過する「大道」（旧讃岐街道）が、いずれも一六世紀中葉以降に整備されたことから、この時期の三好氏による城下町の整備を指摘した(5)。さらに石井伸夫は、発掘調査と文献史料を総合的に検討し、「大道」に沿って、複数の中小寺院が集約的に並ぶ寺町的な景観を想定した(6)。このような三好期における城下の道路・水路のインフラ整備と中小寺院の集約といった現象は、勝瑞の都市景観形成プロセスを明らかにするもので、高く評価されよう。また天野忠幸は、一六世紀前期に住民を伴って寺院を移動させた三好氏が勝瑞の町作りに関与したことや、勝瑞への三好家臣の集住が進まなかった点など、文献史学の立場から、数々の新知見を提示した(7)。

これらは、いずれも勝瑞の景観上の特性をこれまでになかった方法・視点で指摘するものである。それでは、従来試みられてきた地籍図を元にした勝瑞の景観分析は、このような新しい指摘をふまえて、いかに深化できるのだろうか。

勝瑞の立地と景観については、すでに拙稿(8)において、分析を行ったことがある。そのときは、主に戦国期の復原図を作成することに重点を置き、立地および景観上の特徴を複数指摘したものの、それらを論理的に組み合わせて、整合的に説明する「勝瑞像」を提示するには至らなかった。上述の近年の研究成果は、歴史地理学の視点

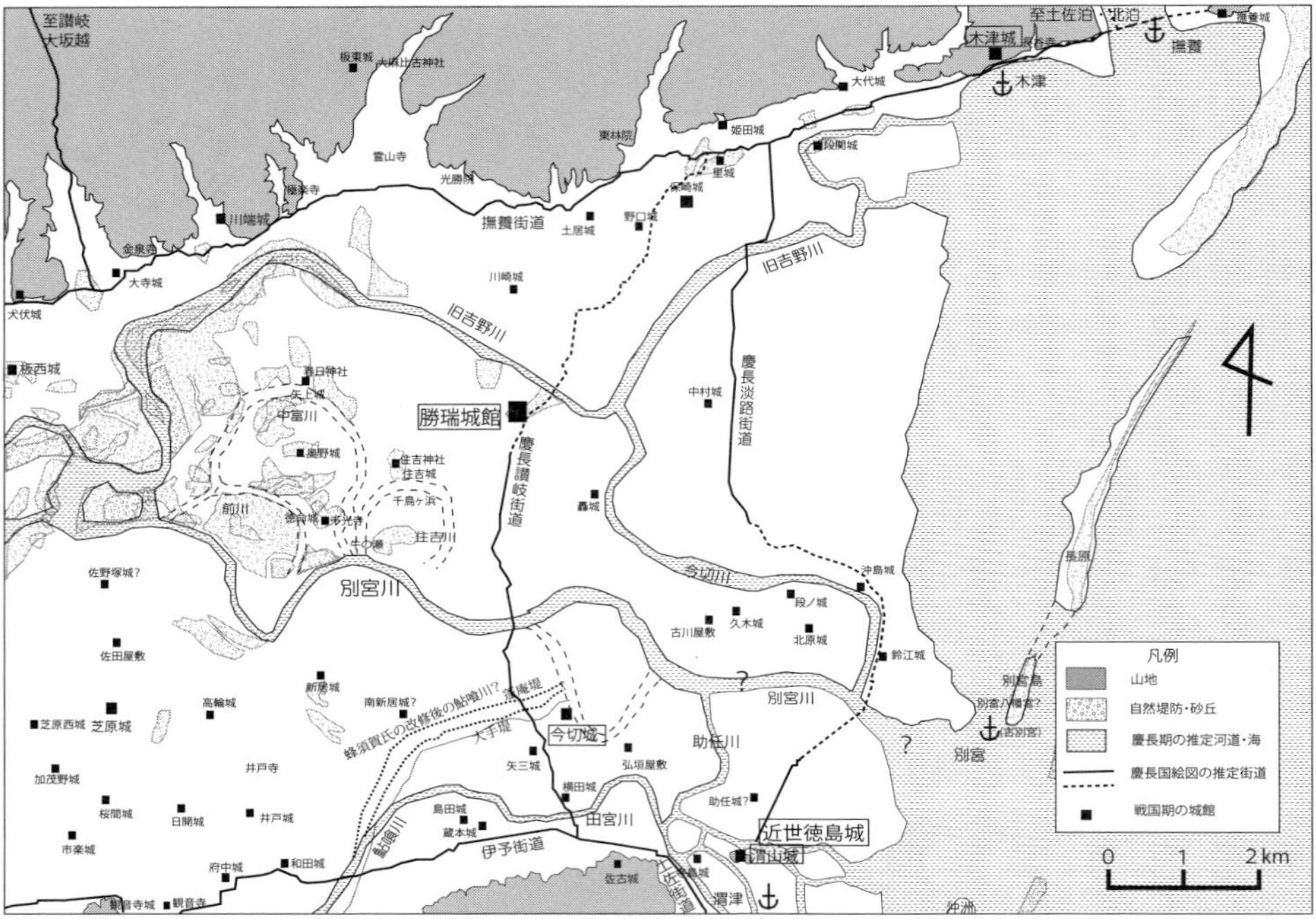

図１　慶長国絵図における河道と街道

からの「勝瑞像」の構築に、一歩駒を進めるための有益な材料を提供してくれる。以上のような問題意識を元に、勝瑞の立地と景観について、新たな地図資料を活用しながら、再検討を行いたい。

第一節　国絵図にみる地形環境と街道の変遷

かつて拙稿において、吉野川下流域における慶長期の地形復原図（図１）を作成し、地理学的視点から戦国期勝瑞の立地を検討した。そこでは勝瑞の立地条件として、①旧吉野川本川河道を排他独占的に利用できる地域にあり、②低湿なデルタにおける数少ない街道の通過点でもあって、③安定した自然堤防帯のうち、もっとも海に近い場所にあることを挙げた。

しかし、①と②の地理条件は、細川氏や三好氏が、この地を選んだ結果とも考えられる。実際、重見が推定したように、②で根拠とした勝瑞を通過する旧讃岐街道（大道）は、一六世紀中葉以降に整備された可能性があり、守護所立地の前提条件とは言い切れない。③の自然堤防についても、ここより下流域においても、島状の微高地は点在するのであり、それが勝瑞選地の絶対条件とはいえない。ここで先の福家の研究をふまえると、勝瑞に細川氏の守護所建設以前から、「津」、すなわち港が存在した可能性が高い。そこで、この港が吉野川デルタのなかでいかなる位置にあり、どのような特徴があるのか、地理的視点から考えてみたい。

さて、旧稿における戦国期の地形復原図は、阿波の国絵図のなかで最古の慶長国絵図[9]に記された村の位置を基準として、河道、デルタの中州（川中島）、汀線や街道ルートを復原した。しかし、慶長国絵図は村の位置に著しい誤認が見られるとされており[10]、それを元にした河道と街道の復原も不正確である可能性がある。そこで本稿では、慶長国絵図より時期が新しくなるが、交通情報や吉野川デルタの河道の表現が詳細で豊かな、寛永一八年（一六四一）頃の作成と推定される「阿波国大絵図」（以下、寛永図と略す）[11]を元に、デルタの地形と街道ルートの復原を試みた（図２）。

具体的な復原の手順は、旧稿における慶長図絵図のときと同様である。まず、寛永図に描かれた村の位置を、最古の測量図である大正六年（一九一七）の二万分の一地形図における集落・村名と同定させた。寛永図に描かれた村の位置は、当然のことながら正確ではないが、どの中州（川中島）にどの村が存在したのかを特定する根拠となる。次に、地形分類図[12]における旧河道を、大正六年地形図に比定し、大正期の河道と合わせて、過去に存在した旧河道をできるだけ図化した。そのうえで、村の立地を手がかりに、寛永期の河道と中州の形態を推定した。

その結果、慶長期の復原と比較して、より多くの中小規模の中州が、淡路街道よりも下流と別宮川流域に存在したことを比定できた。その一方で、汀線の位置は、慶長国絵図とほぼ変わらず、南北に長く伸びた砂州との間

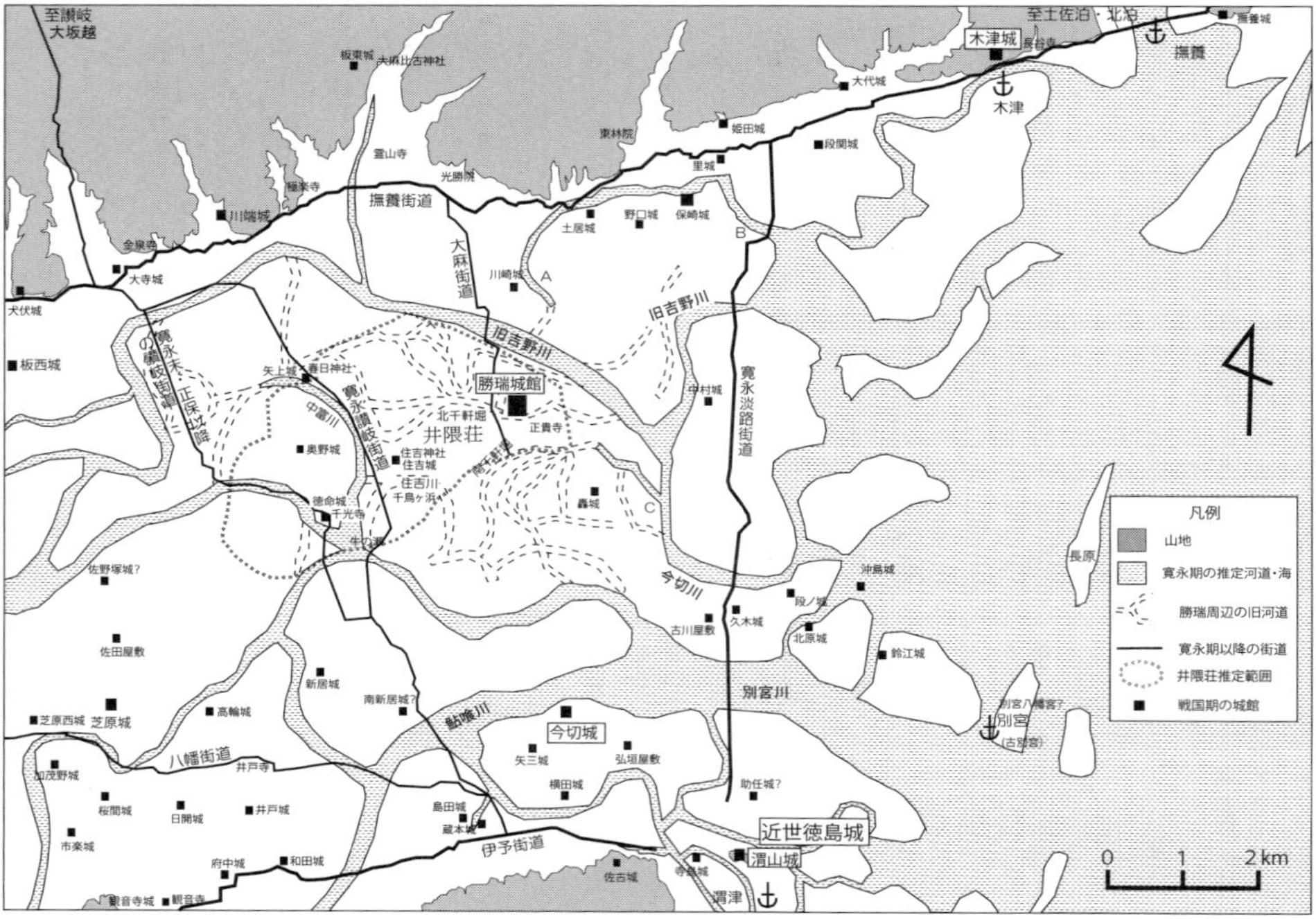

図２　寛永国絵図における河道と街道

に、広いラグーン状の水域が想定される。また、淡路街道よりも上流の中州の形状も、慶長期と寛永期でそれほど大きな差はない。ここから、慶長国絵図の描写のうち、淡路街道よりも下流域と別宮川流域の中州と河道の形状に関しては、かなり単純化されているが、それ以外の地域、とりわけ勝瑞周辺に関しては、大きな誤りはないものと考えられる。ここでは、下流域の地形表現がより実態に近いであろう寛永期の国絵図の方が、戦国期に近いデルタの地形を描くと考えて、図2を元に勝瑞の立地を再考したい。

近世前期の吉野川は、第十《だいじゅう》村付近で本川河道である旧吉野川と別宮川に分かれていた。勝瑞は、旧吉野川の南岸に位置するが、その約二キロ東で旧吉野川は今切川と分岐していた。それよりも下流には多数の大小様々な中州が形成され、旧吉野川も今切川も、複数の河口で紀伊水道に注ぐ。よって、吉野川の中上流域と紀伊水道を結ぶ河道は、多数想定されるが、本川である旧吉野川を通行する場合、今切川と分岐する勝瑞周辺が、水上交通の要の一つにあたることは間違いないだろう。このような吉野川水運の拠点としての勝瑞の重要性は、すでに福家も指摘するところであり[13]、寛永期の河道復原図からもそれが首肯される。

寛永図には、三股村（A）から牛屋島村（B）を通って旧吉野川に合流する河道が、上流部は土砂で埋まりながらも、滞水している状態として描かれている。この河道を比定すれば、ちょうど勝瑞の対岸にあたる市場村と川崎村の間で旧吉野川から分岐する旧河道にあたる。寛永図にみるように、近世前期にはまだ大部分が河道として残っていたことから、それを遡る戦国期に、この河道が旧吉野川から分岐する形で存在した可能性が高い。この河道に沿って、川崎城、野口城、土居城、保崎城といった中世城館が分布するのも、中世にこの流路が存在した傍証になろう。旧吉野川は東西に延びる中央構造線の基底層の谷に沿って流れるため、阿讃《あさん》山地の直下を流れる傾向があることをふまえると、この流路は不自然ではない。この流路を含めれば、下流で複数に分かれた旧吉野川の流路のどれを通っても、勝瑞で集約されることになる。それは勝瑞以外の場所にはみられない、旧吉野川水運上の利点であろう。

図2より、勝瑞の立地する中州は、デルタのなかでは最大の川中島であったことが分かる。この川中島の内部における旧河道の形状に注目したい。デルタという地形の特性上、無数の旧河道が縦横無尽に通るのは当然であるが、とりわけ、勝瑞が立地する島状の中州には、別宮川から分かれた半円状の蛇行河川の連続が目立つ。そのうちの一つが、戦国末期の合戦が行われた中富川であることは、この蛇行河川が戦国末期には流路として存在していたことを示す。寛永図にも中富川は、上流部が埋まりながらも、現役の流路として描かれている。これらの蛇行河川から、川中島の内部に向かって、運河状に小河川がいくつも流れており、これらの河道を伝っていけば、

勝瑞から別宮川に出ることも可能であっただろう。一例を挙げるとすれば、寛永図には、今切川のC地点から中州に向かって勝瑞側に貫入する入江状の河道が描かれている。その河道は、地形分類図の別宮川から分岐した半円状河道の延長上にあたり、勝瑞では南千間堀と呼ばれる水路である。この水路を使えば、今切川から勝瑞の南を経由して、別宮川に出ることができる。

これをふまえると、勝瑞は複雑に河道が錯綜するデルタ地帯において、旧吉野川と今切川の水運の集約点にあたるとともに、別宮川とも中小河川で結ばれる立地であったと推定される。ここで、福家が明らかにしたように、勝瑞津が住吉大社領井隈荘の内津であったことを想起したい。図２には、福家が推定した井隈荘の荘域を記入した。川中島のちょうど中央を占める井隈荘は、南を別宮川に接し、その内部に前川、住吉川、中富川の別宮川分流蛇行河川が流れていた。よって、この荘園は主として別宮川水運の利用に向いている。その一方で、旧吉野川には勝瑞周辺で接することになる。

荘園の中心地と推定される住吉村と住吉神社は、いずれも旧吉野川ではなく、別宮川の分流である住吉川に面していた。荘園からの貢納品を畿内に搬送する、あるいは荘園が交易を行うとなれば、それは神社の面する住吉川、ひいては別宮川を用いていたと考えるのが自然であろう。そうすると、勝瑞津は、井隈荘の物資輸送・交易において、唯一、旧吉野川水系を利用できる点で、荘域では貴重な港であったことが推定される。

地形分類図における旧河道をみる限り、住吉村、住吉神社と旧吉野川を結ぶ小河川の一つが、勝瑞における北千間堀である。北千間堀は、住吉を経て、勝瑞を通り、旧吉野川と今切川の分岐点に向かう自然河道であり、荘園内部における舟運に利用されたことは想像に難くない。古代・中世の河口内港は、本川河道に直接船着き場を設けるのではなく、しばしばその分流・支流を利用した。この点をふまえても、勝瑞津が荘園の内津であるならば、北千間堀がその立地の候補地として挙げられよう。

次に、陸上交通の面から勝瑞の立地を検討したい。慶長国絵図では勝瑞を讃岐街道が通過していたが（図１）、寛永図では讃岐街道のルートが大幅に内陸に移り、勝瑞を通らなくなる（図２）。しかも寛永図に描写された讃岐街道の幅は、他の街道（撫養《むや》街道・伊予街道・淡路街道）よりも細く描かれる。寛永図よりも少し古い寛永一〇年の巡検使国絵図(14)に至っては、他の街道はすべて描かれているのに、讃岐街道そのものが描かれていない。慶長国絵図では讃岐街道が他の街道と同じ太さで描かれていたことと比べると、寛永期には藩内における讃岐街道の重要度が低下したといえよう。さらに正保国絵図(15)になると、寛永図よりも内陸を通過するルートに付け替えられ、以後このルートが讃岐街道とされた。この讃岐街道の付け替えは、阿波における五街道の整備の一環であり、寛永一四（一六三七）〜一五年の島原の乱後における阿波九城の破却を受けて、寛永末期・正保期に整備されたものである(16)。

近世前期における讃岐街道の短期間でのルート変更は、平井松午が指摘するように(17)、近世になって勝瑞が廃城となり、戦国期の勝瑞が持っていた中心性が急速に失われたことを如実に示している。同時に、このようにルートを次々と変える讃岐街道の可変性は、そもそも勝瑞を通過する道筋が、地域社会に定着していなかったことの現れではないだろうか。重見が指摘したように、勝瑞における讃岐街道（大道）は、元々は水路であり、一六世紀中葉に整備された。このルートが三好期における街道整備の産物とすれば、近世になって勝瑞の中心性のみならず、三好氏の政策自体が消滅したことによって、讃岐街道が簡単に別の場所に変更されたのであろう。

そもそも、この道が名前通りに讃岐への街道であれば、最終的に定着したルートのように、デルタのなかでも、できる限り内陸の安定した地形を選んで、徳島から大坂越まで斜行する最短コースを取ればよい。慶長期はまだ戦国期からの移行期であったために、旧来の勝瑞ルートを使用していたのだろう。しかし、すぐ東に淡路街道が南北にデルタを横断しており、このように近いところに横断道は二本も必要ではない。そのこともあって、淡路街道を残して、讃岐街道は徐々にデルタの内陸寄りを通行するように付け替えられたと推定される。

慶長国絵図における讃岐街道は、西貞方と東貞方の間を北上して、勝瑞を通過した後、旧吉野川を渡り、大代《おおしろ》ないし姫田で撫養街道に接続する。このルートのうち、東勝地よりも北側に関しては、大正六年の地形図に明確な街道筋を見出すことができず、位置比定が難しい。その一方で、同じ大正六年の地形図では、勝瑞の南から東勝地に行く道と分岐して、馬木（西勝地）を通り、旧吉野川を渡って川崎を経由して、萩原で撫養街道に接続する大麻街道は明瞭に描かれる。近代には、馬木を通る大麻街道の方が、東勝地を通過する道よりも、交通量のある街道であったことが分かる。近世前期に讃岐街道が内陸に移動した後に、勝瑞を通過する広域道として機能したのは、大麻街道であったのだろう。勝瑞の中心性が失われた後も、地域にとって需要のある広域道は維持されるとすれば、東勝地を通る慶長期讃岐街道よりも、馬木を通過する大麻街道の方が、近世初期の地域に根差した街道であった可能性がある。

馬木から旧吉野川を渡河した大麻街道は、川崎からやや西に進んだ後、萩原に向かって直線で北進する。その直線道の先に阿波守護細川氏が秋月より移転させた菩提寺の光勝院が位置することをふまえると、細川氏の秋月から勝瑞への移動と関連して、このルートが整備された可能性が生じる。東勝地を通る旧讃岐街道が、一六世紀半ばの三好氏の整備によるものと考えられるので、馬木を通る大麻街道の方が古く、近世前期も地域に根差した道となったことが推測されよう。福本孝博は、旧吉野川北側における戦国期の都市的な場の存在と、細川氏の戦国期の拠点を萩原に推定している。勝瑞の都市空間が旧吉野川を越えた北岸に広く及んでいたかについては未検討であるが、少なくとも撫養街道ないし萩原光勝院から馬木に至る戦国期の古道の存在は、本稿でも首肯したい(18)。

それでは、東勝地を通る旧讃岐街道は、三好期に新設された完全な新道であったのだろうか。旧讃岐街道は旧吉野川を渡って対岸の市場に至るが、この周辺から古代南海道へと北上する直線の古代道の存在が推定されている。[19] それをふまえると、少なくとも旧吉野川より北側の旧讃岐街道は、古代道跡を再生させたものなのかも知れない。しかし、そのルートは地域に根付いておらず、勝瑞城館が失われた近世前期に地域の広域街道としての地位を保つことができなかったと推測される。

第二節　北千間堀と勝瑞津

本節では、前節における勝瑞の立地についての考察をふまえて、地籍図・村絵図を元に、戦国期における勝瑞の都市形態の意味を検討したい。地籍図とは、近代初期に作成された、藍住町役場税務課所蔵「一歩一間之図」であり、東勝地・西勝地・成長《せいちょう》・正喜地・西地の五つの小字分の図面を用いる。これらの地籍図における道・水路・地目・地筆・字界・字名を、現在の都市計画図の道や水路、地筆と対照させて位置比定し、五字分を統合したものが、図3である。これに、これまでの発掘調査によって検出・推定された勝瑞城館の堀のラインと守護町勝瑞遺跡の調査成果[20]、近年の石造物調査の成果[21]、伝承・寺社・地名といった、戦国期に関連する地理情報を重ねた。その結果、前稿[22]で提示した勝瑞の景観復原図を部分的に修正することとなった。

図3に加えて、文化一〇年（一八一三）作成とされる「板野郡勝瑞村分間絵図写」（以下、村絵図と略す）を分析対象とする。この図は原本が伝存せず、手書きの模写図が昭和一四年（一九三九）作成の『土御門上皇勝瑞御聖蹟ニツイテ』[23]と題した小冊子に掲載されている。この冊子は題目の通り、土御門上皇に関連する史跡を調査・考察した成果を記したものだが、その参考資料として村絵図の手書き模写図が掲載され、上皇関連の史跡三箇所が図中に比定されている。本来は、文化・文政年間（一八〇四〜三〇）頃に作成された実測分間絵図で、本村絵図はその部分図と考えられる。[24] 東勝地を中心とした範囲に描写は限定され、昭和一四年の模写図の印刷に不鮮明な部分（道・水路）があるものの、地籍図と対照させると、道・水路の細かな屈曲やカーブに至るまで形状

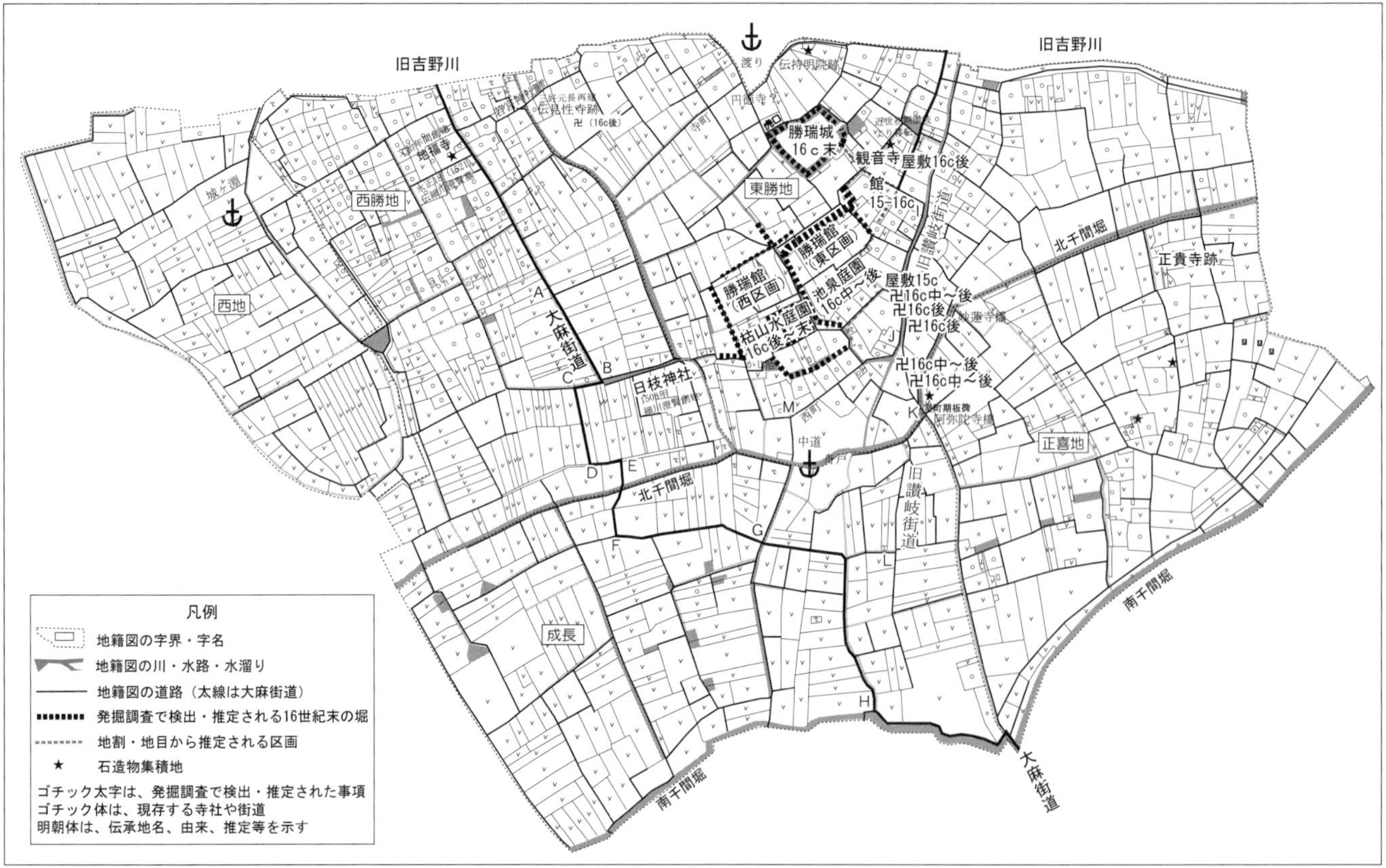

図3　勝瑞の地籍図と戦国期の景観復原

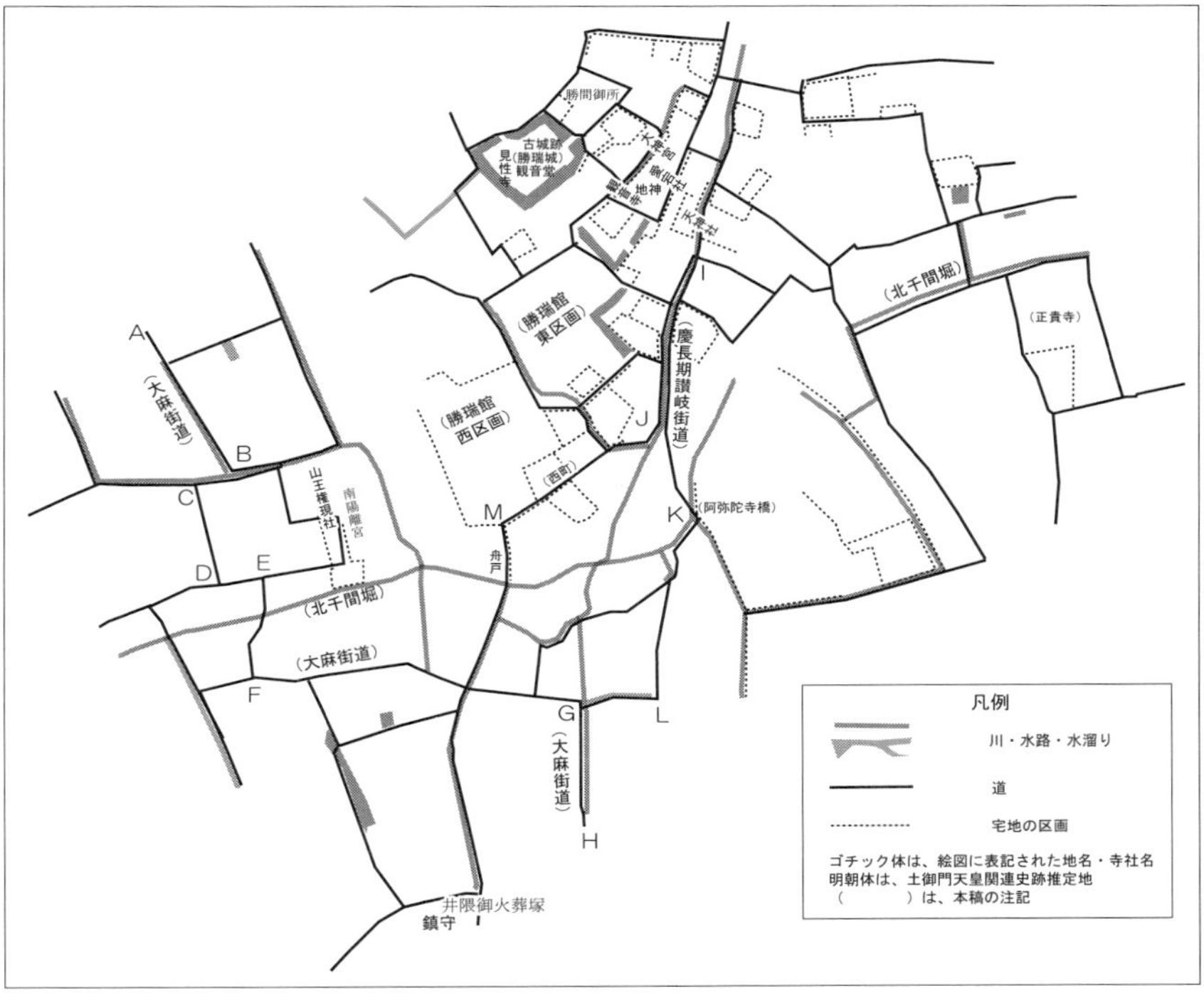

図4　19世紀の村絵図にみる勝瑞の景観

がよく合致する。よって村絵図は、一九世紀初期の東勝地の景観を正確に描いたものとみなしてよいだろう。図4は、村絵図に描かれた道・水路と屋敷区画を、図3の地籍図における道・水路・地筆と対照させて位置比定したもので、地籍図より古い段階の道・水路・集落の形態を示すとみなして検討する。

地籍図（図3）には、西勝地―成長を通る大麻街道が、他の道と比べてとくに太く表記され、大麻街道が近代初期の勝瑞における中心道路であった様子がうかがえる。大正六年の地形図における大麻街道はほぼ直線であるが、地籍図における同街道は小字成長から日枝神社付近まで何度も屈曲を繰り返す。大正六年までに、街道の直線化が図られたのだろう。この地籍図におけるガタガタの大麻街道は、街道名の明記はないものの、近世村絵図（図４）でも同様の道筋（Ａ～Ｈ）を見出すことができるので、近世まで遡るルートであろう。

一方、慶長期讃岐街道は、大正六年の地形図と同様に、地籍図（図３）においても、他の道と大差ない細い道として描かれており、どれがそのルートであったのかも定かでない。ここで村絵図（図４）を見ると、勝瑞館の南東を斜行する慶長期讃岐街道（Ｉ～Ｊ）とおぼしき道筋が確認できるが、北千間堀を渡る阿弥陀寺橋（Ｋ）から、そのルートは西にそれ、Ｌ地点を通過し、Ｇ地点で大麻街道に合流することが分かる。この阿弥陀寺橋以南の道筋は、大正六年地形図にも小道として残っている。逆に、大正六年地形図にみえる阿弥陀寺橋からそのまま南下する旧讃岐街道のルートは、村絵図（図４）には道として表記されていない。大麻街道と同様に、旧讃岐街道の道筋も、地籍図（図３）段階までに改修されたのであろう。よって、戦国期勝瑞においても、地籍図（図３）とは異なり、Ｇ地点で大麻街道と旧讃岐街道の二つの街道が分岐しており、しかも大麻街道は日枝神社付近まで、旧讃岐街道は阿弥陀寺橋付近まで複雑な屈曲を繰り返すルートであった可能性がある。

それでは、なぜＧ地点で二つの街道が分岐し、そこから北では複雑な形状となるのだろうか。それを解く鍵となるのが、二つの街道が渡る北千間堀である。北千間堀は勝瑞城館の南の構えの堀であると伝わるが、前節で考察したように、住吉から勝瑞を経て、旧吉野川と今切川の分岐点に流れるデルタの自然河道がその原型であろう。地籍図（図３）から勝瑞の水系を検討すると、多くの水路が旧吉野川ではなく、北千間堀に流れ込んでいたことが分かる。これは、旧吉野川沿いに自然堤防が発達し、北側の標高が高いためであり、とりわけ西勝地の地福寺付近に東西に長い微高地が分布する。その結果、北千間堀は地籍図段階よりも川幅が太いのが本来の姿であった可能性が高い。地籍図（図３）から地割を見る限り、およそＢ—Ｃを北岸とし、Ｆ地点辺りを南岸とする川幅を最大幅として推定できる。Ｇ地点で街道が分岐するのは、その辺りから北千間堀南岸の低湿地が始まるためではないだろうか。

村絵図（図4）の水路に着目したい。興味深いことに、北千間堀はさほど川幅の太い水路として描かれず、途中で河道の描写すら途切れてしまう。むしろ目立つのは、慶長期讃岐街道に沿った水路である。この水路を挟むように、水路の東に旧讃岐街道、西に西町（M―J）から続く道がある。つまり、一九世紀初期には、二つの道の中央に水路が流れていたことになる。地籍図（図3）でも、同様の状況を見て取ることができる。この河道が北千間堀に注ぎ込む地点が、北千間堀が大きく南に張り出した「舟戸」付近である。

ここで想起されるのが、前節で推定した井隈荘の内津としての勝瑞津の存在である。勝瑞津は、荘園の中心地である住吉と勝瑞を結ぶ北千間堀に推定されると述べた。さらに踏み込んでいうと、北千間堀と分岐前の街道が交差する「舟戸」付近に想定されるのではないだろうか。その推定の根拠は二つある。

一つは、正貴寺の立地である。正貴寺は、河口から船で北千間堀に進入すると、その入口にあたる位置に立地する。石井が指摘したように、[25]『阿州三好記大状前書』に記載された勝瑞の寺院のうち、「七堂大伽藍」と表現されるのは正貴寺のみである。正貴寺跡は勝瑞のなかでももっとも低い場所にあるが、そこに「七堂大伽藍」の塔が存在すれば、河口から遡上する船にとって、北千間堀の入口を扼する正貴寺は、非常に目立つ、またとないランドマークとなっただろう。正貴寺跡は北千間堀の本来の川幅を侵食するような場所にある。すでに中世段階では北千間堀の川幅は堆積によって狭まっていたのだろうが、河岸に迫るその立地は、まるで灯台のような印象を与える。

もう一つは、発掘調査で明らかになった旧讃岐街道の整備である。[26]先述のように、地籍図（図3）と村絵図（図4）においては、水路を挟んだ北側と南側に道が存在し、このうち旧吉野川まで到達する水路南側の道が、旧讃岐街道に相当するのだろう。この水路南側の道は、一六世紀中葉以降に整備されたと考えられている。一方、勝瑞館に近い水路北側の道は、それより古く、一五世紀以前から存在したとされる。これをふまえれば、室町期井隈荘の勝瑞津の時期には、まだ水路南側の旧讃岐街道は存在しなかった。とすると、その当時の東勝地の道として想定されるのは、西町を経て舟戸で北千間堀を渡る水路北側の道であろう。大正六年地形図では、明瞭にこの道筋を確認することができる。勝瑞から南に進むと、西貞方に至り、別宮川の支流である住吉川の河岸に到達するこの古道は、地域に根差した道であるのだろう。前節では、基本的に別宮川水系に立地する中世井隈荘において、旧吉野川への限られた玄関口として勝瑞津が重要であったのではないかと述べた。荘園から勝瑞への水路が北千間堀とすると、陸路はこの舟戸―西町―水路北側ルートではないだろうか。両者が交差する地点が、村絵図（図４）でも確認できる地名の「舟戸」であるのは、偶然とは思えない。

以上のことから、室町期井隈荘の勝瑞津は、舟戸付近にあったのではないかと推測する。この場所は、荘園の中心地住吉と旧吉野川、今切川を結ぶ自然河道であった北千間堀を用いることができ、別宮川水系と旧吉野川を結ぶ荘園内の南北道路の渡河点でもあった。勝瑞のうち、「舟戸」の北側にのみ「西町」という町地名が残るが、それも船着き場での交易に由来する可能性がある。

第三節　細川氏・三好氏による勝瑞の都市整備

前節で推定した中世の勝瑞津を、その後の細川氏、三好氏はどのように利用して、都市空間を形成したのであろうか。勝瑞城館とその周辺のうち、一五世紀代の相対的に古い時期の遺物は、東区画やさらにその東側で検出されており、その周辺に細川氏段階の守護館を想定する案も提示されている[27]。村絵図（図４）と地籍図（図３）における水路北側の道も、ちょうどその辺りまでしか続かない。これが細川氏の守護館とすると、津から西町を経てやや距離を置いた場所に立地したことになる。先行する勝瑞津に吸着して守護館が置かれたとすれば、やや不自然な印象を受ける。しかし、その位置は旧吉野川に近い。地籍図（図３）には、観音寺の前の旧吉野川に向かう南北道が、大麻街道並みに道幅の太い直線道として描かれる。村絵図（図４）でも、水路南側を並走していたはずの旧讃岐街道が、観音寺前の南北道に折れて続く様子が描かれ、この道が対岸の市場村に向かう街道の一部であったことが分かる。このルートが古くまで遡るものであれば、細川氏段階の守護館は、旧吉野川やその市場に対しても、意識を向けていたことになる。

萩原光勝院から南下する大麻街道も、細川氏段階には存在していただろう。西勝地の地福寺付近は、勝瑞のなかではもっとも安定した自然堤防であり、鎌倉期まで遡るその寺伝をふまえるならば、細川氏以前の先行集落を推測することも可能だろう。本来、旧吉野川の渡河点であったのかも知れない。そこから南下する大麻街道が、北千間堀を渡り始める地点にあるのが、一六世紀初期に細川澄賢が創建したと伝わる日枝神社（村絵図では山王大権現）である。その立地は、入江状に広がった舟戸の最奥部にあたる。先述のように、北千間堀の河道の一部であったと推測される場所であるが、すでに一六世紀初期には、正貴寺と同様に、土砂堆積が進み、川幅は狭まっていたのだろう。地域は異なるが、北陸の主要な中世港町には、その担い手となった鎌倉期の比叡山延暦寺の日吉神人の到来・定着と関連して、港の近くに日吉社ないし山王社がしばしば立地する。(28) 勝瑞の日枝神社は、北陸とは創建時期も異なり、日吉神人との関連も不明であるが、北千間堀の「舟戸」の近くに立地する点は、北陸の中世港町とよく似ていて興味深い。細川氏は、荘園内部の物流にとどまらず、勝瑞津から北東の市場へ、北西の萩原へと、旧来とは異なる方位に向かう街道を整備したのではないだろうか。天野は、一六世紀初頭の細川成之の阿波在国が、勝瑞の発展の契機となったとするが、(29) 街道整備や神社の創建がその具体策であったと推測される。

ここで改めて、図３より、一六世紀前期の勝瑞で存在を推定することができる都市的な場の位置を確認してみよう。細川氏以前より存在した場所としては、勝瑞津の舟戸・西町周辺とその玄関口であった正貴寺跡の他に、西勝地の地福寺周辺も挙げられよう。勝瑞城北側の持明院跡に中世の石塔集積地があり、その周辺が旧吉野川の渡河点の「渡り」と呼ばれたことをふまえると、西勝地と同様の性格の地が細川氏以前より存在した可能性がある。これに、細川氏以降、一五世紀に遡る遺物が検出される勝瑞館東区画およびその東側と日枝神社周辺が加わったと推測される。地図上で検討すると、近い場所にありながら、これらの都市的な場は連続せず、分散して立地していたと考えられる。その主たる理由は、デルタにおける小規模な自然堤防状微高地の散在という地形条件であろう。

勝瑞城館の発掘調査によると、三好氏が実権を握る一六世紀中葉には、規模の小さな溝や堀で区画されていた空間が、一六世紀後半になると統合され、低湿地の治水・利水を兼ねた大規模な堀で区画されるようになり、全体として範囲が拡大した(30)。この一六世紀後期以降の勝瑞城館の堀は、大規模ではあるが、その形状は規格性に乏しい。常に滞水していたことからも、低湿地の干拓と排水の機能を持つものであったのだろう。一六世紀前期の都市的な場の散在的な分布をふまえると、三好期の一六世紀後期には、東勝地における集落・施設の間の低湿地を埋めるように、城館が拡大したとみることもできよう。

この三好氏による低湿地の干拓と市街地の拡大という都市整備事業は、城館の拡大に関連してのみ実施されたものではない。先述のように、一六世紀中葉に、城館南東の水路に沿って旧讃岐街道が整備され、北千間堀には護岸が施工された。これも低湿地の干拓と開発事業の一環であろう。ここで注意したいのが、旧讃岐街道の整備に伴い、舟戸よりも下流側に渡河点が移動したことである。この渡河点に戦国期から「阿弥陀寺橋」が架橋されていたかどうかは不明だが、街道の変更によって、下流から渡河点より内陸の舟戸へ船を進入させることは難しくなる。むしろ三好期には、舟戸の港としての利用機会が減少していたのではないだろうか。土砂堆積の進行もあるだろうが、勝瑞津が担っていた荘園の貢納・交易システムを利用する方式が徐々に後退し、三好期には旧吉野川水運の直接把握へと転換していた可能性がある。三好期における勝瑞の港は、「渡り」などの旧吉野川に直接面した河岸であったのかも知れない。三好氏は重臣を木津城と今切城に配置しており、勝瑞とこれらの城館を結ぶデルタの横断路を必要としていた。阿波南部への往来を容易にする意図もあっただろう。

それでは、勝瑞における旧讃岐街道に、経済機能を担わせることはなかったのだろうか。このとき留意したいのが、すでに指摘されているように、一六世紀後期における旧讃岐街道沿いの寺院群の集中である(31)。これらの寺院群の実態については未だ解明されていないが、河岸に沿って並ぶ寺院群に、何らかの交易機能を委託した可能性も否定できない。同様に、持明院と地福寺の間の低湿地に、三好元長が移転させたとされる見性寺や寺町という地名が残るのも見過ごせない。天野は、一六世紀前期の三好氏による見性寺誘致を、寺の移転に止まらず、移転元の脇町にあった馬木集落の移転も伴う都市開発であった可能性を指摘した(32)。この指摘が正しければ、一六世紀前期より、三好氏は河岸に近い低湿地の都市開発と寺院の計画配置を行っていたことになる。寺町という地名は、旧讃岐街道沿いの寺院集中地区と似た景観を想起させる。これらの寺院の実態と、寺院が勝瑞の都市機能と三好氏の政策に果たした役割については、今後の検討課題であろう。

おわりに

本稿では、近年の勝瑞研究の進展をふまえて、国絵図、地形図、村絵図、地籍図という近世・近代の地図資料の読図というオーソドックスな歴史地理学的方法を深めることによって、前稿で試みた室町・戦国期勝瑞の立地と景観について再検討を行った。そのなかで、勝瑞を通る街道の成立と変遷を後世の地図資料から遡及させて復原し、その要因を追求することで、細川氏入部以前の勝瑞の原景と、それ以降の都市整備について推定を行った。

可能な限り、発掘調査や他分野の研究成果を取り入れて、時間軸と同時代性を意識したが、それでも、このような歴史地理学的方法論に違和感を抱く研究者も少なくないだろう。もちろん、今後の調査成果によって、本稿の知見も柔軟に修正するつもりである。それでも、現時点で手元にある地図資料を「読む」こと、従来の知見を「地図化」することにこだわる空間的思考は、勝瑞研究のような学際研究の場では、一定の有効性を持つと考える。

勝瑞は、最末期には経済・流通政策重視の三好氏の阿波の本拠でありながら、都市空間内部に市や町をほとんど想定できない。旧讃岐街道沿いを含めて、勝瑞には多数の寺院が存在したが、その面積と比しても、あまりに町場が少ない。前稿では、三好氏が旧吉野川河口の諸港に経済機能を担わせ、これらの河口港を含めた畿内―吉野川ネットワークの一部に勝瑞自体を組み込むという、独自の地域支配のあり方を想定して、勝瑞に町場がない理由を説明した。しかし、そもそも阿波では、一般的に中世城館と市場は結びつかず、豊臣期の阿波九城以前に、城下「町」の存在を見出すことが難しい。換言すれば、市場の分布と城館の立地に相関が乏しいため、そこに町も発達しない。このように市場と城館が結びつかないのが阿波流とすれば、勝瑞に町場がないことはむしろ阿波的で、自然なようにも思える。その一方で、城館と港はしばしば結びつくので、その意味でも、勝瑞は阿波的な城館であるといえる。このような「都市」景観こそが、阿波の土地柄を投影した地域性なのだろうか。阿波内外の事例と比較しながら、阿波らしい都市景観とは何か、勝瑞とはいかなる都市かについて、今後も考察を続けたい。

（１）二〇一三年から始まった科研費基盤（Ａ）「中世・近世移行期における守護所・城下町の総合的研究」（代表者仁木宏）における各地の研究集会や、二〇一四年に開催された「新・清須会議」（新・清須会議実行委員会編『新・清須会

議　資料集』二〇一四年）など。阿波の守護所・戦国城下町に関しても、先述の科研研究会の一環として、二〇一四年に徳島研究集会が開催された（城下町科研・徳島研究集会実行委員会編『阿波の守護所・城下町と四国社会』二〇一四年）。

（2）例えば、仁木宏「城下町」（中世都市研究会編『中世都市研究一八　中世都市から城下町へ』山川出版会、二〇一三年）など。

（3）守護町勝瑞遺跡の範囲と構造についての学際研究の成果は、以下の報告書にまとめられている。徳島県教育委員会編『勝瑞　守護町勝瑞検証会議報告書』（二〇一四年）。

（4）①福家清司「細川氏初期守護所秋月の様相」（前掲註１『阿波の守護所・城下町と四国社会』）、②同「住吉大社領阿波国井隈荘考」（『四国中世史研究』一三、二〇一五年）。

（5）①重見髙博「発掘調査から考える勝瑞」（前掲註３）、②同「守護町勝瑞遺跡の発掘調査成果――勝瑞城館及び勝瑞城下町の空間構造の変遷――」（前掲註１『阿波の守護所・城下町と四国社会』）。

（6）石井伸夫「守護町勝瑞遺跡における寺院の立地について」（前掲註３）。

（7）天野忠幸「戦国期阿波の政治史から考える勝瑞」（前掲註３）。

（8）①山村亜希「戦国期吉野川デルタにおける勝瑞と港」（徳島県教育委員会編『徳島県の中世城館』二〇一一年）、②同「阿波勝瑞――城下町の立地と景観――」（前掲註２『中世都市研究一八　中世都市から城下町へ』）。

（9）慶長一〇年（一六〇五）頃作成「阿波国大絵図」（徳島大学附属図書館所蔵）。川村博忠編『江戸幕府撰慶長国絵図集成』（柏書房、二〇〇〇年）に、文字の判読可能な複製図が掲載されている。

（10）平井松午・根津寿夫編『阿波・淡路国絵図の世界』（徳島市立徳島城博物館、二〇〇七年）。

（11）徳島大学附属図書館所蔵。同館の貴重資料高精細デジタルアーカイブにて、画像を確認した。

（12）旧稿では、一九九五年の吉野川洪水地形分類図を用いたが、この図は戦後の空中写真判読で推定できるデルタの旧河道すべてを記載しておらず、主要な河道のみを拾っている。そこで今回は、国土地理院の数理院地図における更新版の洪水地形分類図（二〇〇七～二〇一四年）を用いて、デルタの旧河道を詳細に復原した。図２の勝瑞周辺の旧河道も、同図を利用して記入した。

（13）前掲註（4）②。
（14）川村博忠編『寛永十年巡検使国絵図　日本六十余州図』（柏書房、二〇〇二年）。
（15）正保三年（一六四七）「阿波淡路両国絵図」国文学研究資料館所蔵（前掲註10）。
（16）前掲註（10）。
（17）平井松午「阿波国絵図からみた勝瑞」（前掲註３）。
（18）福本孝博「室町期地方政治都市「勝瑞」の成立と変容」（『四国中世史研究』一二、二〇一三年）。
（19）木原克司「古代阿波国麻植郡・名方郡西部及び板野郡東部の条里と交通路」（『徳島地理学会論文集』八、二〇〇八年）。
（20）前掲註（5）。
（21）前掲註（6）。
（22）前掲註（8）②。
（23）徳島県板野郡住吉村土御門天皇御聖蹟敬仰奉讃会編集・発行。藍住町教育委員会より情報をご教示いただき、資料をご提供いただだいた。
（24）前掲註（17）。
（25）前掲註（6）。
（26）前掲註（5）②。
（27）前掲註（5）②。
（28）仁木宏「中世港町における寺社・武家・町人――北陸を中心に――」（仁木宏・綿貫友子編『中世日本海の流通と港町』清文堂、二〇一五年）。
（29）前掲註（7）。
（30）前掲註（5）①・②。
（31）前掲註（6）。
（32）前掲註（7）。

第5章　勝瑞館の景観と権威空間としての意味

小野正敏

はじめに

一九九四年度から続く勝瑞城館跡の発掘調査は、近年大きな成果を発信している遺跡のひとつである。とくに戦国期の大名権力の本拠の景観を考えるうえでは勝瑞館跡は不可欠の遺跡と位置づけられる。これまでに各地で大名クラスの城館が調査されているが、良好な発掘例が少ない畿内およびその周辺の遺跡から示される館の実態は、いまだ不明なことが多い。こうしたなか、勝瑞は、都周辺に位置し、この時期の幕府中枢において権力を把握した細川惣領京兆《けいちょう》家と関係の深い阿波守護館の存在が推定されている。さらにこの阿波細川家を支え、また五年間という短期間ではあるが、将軍と細川家を排除し都の実権までも握った三好長慶とともに動いた阿波三好氏の本拠地でもある勝瑞が調査される意味は大きい。

後述するように、この時代にも諸権力において室町幕府体制の権威がもつ意味は大きく、勝瑞は幕府にもっとも近距離の権力としてその実態が検討できる重要な遺跡と位置づけられる。将軍邸や都の館、屋敷に関しては、これまで考古学的には地方の発掘例から中央を推定するしかなかったが、都を推定し得るローカルモデルとして、周防山口・大内館、豊後府内・大友館、越前一乗谷・朝倉館に続く勝瑞館の発掘成果を得て、双方向の議論が可能になるのだといえよう。そのキーが勝瑞館なのである。

この小稿では、これまでの発掘成果から見えてきた勝瑞館の景観と意味をどう読むか、とくに守護細川氏と三好氏というふたつの並ぶ権力を意識しながら、館のあり方について考える。この時、これまでの調査の経過で三好氏の館とされてきた勝瑞館跡を、阿波守護細川氏の館を核にした館群と捉えなおし、そこに三好氏の館が併置されたという仮説を準備し、その検討を通じて権威空間としての館、庭園の持つ意味を描いてみたい。なおこの仮説は、すでに二〇〇九年に藍住町で開催された一六一七会「阿波国勝瑞の空間構造をさぐる――守護町・戦国城下の館・寺・港」においてコメンテーターとして指摘し、その後、「戦国期武家館の景観とその意味」（二〇一六年勝瑞城シンポジウム「戦国期・武家館の庭」）として報告した。

第一節　権威表徴としての大名館の空間概念と家格

勝瑞館群を検討するにあたり、戦国期の館空間とその階層性について、筆者の基本的な視点を呈示しておきたい。

（1）「表（端）」と「奥」の空間概念

大名クラスの館空間について、福井県・一乗谷の戦国大名朝倉氏の館を例にモデル化したのが図1である。朝倉館は、天正元年（一五七三）に天下統一を目指す信長軍の戦火で焼け、建物群や庭園などの諸施設が一セット保存された。そして、永禄一一年（一五六八）には後に将軍となる足利

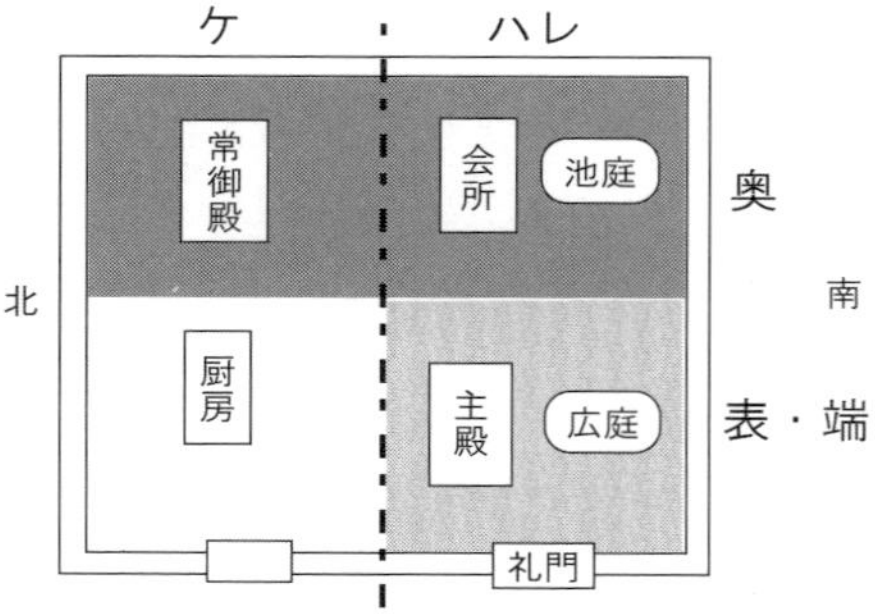

図１　都型屋敷空間モデル

表１　朝倉義景邸と三好義興邸の御成

	朝倉義景亭御成　1567年５月足利義秋	三好義興亭御成　1561年３月将軍義輝
	午刻（12時）御成 表ノ納戸：先遣の二条殿控える	未刻（２時）御成
第１部	端の座（寝殿）：貢馬間 ・式三献の儀 ・献儀：義景から太刀と馬献上：射場に ・将軍から劔賜う	主殿：四間 ・式三献の儀 ・献儀：義興から太刀と鞍置馬献上 ・将軍から劔賜う
第２部	奥ノ座（会所）：十二間 ・酒肴の供応：十七献 ・四献の後、能楽開始、十三番まで 奇数の度に献上品 ・十、十一献の間に別座、茶の湯 ・十七献の後、順の舞：縁にて	主殿：九間 ・酒肴の供応：十七献 ・奇数の度に献上品 ・三献の後、休息所にて茶の湯 ・五献の後能楽開始：式三番〜十四番 舞台：九間前の庭
	翌日、巳刻（午前10時）還御	翌日、巳刻（午前10時）還御

義秋の御成があり、その文字記録を発掘遺構に重ねることにより館の建物群をはじめ空間の具体的な呼称や機能が検討できる数少ない例である。

館は、堀と土塁で方形に区画された約一〇〇メートルの規模で、西に表門（礼門）をもつ。表門を軸にして、北半には台所など館の日常機能や家人のためのケの空間があり、南半には儀礼・行事など接客のためのハレの空間が広がる。接客空間には、「表」と「奥」と呼ばれた異なる原理が意識された空間があり、儀礼や行事によってそれを使い分けている。表は主殿と広庭を中心に構成され、御成では将軍（候補段階）と大名朝倉氏の主従関係を確認する「式三献」等の儀礼が行われた。会所と庭園群を主に構成される奥では、饗宴と観能、茶の湯などが開催された（表1）。ここは通常には、連歌や和歌、茶・花・香など文芸や芸能などの集まり「寄合」の場として使われ、こうした場面では「一味同心」、「貴賤同座」など中世に特徴的な原理がいきる空間でもあった。

このような表と奥からなる館の空間構成は、朝倉館に限ったことではなく、大分県豊後府内・大友館や青森県八戸・根城（南部氏）など各地の館にも確認できるものである。こうした館では儀礼・行事に関わる建物群や施設の使われ方にも共通する点が多い。その背景には、大名クラスなど一定の権力においては、慣例に則った儀礼や行事、それを行う建物等の場が内外に権威を誇示する手段として必要不可欠なものになっており、室町幕府体制の権威秩序を導入した権力においては、幕府の権威モデルを意識したことによると考えられる。

その一方で、南部氏の八戸・根城のように、都のモデルを直接的に導入せず、建物は礎石ではなく従来の掘立柱建物のままで南部独自の建物平面をもち、池庭をもたず、さらに都的な儀礼に不可欠なかわらけを使用しないなど、具体的な構成要素、景観に地域の論理を表現することによって権力のアイデンティティーを主張する地域がある。これは地域や権力の個性を考えるうえで重要な意味をもつが、館の全体像が発掘されていない遺跡も多く、総合的な比較検討には課題が残されている。

（2）家格を表現する館景観

館は権力の場として、必然的にその構成要素や統合された景観が主人の格を表現することになる。

「洛中洛外図屏風」の公方（将軍）邸、細川邸、典厩《てんきゅう》邸の描き分けは、まさに都の洛中における館屋敷の階層性をみごとに描き分けている例である（図２）。歴博甲本（旧町田家本）に描かれた「ほそかわ殿」（細川邸）は京兆家と呼ばれた細川惣領家、北隣の典厩邸は細川家庶流である。その関係が、屋敷規模、表門に使われた平唐門と棟門という違い、主殿への正式な入り口である中門（廊）妻戸の唐破風《からはふ》の有無、池庭と平庭の違いとして格式の差となって視覚的に表現されている。とくに邸内で大きな面積を占める池庭は象徴的で、武家方の屋敷で池庭が描かれるのは将軍邸と細川邸だけである。さらには、武家方頂点の将軍邸と比較すれば、細川邸が板葺き屋根であるのに対して、将軍邸はすべて檜皮葺きにするなど、明らかな格差が描き分けられている。ただし、上杉

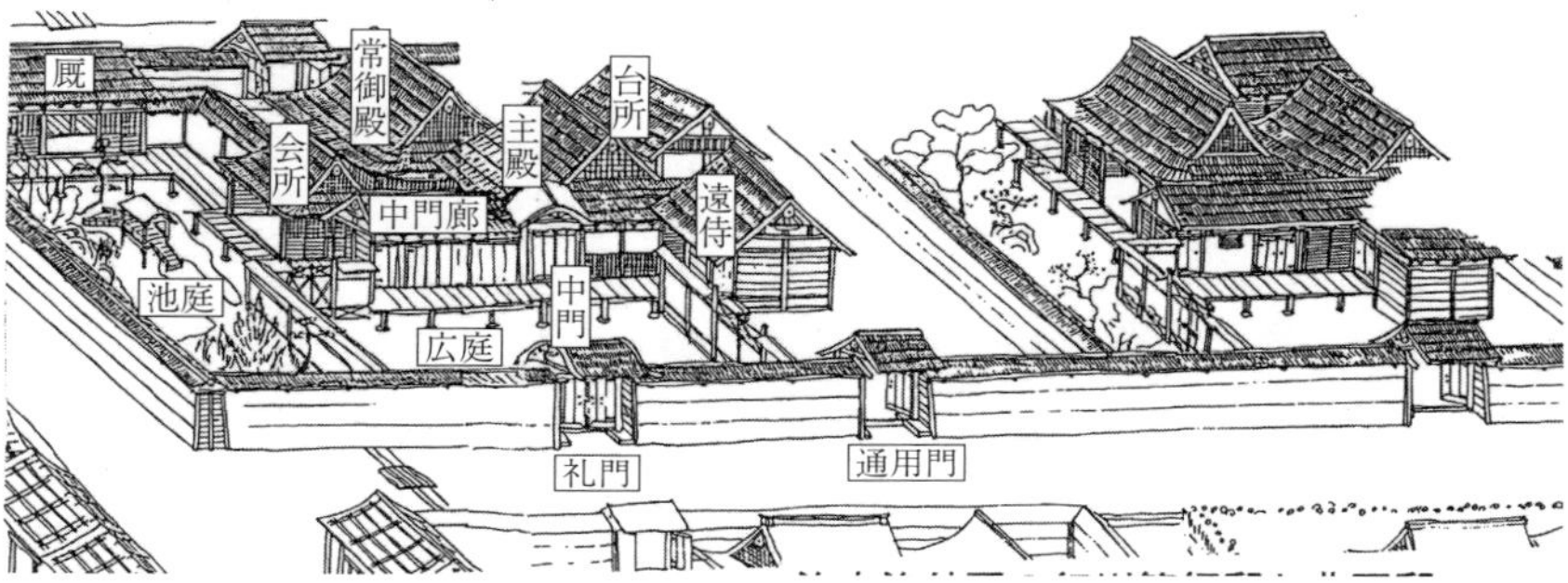

図２　描かれた京兆家（左）と典厩邸（右）
平井聖1980『図説日本住宅の歴史』挿図に加筆

本「洛中洛外図屏風」では例えば典厩邸の中門にも細川邸と同じ唐破風が描かれるが、ここでの論点からは、これらの描写を実景かどうかとして議論することではなく、同じ屏風に絵師（工房）が館・屋敷の家格をどのように描き分け、同時代の観る者がそれを納得したかが重要なのである。そうした意味で、描かれた館・屋敷の景観は、まさに家格を象徴しているといえるのである。

発掘例ではどうであろうか。一乗谷は、城下町の各階層の屋敷が発掘されていることで、戦国大名朝倉氏の城下町というひとつの世界における比較が可能となった数少ない遺跡である。結論をいえば、館や屋敷の景観には朝倉氏を頂点とする明瞭な階層性が確認される。具体的には、館の規模、門と外構施設、建物の機能分化の程度と意匠、庭園に示される。例えば城戸の内で、館屋敷が堀と土塁で区画されるのは朝倉宗家の館と当主義景母の館とされる中の御殿、同名衆筆頭朝倉景鏡《かげあきら》館だけであり、他の武家屋敷は石垣基礎をもつ土塀による。とくに庭園に注目すれば、邸内に池庭をもつのは寺院を除くと朝倉館と中の御殿、義景室少将館と伝わる諏訪館だけで、いずれも朝倉宗家関連に限定され、朝倉館から南へと続く一段高い地区に集中している。同名衆筆頭や年寄衆などの大型武家屋敷をはじめ、他の屋敷は庭園がないか、あっても枯山水などの平庭である。そこには大名の空間＝城戸の内においては、権威表徴として堀・土塁や池庭をもつことへの厳格な規制があったものと考える（小野一九九九、藤田二〇一六）。

第二節　発掘された勝瑞館

これまでの勝瑞館跡の発掘調査成果から、本稿の論点にそって筆者の視点にそってデータの確認と理解を示しておく。

勝瑞館では、約一五〇メートルを超す方形のⅠの区画とその西側に接して少し規模の小さいⅡやⅢ、Ⅳなど堀による複数の区画が確認されている。調査当初に明治二〇年頃とされる地籍図と現地形の解読から、この地区に東西二つの大きな区画があるとされ、その後の発掘によりそれらをめぐる堀が確認されたことによって、複数の曲輪群より構成されると認識された結果である（図3）。図3は、地籍図地割に発掘区を重ねたもので、濃いアミは堀を、破線は堀の推定位置を示している。区画の呼び方は、遺跡報告書等に統一的な呼称がないため、勝瑞館を館の集合体ととらえる視点から、本論に関して便宜的につけたものであり、以下の記述はこれによる。堀の巡り方や館の規模からⅠが主たる館であり、他の館は、それに接して派生したとみえる地割りとなっている。とくにⅠとⅤの間、ⅠとⅢの間ではⅠの西堀を直接共有していないことが注意され、これらからⅠの館の独立性、優位性を知ることができる。

Ⅰの館の発掘部分は地籍図で復元された東の区画の西側半分に相当し、発掘区の南寄りには、中島をもつ大規模な池庭とそれに面した①、②を含む四棟の礎石建物、少し離れて池寄りに一棟の小規模な礎石建物⑤が発掘されている（図4）。この①～④はこれまでは一棟と認識され、江戸幕府の大棟梁平内家の建築設計図集ともいえる『匠明』にある「昔六間七間主殿之図」と一致するとして「主殿」に比定されてきたものである（藍住町教委二〇〇六、重見二〇〇六）。なお、これらの建物群は現在再検討中であり、ここでの①～⑤のまとめ方は筆者の理解によるもので、調査者の見解は改めて示されるものである。建物①は東西四間の規模が確認され東西棟で南面する建物、④は五間×三間の東西棟の建物と想定される。①と②は南側への規模は不明であるが廊の位置から考えると、大きくは伸びないと想定される。いずれの建物も内部の礎石の残存状況が悪く間取りは復元できない。また①、④とも中門廊のような張り出しは確認できない。両者の建物間は廊で繋がれており、その間には淡路島産とされる五色の玉砂利が敷かれた坪庭がしつらえてある。また池庭との間にも一部玉砂利の敷かれた空間が残っている。

池庭は、東西約四〇メートル、南北約三〇メートルと規模が大きく、大小ふたつの中島をもつ。北側の池岸は

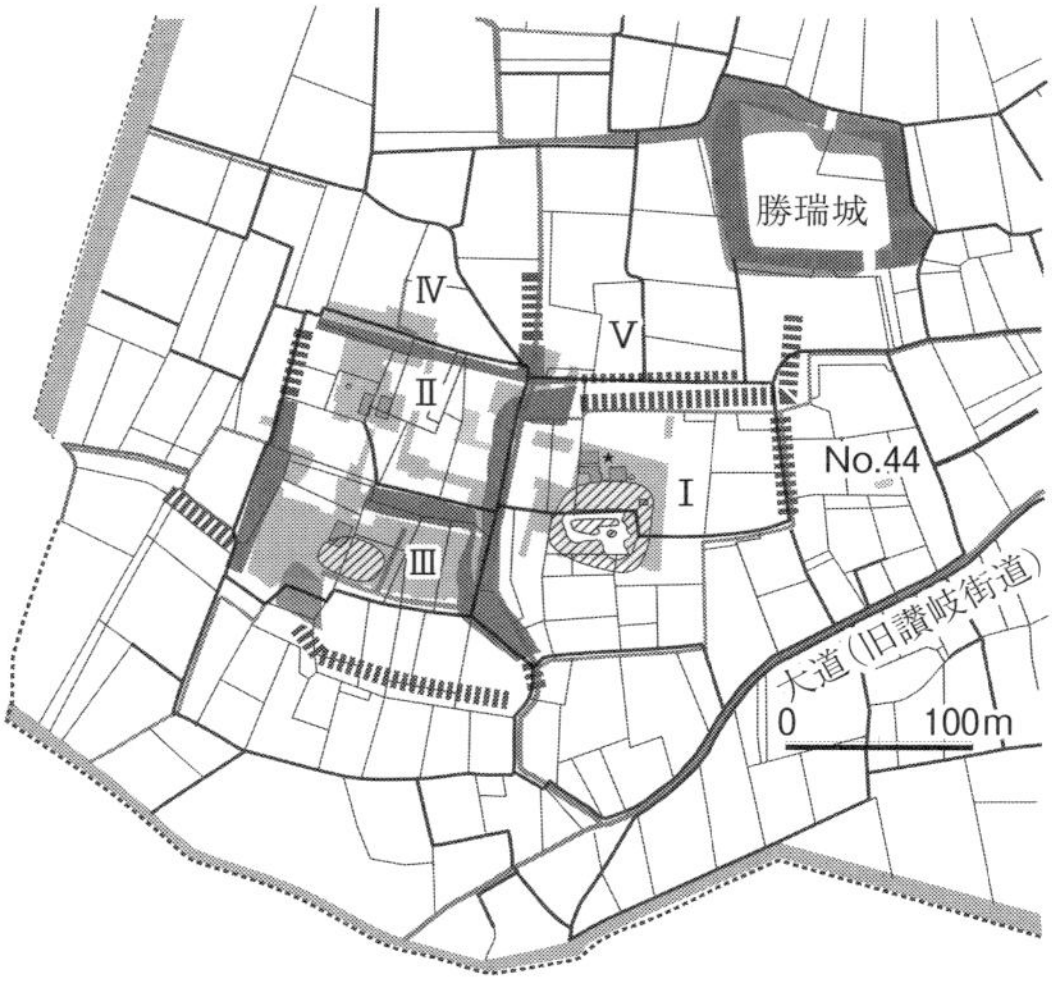

図３　勝瑞館の発掘概要（▨が庭園部）
重見2016の再トレース、加筆

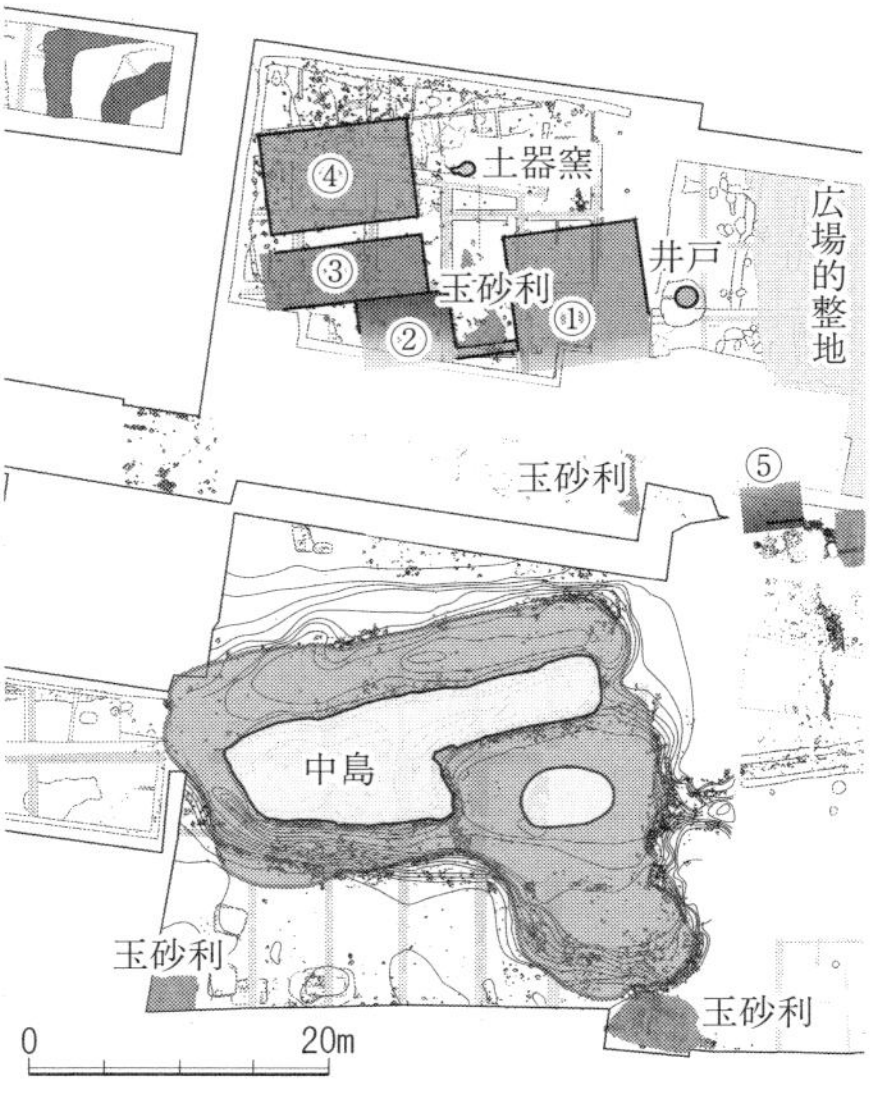

図４　勝瑞館の池庭と建物群
藍住町教育委員会提供図を再トレース、加筆

州浜《すはま》や土羽《どは》の斜面、東から南側に景石が集中して景色を作っている。池庭との位置関係や規模などから、①または②のいずれかがいわゆる会所と推定されるが、建物の間取りは判明しない。小規模建物⑤には石組溝をもつ「つくばい」的な施設が付属し、また周辺には玉砂利が敷かれていることから池庭周囲に伴う数寄の建物と考えられる。池庭は主たる視点を北側の建物①や②から鑑賞するように構成されているが、この小規模建物⑤をはじめ、池の南側の築山が予想される場所にも小建物の存在が認められるとされており、池庭を核にして周囲に多様な空間利用があったことがわかる。そのようにみると発掘された区域全体が庭園をめぐる奥の空間に相当する。

Ⅰの区画の東側部分については未発掘だが、発掘区の東端において広場と判断される整地が検出されたことが報告されている。したがって都型の館空間モデル（図1）の導入を前提に推定すれば、この東側に広庭を伴う主殿などの表の空間が広がることが予想される。西側半分の遺構の状況と東に街道が通る地割りの復元から、Ⅰは東に表門をもつ東礼の館と推定できる。

一方、西のⅢでは、枯山水の庭とその北に接して五間×四間の西と南に縁をもつ南北棟の会所と想定された礎石建物があり、枯山水に面して栈敷が復元されている（重見二〇一六など）。主座敷は九間で西面すると考えられる。Ⅱでは、六間×三間の南北棟など数棟の礎石建物と石敷きが発掘されている。Ⅱ、Ⅲとも発掘面積が限られており、いずれも全体像は不明である。

（1）　発掘された陶磁器の年代観

表2は、これまでの調査地点で調査者重見髙博氏により呈示された日常什器を主とする中国製陶磁の碗皿の破片数をまとめなおしたものである（重見二〇一四など）。陶磁器は型式分類に基づき1から3のグループにまとめた。このグループは、基本的に重見氏が時期的に三群に小計しているものに拠るが、消費地における型式群の

表２　発掘された貿易陶磁器の時期別集計

調査区	地点等	1グループ				2グループ						3グループ					計
		青磁碗	白磁	小計	割合（%）	青磁碗	青磁稜花皿	青花	白磁皿	小計	割合（%）	青磁景徳鎮	白磁	青花	小計	割合（%）	
勝瑞館３次Ｅトレ	曲輪Ⅲ	30	6	36	27.9	23	9	40	13	85	66.0			8	8	6.2	129
勝瑞館６次Ⅰ区	曲輪Ⅱ	19	1	20	25.3	15	3	14	11	43	54.4	7		9	16	20.3	79
勝瑞館７次	曲輪Ⅰ	13		13	6.8	10	9	62	65	146	76.8			31	31	16.3	190
東勝地2001Ⅰ区	No.9	2	1	3	3.6	5	12	15	28	60	71.4	2	3	16	21	25.0	84
東勝地2003Ⅰ区	No.19	2	1	3	1.4	5		56	98	159	76.0			47	47	22.5	209
東勝地2009Ⅱ区	No.44	3	8	11	30.6	12	2	6	2	22	61.1			2	2	5.6	36
勝瑞城跡		3	1	4	8.9	4	1	8	19	32	71.1			9	9	20.0	45
正貴寺平成９年度	No.3	11		11	30.6	7	2	3	13	25	69.4				0	0.0	36
計				101	12.5					572	70.8				134	16.6	808

一般的なセット関係を重視して一部組み直したものである。消費地遺跡におけるモデル的な年代観は、グループ1を一五世紀第1四半期～第3四半期、2を一五世紀第3四半期～一六世紀第1四半期、3が一六世紀第2四半期から第3四半期となる。

この表2により次のように指摘できる。①勝瑞では一五世紀中頃からまとまった日常生活用具の陶磁器セットが確認されるようになる。②一五世紀第3四半期から一六世紀第1四半期に編年される陶磁器セットが多くの地点で六〇～七〇パーセント以上となりもっとも多い。③一六世紀第2四半期以降の陶磁器セットは多くの地点で二〇パーセント以下となり大きく減少しているのが特徴である。あえていえば、勝瑞城とⅢの館、「大道」地名をもつ近世の旧讃岐街道沿いの二地点が二〇パーセントを超えてまとまっている傾向がある。グループ3の数値の減少については、勝瑞館では、多くの地点で最終段階の建物礎石が遺存しており、また、最終遺構がその後に削平を受け池庭や堀の埋め土に使われたとしても、堀や池内が発掘されてその遺物が採集されたことを考えれば、原位置は移動したとしても、量的なあり方は本来の状況を一定程度反映しているとみられる。

第三節　守護細川館と三好館

勝瑞館群を検討するにあたり、勝瑞に関わる細川氏と三好氏の動きについて、福家清司、須藤茂樹、天野忠幸三氏の研究成果に拠りながら私見を交えて整理しておく。

守護細川氏が守護所を秋月から勝瑞へ移転した時期は、直接的な史料がない状況のため研究者によって年代が異なるが、大まかには一五世紀後半から末のなかで理解されている。

この時期の阿波守護は、原則的には他の多くの守護と同様に在京であったが、明応の政変の後、文亀二年（一五〇二）頃には細川成之《しげゆき》は、阿波へ下国し、その後続く成之の在国が勝瑞の大きな画期になったとされる（天野二〇一四）。それに連動して三好氏の動きが活発になるのも、一六世紀初めである。永正三年（一五〇六）に細川物領京兆家の後継争いに際し、細川政元が阿波守護家から澄元を養子にむかえ、それを支えたのが三好之長《ゆきなが》である。之長は、永正五年（一五〇八）に起きた阿波の内乱では、細川成之の軍事指揮権によって阿波の国人を指揮し、これを鎮圧している。この頃、「勝瑞は、細川成之の単なる隠居所ではなく、阿波一国の政治拠点として、（略）奉行人も集住していた」とし、さらに京兆家の後継争いが続くなか、劣勢になる度に細川澄元や之長も阿波に退却し、永正の中頃には長期間滞在したと指摘される（天野二〇一四）。永正五年の足利義材《よしき》の将軍復帰による細川高国・大内義興《よしおき》体制を経て、その後大永七年（一五二七）からの足利義維《よしつな》・細川晴元のいわゆる堺公方府体制を支えたのが三好元長である。

この一六世紀前半は、阿波はさながら畿内三好勢のバックヤードのような役割を果たしており、畿内での動静で劣勢になると阿波に戻るという繰り返しがつづく。将軍の場合も同様で、永正一八年（一五二一）には細川高国と仲違いをして劣勢になった義材が阿波へ落ちて後に没しており、享禄五年（一五三二）に晴元により堺公方府が壊滅した際には義維もまた阿波へと戻っている。阿波は、時には細川京兆家や将軍ランクまでもが滞在する畿内の動静に直結した政治的な地であったといえる。ただし、阿波＝勝瑞でないことには注意が必要である。この時期の阿波三好は細川澄元や晴元の畿内における動きに従い、それを軍事的に支える立場と位置づけられる。一方、政元の養子として澄元を出し京兆家家督を継がせた阿波守護細川家は、京兆家に対しても一定の政治力をもっていたとされ、守護家細川は勝瑞を拠点とし、実体としても支配していたと考えられる。

三好実体は、その後阿波の実権を握っていくが、天文八年（一五三九）に讃岐白峯寺に出した実休の禁制は守護細川持隆によってその効力が担保されており、天文二〇年（一五五一）頃に至って、京において篠原長政をはじめ三好氏重臣の担保で禁制を出せるまでになったとされる（天野二〇一四）。そして、三好氏が阿波の実権を把握したことを具体的に示した事件が、天文二二年（一五五三）の三好実休や弟十河一存《そごうかずまさ》による主家の守護細川持隆殺害と位置づけられる。この後、傀儡の守護真之が擁立される。この頃、畿内では天文一八年（一五四九）の三好長慶・氏綱による晴元政権の打倒、続いて天文二二年には将軍義輝を近江に追いやり、長慶政権が樹立される。主家守護細川氏殺害は、これと時期を同じくする一連の動きであり、この一六世紀中頃が三好氏勢力確立の画期と位置づけられる。

（1）勝瑞館の整備と年代

勝瑞が整備される契機を守護細川氏による秋月から勝瑞への守護所移転とすれば、これは勝瑞の発掘でまとまった遺物が確認され始める時期に一致している。先に整理した陶磁器の出土状況、年代観に注目すれば、勝瑞の館群や街道沿いの町場整備の主たる時期は、これまでいわれてきた一六世紀後半ではなく、それよりも早い一五世紀後葉から一六世紀前葉にあったことになる。この段階で勝瑞城を除く東勝地の館群の主要な景観は形成されており、それが一六世紀中頃以降にさらに拡充されたものとまとめられる。

二節でみたように一六世紀中頃から後半に相当するグループ3の陶磁器が大きく減少しているのは、そうした流れを反映したものである。この減少が示すことは、勝瑞一帯がただちに一六世紀中葉から衰退したということではない。消費地遺跡での消費サイクルでは、陶磁器のモデル的な時期幅を超えて道具が使用されるのは当然であり、新しいモデルの陶磁器はそれを補充するかたちで加えられる。耐久消費財である陶磁器は、館や町作りに伴う初期の整備時に住民とともに搬入された生活財が主体となっており、その後の日常的な補充や火災等による再建、改造などを契機に新たな道具が加わった結果を示しているのが普通のありかたである。例えば一乗谷で陶磁器の時期別組成を検証すると、城下町が整備された時期の陶磁器、ここでいうグループ2の組成比がもっとも高く、天正元年（一五七三）まで町の継続があってもその時期、グループ３に相当する陶磁器の組成比が低いことを指摘できる。

三好氏の実力は一六世紀前半までは主家細川氏を超えるものではなく、細川・三好氏の関係に陶磁器からわかる年代観を重ねると、現在までに発掘されている東勝地の主体は、一五世紀後半の守護細川館を核に始まり、その後一六世紀中葉から次第に三好氏が実力をつけたことを反映して三好氏に関わる部分が拡張、再整備されていったと想定した。その整備状況からいえば、地割りからみえる先行性と独立性、また池庭など館内の空間構成の優位性が高いⅠの館は、守護細川館が継承され整備された結果と考えられる。重見氏のご教示によれば、Ⅰの館の北西隅の内側、建物群と西堀間のトレンチでは、一六世紀中頃より古いとされる二条の大きな溝のコーナー部が確認されており、これらは現在見るⅠ期とする最終期の堀区画と建物群以前の館区画が検討できる遺構となろう（図３、４）。そして、畿内を含む三好氏の勢力は一六世紀中頃に頂点になるが、逆にこの時期の三好実休の活動は長慶と連携して畿内を主体としており、本拠である勝瑞の経営には力点が置かれていなかったのではないかとも考えられる。その後永禄五年（一五六二）には、実休は戦死している。

調査開始の頃にあった東勝地に守護館を想定する説が後退した経緯には、これまでの調査過程で、発掘された勝瑞館の年代観が一六世紀後半を中心とされたことに加えて、守護館の所在地を西勝地に想定する説が呈示されたことが大きい（重見二〇〇六、山村二〇一三）。西勝地説の主たる根拠は、西勝地において地籍図などから復元される一町四方程度の大型の方形地割りの存在である。しかし、そこは見かけ上の地割りは方形であるが、中心部には南から浅く谷状の低地が入り、周囲の道路の方が高い区画となっている。二〇一〇年にはこの場所にトレンチ調査が実施されたが、遺構、遺物は検出されず、人工的な地業も確認できなかった（重見二〇一四）。もちろん、西勝地全域にトレンチ調査が及んだわけではなく、このことをもって西勝地の守護館存在説を全否定するものではないが、西勝地の守護館想定説を前提とした勝瑞館群の理解は、再検討が必要になっている。

重見氏は近年、守護館の想定地について西勝地の他に、東勝地のⅠの曲輪の東に接した想定地２を提案している（重見二〇一四）。これは図３のナンバー44地点（東勝地二〇〇九―Ⅱ区）のトレンチ調査で、遺物組成、とくにかわらけ中に占める京都系かわらけが八〇パーセントという高い組成比を示したことから、「この地点に突出した権威の存在？」を予想したものである。京都系のかわらけは勝瑞城館跡では三〇～五〇パーセントとされ、その数値は群を抜いている。今後の調査によって、このトレンチとⅠの館との関係などが解明されることを期待したい。

（２）阿波守護細川氏と三好氏の家格と館・庭園

三好氏にとって画期となった一六世紀半ば、天文二二年（一五五三）には三好実休と十河一存によって阿波守護細川持隆が殺害されたが、その後も、傀儡の守護細川真之が擁立され、勝瑞には守護細川家と三好長治の併存状況が続いた。元亀四年（一五七三）に長治が阿波三好を支えた実力者篠原父子を掃討する際には、その軍勢催促が守護公権をもつ細川真之から出されたという須藤茂樹氏の指摘は、その時期においても守護細川家を主家とする三好長治の立場を明確に示している（須藤二〇〇九）。その後、長治は天正四年（一五七六）には、一宮氏などの援助を得た真之との戦いに敗れ、別宮で自害した。

一方、室町将軍との関係に注目すれば、三好氏はある時点から家格を上げ、建前上は阿波守護細川家と並ぶ格になっていく。三好氏関係の官位叙任と御相伴衆《おしょうばんしゅう》などの栄誉称号についてみると一五六〇年代から急速に昇進することが指摘される。三好長慶は、永禄三年（一五六〇）正月に将軍足利義輝より「御相伴衆」を許され、あわせて修理大夫に任じられた。同じ時長慶嫡男の三好義興は、筑前守に任じられた。翌年正月には義興が「御相伴衆」を免許、従四位下に叙任され、これをうけて三月には将軍義輝の義興邸御成があった。三好実休は、永禄四年（一五六一）閏三月に「御相伴衆」を免許されている。また加えれば、松永久秀は永禄三年御供衆、弾正小弼に任官、永禄四年には従四位下叙任、桐紋・塗輿《ぬりごし》使用を許可されている。さらに三好義継は永禄八年（一五六五）五月に左京大夫に任じられている。

御相伴衆は、格式からいえば幕府内で三管領家に次ぐ位置であり、将軍の直臣としての立場をもつ。したがって、建前では三好実休はこの時期には阿波守護細川氏と同格になったことになるが、翌年戦死している。一方、先にみたように一五七〇年代の長治は守護細川家の家宰としての立場のみであり、重臣篠原氏を征討するためには阿波における守護公権に依存しなければならなかったのである。

この守護細川氏と家臣三好氏という身分的な原則は、勝瑞館を理解するために重要な意味をもつ。その視点からIの館について評価してみたい。

近年の発掘成果をみると、大名クラスの館の池庭には大きくふたつのグループが認められる。その第一は、豊後府内・大友館などの例で、仮に大友館型とすると、館の南側に展開する池庭は東西六七メートル、南北三〇メートルと大型で、中島をもち、手前側には州浜や土羽で斜面を形成、何よりもセットとなる主たる建物からの距離があり、広がりを重視した空間を形成する（図５）。池との間には植栽と玉石敷きを池側に伴う建物などが展開する。したがって大型になることが多い。山口・大内館の東南隅の池庭も、セットとなる建物が不明だが、規模の大きさや中島の存在、北西部に土羽の斜面をもっていることから、同じグループといえる。大内館ではこれ以外に二カ所の枯山水庭園が併存するが、この池庭が館の東南隅という位置にあることや南北四〇メートルという規模からも、主たる庭園と位置づけられる。第二が、越前・朝倉館などの例で、仮に朝倉館型とすると、その特徴は会所や数寄の座敷などの建物群が池庭と一体となって機能するように接して建てられ、池との間に大きな距離をもたないことである。間に広庭などがなく、したがって州浜や土羽などの斜面部をもたない石組み護岸となる。規模は前者ほど大きくない例が多い（図６）。

大友館型は、伝統的な寝殿造の南庭と南池の系譜をひくもので、寝殿（主殿）と広庭をセットにして行われる公家的な儀礼・行事の伝統を継承した空間である。武家儀礼では御成の第一部のような「表」向きの儀礼・行事を重視する権力に向く。朝倉館型は、会所とセットで使われる「奥」向きの、茶・花・香、連歌等の寄合など、

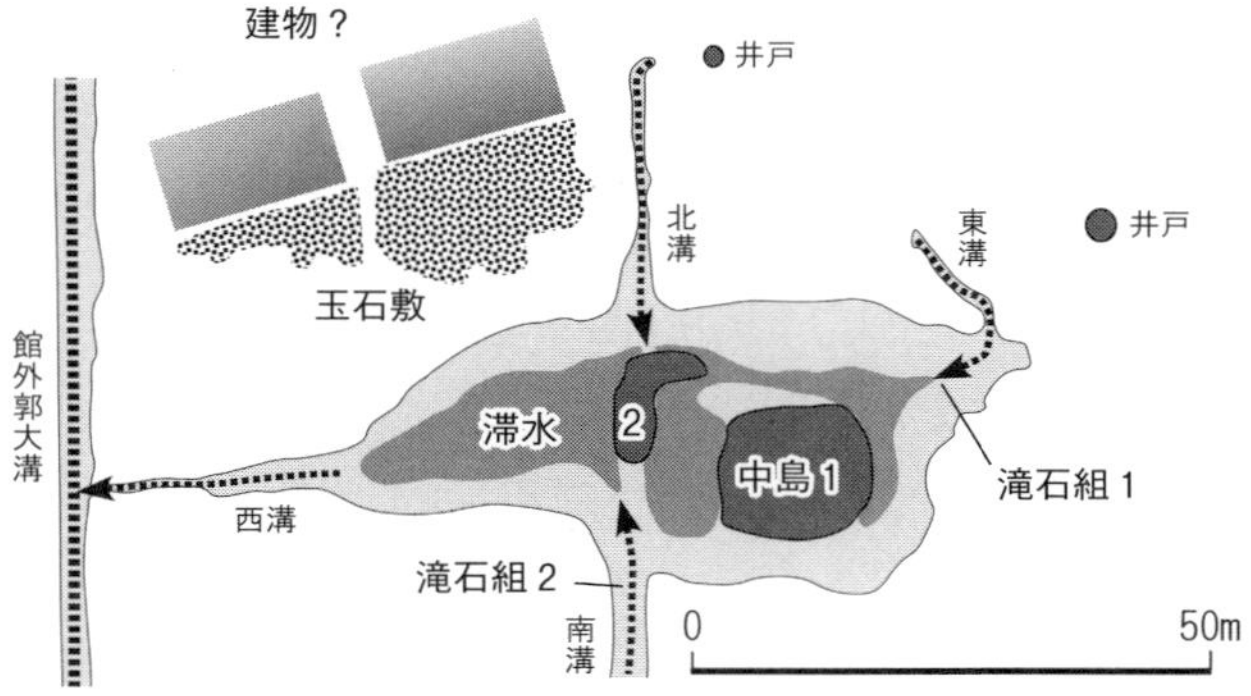

図５　大友館池庭模式図

五十川2016に加筆

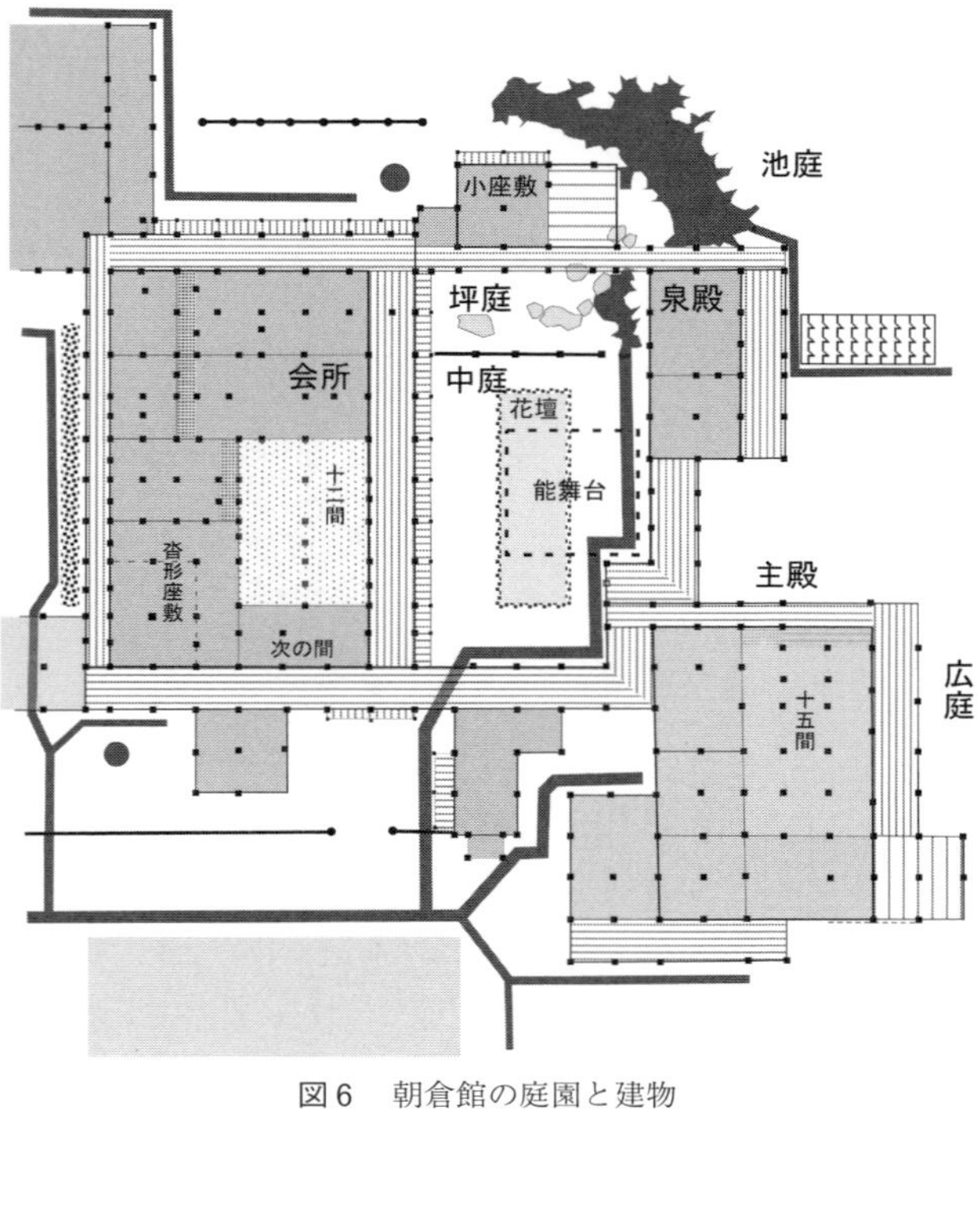

図６　朝倉館の庭園と建物

武家にとってはある種当世的な利用を重視した空間を優先、選択したものといえる。戦国期の武家館の庭園としては各地に多くの例をみることができる。武家においては南池は必要性がなく、御成のようなフォーマルな儀礼においてもその舞台装置は主殿とその前の広庭だけで十分である。むしろ御成においても第二部にその比重が移っているように、当時の武家館で、奥の空間の機能が重視されていたことを反映しているのである。一六世紀後半の朝倉館の改造に際して、積極的に拡張再整備されたのは、会所と一体となった池庭をもつ奥の空間であり、主殿と広庭は旧来のままであったこともそれを示している。

そうしたなかで前者の池庭を選択した大友館をみると、他の要素でも特徴的な指向を指摘できる。例えば、大友館では、館を都市内におき、街区にあわせ外周に堀を設けず正面を築地塀にした方形の館としている。都市内に館を構え、離れた場所に山城があることは、館が防御機能よりも政庁的な景観を優先していることであり、これは大内館にも共通する。一方、朝倉館では、地割りは方形をとるものの、大きな水堀がめぐり石垣で化粧した高い土塁を正面に築き、山城を背に館の前面には馬場を配している。大友・大内と朝倉は、両者とも室町幕府の論理に包摂される儀礼や行事、その舞台装置としての主殿や会所、池庭などを権威表徴の装置として積極的に導入したが、その具現された景観には旧守、保守的な価値を指向した守護大名とまさに近年成り上がった戦国大名との意識の違いがでているといえよう。

すでに指摘したように、勝瑞のⅠの館の池庭の構成と建物群、そしてその前面に広がる玉砂利が敷かれる空間構成は、大友館のそれと類似しており、前者のグループに属す。その規模の大きさや池庭周囲の空間機能は、大内館、大友館などの守護系の大名館に共通する特徴といえる。石井伸夫氏は、戦国期城下町を国内統治における守護公権への依存度の差により守護系タイプと非守護系タイプに分けているが（石井二〇一四）、都市構造以上にその権威空間である館にこそその意識、指向の違いを明確に表現しているのである。勝瑞では堀の規模が大きいが、これは沖積地ゆえのことであろう。また、この館について土塁の存否が報告書等では明確にされていないが、この視点からは館の外構施設のありかたは重要である。

一節にみたように、権威表徴である館・屋敷には建前の身分階層性が強く反映され、同じ世界においてはその家格の差が守られていることを確認した。とくに池庭はその世界におけるヒエラルキーを顕著に反映する装置である。その視点にたてば、勝瑞というひとつの世界で主家の守護館がある限り、三好館はそれを超えることはできなかったと考えられる。現時点で勝瑞唯一の池庭をもつⅠの館が、家格がもっとも高位に位置づけられることは明らかであり、池庭をめぐる景観からも守護細川館にふさわしい。換言すれば、守護のようにフォーマルな儀礼を行い、政庁機能を重視する立場でなければ、このタイプの池庭を必要としなかったともいえるであろう。

(3)　館の終末期に何がおきたか

Ⅰの館の意味を考えるとき、その特異な最終段階の状況が重要な論点を提起している。発掘調査では、一六世紀後半に池庭北側の建物群が廃棄され、そこにかわらけ窯が築窯されて終末期を迎えたと報告されている（図4）。そして、このことを、勝瑞館群は三好氏本拠であるという前提のもとで、Ⅰを主殿空間、Ⅲを会所空間とし、三好実休から長治への代替わりのころに、主体部がⅠからⅡ、Ⅲなどの西側区域へ移動したためと理解されてきた（藍住町教委二〇〇六）。

しかし、二節で確認したように、Ⅰの発掘部分は会所と池庭を主体とする奥の空間であり、その東側の未発掘区域に主殿と広庭を主体とする表の空間の広がりが予測された。したがってⅠは大名クラスの館として空間機能が完結していると推定するのが妥当であり、Ⅲの会所空間とセットになる主殿とすることは無理がある。そして、仮にⅠを実休の代の主殿空間＝館の中心とする考え方をとると、長治は、父実休の館＝権威を否定したことになり、理解できない。館の権威を象徴する主たる建物が廃棄され、そこにかわらけ窯が作られるということは、その館のもつ権威空間としての意義を積極的に否定したことを意味するからである。これはこの場が主殿ではなく、池庭とセットになった会所などの奥の空間であるときも論点は同じである。先にみたように池庭をめぐる空間こそが家格表現の象徴のひとつといえるからである。

本稿ではこの状況を、Ⅰを一五世紀後半からの守護細川館がその後の整備を経ながらも継続されたものととらえる立場から、阿波の実権を握った三好氏が、一六世紀中頃～後半のある段階で、館の象徴的な権威空間をかわらけ焼成の場とすることによって主家の守護細川氏の権威を否定し、権力の交代を宣言したのだと解釈する。周知のように、かわらけは主従関係の確認をする対面儀礼に際して式三献等に使われる象徴的な器である。通常、戦国期の館内でかわらけを焼成することはなく、この場にかわらけ窯が築かれたこと、さらにはここで焼成されたかわらけを使って行われた儀礼には特別な意図が込められていたと理解できるのである。この窯が一基であり、規模が小さく焼成も継続性がないことを考慮すると、そこに強い寓意性が透けて見えるといったら過言であろうか。

Ⅰの館を阿波守護細川館としたとき、三好氏がそれを否定する直接的な契機は二回あったと考えられる。①天文二二年（一五五三）に実休が守護細川持隆を殺害した時、②傀儡の守護真之が勝瑞を出て、反三好勢力の一宮氏などに擁立され長治と対戦した天正の初年である。長治はこの戦いに敗れて別宮で自害している。このかわらけ窯で生産された土器の年代観は、京都の土器編年を援用して大まかに一六世紀後半と報告されているが、この地域のかわらけの年代観が確定できていない現時点では、出土遺物からは①、②どちらとも決めがたい。また、先述のように三好実休が御相伴衆になり、家格が同格、将軍直臣となったことで主家細川氏に対する身分の相対化が意識されたと考えれば、この時期を第三の選択肢として挙げることもできるだろう。いずれにしても今後明らかにされる土器の年代観がこれを決めるものと期待する。

以上を前提に、現在の限定された発掘成果のなかから三好館を探すとすれば、西の中心区画のⅡや枯山水をもつⅢなどがその候補となろう。とくにⅢの建物と枯山水の庭は、下層の溝との関係から一六世紀第３四半期に造成したものとされており、時期的にも注目される。調査者辻佳伸氏は、Ⅲで枯山水の庭園が発掘された段階では、これを含む西の区画を三好氏の館と推定し、一六世紀半ば過ぎに館の規模拡張とこの枯山水の庭園造成が行われたとまとめた（徳島県教委二〇〇〇）。その後、調査進展のなかで東の区画のⅠの館や周辺の堀などが発掘された経緯がある。それらの館群の全体像が不明の現段階で、これ以上の推論は屋上屋を重ねるに等しいことかもしれない。

三好実休の館について具体的に触れているのは、唯一「天王寺屋会記　他会記」弘治二年（一五五六）一二月二日条の記事であり、その一端を語っている（後掲史料２）。天王寺屋会記は堺の豪商天王寺屋宗達が残した茶会の記録である。宗達は、実休を訪ねて一一月二八日に阿波に着き、実休の「茶屋」で終日懇談し、一二月二日には実休の茶会にひとり招かれている。その記事からは、この「茶屋」が囲炉裏を切った小間の茶室であり、茶庭を伴うことが窺われる。当時の堺の茶の湯を牽引した茶人のひとりである宗達は、この時期畿内にあった三好長慶や実休、冬康らとも盛んに交流していた。実休は、そうした堺での茶人達との交流を通して、当時流行していた最先端の茶の湯の世界を熟知しており、それを自邸に実現していたことが知られる。しかし、これ以外にどんな施設をもつ館だったかは不明である。

第四節　三好義興邸の権威空間の復元

勝瑞に関係が深い三好義興邸への将軍義輝御成記事から、そのハレ空間を復元してみよう。この御成の記録は、御成に至る経緯や御成の次第、室礼《しつらい》の詳細な記事に加えて建物の指図が伴う稀少な例として知られる。これによって、三好義興邸の権威空間を具体的に復元することができるのである。これについては、すでに堀口捨巳氏、高橋康夫氏などの研究がある。

永禄四年（一五六一）三月三一日、京立売の三好筑前守邸に将軍義輝の御成があった。これは三好長慶の長男義興が正月に将軍義輝から御相伴衆に加えられた栄誉への御礼である（「三好筑前守義長朝臣亭江御成之記」群書類従巻第四百九、「三好亭御成記」続群類従巻六百六十二）。

義興邸は、中古の屋敷であり、御成に際して「古御殿」が改造されている。幕府政所執事伊勢氏の指示により、「主殿の破風」と西の築地の「冠木門《かぶき》」、さらに献上馬を繋ぐ「三間厩」と「便所」を新築した。唐破風は主殿の入り口中門の格式をつけるためであり、また、西の築地に門が新造されたのも、主殿と広庭などの御成空間にふさわしい構成とするために設計された指示である。通常、御成のために屋敷の一部新築、改造を行うことがあるが、その規模が小さい。この時新築した礼門の型式はなぜか格の低い冠木門である。冠木門は、御相伴衆より家格の低い御供衆に対して毛氈鞍覆《くらおおい》、白傘袋、錦半袴とともにその使用が許されるものである。天野忠幸氏は、義興に許された称号を「御供衆」としており（天野二〇一六）、御供衆とすれば門の型式は整合していることになる。

御成の内容は故実に則ったプログラム通りに行われたが、会場については縮小されている。通常は第一部「式三献」等が主殿、第二部「饗宴・献儀・観能」が会所で行われるが、義興邸では建物を替えることなく、それらが主殿の四間（八畳敷）と九間で行われている（表1）。これも屋敷が小さく、会所や池庭などの奥の空間がないか不十分な屋敷だったためと考えられる。常とは異なる献上馬の引き方からも広庭をはじめ屋敷が狭かったことが窺われる。

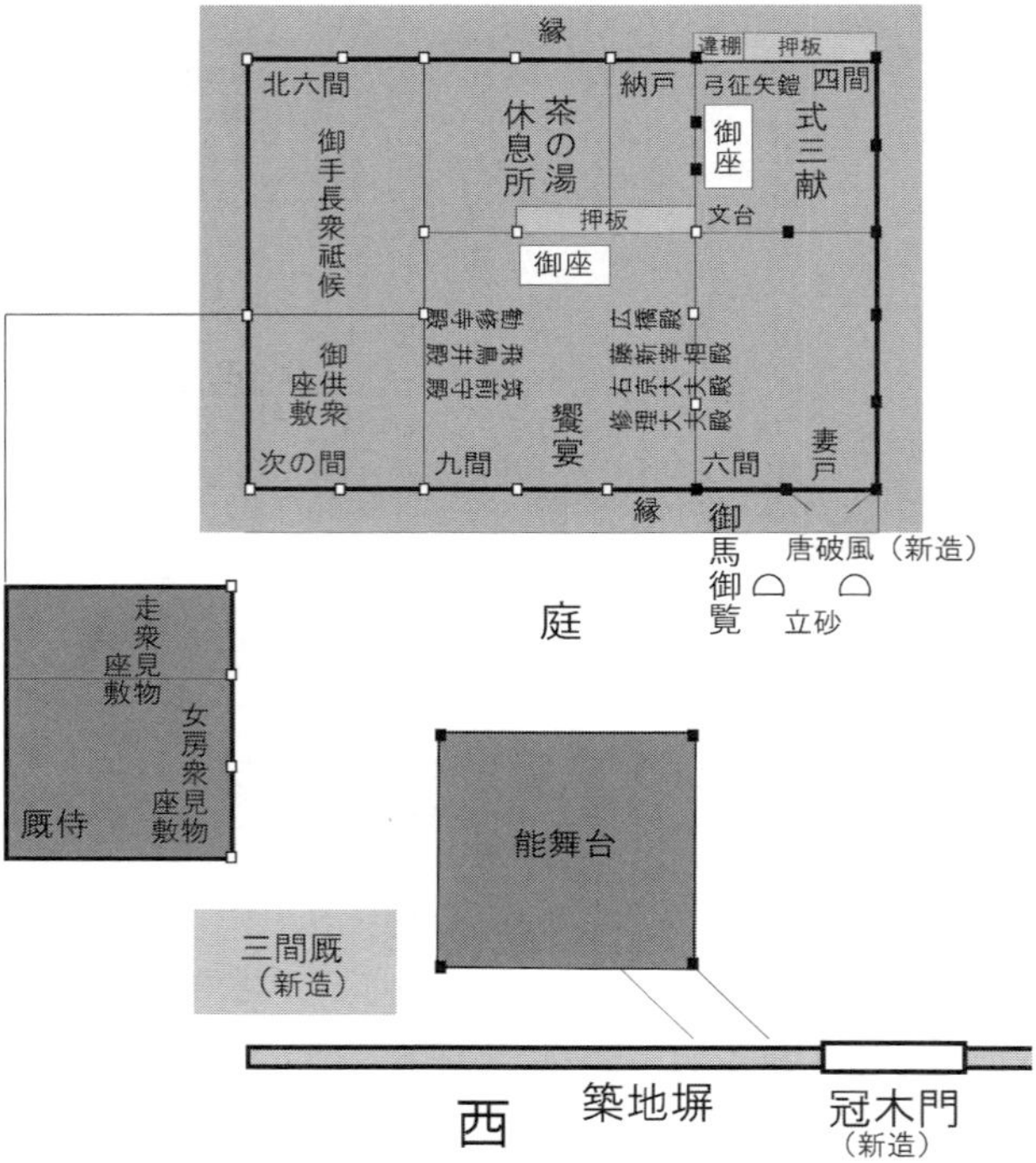

図７　三好義興邸御成空間の復元

指図から御成に関わる空間を復元したのが図7である。西の築地塀に新設された冠木門を入ると広庭となり、正面には五間×七間に復元される西面する主殿があり、周囲に縁がまわる。主殿の主座敷は広庭に面した九間でここが第二部の会場となった。九間の饗宴の席次にある「筑前守」が三好義興、「修理大夫」が長慶である。南西隅六間には唐破風が新設された妻戸があり、六間を抜け東南四間が第一部式三献の会場である。将軍の御馬御覧は妻戸の縁で行われた。四間からは納戸構を通り裏の納戸（普段は当主の寝所）へ続く。その奥に九間とも繋がる四畳半があり、当日はここに茶の湯がセットされた。さらに北西四間、北六間がつく。能舞台は広庭、冠木門の北に仮設された。広庭の北に寄って三間厩があり、この遠侍が女房衆の観能座敷となった。さらにこれとは別に御成のための三間厩が新設されている。

また、当日の室礼を復元すると以下のようになる（史料3）。東南四間には、唐物を飾るための一間の押板《おしいた》と半間の違棚があり、押板には唐絵の山水画といずれも陶磁器の香炉・花瓶・燭台の三具足が飾られ、違棚には天目台に載った天目茶碗と湯瓶、唐物漆器の食籠が飾られた。義輝の座の左側には、献上される弓・征矢・鎧が飾られた。九間にも二間の押板があり、唐絵三幅と三具足が飾られた。奥の四畳半が休息所で、台子飾りの茶の湯道具が用意された。納戸には文台があり、硯箱や紙、文鎮がのる。

時期が近い小田原北条氏と朝倉館の御成に関わる室礼の例を、参考までに後掲する。三好邸御成の三年前、永禄元年（一五五八）四月二八日の、関東公方足利義氏による小田原北条氏康邸への御成が史料4である。ここでは第一部が寝殿（主殿の前代的呼称）、第二部が会所で行われ、饗宴は五献までの略式となる。会所の押板に唐絵三幅と三具足（花瓶は青磁）、違棚には建盞《けんさん》（中国製天目茶碗）と天目台、下には唐物薬籠《やくろう》が飾られた。七年後の永禄一一年（一五六五）の朝倉館における足利義秋元服に伴う御成主座敷の室礼が史料5である。

それらにみるように、将軍御成という前例と格式を重んじる公式行事では、儀礼のみならず場の室礼にも「こうあるべし」という規範が重視されたことが特徴である。このため義興邸の御成では、幕府の同朋衆春阿弥以下九名が奉仕して、会場の座敷飾りを規範通りに実現していることを知ることができる。

義興邸の御成に際して、有職故実に長じた幕府政所執事の伊勢氏によって妻戸に唐破風を付けることや新たに冠木門を設ける指示がだされたのは、屋敷や建物空間においてもこの規範と格式を順守するためである。逆の言い方をすれば、それまでの義興邸は、主殿の入り口に唐破風もない「古御殿」であり、会所や池庭などの奥の空間を持たない屋敷であった可能性が高く、御成に際し、筑前守、御相伴衆として将軍を迎えるにふさわしい格式を整えるように要請される状況の屋敷だったということになる。

まとめにかえて

発掘が進む勝瑞の館群を権威空間としてみること、とくに大規模な池庭をもつ館景観の意味を重視して、守護細川館と三好館の問題を考えてみた。その結果、これまで三好氏に関わる一元的な城下町の核としての三好館とされてきた曲輪群を、阿波守護細川館を核とする館の集合と位置づけ、なかでも東区域のＩの館を細川館とする仮説を呈示し、その意味づけを説明した。

三好館についてはは多くを語ることができなかったが、わずかに垣間見えた三好実休邸の茶屋や関係の深い義興邸の古御殿の様相からは、守護細川館と推定したＩの館とは距離のある景観が想像されてならない。それが家格のなせることなのか、それとも、将軍や細川氏を追いやり、五年の短期間とはいえ、将軍、管領を立てずに自らを頂点とする独自の畿内政権をたて専制政治を布いたと評価される三好長慶に連なる、既成権威に拠らない指向の反映なのか。しかし、これはすでに考古学の世界ではない。

今、勝瑞の調査は重要な転機を迎えようとしている。二〇年余の調査の成果を、史跡公園として整備し公開する事業が進んでいる。このことは大変すばらしいことであるが、勝瑞についてはいまだ不明なことのほうが多いということに目を向けたい。この小稿の仮説のように勝瑞の基本的なテーマをはじめ、今後の発掘調査の継続のなかで考古学的に検証されるべき問題は多い。さらに冒頭に述べたように、勝瑞の個別の問題を超えて、この遺跡が語る成果が列島の戦国時代の研究に重要であるという意識は、研究者の多くに共有されている。今後の発掘調査の継続と研究の進展を期待するものである。

【参考文献】

天野忠幸二〇一四「戦国期阿波の政治史から考える勝瑞」『勝瑞――守護町勝瑞検証会議報告書』徳島県教育委員会

天野忠幸二〇一六『三好一族と織田信長』中世武士選書三一、戎光祥出版

家塚智子一九九七「同朋衆の存在形態と変遷」『藝能史研究』一三六号、藝能史研究会

池　亨二〇〇九『戦国大名と一揆』日本中世の歴史六、吉川弘文館

石井伸夫二〇一四「阿波の守護所・城下町――その構造と変遷」城下町科研・徳島研究集会実行委員会『阿波の守護所・城下町と四国社会』
五十川雄也二〇一六「豊後府内・大友氏館の調査成果」『発掘調査成果でみる一六世紀大名居館の諸相――シンポジウム報告』東国中世考古学研究会
重見高博二〇一四「守護町勝瑞遺跡の発掘成果――勝瑞城館及び勝瑞城下町の空間構造の変遷」『阿波の守護所・城下町と四国社会』
重見高博二〇〇六「阿波の守護所」内堀信雄・鈴木正貴・仁木宏・三宅唯美編『守護町と戦国城下町』高志書院
久留島典子二〇〇一『一揆と戦国大名』日本の歴史一三、講談社
今谷　明一九九二『戦国大名と天皇』福武書店
今谷　明一九八八『京都・一五四七年――描かれた中世都市』平凡社
重見高博二〇一四「発掘調査から考える勝瑞」『勝瑞――守護町勝瑞検証会議報告書』
重見高博二〇一六「阿波勝瑞、三好氏館の調査成果」『発掘調査成果でみる一六世紀大名居館の諸相』
須藤茂樹二〇〇九「文献史料から見た守護町勝瑞」『阿波国守護の空間構造をさぐる』一六一七会研究会報告書
須藤茂樹二〇一四「文献史料から考える『守護町勝瑞』」『勝瑞――守護町勝瑞検証会議報告書』
須藤茂樹二〇一五「勝瑞館跡関係資料集」『阿波の守護所・城下町と四国社会』
高橋康夫一九八八『洛中洛外――環境文化の中世史』平凡社
永島福太郎一九七二『中世文化人の記録――茶会記の世界』淡交社
仁木　宏二〇一四「中世都市史における勝瑞の歴史的位置」『勝瑞――守護町勝瑞検証会議報告書』
福家清司二〇一四「細川氏初期守護所秋月の様相」『阿波の守護所・城下町と四国社会』
福家清司二〇一五「住吉大社領阿波国井隅荘考」『四国中世史研究』一三号
藤田若菜二〇一六「越前一乗谷、朝倉氏館の調査成果」『発掘調査成果でみる一六世紀大名居館の諸相』
藤田若菜二〇一六「戦国城下町一乗谷の庭園文化」『中世庭園の研究――鎌倉・室町時代』奈良文化財研究所学報第九六冊
丸尾弘介二〇一六「周防山口、大内氏館の調査成果」『発掘調査成果でみる一六世紀大名居館の諸相』

山村亜希二〇一三「阿波勝瑞――城下町の立地と景観」中世都市研究会編『中世都市から城下町へ』中世都市研究一八、山川出版社
小野正敏一九九四「戦国期の館・屋敷の空間構造とその意識」信濃史学会編『信濃』四六巻三号
小野正敏一九九七『戦国城下町の考古学』講談社選書メチエ一〇八
小野正敏一九九九「もうひとつの武器、館と庭園」『日本庭園と石』庭園学講座Ⅵ、日本庭園研究センター
小野正敏二〇一六「戦国期武家館の景観とその意味」勝瑞城シンポジウム「戦国期・武家館の庭」藍住町教育委員会

発掘調査の成果は、藍住町教育委員会から刊行された第六次、第九次、第一〇次、第一一次、第一二次、第一三次、第一四次、第一五次の各次数に関わる『勝瑞館跡発掘調査概要報告書』、『守護町勝瑞遺跡東勝地地点発掘調査概要報告書Ⅰ』二〇〇六年、ならびに徳島県教育委員会から刊行された『勝瑞館跡――守護町勝瑞遺跡東勝地地点第三次発掘調査概要報告書』二〇〇〇年による。

【史料1】

「松家文書」（『阿波国徴古雑抄』）

岫雲父子成敗之儀、長治同前候、仍先日河嶋相動処ニ、無比類仕立神妙候、然者来十八日ニ阿波表江可打越候條、可得其意候、尚様躰従長治可被申候、恐々謹言、

（元亀四）五月十五日　真之（花押）

木屋平刑部丞殿

木屋平越前守殿

「三好長治書状」（「松家文書」『阿波国徴古雑抄』）

先日者従河嶋騒動処、早速被懸合、即時被追崩之由、伊右、篠玄迄注進之候、誠無比類仕立候、然者一昨日至引田屋形御供申着岸候、来十八日彼表江可打越候條、可得其意候、当日可被相動事肝要候、尚様躰年寄共可申候、恐々謹言、

五月十五日　　長治（花押）

木屋平刑部丞殿

木屋平越前守殿

【史料2】

『天王寺屋会記　他会記』弘治二年（一五五六）一二月二日　※（　）内は筆者注。以下同。

辰十一月廿一日罷立、同廿八日ニ阿州へ着申候、同日ニ豊州へ御礼参、茶屋ニ而暮まで御物語承候、

御会十二月二日朝、御口切　宗達一人

一ゐロリ　しやうはり（上張釜）くさりにて

一床　なすひ壺（唐物茶入）　四方盆ニ　袋かんとう（間道）　おもへき（緒は萌黄）

一竹茶杓　あさち（浅茅）

天目　けんさん（建盞）黒台　かうらい茶碗（高麗茶碗）　コトク（五徳＝蓋置）

【史料3】

「三好義長邸御成の室礼」永禄四年（一五六一）三月三〇日

・四間の飾り

弓、征矢、鎧

「押板一間半」　二幅一対（山水　馬鱗）、三具足（何れも茶碗物＝陶磁器）卓に

「違棚」　盃（天目か）・同台盆に、下重に湯瓶、下に食籠

「文台」納戸構の右、硯箱、引合、杉原、文沈、文台に

・九間の飾り

「押板二間」　三幅一対（中は王義之、脇は王輝）、三具足（胡銅と陶磁器の花瓶、蠟燭金）卓に

・奥の四畳半　茶の湯道具

茶碗・同台、茶杓、茶壺、茶筅、茶巾、盆、水指、水こぼし（建水）、柄杓立、火箸、かくれが（蓋置）、台子に

【史料4】
「義氏将軍北条左京大夫氏康私宅御成」永禄元年（一五五八）四月二八日（「鶴岡八幡宮社参記」）
・未刻御成　妻戸の前に立砂、
・「寝殿」：式三献　　弓、征矢、鎧甲、栗毛馬、銀劔
・「会所」：五献の各進物
　初献：太刀
　二献：唐絵三幅一対（中尊　率翁、脇　李龍眠筆）
　三献：太刀
　四献：盆（桂漿）・香合（堆朱）
　五献：太刀
・座席之飾
「押板」　三幅一対、三具足（香炉、鶴の燭台、花瓶青磁）
「違棚飾」
上ノ重　烏盞之茶椀幷台堆紅（＝建盞と天目台）
下ノ重　薬籠盆ニ置

【史料5】
「公方様御元服付而御成」永禄一一年（一五六八）四月二一日
・御沓形の御座敷の飾り
「押板」　唐絵三幅一対（本尊円相観音　馬遠、脇鷹・猿猴　牧渓）、三具足（胡銅、卓に）
　　唐絵一幅（山水　牧渓）、花瓶（胡銅、卓に）

「棚」　茶垸・台、盆に、茶籠盆に湯瓶・茶垸（青磁）、食籠・香炉
「書院」　双花瓶（胡銅）
「厨子の棚」　勅筆和漢朗詠集二巻、春秋左氏伝一〇冊・文沈
「文台」　硯（蒔絵雁八橋）、文沈、引合一帖、杉原一帖、火取香合、長盆に
「台子の中」　茶湯
　　小壺（茶入）、建盞、水さし（真の手桶）、柄杓立、水こぼし（建水）
　釜、風炉、蓋置き、
「たんすの中」　建盞二（金銀）、同台二、茶筅おき茶椀

補論1　城郭史における勝瑞城館

千田嘉博

はじめに

勝瑞城館は、戦国期城下町において、いくつもの館城が群在して都市の中枢部を構成したことを考古学的に示す貴重な遺跡である（徳島県教育委員会二〇一四、仁木ほか二〇一四）。勝瑞城館の日本都市史上の位置づけについても、阿波の政治史の特色と合わせて分析が進められている（石井二〇一四）。勝瑞城館跡の中心部が保存され、史跡として整備されることは、わが国の中世城郭と中世城下町の実像を考えるうえで、きわめて大きな意味をもつ。発掘調査から史跡指定へ、そして保存・活用へと展開するなかで尽力されたすべての方に敬意を表したい。

いくつかの館城がゆるやかに集まって都市核を構成した中世的な都市構造は、一六世紀第1四半期には日本列島の広い範囲に認められた。しかしこうした大名クラスの城館あるいは城下町は、一六世紀第2四半期前後に、山城を中心とした戦国期拠点城郭を基盤とした体制へと移行した。全国的な事例としては、織田信長の愛知県小牧山城、岐阜県岐阜城、上杉謙信の新潟県春日山城、毛利元就の広島県吉田郡山城などがあげられる。

また東北北部と九州南部を中心とした地域では、群在した館が河岸段丘や丘陵頂部に占地した巨大な館城群を構成する特徴的な城郭景観を、一六世紀第4四半期にかけて発展させた。東北の典型例は青森県の根城や浪岡城、南九州の典型例は宮崎県の宮崎城や都於郡《とのこおり》城、鹿児島県の知覧《ちらん》城や志布志《しぶし》城をあげられる。

つまり一六世紀第2四半期から第3四半期を中心にした戦国―織豊期の城館と城下町の発展によって、勝瑞城館のような中世の守護城下町の痕跡は、武田氏の本拠であった山梨県躑躅ヶ崎館と城下、斯波氏の本拠であった愛知県清須、大内氏の本拠であった山口県大内氏館と城下、大友氏の本拠であった大分県府内遺跡など、限られた例からしか詳細をつかめない。だから勝瑞城館において、館城を核とした並立的な都市構造を具体的に明らかにできることは、とても重要である。

概観してきたように、多くの地域で典型的な戦国期拠点城郭へと政治拠点の転換が進んだ。そうしたなかで三好氏は、阿波の本拠において伝統的な室町スタイルを選択し、館城群在型の守護城下町プランをつづけたように見える。一見して山城を主体とした戦国期拠点城郭と勝瑞城館のイメージは大きく異なる。しかし、はたして進取と守旧といった見方で評価を下してよいのだろうか。勝瑞城館の城館構造を読み解くことは、各地の戦国大名が戦国期拠点城郭へと移行した歴史的意味を解き明かす鍵も握っている。

そして城郭構造から勝瑞城館と三好氏を考えるときにもう一つ考慮すべきは、三好氏の城づくりの二面性である。三好氏は本拠の阿波に勝瑞城館のような館城型の都市を築く一方、三好長慶を中心としたもうひとつの本拠河内には、高槻市芥川山《あくたがわやま》城や飯盛山城といった戦国期拠点城郭をいち早く実現した。先に述べたようにこうした三好氏の城づくりは、ほかの大名と比較して進取と守旧の違いをもったというだけでなく、三好氏の城づくりのなかに驚くべき進取と守旧の両面をもっていたことを示している。これほど二面的な拠点城郭を築いた大名は珍しい。

いわば伝統的な城づくりをした阿波の三好氏と、畿内に進出して当時最先端の城づくりをした長慶らとの違いは、何によってもたらされたのであろうか。そうした戦国の城館がもった意味の解明を含め、本稿では城郭史における勝瑞城館を考える。

第一節　守護系館城としての勝瑞城

勝瑞は、一辺一五〇メートルにもおよぶ大型の館城と、明確な堀と土塁をめぐらした勝瑞城を核とした館城群を中心とした室町・戦国期の都市遺跡である。一五世紀後半に、西勝地に細川氏が守護所を置き、一六世紀中頃に阿波国の実権を握った三好氏が東勝地に館城を整備したと考えられている。こうして勝瑞は、西勝地・東勝地に築かれた館城群がゆるやかに結合して都市域を形成した。

勝瑞城館跡の主要部は国指定史跡として保護され、学術的な調査が重ねられている。守護城下町の全貌を歴史的空間として体感できる遺跡は全国的にもまれであり、先述したように勝瑞城館跡はきわめて大きな意義をもつ。

室町期から戦国初期にかけて、守護権力は各地に館城を核とした都市を建設した。応仁・文明の乱を契機に、在京していた守護がそれぞれの国に戻って常駐するようになると、各地の守護所・守護城下町の整備は大きく進んだ。

室町期に武士の拠点として広く認められた館は、居住と政治の拠点として大きな役割を果たした。上級の館では、武家儀礼に則った主殿・広場と会所・庭園を備えた空間構成を共有した。しかし村落領主クラスの館では、上級の館に見られたような建物や空間の使い分け、庭園の整備は明確ではなかった。堀や一定の土塁をめぐらした点は同じでも、内部構成には大きな違いがあった。それは拠って立つ権力のあり方の違いを反映した。

守護系館城の特色は、①一辺が一〇〇メートルを越える大規模な館城であったこと、②守護、守護代、小守護代、守護所に出仕した武士たちの館城や館が群在して、並立的な都市核を構成したこと、③内部に公式の対面の場であった主殿や、宴会・文芸活動を通じた儀礼の場であった会所のように、武家儀礼を実施するための定形的な施設を備えたこと、にあった。

これら館が日常の生活と政治の拠点としての機能を発揮したのに対し、山城は軍事機能を発揮した。守護系館城においても、大内氏館と高嶺《こうのみね》城（山口県山口市）のように、最終段階には守護館と組み合わせた山城を整備した動きが認められる。このように室町期には、館と山城とを組み合わせて用いるのが一般的であった。

山城は常設施設として維持されていたが、日常は在番のための限られた人員が詰めただけで、山城内には籠城の非常時に用いた小屋があるだけだった。文字史料でもしばしば山城の施設を「山小屋」と記したことも注目される。つまり政務や儀式を行う公式な御殿を室町期の山城はもたなかった。

ところが天文期（一五三二〜五五）までに各地の大名が拠点を山城に移転する傾向が明確になり、山城と山麓の城下によって構成した戦国期城下町が主流となった。文献史学を中心とした戦国史研究では、室町期の館と山城の使い分けをそのまま戦国期の拠点的な山城にもあてはめて理解してきた。つまり日常は館に住んで政治を行い、軍事的な砦として山城を用いた城館運用が、戦国後期にもつづいたと考えたのである。

しかし城郭考古学の成果から、戦国後期に戦国大名が拠点にした山城は、従来の山城とはまったく異なったものに変化したと判明した。戦国期の拠点的な山城は、室町期には平地の館が果たした居住と政治の機能を取り込み、それまで砦が果たした軍事機能と統合した新たな山城であった。

つまり室町期までの山城と、戦国期の拠点的な山城は、発揮した機能が大きく異なり、城郭としてもった政治史的な意義も根本的に違った。筆者は、そうした戦国期の大名の居所となった城郭の機能と歴史的な画期性とを評価して、戦国期拠点城郭と定義している（千田二〇〇〇）。

戦国期拠点城郭は、居住・政治・軍事の機能を統合的に果たした城郭であり、戦国後期の大名権力に対応して出現した新たな形式の城であった。それは多くの場合、山城の形態をとり、戦国期拠点城郭をもとにして近世城郭は成立した。文献史学では、しばしば館から近世城郭へという発達の枠組みで、武士の拠点の政治史的展開を理解してきた。山城は軍事機能に特化した施設であり、政治拠点としての機能をもたなかったと誤認してきたため、戦国期の山城が果たした政治拠点性を見落としたのであった。

発掘成果から明らかなように、戦国期拠点城郭は、城内に大名の御殿はもとより、家臣の屋敷群を内包した。一般的に戦国期拠点城郭は、山城の山麓に守護公権を受け継ぎ発揮する主殿機能を中心にした御殿空間をもち、山城部に大名の常御殿と会所儀礼用の御殿や庭園を備えた。こうした山城の内部構造から見て、室町期の館が備えた政治拠点性を、戦国期には山城がもったことは、疑う余地がない。室町期の館から近世城郭への変遷の間に、戦国期拠点城郭を位置づけてはじめて、中世の館と近世城郭との間にあるように見えた断絶を整合的に理解できる。そして近世城郭が軍事拠点性と居住・政治拠点性という諸機能を兼ね備えたのは、戦国期拠点城郭を母体としたからにほかならない。

第二節　館城群在タイプから戦国期拠点城郭へ

代表的な戦国期拠点城郭を畿内とその周辺に見ると、赤松氏の置塩《おじお》城（兵庫県姫路市）、三好氏の芥川山城（大阪府高槻市）・飯盛山城（大阪府大東市）、松永氏の信貴山《しぎさん》城（奈良県平群町）、高島氏の清水山城（滋賀県高島市）、六角氏の観音寺城（滋賀県近江八幡市）、浅井氏の小谷城（滋賀県長浜市）など、多くの事例をあげられる。

それらは、いずれも大名の拠点が山の上の城に移行したものであった。そして、きわめて興味深い共通性が認められた。それぞれの戦国期拠点城郭は、山城内の曲輪《くるわ》構成が相対的に分立しており、たとえば本丸を中心とした一貫した階層構造・求心性に乏しかったことが指摘される。置塩城は、急峻な山上に築いた本格的な山城で、その中心部は三つの並立的な屋敷として機能した曲輪で構成した。それは、あたかも平地にあった分立的な館群を、そのまま山上に持ち上げたようであった。その構造は、天正期以降に広く出現した求心的な山城と、平地に築かれ、館と屋敷の群在としてプランされた守護城下町中枢部との、まさに中間形態に位置した。

三好氏の畿内での拠点になった芥川山城は、大手道が登ってくる谷筋を境に、西曲輪群と出丸群に分かれ、さらに出丸群は土橋を渡した堀切りによって東曲輪群と区分された。西曲輪群の最高所を占めた曲輪が主郭と評価され、発掘の結果、ここには礎石建ちの整った御殿があったと判明している。三好長慶の御殿と考えてよいだろう。芥川山城の中心部であった西曲輪群は、主郭の周囲に帯曲輪をめぐらし、また尾根筋には堀切りや派生した曲輪を備えて、城内ではもっとも格式が高く、独立した守りの構えを整えた。

それに対し出丸群と東曲輪群も、西曲輪群ほどではないがそれぞれ主要な曲輪の周囲に帯曲輪や派生した曲輪群をもち、それぞれがひとつの独立した城として機能する構造になっていた。東曲輪群最高所の曲輪は四角くかたちを整え、三方に土塁を備えて、山の上だが居館風の構えになっていた。有力な武士の屋敷であったに違いない。

このように芥川山城は、三つの城の集合体としてつくられており、山上の主要な曲輪には長慶をはじめとした武士たちの屋敷が建てられた。そうした姿は先に分析した置塩城とも共通した。一見、平地の館城の群在から、居住・政治・軍事機能を統合した戦国期拠点山城へという劇的な展開は、両者を決定的に違うものと見せてしまう。しかし芥川山城をはじめとして山城の構造分析を行うと、実は三好長慶の芥川山城においても勝瑞城館がもった分立的な構造の特徴を、共有したのであった。

これはすでに説明したように、戦国期拠点城郭は単純に室町期の軍事的な山の砦が発達してできたのではなく、平地の館がもっていた居住・政治の機能を統合して生み出され、大名や有力な武士のすまいであった平地の大型館城が、山の頂部に占地した主要曲輪に置き換わったことを、みごとに示している。だから芥川山城も西曲輪の主郭、出丸群の中心曲輪、東曲輪群の四角い土塁囲みの中心曲輪という三つの城郭「核」の分立として、山城を構成した。つまりこの段階の三好長慶の権力ないし軍事力は、長慶を含めた三つの権力的まとまりから形成されており、分立的な権力あるいは軍事力単位の集合体によっていたと分析できる。

もとより芥川山城を構成した三つの主要な曲輪群の周囲には、尾根筋を堀切りで切断し、独立した構えをとった出丸がいくつも認められ、さらに細かな軍事力単位を補完的に構成したことを疑う余地がない。こうしてみると、きわめて先進的な戦国期拠点城郭であった芥川山城は、つぎの時代の織豊系城郭につながっていく居住・政治・軍事の統合という面と、大名を中心にした権力・軍事編成になりきらず、有力武将を単位とした連合的な軍事構造を反映した城郭プランという中世的な面の両者をもったといえる。こうしたいわば過渡的な様相こそ、室町期の城と異なり、また織豊系城郭とも異なった戦国期拠点城郭の特徴であった。

第三節　戦国期拠点城郭としての勝瑞城館再考

こうして城郭構造を分析していくと、戦国期拠点城郭は少なくとも近世城郭に見られるような主郭（本丸）を頂点とした一貫した階層性をもった城郭へと、一足飛びに進化したのではなかったとわかる。もちろん山の地形と高さを利用して、頂部に位置した主郭や中心的な曲輪が、ほかの尾根上の曲輪や帯曲輪よりも上位空間として明確に位置づけられた点は、館城の規模の大小、堀の大きさが権力構造を相対的に反映した平地の館城と異なった点であった。

しかしそれは大名を中心とした権力構造の成立と表裏の関係にあった。だから城郭構造のみが求心的な姿に変化したのではなく、求心的な城郭構造の成立の背景には、それに伴った権力構造の変化があった。もちろん城郭が外形的に示した曲輪の連結構造の変化は、内部空間や建物の変化とも連動した。館や山城内の建物構成については、主殿や会所といった儀式空間を単独に機能した建物としてどれだけ建てたか、内部の意匠や絵画の室礼、建物と密接に関わった庭園の有無などが、権力の階層性を反映した。

そうした内部空間の権力表象は、館城から山城へと継承され、城郭が外形的に示した曲輪の連結構造の変化ほど劇的には変化しなかった。いずれにせよ館城と戦国期拠点城郭は、内部構造の連続性を強くもったのである。このように考えると勝瑞城館をはじめ、室町期の館城スタイルを戦国末期あるいは織豊期にかけて維持した城下町については、単純に館の群在として理解するだけでなく、戦国期山城で行ってきたような曲輪群の連結を検討するアクセス・アナリシスが必要だと思われる。

そもそも周辺に山城を築くのに適した地形がなければ、典型的な山城を核にした戦国期拠点城郭へと移行することは物理的に困難であった。それを克服するために戦国期には、しばしば都市を移転し、山城としての戦国期拠点城郭を核とした城下町を建設した。その一方で都市移転をしなかった勝瑞城館のような場合、戦国後期に対応した城館構造の変化は見えにくい。しかし、これまでのように変わらなかったと評価するだけでは十分ではない。

たとえば守護城下町が織田信長による小牧山城移転の一五六三年（永禄六）までつづいた尾張では、守護斯波《しば》氏の拠点清須が政治的な中心機能を一六世紀第3四半期まで果たした。愛知県埋蔵文化財センターと清須市教育委員会の発掘によって、一辺が一〇〇メートルを越えた大規模な館城だけでなく、堀や溝で囲んだ館や館城群が多数存在した、典型的な守護城下町であったことが判明している。

織田信長段階の清須についていては『信長公記』首巻によってもうかがうことができる。それによれば城下の中心部は惣構えで囲み、武士の館城だけでなく守護に直属した商工業者がその内部に居住していた。そして惣構えの外には神社門前の市町があった。こうした城下町の構造は当時一般的なもので、勝瑞城館においても、惣構え内の館や直属商工業者の町屋や工房とともに、惣構えの外の市町（とりわけ川湊とセットになった都市的空間）をもった可能性はきわめて高いと思われる。

さらに『信長公記』首巻によれば、大型の四角い館城であった清須城に隣接して、「北矢蔵」「南矢蔵」と呼ぶ施設があった。矢蔵（櫓）とあるので、防御用の塁線沿いの建物だとこれまで考えられてきた。しかし「北矢蔵」「南矢蔵」には守護とは相対的に独立した守護代、もしくはそれに相当した武士が入城しており、清須城の一角と考えるより、独立した館城と捉えるべきだと思う。

「北矢蔵」「南矢蔵」は独立した館城を指し、相対的に強い防御性と居館機能を備えた施設と捉えると、守護の斯波義銀《よしかね》を推戴した織田信長が、一旦清須城に入城したにもかかわらず、尾張の武士をまとめるために清須城を守護の義銀に譲るかたちをとり、自らは「北矢蔵」へ引っ越した意味が理解できる。さらにしばしば離反した弟の織田信行を、信長が「北矢蔵」の「天主次の間」で殺害したことも、そこが単純な櫓ではなく、御殿などの施設を備えた館城であったことを示している（千田二〇一三）。

つまり清須では、守護の拠点であった清須城は伝統的な形態を保ちながら、戦国後期の社会情勢に対応するために、清須城の南北に櫓を備えた館城を新たに付加して、軍事機能を高めたと考えられる。残念ながらその具体的な形状は明らかにできないが、「北櫓」「南櫓」は、巨大な館城であった清須城本体と堀を挟んで隣接しつつ分立していた可能性が高い。清須城下町において並立的に群在した館城群のなかに、堀と高い土塁をめぐらし、櫓を上げた防御拠点が加わったのは天文期頃と推測され、各地で山城へ大名の拠点が移転したのと同時期と考えられる。山城を核とした城下町へ移転しなかった勝瑞城館のような守護城下町でも、そうした変化が起きていたと推測できる。つまり勝瑞城館自体が、きわめて伝統的な守護城下町の歴史を受け継ぎながら、平地城館による戦国期拠点城郭化という自律的な転換を果たしたと考えられるのである。

第四節　ふたつの戦国期拠点城郭——阿波の館城と畿内の山城——

ここで地域の視点、中心地機能の視点から勝瑞城館と芥川山城・飯盛山城を考えて見たい。勝瑞城館を中心とした阿波の館城を俯瞰すると、戦国期の阿波は基本的に本格的な山城を発達させず、伝統的な館城が広く分布していた。一方で同時期の土佐には、強力な防御機能を発揮した畝状空堀群を備えた山城が数多く分布しており、そうした強力な軍事機能をもつ山城の広がりは、まさに長宗我部氏の四国統一の展開と符合した。館城を維持した阿波の戦国期城館からは、阿波国内で激しい軍事的衝突の危険性が低く、三好氏のもとの秩序と平和が保たれた政治状況が読みとれる。

それに対して阿波を基盤に畿内に進出し、京を押さえた三好長慶を頂点とした三好氏が築いた戦国期拠点城郭は大きく異なった。長慶が畿内で築いた芥川山城や飯盛山城については、先に芥川山城を事例に城郭構造を分析したが、これらの山城では主要な家臣屋敷も山城内に内包しており、山麓の城下における商職人の集積はわずかだった。つまり一般にイメージするような城下町の経済・流通拠点としての山城にはなっていなかったと結論づけられる。

当然、そうした中心地機能は生活にも軍事物資の供給にも不可欠であった。芥川山城などの城下では経済・商業における中心地機能は希薄であったので、都市的機能は古代以来の寺社門前などの市町に依存していた。そうした状況は、松永久秀が築いた奈良県の信貴山城でも認められる。現地の調査でも信貴山城は大規模な城下を伴わなかったと確認され、また文字史料からも信貴山城の武士が、四キロメートル離れた法隆寺の門前の市町などに出かけていたことが知られる。やはり芥川山城など畿内の戦国期拠点城郭は、生活・政治・軍事の拠点機能を果たしても、地域の経済・流通の中心地機能は既存の寺社門前等の市町に依存したと見られるのである。

こうした畿内の戦国期拠点城郭の特徴は、戦国期拠点城郭が城下の建設と地域の経済・流通構造再編の契機となった織田信長の小牧山城下町や岐阜城下町、毛利元就の吉田郡山城下町などと異なった。信長や元就は経済・流通の再編を含めた戦国期拠点城郭の建設を、地域社会の転機にし得たといえ、「楽市令」などの特権付与によって城下で商職人を掌握しようとした。それに対して畿内では、すでに強固な経済・流通網が完成しており、寺社権門がそれらを把握していた。だから武士権力は一度にそれらを掌中にして再編するのは難しかった。武士権力による寺社勢力への超越が必要だった。

勝瑞城館は館城群の周囲に商職人が集まり、また湊の機能ももって、中心地機能を発揮したことが歴史地理学的な研究から明らかである。同時期の館城と山城であった勝瑞城館と芥川山城・飯盛山城は、中心地機能の点から見ても、きわめて対照的な存在だった。

第五節　勝瑞城館に見る平地城館の戦国期拠点城郭化

勝瑞城館の城郭構造分析をしてみよう。発掘成果と歴史地理学的な検討によって、勝瑞城館は単純に館城や館が分立的に存在したのではなく、ある段階以降に館城・館群の間の堀が連結し、あるいは堀を共有して、巨大なひとまとまりの平城化を果たしていたと読み解ける（山村二〇一四）。

そこで改めて注目されるのが、ひときわ大きな一三メートルもの幅の堀と高い土塁をめぐらせた勝瑞城の存在である。こうした勝瑞城の構成は、勝瑞城館としては最終段階に位置づけられる一六世紀後半の天正期に築いたと発掘で判明している（福家二〇一四、重見二〇一四）。勝瑞城は東西一〇五メートル・南北九〇メートルの規模で、館城を基本に防御力を最大限強化した城であった。

客観的な城館の評価指標からいえば、武装を強化した勝瑞城であっても、それ単独では、館城の範疇を大きく出るものではなかった。しかし勝瑞城館の城郭構造としての変化は、勝瑞城だけではなかった。発掘成果によれば一六世紀後半に勝瑞城館の館跡ゾーンの主殿・池庭エリア、礎石建物エリアでも大規模な堀の改修が進み、館城や館がつぎつぎと連結した平城化が急速に進展したのである（重見二〇一四）。

そうした平城化の最終的な展開として、天正期に軍事機能が卓越した勝瑞城の建設が進み、まさに勝瑞城を頂点とした館城群の階層的な構造変革を行ったと評価できる。発掘所見と、地籍図などの検討から（山村二〇一四）、館跡ゾーンの堀が勝瑞城の堀と連結したと考えられ、これはまさに勝瑞城館が平地城館として戦国期拠点城郭へと転換したことを象徴的に示した。

つまり勝瑞城の成立は単純な館城の成立ではなく、個別並立的・分立的に存在した館群を、ひとまとまりに序列化する計画的な堀の掘削工事と合わせた変化であったと考えられる。勝瑞城建設以前から、堀の連結や共有によって、館ごとの機能分化や相対的な空間序列を形成していた。さらに天正期の勝瑞城建設は、卓越した軍事機能を備えた勝瑞城を群在下館城・館群の共通した本丸としたことで、館城群から平城へという質的転換を達成した。

別言すれば、勝瑞城を頂点として、それまで分立的に存在した館群を、ひとつの城として階層的に編成し直す大きな変化を、三好氏は最終段階に推進したと読み解ける。発掘成果と天野忠幸氏による文字史料の検討から考えて、勝瑞城館の最終的な平城化の時期は長宗我部氏の侵攻の危機が迫る一五八〇年（天正八）～一五八二年（天正一〇）に比定できる。

つまり三好氏は、軍事機能に比重を掛けざるを得ない畿内においては、山城の戦国期拠点城郭をいち早く建設し、一方の阿波においては、軍事機能ではなく、生活・政治に加えて領国の中心地機能を重視した館城の階層的編成を進めていたと城郭構造から分析できる。畿内における典型的な戦国期拠点城郭の建設と、勝瑞城館の館城と館の連結に見られた序列をもった再編は、三好氏を中心とした権力構造の質的展開を同じように示したのである。

甲斐の武田氏は、領国内には甲府市の躑躅ヶ崎館をはじめとして、大規模で軍事的な山城は希薄であった。それに対してほかの大名領と接した境界地域には、軍事機能に特化した強力な山城を築いた。長篠合戦に際しても武田勝頼が入城した愛知県の古宮城は、その典型例であった。

三好氏の城づくりは、甲斐の武田氏と共通点が多かったといえるが、三好氏が畿内に築いたのが単純な軍事的な砦ではなく、政治拠点として機能した戦国期拠点城郭であり、長慶がそれらの城に長期間常駐した点は明確に異なった。そして織田信長が築いていった小牧山城、岐阜城、そして安土城といった諸城は、戦国期拠点城郭であっただけでなく、信長を頂点とした権力の階層性を城郭構造へ徹底的に反映し、城下町の都市核になっていった点で、戦国期拠点城郭を近世城郭へとつなげた城であった。信長は進出した先に本拠を移し、そこを生活・政治・経済の拠点にしていった。その一方で、もとの本拠であった清須城などは、古い姿のまま大きな改変をしなかった。

このように城郭構造分析から見ると、勝瑞城館や芥川山城から読み取れる三好氏の城は、信長の城づくりを先取りし、信長とは異なった館城から平城への展開を実現したものといえるだろう。

残念ながら三好氏が長宗我部氏の進攻に備えて改修した拠点的な城は、近代以降の開発で大規模に破壊されていて詳細がわからない。しかし徳島市の一宮城は、三好氏以降の改変も多いが、土づくりの城郭の基本構造は三好氏時代にさかのぼると思われる。一宮城は帯曲輪を効果的に用いて、主要な曲輪を核としたひとつづきの城壁ラインをつくった点は、高く評価される。だから失われた長宗我部氏に備えた最終段階の山城は、戦国末期の山城にふさわしい水準に達していたと見てよい。

こうした領国の城郭群の核として、勝瑞城を頂点とした勝瑞城館が成立していた点は、留意が必要である。それは勝瑞城館の一六世紀後半以降における城郭構造の階層化が、勝瑞城館の変化だけではなく、領国内の拠点的な城郭の構造変化とともに進展したことを物語るからである。今後の調査によって、より緻密に勝瑞城館の変遷が判明すれば、文字史料からの分析と合わせて、三好氏の権力構造や畿内の戦国史、阿波の地域史にとって、さらに大きな意味をもつだろう。

【参考文献】

石井伸夫　二〇一四「阿波の守護所・城下町」『阿波の守護所・城下町と四国社会』城下町科研・徳島研究集会実行委員会。

重見髙博　二〇一四「守護城下町勝瑞遺跡の発掘成果」『阿波の守護所・城下町と四国社会』城下町科研・徳島研究集会実行委員会。

千田嘉博　二〇〇〇『織豊系城郭の形成』東京大学出版会。

千田嘉博　二〇一三『信長の城』岩波新書。

徳島県教育委員会　二〇一四『勝瑞　守護町勝瑞検証委員会報告書』。

仁木宏ほか　二〇一四『阿波の守護所・城下町と四国社会』城下町科研・徳島研究集会実行委員会。

福家清司　二〇一四「細川氏初期守護所秋月の様相」『阿波の守護所・城下町と四国社会』城下町科研・徳島研究集会実行委員会。

山村亜希　二〇一四「勝瑞から一宮・徳島へ」『阿波の守護所・城下町と四国社会』城下町科研・徳島研究集会実行委員会。

第2部　守護町勝瑞と戦国社会

第6章　勝瑞津と聖記寺の創建

福家清司

はじめに

室町幕府の阿波国守護細川氏は、守護所を当初阿波郡秋月荘《あきづきのしょう》（阿波市市場町・土成町《どなりちょう》）に置いたが、後に板野郡井隈荘《いのくまのしょう》勝瑞（藍住町勝瑞）に移転する。(1) しかし、この守護所の移転に関しては、関連史料が伝わらないために、その時期や理由など不明な点が多い。

この守護所移転問題について、これまでのところ、本格的に検討を行ったのは本田昇氏の論文が唯一である。(2)この論文で本田氏は、それまで有力視されていた『阿波志』(3)や『徳島県史』第二巻(4)などによる「詮春《あきはる》移転説」は、小川信氏などの研究(5)によって細川詮春の守護在職自体が否定されることから、成立の根拠を失っているとし、新たに、守護所移転時期を康応元年（一三八九）以降あるいはその翌々年の明徳二年（一三九一）頃と推定する考えを提示した。そしてまた、一宮松次氏が京都大徳寺庫裡所蔵雲版銘(6)を根拠として、「光勝院の萩原」移転時期の下限と見た応永六年（一三九九）を、「守護所」移転の最下限と見ていいのではないか、とする考えも合わせて提示した。

ここで本田氏は細川氏による守護所移転時期について具体的な年次をあげるが、その史料的裏付けはとくに示していない。また、自説提示理由についても、「守護所の勝瑞移転は康応元年（一三八九）に義満と頼之が完全に和解して以降あるいはその翌々年の明徳二年（一三九一）に頼之が再び上洛するころと考えることはできないだろうか」と述べるのみで、とくにこの時期になぜ守護所の移転が行われる必要があったのかについて具体的な言及はない。さらに、本田氏は、一宮氏が「光勝院移転時期の根拠」として提示する大徳寺雲版銘を、「守護所移転時期の根拠」として「転用」した理由についてもとくに明示はなく、その銘文に見える応永六年を移転の最下限と見なす理由についても説明はない。

このように本田氏による専論においても、守護所移転をめぐる課題の多くについては未解決のまま残されたというのが実状である。

なお、筆者も以前、守護所移転問題に関して、「秋月荘八幡宮鐘」の初鋳銘と改鋳銘の記載内容の差異を根拠として応永二年（一三九五）から永享七年（一四三五）までの間に守護所が秋月から勝瑞に移転された可能性が高いことを指摘したことがある(7)。現時点においても、この銘文が守護所秋月の歴史的位置付けの転換を如実に示す具体的史料であるとの筆者の考えにとくに変化はない。しかし、この鐘銘自体は移転時期に関しての傍証史料とはなり得ても、直接的史料と言えるものではない。したがって、この鐘銘から類推される移転時期についてもあくまでも仮説の域を出ないというのが実状である。

以上のように、細川氏の守護所移転問題に関しては、史料不足の厚い壁もあって、半ば暗礁に乗り上げたような研究状況に陥っていたところであった。そうした中で、近年、細川氏の守護所は、秋月から直接に勝瑞に移転されたのではなく、一旦、板野郡萩原地区へ移転され、その後に勝瑞に移転されたとする新しい説が福本孝博氏(8)によって提起された。この萩原移転説とでも言うべき説は、従来、誰も疑問視しなかった勝瑞移転説に疑問を投げかけた点で斬新なものである。

この福本氏の問題提起的な論稿に触発され、筆者は二〇一五年、「住吉大社領阿波国井隈荘考」(9)を発表した。これは、福本氏が一四世紀末から一五世紀初頭頃の勝瑞が守護所移転に相応しい都市的発展を示していなかったとする理解に対して、勝瑞地域を荘域に含む井隈荘について論じ、南北朝期段階の井隈荘が住吉大社領の中でも屈指の経済力に富む有力荘園であったことを論じたものである。換言すると、氏が勝瑞における一五世紀初頭時点での守護所移転条件の欠落を指摘するのに対し、南北朝期段階の井隈荘の経済的条件は守護所移転先として遜色ないことを乏しいながらも史料に基づいて指摘しようとしたものである。

この拙稿は、筆者にとっては細川氏守護所移転問題を念頭において作成した最初の論稿であるが、井隈荘の関連史料の制約が大きいために、福本氏が指摘する一五世紀初頭段階の勝瑞の地域像を具体的に浮かび上がらせることはできなかった。そこで、筆者としては、改めて一五世紀初頭ないしは前半頃の勝瑞の具体的な地域像の解明に取り組む必要を感じたところである。これが本稿執筆の動機である。

第一節　「勝瑞津」史料の検討

まず最初に、この小稿で提示する筆者の見解にとってもっとも重要な根拠となる史料について検討する。この史料は新出史料ではないものの、これまで阿波細川氏の守護所「勝瑞」関係史料としては活用されていないものである。その史料を示すと次の通りである。

【史料1】

仏通十六派

聖記派　阿州勝瑞津《カツラノツ》聖記寺、開山留心和尚、

祥雲派　坊州富田祥雲寺、開山覚隠和尚
正覚派　丹後州正覚庵、開山諾渓和尚、
大慈派　備之後州吉舎大慈寺、開山宗綱和尚、
慈雲派　丹之波州慈雲寺、開山元哉和尚、
常喜派　丹之波州常喜山宗雲寺、開山千畝和尚
建国派　勢州山田鼓山建国寺、開山中和周徳和尚
圓福派　甲州石森山圓福寺、開山一笑和尚
（以下、八派省略）

当史料は、広島県三原市の禅宗寺院仏通寺《ぶっつうじ》が所蔵する『仏通禅寺住持記』（以下、『住持記』と略す）[10]に「仏通十六派」と題して記載されている記事の冒頭部分にあたり、その一六派の筆頭として阿州聖記寺《しょうきじ》の「聖記派」が挙げられる。当史料の内容は明瞭で、仏通一六派の一派である聖記派が、阿波国「勝瑞津」に留心《るしん》和尚を開山として建てられた聖記寺の門流であることを記している。しかし、この記事がいつ書かれたものか、また留心和尚がいつ聖記寺を開いたかなどについては当史料からは明らかにできない。

ところで、『住持記』本文には、引用文に示したように、「勝瑞津」に対してカタカナで「カツラノツ」とルビが付される点が注意を引く。これは「勝瑞津」に対するルビ「ショウズイノツ」としては明らかに間違っているものの、仮に「瑞」を「浦」の誤記・誤写と見なすと、「勝浦津」となり、「カツラノツ」は正しいルビとなる。「勝瑞」・「勝浦」とも阿波国内に所在する地名で、かつ、ともに「津」と呼ばれても不自然でない地名である。通常認められるようにルビが朱書きされていればルビが後筆と判断され、その誤りも簡単に指摘できるのであるが、ここでは朱書きでないために先後関係は自明とはならない。

したがって、当史料の活用に際しては、ルビが誤りなのか、あるいは「勝瑞」が「勝浦」の誤記なのかを確定しなければならないという問題点が浮かび上がってくるため、まずこれらの点について検討を加えることから始めたい。

(1)「勝瑞津」ルビ＝「カツラノツ」について

当史料は昭和二九年刊行の『大日本史料』第七編之一二に収録されたものの、これまで活用されなかった理由は、年代が不明であることに加えて、前述のような不可思議なルビの存在にあるのではと推察される。

はたして、この史料は「阿州勝瑞津」か、あるいは「阿州勝浦津」が正しいのか、このままでは判断しかねるところであるが、じつは、東京大学史料編纂所が架蔵する『住持記』謄写本の該当箇所を閲覧すると、『大日本史料』には採録されなかった、次のような欄外の註記が記載されていることが判明する。

【史料2】

勝瑞津トハ勝浦（カツラ）ノコトナリ、昔日、義経平家追討之時、義経此浦ニ着玉フ処、名如何ト問玉フ時、里人勝浦（カツラ）ト答故ニ、義経喜テ、軍ノ勝瑞也トノ玉フ、依テ、後人、粧文字、勝瑞津ト云歟

この註記によると、「勝瑞津」というのは、昔（治承・寿永の内乱時）、源義経が讃岐国屋島に拠る平氏を背後から襲撃するために、阿波に渡海した時、たまたま上陸した地点が阿波国勝浦の浜であったことから、（勝〈カツ〉ということは）軍の「勝瑞」（祥瑞）であるとして喜んだという著名な故事に関わる地名であり、後世の人が、本来なら「勝浦」と表すべきところを、「文字を粧って勝瑞津」と表記したものであろう、とする見解が披瀝されている。(11)

この註記によって、『住持記』を転写した人物が、もともと親本に記載されていた「勝瑞」の読み方が不明で

あったために、阿波関係の文献を渉猟した結果、『平家物語』等の義経阿波上陸の記事に見える「勝浦」にまつわる故事を知り、「勝瑞」を「勝浦」の「粧文字」と合点し、「カツラ」と読むのが正しいと考え、そのことを後世に伝えるために、欄外に自らの見解を明記したものであることが判明する。しかし、結果としてその解釈・読みは明らかな間違いということになるのであるが、逆にこのことは、「勝瑞津」とルビ「カツラノツ」の先後関係を明らかにしてくれる点できわめて重要である。すなわち、難読地名である「勝瑞」の文字がもともと『住持記』本文にあり、後に「誤ったルビ」が附されたことが明白となるからである。となれば、この史料は「カツラノツ」の誤ったルビを「ショウズイノツ」と正しく読み直したうえで、細川氏の守護所「勝瑞」関係史料として活用することができることになる。

以上の検討により、【史料1】を勝瑞関係史料として活用するうえで、これまで疑問であったルビの問題は解決することができたと考える。次にこの史料の年代について、項を改めて検討したい。

（2）「勝瑞津」史料の年代について

【史料1】の年代というと、この記事自体が『住持記』に書かれた年代ということになるが、数次の書写を経たものが今日に伝わっていることから、厳密な意味での年代比定は理論的にはほぼ不可能であるといえる。そこで、ここでは【史料1】の内容、すなわち阿波国勝瑞津に留心開山の聖記寺がいつ頃建てられたかを問題とする。

この問題を検討するうえで最大の手掛かりとなるのが、【史料1】の「開山留心和尚」という記載である。留心和尚については、これまで阿波国では知られていない僧侶であるが、「仏通十六派」中の「聖記派」の始祖であったことが知られることから、改めて、『住持記』を紐解くと、次の応永一四年（一四〇七）一月九日条に引用される「愚中《ぐちゅう》周《しゅう》及《きゅう》定文」の中に留心和尚が登場することに気づく。

【史料3】

滅後定門徒寺坊主事「大通禅師御自筆自判有之」

留心「金山第二世、諱安久、阿州人、俗ハ安宅」　諾渓　覚隠

宗孚庵主「字希淳」　春岩「諱妙育濃州人末后為大衣鉢侍者」　覚傳

隣月「定山和尚子高公侍者東福寺葉」　崗権管　総権管

寧権管

已上十人、不以僧臘為次、相與評議、可定坊主典座、永代當依斯式、

正月十九日　病僧周及判

当史料は周及自署の定文をその発給年月日の欄に『住持記』が採録したものである。応永一四年当時、「病僧」と見えることから周及は病床にあって、自らの没後の教団の運営を弟子に委ねるためにこの定文を作成したものであろう。留心以下、一〇人が周及の高弟であったことが判明するが、本稿の関心としては、その筆頭の直弟子・高弟として留心があげられている点にある。

留心の師周及は一般に愚中周及の名前で知られる臨済禅の高僧で、安芸国小早川春平に請われて仏通寺開山となり[12]、「仏通寺派」を興した。愚中周及には年譜が伝わり[13]、元亨三年（一三二三）に美濃で生まれ、応永一六年（一四〇九）に八七歳で没したことが知られる。【史料3】は愚中周及死去の二年前であることから、その時の愚中周及は八五歳の高齢であったことになり、その直弟子一〇名の筆頭に留心があげられていることから考えると、応永一四年当時、留心自身も高齢であったと考えられる。

ところで【史料3】には留心について、「金山第二世、諱安久、阿州人、俗ハ安宅」の註記が付されている。この註記自体は後世のものと考えられるが、その内容はきわめて具体的で、とくに疑念を挟むものでないことか

ら、正確な情報に基づいた註記であったと考えられる。したがって、この註記に全面的に依拠すると、留心は「金山」の第二世となった人物で、諱は安久、阿波国「安宅氏」の出自であったことになる。

ここに「金山」と見えるのは、愚中周及が丹波の豪族大中臣氏に請われて住持に就任した丹波国天寧寺[14]のことで、留心安久は愚中周及の命により、師の後を受けて、天寧寺第二世住持に就任したことが判明する。これによっても留心安久が愚中周及の一番弟子ともいえる存在であったことが改めて確認される。

また、出自とされる「安宅氏」は一般には紀伊国牟呂《むろ》郡安宅荘を本貫とする氏族[15]として知られているが、近世初期作成と見られる家譜『安宅一乱記[16]』によると、もともとは鎌倉期の阿波国守護小笠原氏の一族が安宅荘の地頭職を得て、移り住み、安宅氏を称したとある。安宅氏にとって阿波国は本国とされて、中世を通じて阿波国にも所領を所持したと伝えている。「阿州人、俗ハ安宅」という註記は、そうした安宅氏の歴史から見てもまったく不自然ではなく、阿波国内で活動した安宅氏の存在を伝える史料としても注目できるものである。

この註記によって、留心安久が師の後を受けて天寧寺第二世という「仏通寺派」にとって、きわめて重要な地位を継承した人物であったことが知られるが、現在、天寧寺は仏通寺派から妙心寺派に移っていることから、留心安久の詳細な事績や没年等については伝承されていない。ただわずかに天寧寺末寺の西禅寺が応永三三年（一四二六）に留心安久によって開かれたとする伝承が伝えられているのみである[17]。この伝承を裏付ける史料は伝えられないものの、これが確かな伝承であるとすると、留心安久は応永三三年にも存命であったことになる。ただし、前述のように応永一四年頃においても高齢であったと推定されることを考慮すると、当時は相当の高齢、最晩年に近い年齢であったと考えることができる。

以上の検討に基づいて、【史料1】に示された留心安久による聖記寺の開山のおおまかな年代を推測すると、おおよそ応永年間の後半頃、すなわち一五世紀代の第一四半世紀頃に収まるのではないかと考えられる。

第二節　吉野川水運と勝瑞津

前掲【史料１】は、単に勝瑞に聖記寺が留心和尚によって開かれたという事実を伝えてくれるだけでなく、当時の勝瑞が「津」と呼ばれていたことを伝えてくれている点でもきわめて貴重な史料となる。というのも、勝瑞が現在の旧吉野川に面した場所に立地することから、これまでも水運との関連については多くの研究者によって指摘されてきたが、[18]勝瑞自体を「津」とする史料としてはこれが唯一であるからである。

また、秋月から移転して間もない時期と考えられる史料に「勝瑞津」と見えることも重要である。というのは、「津」としての機能は守護所を置いたから直ちに機能するという類のものではありえないため、細川氏が守護所を勝瑞の地に移転する前から、当地は津としての機能を持っていたと考えられ、むしろ、細川氏守護所はそうした津としての機能を持つ場所であったがゆえに、そこに移されたと考えることができるからである。[19]

このように考えると、勝瑞が津であったことは、守護所移転の重要な理由の一つとなった可能性もあることから、勝瑞の「津」としての機能がどのようなものであったかについても検討しておく必要が出てくる。以下、本節ではこの点について検討を加えておきたい。

（１）吉野川水運と「三ツ合」

現在の吉野川は名西郡石井町第十付近で大きく旧吉野川と吉野川に分かれるが、近世初期には北川と呼ばれた現在の旧吉野川が吉野川の本流であり、現在の吉野川本流は「別宮川」と呼ばれる分流であった。[20]本稿が取り扱う時代である中世後期においても、大枠としてはほぼ近世初期と同様の流路であったと推定され、吉野川の本流は現在の旧吉野川で、水運の主なルートもこの本流を利用するものであったと考えられる。

次の史料は、明治政府が近代的な河川・港湾整備の顧問技師として招聘したオランダ人デ・レーケが明治一七年（一八八四）六月から七月にかけて吉野川を調査し、同年九月に内務省に提出した『吉野川検査復命書』(21)中の一節である。はるかに後世のものであるが、吉野川水運ルートを具体的に示す記述として貴重であるので引用しておく。

【史料４】

通船路ハ先ツ池田ヨリ幹川ヲ下リ第十村ノ下ニ在ル吉野末流ニ沿ヒ三合ノ地ニ至リ、夫ヨリ榎瀬川ヲ経別宮川ヲ過キ、而シテ徳島ニ達ス、又タ撫養海峡ニ出ツルニハ三合ノ地ヨリ撫養川ニ至ルナリ

これによると、当時の吉野川水運のルートは、池田から第十村まで至り、そこから現在の「旧吉野川」（当時の吉野川）を経由して「三合」に出て、そこから「榎瀬川」・「別宮川」を経由して県都徳島に達したとする。一方、「撫養海峡」（鳴門海峡）方面に出るには、「三合」から「撫養川」に至るとしている。明治期というと、「別宮川」は江戸初期の新川掘抜(22)によって水量が増大し、水運の障害であった第十堰に「船通し」(23)も設けられていた時期ではあるが、この時期においても吉野川の上下流域を繋ぐ水運ルートは依然として「旧吉野川」ルートがメインルートであったことが知られる。

このデ・レーケが書き留めた水運ルートの中で、とりわけ注目されるのが「三合」である。この「三合」は池田から下ってきた時に、撫養方面と徳島方面とに航路が分かれる分岐点であったが、逆に上流に向かう舟にとってはここで航路が合流する地点ということになる。吉野川は広戸口・今切口・別宮口と河口が開き、どこからでも吉野川に進入可能であるが、それぞれの航路は「三合」で合流して上流を目指すことになる。となると、この「三合」は吉野川水運のルート上では、きわめて重要な交通の要衝と位置付けられることになる。

その「三合」は、現在の板野郡北島町高房の「三ツ合」のことである。「三ツ合」は現在の旧吉野川から今切

川が分岐する地点であり、現在でも徳島からは、吉野川北岸の榎瀬《えのきせ》水門から榎瀬江湖《えこ》川に入ると、今切川に出て、この「三ツ合」に至ることができる。

吉野川下流域を描いた最初の絵図である慶長年間作成「阿波国大絵図」(24)を見ると、現在とほぼ同じ位置と形状でこの「三ツ合」地点が描かれており、水運ルート上の分岐・合流点としての機能は中世においても同様であったと考えて良い。となれば、一般論としては、こうした水運ルート上の要衝に「津」「市」「関」「宿」などの流通・交通関係の施設・機能が成立しても不思議でないことになる。次に項を改めて、中世の頃の「三ツ合」の機能等について考えてみたい。

(2)　勝瑞津と「三ツ合」

中世の頃の「三ツ合」が現在とほぼ同位置であったとしても、その合流付近の地形・景観は現在と大きく異なっていた可能性が高い。というのも、現在は堤防で川幅が固定されているが、当時は、周辺の低地は遊水地・河川敷であったと考えられることから、「三ツ合」地点は現在よりもはるかに広い地域を指す呼称であったと推測できるのである。そうした当時の地形や景観を想定したうえで、図1を眺めると、すぐ隣接する地点に「市場」の地名を認めることができる。この「市場」は、近世には「市場村」と呼ばれたが、慶長二年（一五九七）の分限帳に「一（市）場村」と見えており(25)、中世に起源を有する「市庭」を核として成立した集落であったことはほぼ確実である。

この「市場」は守護所勝瑞との関係で成立が説明される場合が多いが、「三ツ合」という水運の要衝の地に成立した「市庭」であったと考えられる。むしろ守護所は、そうした要衝の地に成立し、都市的発展を遂げつつあった「市庭」に吸着するかたちで移転されたものであったと考えられる。守護所と「市庭」は密接な関係にある

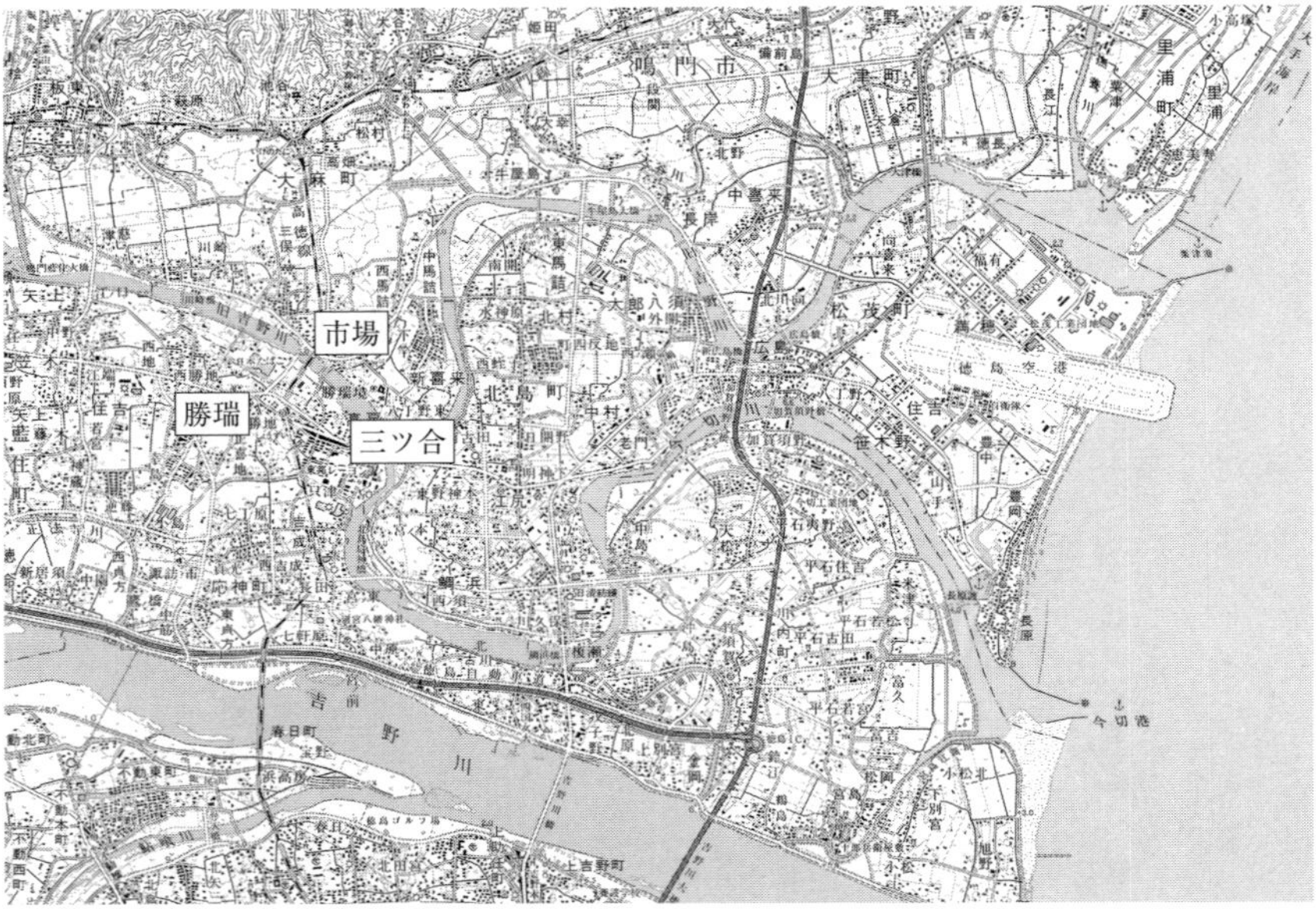

図1　「三ツ合」位置図
国土地理院5万分の1地形図「徳島」に加筆・縮小

とはいえ、両者の間には吉野川が流れ、空間的には明確な地域区分が施されている。このことも両者が成立経路を異にすることを示すものであろう。

次にこの「三ツ合」には「津」機能が備わった地点もあったと考えられる。「勝瑞津」はそうした「三ツ合」地区に成立した津の一つであったのではないか。

この勝瑞津がどのような津であったかを示す史料は伝わらないが、勝瑞津と同じ井隈荘内の内津であった「千鳥ケ浜」については、後世の史料[26]に、「社地原ヲ千鳥ケ浜ト申伝候、先年ハ住吉宮前大河ニテ上郡筋通船海船等モ入込」と見え、吉野川上流への通船だけでなく、海船も入り込んできたことが記憶として伝承されている。これは現在の住吉神社前を流れる正法寺川のかつての姿を伝えるものであるが、この地点まで海船が入り込めたとすると、本流筋にあたる「三ツ合」や勝瑞津もまた、海船の入港が可能であったことになろう。

以上のように、中世吉野川水運の発達とともに、その要衝地であった「三ツ合」地区では、市庭や津が成立し、次第に都市的発展が見られたと推定される。そしてまた、中世の吉野川では当地付近まで海船の遡上が可能であったと見られ、このことが細川氏が当地に守護所を置く大きな理由の一つとなったと考えたい。

第三節　守護所勝瑞と聖記寺

一節において、愚中周及の高弟留心安久によって勝瑞に聖記寺が開山された時期が、おおむね応永年間の後半、一五世紀第一四半世紀頃と推定できることを見てきた。本節ではこの時期になぜ留心安久を開山とする寺院が勝瑞に創建されたかについて検討を加えたい。また、現在、勝瑞には聖記寺という寺院は存在していないが、近世初期の史料[27]に三好氏の御祈願所であった「正貴寺」という同音異字名の寺院が登場するとともに、現在の勝瑞には、「正喜地」という同音の小字が所在する。これらと聖記寺との関連性についてもここで検討を加えておきたい。

（1）聖記寺創建の背景――将軍義持・愚中周及とその周辺――

【史料1】は聖記寺の開山が「留心和尚」であったことを伝えるが、前述したように、留心安久は阿波国在住の僧侶でなく、天寧寺の住持として常には丹波国に在り、最晩年期と見られる応永三三年（一四二六）に西禅寺の開山になったとされることからも、おそらくは死去するまで丹波国で法灯を守ったと考えて良いであろう。そうした僧侶が勝瑞に創建された聖記寺の開山になったということは、留心安久が開山として特別に招かれたと考えるべきであろうと思われる。

そしてその留心安久を開山に招いた人物・主体としてもっとも蓋然性が高いのが阿波国守護細川氏であったと考える。というのも聖記寺創建の地が他ならぬ細川氏の守護所勝瑞であったことと、守護細川氏と留心安久を結びつける存在として、当時の将軍足利義持がいるからである。

留心安久が臨済宗の高僧愚中周及の高弟であったことについてはすでに述べた。その愚中周及の事績で特筆されることは、時の将軍足利義持から熱心な帰依を受けたことである。(28) 応永一四年（一四〇七）、将軍義持から小早川則平を介して法語を求められたことが切っ掛けとなって、義持の帰依を受けることとなった。翌年一〇月には上洛を催促する義持に応じて、安芸国仏通寺から上洛したが、愚中周及は「老僧有誓、不可入帝郷、須於城外相見」(29)として、洛内に入ることを拒み、洛外伏見蔵光庵で対面を行った。将軍義持の愚中周及への帰依はその後も続き、愚中周及の死の前日には、愚中周及を導師として義持の逆修法要が営まれたほどであった。義持による帰依により、愚中周及が開いた丹波天寧寺と安芸仏通寺は将軍家の祈願寺としての待遇を受けたと伝えられ、事実、天寧寺には足利将軍家からの文書(30)も伝えられている。また仏通寺にも応永一六年（一四〇九）三月二八日付けで、安芸仏通寺を、義持の奏請によって、紫衣出世の道場とする旨の文書(31)が伝えられている。

このように将軍義持による愚中周及への帰依を通して、天寧寺・仏通寺と将軍家・幕府との関係が深かったことから、天寧寺第二世であった留心安久もまた、将軍義持との面識が生まれることになったと考えられるのである。

以上、愚中周及と将軍義持との深い関係を背景として、留心安久が将軍義持とも知己の間柄となった可能性を指摘した。一方、義持による将軍在職期間（応永元年〈一三九四〉～応永三〇年〈一四二三〉）は長期に及ぶが、この間の阿波国守護細川義之・満久ともに将軍の側近として在京し、満久の子持常もまた、将軍退位後の義持に側近く仕えた。(32)

さらに、将軍義持は当然のことながら細川京兆家とも深いつながりを有していた。当時の当主満元は義持治世の大半を管領として支えたが、その満元は義持が帰依した天寧寺が所在する丹波国の守護であると同時に、父頼元は管領として阿波から上洛した頼之の弟で、もともと活動の拠点は阿波にあった人物であり、応永二年（一三九五）八月一二日に守護所秋月の鎮守である秋月八幡宮に寄進された鐘に、(33)「梵光寺守格」「兵部少輔義之」とともに大檀那の一人として名前を連ねる。

この満元と阿波との関係を具体的に示す史料(34)が知られているので、引用すると次の通りである。

【史料5】

今度於泉州堺浦大内義弘誅伐之処、其方一族早速参陣、細川満元手へ令属従、敵兵数多討取、無比類働之条、忠功之至感入候、依之時服一重黄金遣之候、永子孫へ可申伝者也、

応永六

十二月十五日　　　　義持判

伊澤四郎兵衛尉殿

【史料5】はいわゆる応永の乱に際して、阿波郡伊沢荘の国人伊沢四郎兵衛尉が和泉国堺まで出陣し、細川氏宗家の満元に属して活動したことに対する感状である。応永の乱という戦時下とはいえ、細川宗家の京兆家と阿波国人との直接的関係を示す貴重な史料であるが、満元については、この他にも観世大夫下向について初期守護所秋月の古刹切幡寺住職と書状の遣り取りをしたことを示す史料(35)も伝わる。

このように将軍義持を介して、阿波細川氏・細川京兆家ともに阿波安宅氏出身の留心安久との間で面識ができるのも自然の流れであったと考えられる。

では、なぜ細川氏は留心安久を聖記寺の開山に招く必要があったのであろうか。このことを直接示してくれる

史料等は伝わらないが、私見としては、守護細川氏が移転直後で、未だ整備途上にあった勝瑞の地に守護創建寺院の建立を計画した際に、その開山として阿波にゆかりがあり、かつ、時の将軍とも関係の深い留心安久に白羽の矢が立てられたと考えたい。

このような推測が成り立つとすると、聖記寺の創建は守護細川氏による新守護所「勝瑞」整備の一環という、特別な意義を持った事業として位置付けることができる。

（2）聖記寺と「正貴寺」・字「正喜地」

【史料1】によって聖記寺は「仏通十六派」の一派「聖記派」の拠点となったことが窺える。「仏通十六派」は「仏通寺派」の祖愚中周及の高弟によって、師の没後程なくして形成され、その門流のもっとも重要な役割は祖師の開いた丹波天寧寺と安芸仏通寺の維持・経営にあったと考えられる。愚中周及の没後三八年が経過した文安四年（一四四七）、当時の長老らが「天寧寺仏通寺両寺住持并番衆次第」(36)を定めて、一〇年間にわたる両寺の住持と番衆の輪番を定めたが、この輪番表には一六派のうちの一三派が書き上げられている。これには、聖記寺を拠点とする「聖喜寺派」・「聖記寺派」が見られ、少なくとも文安四年時点では門流としての実態に相応しい人的体制・経済力を備えた寺院としての聖記寺が勝瑞に実在していたことが確認できる。

しかし、聖記寺に関する史料はこの文安四年が最後であり、以後、聖記寺については消息不明となる。ところが、その一方で、文安四年から一〇〇年以上経過した三好政権期の勝瑞に、「正貴寺」という寺院が所在したことが史料(37)から判明する。この史料によると、三好長治治世当時、勝瑞に「正貴寺」という、三好氏の祈願所寺院があり、七堂伽藍の大寺として、一六ヶ寺の末寺を有したという。この「正貴寺」は『昔阿波物語』(38)に「勝瑞には新乗院、最勝院、龍音寺、堅昌寺、正貴寺、宗知寺、永昌院、これ皆禅宗也」と見えることから、禅宗寺院であったことが知られる。

この「正貴寺」との関連でとくに注目されるのは、藍住町勝瑞字「正喜地」において中世寺院跡が発掘調査によって確認されていることである。(39)藍住町教育委員会はこの寺院跡を「正貴寺跡」と推定し、検出された盛土整地層の年代から一六世紀中葉頃の創建とする。一六世紀中葉頃は三好氏の治世下であり、細川氏創建の聖記寺の遺構とは考えられないが、その後身の寺院遺構と推定することは可能である。調査担当者は、一六世紀中葉頃の盛土整地層の下層にも遺構・遺物が認められ、出土遺物の中に一五世紀中葉~後葉のものも存在することから、「正貴寺」造営以前に何らかの施設なり、再建以前の「正貴寺」が存在した可能性があると指摘する。このように存在の可能性が指摘されている下層面の遺構が細川氏創建の聖記寺に伴う遺構であることも十分想定される状況にあり、字「正喜地」が細川氏創建の聖記寺、史料上その後身と見られる「正貴寺」の所在地であったことはほぼ確実である。

ところで、この字「正喜地」の地は勝瑞の東端に位置し、いわば勝瑞の中心地からは少し離れた場所にあたる。周囲に流路や空閑地が広がるような地点と考えられるのに、なぜこのような場所に重要な寺院が建てられたのかその理由が気になるところである。

「正貴寺跡」の調査担当者は「砂層は、盛土整地層の下層で標高一・二メートル程度で確認され、そこから北側、東側、西側では大きく落ち込む。このことから、盛土整地が施されている地域は、低湿地の中で以前から島状の高まりとなっていた地域」と指摘する。(40)確かに「正貴寺跡」が標高二メートル前後の狭小な微高地上に位置することが現在の地形図上からも確認できる。そして注目されることは寺域の北側が「北千軒堀」(41)と呼ばれる守護所勝瑞にとって重要な役割を担ったと推定できる水路と接していることと、寺域東方には広大な沼沢地ないしは自然流路が広がっていたと考えられることである。(42)また、すでに述べたように、現在の勝瑞に隣接する地域は

「三ツ合」と呼ばれて、吉野川の各河口から遡上した船が合流する地点にあたる。

このように字「正喜地」地区は水路や低湿地が錯綜する地形の中にあって、守護所勝瑞への水運ルート上、重要な位置を占めたと考えられる。しかし、一方では低平な地形のために、その地点を目指す船舶にとっては何らかの目標物が必要とされたことは容易に想像されよう。こうした地点にあえて寺院を配置するということは、寺院を水運の要衝と勝瑞にとってのランドマークとすることを意味したのではなかろうか。

二〇一五年の「正貴寺跡」発掘調査で検出された礎石建物は少なくとも桁行五間・梁間六間半の規模を持つ(43)。このような大規模でかつ高層の建物が現地に建てられていたことを想定すると、河口から吉野川を遡上する船舶からは、この建物がかなり遠くからでも眺められたと推察される。

以上、勝瑞の東端部という、重要寺院の立地場所としてはやや不自然な地点が、水運の要衝である「三ツ合」や勝瑞の位置を遠くから識別するためのランドマークの地点として最適であったことを指摘してきた。字「正喜地」地域が持つこのような機能は、けっして三好時代になって初めて与えられたものではなく、守護所勝瑞の設置によって初めて必要とされたものであったと考えられる。【史料1】によって聖記寺が「勝瑞津」に建てられていたことが判明するが、聖記寺がまさに「勝瑞津」あるいは守護所勝瑞のランドマークとして細川氏によって建立されたとすると、この字「正喜地」の地点こそ、当時の「勝瑞津」の津頭であったと考えることができるのではなかろうか。確認されている正貴寺（聖記寺）跡が「北千間堀」の東側の入口地点に位置することはけっして偶然ではなく、細川氏が守護所勝瑞の整備の一環として、水運との密接な関連の下で、当地に聖記寺を創建したと考えることができる。

おわりに

本稿は、「阿州勝瑞津聖記寺、開山留心和尚」というわずかな記述を手掛かりとして、一五世紀初頭頃の勝瑞の地域像の一端を解明しようとしたものである。これまで述べてきたところを簡単にまとめると、およそ次のとおりである。

①秋月から守護所が移転されて間もない時期と考えられる一五世紀第一四半世紀頃の勝瑞に、安芸国仏通寺の末寺として聖記寺が建立されたこと。

②その聖記寺の開山留心安久は阿波国出身で、将軍義持が深く帰依した丹波天寧寺の高僧愚中周及の高弟であったことから、守護細川氏によって開山に招かれたと考えられること。

③したがって、聖記寺は守護細川氏が新守護所勝瑞整備の一環として建立した「守護創建寺院」であったと考えられること。

④聖記寺建立場所は、当時「勝瑞津」と呼ばれていることから、「津」機能を備えた場所であったこと。

⑤勝瑞津は、吉野川水運の要衝として早くから発展し、すでに「市場」集落も形成していた港津「三ツ合」の機能の一部として成立したと推定されること。

⑥勝瑞津に創建された聖記寺は、守護所の中心的施設とは若干離れた地点である現在の字「正喜地」に建立された可能性が高いが、これは壮大な寺院建築を新守護所および津のランドマークとする意図に基づくと推定されること。

従来、勝瑞関係史料は一五世紀末段階のものがもっとも早い段階のものとされてきたが(44)、本稿での検討の結果、勝瑞における聖記寺創建はそれよりもさらに五〇年以上遡ることが明白であり、筆者がこれまで想定していた応永二年（一三九五）から永享七年（一四三五）の間という守護所移転時期をさらに絞り込むことも可能となった。ただし、今回は守護所移転問題については、あえて言及しなかった。この点については、冒頭で触れた福本論文の出現によって、単に移転時期や移転理由のみの問題にとどまらず、光勝院の移転との関連、福本氏が阿波国一宮として守護所移転との関連性を重視する大麻比古神社など、検討すべき論点が多岐にわたることになった。

したがって、守護所移転問題に関しては、これらの多岐にわたる論点を踏まえて総合的に検討される必要があることから、他日を期すことにしたい。

（1）徳島県史編さん委員会編『徳島県史』第二巻、一九六六年。
（2）本田昇「守護所秋月城存立期間についての一考察」（徳島地方史研究会『史窓』第二一号、一九九〇年）。
（3）徳島藩が文化一二年に藩儒佐野之憲（山陰）に命じて編纂した地誌。
（4）註（1）参照。
（5）小川信『細川頼之』（吉川弘文館、一九七二年）。同『足利一門守護発展史の研究』（吉川弘文館、一九八〇年）。佐藤進一『室町幕府守護制度の研究』下（東京大学出版会、一九八八年）。
（6）「応永六季己卯仲秋吉日　阿州路南明山光勝禅院庫司　住山釈沙門大周希綱誌」（土成町史編纂委員会編『土成町史』上巻、一九七五年）の銘文がある。
（7）徳島県藍住町勝瑞城シンポジウム資料『勝瑞城シンポジウム――阿波の守護所を考える――』（藍住町教育委員会、二〇〇四年）。
（8）福本孝博「室町期地方政治都市「勝瑞」の成立と変容――歴史地理学的景観復原による予察――」（四国中世史研究会『四国中世史研究』第一二号、二〇一三年）。
（9）拙稿「住吉大社領阿波国井隈荘考」（四国中世史研究会『四国中世史研究』第一三号、二〇一五年）。
（10）本稿では東京大学史料編纂所架蔵謄写本に拠った。この『住持記』は、『大日本史料』に部分的に収録されるほか、『広島県史』古代中世資料編の「豊田地区佛通寺文書」にも収録される。

(11)『平家物語』巻第一一「逆櫓」(日本古典文学大系三三『平家物語』下、岩波書店、一九六〇年)。
(12)註(10)参照。
(13)『大通禅師語録』六(『大正蔵経』八一「諸宗部十二」)。
(14)現在の京都府福知山市所在。
(15)例えば吉川弘文館『国史大辞典』「安宅氏」の項には次のように記述されている。
「あたぎし　安宅氏　紀伊国牟呂郡安宅荘(和歌山県西牟呂郡日置川町の一部)から出た豪族。」
(16)長谷克久編『安宅一乱記』(名著出版、一九七六年)。
(17)『野田川町誌』、一九六九年。
(18)例えば山村亜希「阿波勝瑞――城下町の立地と景観――」(中世都市研究会編『中世都市研究一八　中世都市から城下町へ』山川出版社、二〇一三年)など。
(19)仁木宏「室町・戦国時代の社会構造と守護所・城下町」(内堀ほか編『守護所と戦国城下町』高志書院、二〇〇六年)。
(20)「別宮川」が吉野川と改称されて、本流とされるのは明治末期の改修工事以降である。
(21)吉野川資料研究会編『工師デ・レーケ吉野川検査復命書』(建設省徳島工事事務所、一九九四年)。
(22)財団法人とくしま地域政策研究所編『吉野川事典』(農山漁村文化協会、一九九九年)。
(23)同右。
(24)徳島大学附属図書館所蔵(『阿波・淡路国絵図の世界』徳島市立徳島城博物館、二〇〇七年)。
(25)『徳島県の地名』「鳴門市　市場村」(平凡社、二〇〇〇年)。
(26)寛政五年「板野郡住吉村住吉四社明神由来書」山田家文書(藍住町史編集委員会編『増補藍住町史』、一九六五年)。
(27)年月日不詳「阿州三好記大状前書」(小杉榲邨編『阿波国徴古雑抄』日本歴史地理学会、一九一三年)。
(28)玉村竹二「足利義持の禅宗信仰に就て」(『日本禅宗史論集』下之二、思文閣出版、一九八一年)。
(29)同右。
(30)天寧寺文書。
(31)応永一六年三月二八日「後小松天皇綸旨写」仏通寺文書(『広島県史』古代中世資料編〈仏通寺文書〉)。

(32) 若松和三郎『阿波細川氏の研究』(戎光祥出版、二〇〇〇年)。
(33) 永享七年六月二九日「秋月荘八幡宮鐘銘」広島県耕三寺所蔵(坂本祐二「秋月庄八幡宮鐘銘考」阿波郷土会『ふるさと阿波』一六八号、一九九六年)。
(34) 伊沢村伊沢満太郎所蔵文書(前掲『阿波国徴古雑抄』)。
(35) 年不詳五月二六日「細川道歓書状」、同前「香西元資書状」切幡寺文書(市場町史編纂委員会編『市場町史』、一九九六年)。
(36) 『仏通禅寺住持記』文安四年九月二八日条(『広島県史』古代中世資料編)。
(37) 註(27)参照。
(38) 前掲『阿波国徴古雑抄』所収。
(39) 藍住町教育委員会編『正貴寺跡発掘調査概要報告書――第一次・第二次調査――』(藍住町、二〇一四年)。
(40) 同右。
(41) 「北千間堀」は、もともと、自然の流路であったとしても守護所勝瑞の水運機能を担った運河であったと考えられている。
(42) 正貴寺跡のすぐ東側をＪＲ高徳本線が南北方向に走る。その線路に接して徳島県立徳島北高等学校の敷地が広がる。高校建設以前は工場敷地で、その敷地は池とその周囲の藪・葦原を埋め立てて造成したもので、広大な低湿地が広がっていた。
(43) 藍住町教育委員会「国指定史跡『勝瑞城館跡』正貴寺跡発掘調査現地説明会資料」二〇一五年。
(44) 『天隠語録』(『続群書類従』一三輯上)延徳三年三月一七日条に「阿州勝瑞里統宗院石地蔵殿」、『後法興院記』明応二年一二月三日条に「慈雲院進御迎せウスイト云在所」とあるのがもっとも早いものである。

第7章　歴史的景観復原から見る勝瑞とその周辺
――鳴門市大麻地区の検討を中心に――

福本孝博

はじめに

藍住町勝瑞地区は、室町時代後期、遅くとも応仁・文明の乱以降には阿波守護家細川氏の守護館が秋月荘（現在の阿波市土成町秋月地区）から移され、戦国時代末期には細川氏の被官であり、阿波国を実効支配した三好氏の本拠地が所在したとされている。

当地には細川・三好氏居館を中心に寺社や武家屋敷などといった都市施設が整備され、政治や交通・物流といった諸経済活動が営まれた都市が成立していたと考えられている。秋月荘からの移転理由としては、南北朝の合一や勘合（日明）貿易の開始を契機として西国を中心に流通活動が活発となっていたことから、水上交通の利便性が高い当地に守護所が求められたという説が一般的である。

本稿は、勝瑞地区に北接し重要寺社などが所在したにもかかわらず、従来ほとんど研究の対象とされていなかった鳴門市大麻町において、歴史地理学的手法を用いて中世の都市的要素の痕跡を析出し、その都市景観を復原することにより、「守護町勝瑞」の構造を改めて捉え直そうとするものである。

第一節　守護町「勝瑞」の研究経過と問題点

「守護町勝瑞」の都市構造研究については、他地域の研究事例と比較すると従来から低調であったと言わざるをえない。これは、阿波守護家細川氏の在京時代における阿波国内での活動記録が乏しいことと、残存する三好氏の発給文書が他地域大名と比較して少ないことなど、「勝瑞」に関する同時代の文献史料が稀少であるため、文献史学的研究の深化が困難なことが主な原因である。

また勝瑞地区で明確な町屋集落跡が析出されていないが、このことについては、吉野川下流域では『兵庫北関入船納帳』にもみられるように、撫養《むや》や別宮などの外港から吉野川水運を利用した活発な流通が行われていたことが推察できることから、政治拠点の周辺に街道に沿った町屋が発達する蓋然性が低かったという指摘もできる。

ここで「勝瑞」以前の阿波国における政治的中心地の変遷に関する研究について整理する。まず阿波守護家細川氏の守護館が秋月荘から勝瑞地区へ移された時期については、一五世紀初期頃とする説または応仁・文明の乱後とする説が有力とされている。

勝瑞地区への守護所移転時期を一五世紀初期頃とする説は、寺社が秋月荘から移転した時期や廃絶した推定年代を論拠としている。本田昇氏は、京都大徳寺庫裡にある雲版の記載内容から、応永六年（一三九九）までには細川氏菩提寺である光勝院が大麻町萩原地区へ移転したと推定している。これを勝瑞地区への守護所移転時期と同義とみなし、一四世紀末には守護所が勝瑞地区へ移転していたのではないかとの見解を示している(1)。

また福家清司氏は、広島県耕三寺に所蔵されている梵鐘に「秋月庄八幡宮鐘」の銘があり、その内容から応永二年（一三九五）から永享七年（一四三五）までの間に守護所の移転があった可能性が高いという見解を示している(2)。応永年間に守護所が秋月荘から移転したとすると本田・福家両氏の見解は符合している。

一方、文明一三年（一四八一）に阿波国内が乱れたため、細川成之・政之が下向したと『東寺過去帳』などに記述があるが、それを契機に守護所が移転されたとする説もある。この説は、後述する勝瑞城館跡およびその周辺の発掘調査で出土した遺構の推定上限年代や「勝瑞」の初見史料（『後法興院記』明応二年（一四九三））とも符合する。応仁・文明の乱による領国の内乱発起等を契機とした守護の在国化が、阿波国の守護所移転にもあてはまると考えるものである。

続いて勝瑞地区の都市構造に関する研究成果について概観する。「勝瑞」に関する体系的な都市構造の研究成果は、羽山久男氏の歴史地理学的調査手法によるものが嚆矢となっている。羽山氏は、勝瑞地区および旧吉野川の対岸に位置する鳴門市大麻町市場地区の都市的機能の復原を、①微地形、②地籍図、③地名、④出土遺物、といった資料を用いて考察し、都市環濠・塁濠の位置や侍屋敷・寺町・市町の比定を試みている。(3) しかしこの後「勝瑞」都市研究の大きな進展はみられなかった。

その後、平成九年（一九九七）に藍住町教育委員会により、勝瑞地区東勝地の勝瑞城跡に隣接する鉄工所跡において試掘・確認調査が行われ、戦国大名が「ハレ」の場で使用したとされる京都系土師器が検出された。その後の継続実施された確認調査でも、一六世紀後葉に三好氏によるものと想定できる礎石建物跡やそれに伴う枯山水式庭園跡、また周辺部においても一六世紀頃の寺院跡が検出され、勝瑞地区において相当程度の都市的拡がりが確認されている。一方、従来からの勝瑞城跡については、現在のところ出土遺物の年代から三好氏最末期の一六世紀後葉に長宗我部氏侵攻に備えるため築城された出城的性格の郭であると推測されている。

都市「勝瑞」に関する発掘調査が進展したことにより、当該発掘調査成果と文献史料とを照合させる学際的研究も試みられるようになった。前述の本田・福家両氏らが提唱した秋月荘からの守護所移転推定時期をふまえて、重見髙博氏は、勝瑞地区西勝地に細川氏守護館の比定候補地を提起している。(4) 重見氏が提起する勝瑞地区西勝地の細川氏守護館比定候補地については、明治期作成の地籍図で周辺にも一町四方の方形区画が認められ、この形状が一五世紀から一六世紀前半にかけて各地で成立した守護城下町の方格プランと類似することから、当地に細川氏守護館が存在していたと推測しているが、現在のところ遺構などは検出されていない。

この細川氏守護館の比定候補地については、平成二一年（二〇〇九）に開催された一六一七会勝瑞例会において山村亜希氏が、慶長期に作成されたと推定される阿波国絵図に記載されている村の位置関係を基準として当時の河道・街道を復原した成果や、明治期作成地籍図にみられる水路や土地一筆毎の形状から、勝瑞地区東勝地および西勝地において羽山氏が行った歴史地理学的な景観復原をさらに深化させた成果を発表した(5)が、勝瑞地区西勝地については地形・地割から推定される都市の範囲が狭小であることから都市的景観の拡がりは乏しく、守護所比定地としては懐疑的な見解を示している。指摘を受けた重見髙博氏はその後、現比定地も含めた再検討をあくまで勝瑞地区内で行っている(6)。

ここまで「守護町勝瑞」に関する研究経過を確認してきた。発掘調査が契機となって当該研究が進展してきたことが原因で、研究焦点が藍住町勝瑞地区に絞られていることがわかるが、「勝瑞」の都市構造については西勝地での守護所比定のほかに、次に述べる二つの問題点が挙げられる。

まず一点目は、これまでの守護所移転時期に関する研究では、秋月荘に所在した光勝院など守護所を構成したとみられる主要施設の廃絶などから推定する移転時期を、低湿地に位置する勝瑞地区の開発時期について充分考察しないまま、即座に勝瑞地区西勝地への守護所移転時期と同定している。しかしながら秋月荘から守護所が移転したと推定される時期に、勝瑞地区で都市が営まれていたと実証的に確認できる史料はなく、両所の都市経営が史料上では時系列的に繋がらないことが挙げられる。

またもう一点は、そもそも細川氏の菩提寺である光勝院などの重要寺院が旧吉野川を隔てて勝瑞地区と北接する鳴門市大麻町に所在しており、守護所などの地方政治拠点を構成する機能や施設が藍住町勝瑞地区だけで完結していたとは推測し難いにもかかわらず、そのことについては認識しつつも充分考察されてこなかった結果、大麻町にある機能や施設と勝瑞地区のものとの関連性が把握できていないことである。結果として、室町期の地方政治拠点における重要施設を無視した上での考察となってしまっている。以下ではこの二点を念頭に検討を加えていきたい。

第二節　鳴門市大麻町の歴史地理学的景観復原

これまでの研究成果の問題点を勘案すると、「守護町勝瑞」における構造研究の不足を補うには、勝瑞地区に北接する鳴門市大麻町における中世の都市景観を体系的に考察する必要があると思われる。このことは、とりもなおさず「守護町勝瑞」を相対化し、その都市機能を的確に評価することに繋がるものであると考える。ただ、鳴門市大麻町に関する文献史料については勝瑞地区と同様稀少であり、今後、新たな史料の確認も望める状況にはない。また現在のところ、勝瑞城館跡および周辺部のような発掘調査成果の蓄積がないため考古学的成果を援用することも困難である。このように資料が勝瑞地区と比較しても乏しいことから、本稿では歴史地理学的手法を用いて都市的事象を析出し、地理的情報に基づいた検討を行うこととする。

さて鳴門市大麻町は、地形的には勝瑞地区の北端部をほぼ東流する旧吉野川の対岸から続く低湿地と、阿讃山脈および山麓から形成されている扇状地とにより構成されている地域である。古代には当地内に南海道諸国の国府と都とを結ぶ官道である南海道が整備され横断していた。木原克司氏らは、古代阿波国東部地域の条里地割および条里プランの復原研究[7]の中で、鳴門市大麻町において条里地割と条里余剰帯から古代南海道などのルートを推定している。また中世には、東部地域に石清水八幡宮領の堀江荘が所在したとされる[8]。

大麻町板東地区における前近代の集落の立地や、交通の状況をうかがうことのできる史料として天明八年（一七八八）作成とされる「板東古地図」[9]がある。当地図は国絵図と比較すると縮尺が大きく地割を確認することが可能であり、近世撫養街道（中世南海道から主要ルートが変遷）とされるＪＲ高徳線から一〇〇メートル北方の街道筋を明瞭に確認することができるが、道沿いは住居としての土地利用は疎らである。このことは、木原氏の推定する古代南海道のライン上でも同様である。むしろ、両者の中間付近に扇状地上をほぼ平行に横断するラインには寺社（跡）などから中世の南海道と思われる道路を推定することができ[10]、「板東古地図」ではこのライン沿いに住居が集積して土地利用がなされていることがうかがえる。光勝院から南下し、中世の南海道と推定されるラインと交差する付近には春日神社・十輪寺（萩原地区）も現存する。そのほかには五輪塔の現存する廃寺跡の存在も確認されることから、複数の寺院が中世南海道沿いに立地していた可能性がある。

また、承久の乱にて流罪となりつつも厚遇を受けた土御門上皇が阿波国では当地に居住していたとされている。土御門上皇は承久の乱によりまずは土佐国に流され、後に当地に移転し崩御するまで居住したことが伝わっている。保元の乱で讃岐国へ配流となった崇徳上皇のように、流罪となった天皇上皇クラスは配流先の国府周辺に居住した例が多いことから、この頃すでに当地は阿波国において政治的に枢要な地域のひとつであったといえる。

当地に鎮座している大麻比古神社は『延喜式神名帳』に式内社の大社として記載されており平安期にはすでに創祀されているが、福家氏は阿波国内における一宮社を考察した中で、大麻町に所在する大麻比古神社は細川氏入部により激化した南北朝の抗争の中で、北朝方の一宮政策を推進する必要性や領国支配のためのイデオロギー支配の面から、南北朝抗争勃発当時に南朝方勢力下であった現在の徳島市一宮町西丁地区に所在する一宮神社と対抗するかたちで、大麻町に鎮座していた当神社に一宮としての社格が付与されたと推測している[11]。このことからも、細川氏が一貫して当地を重視したことがうかがえる。

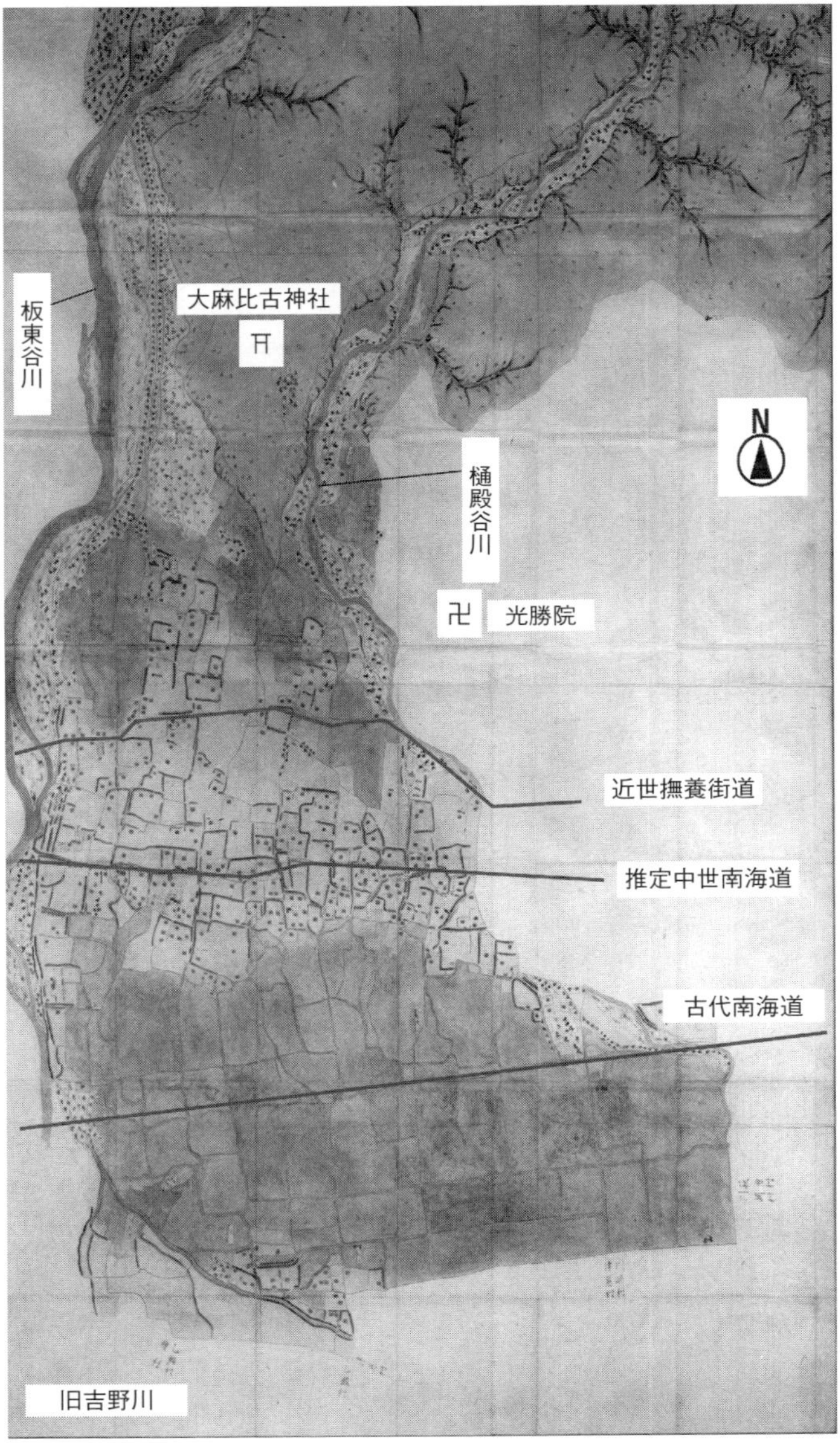

図１　坂東古地図

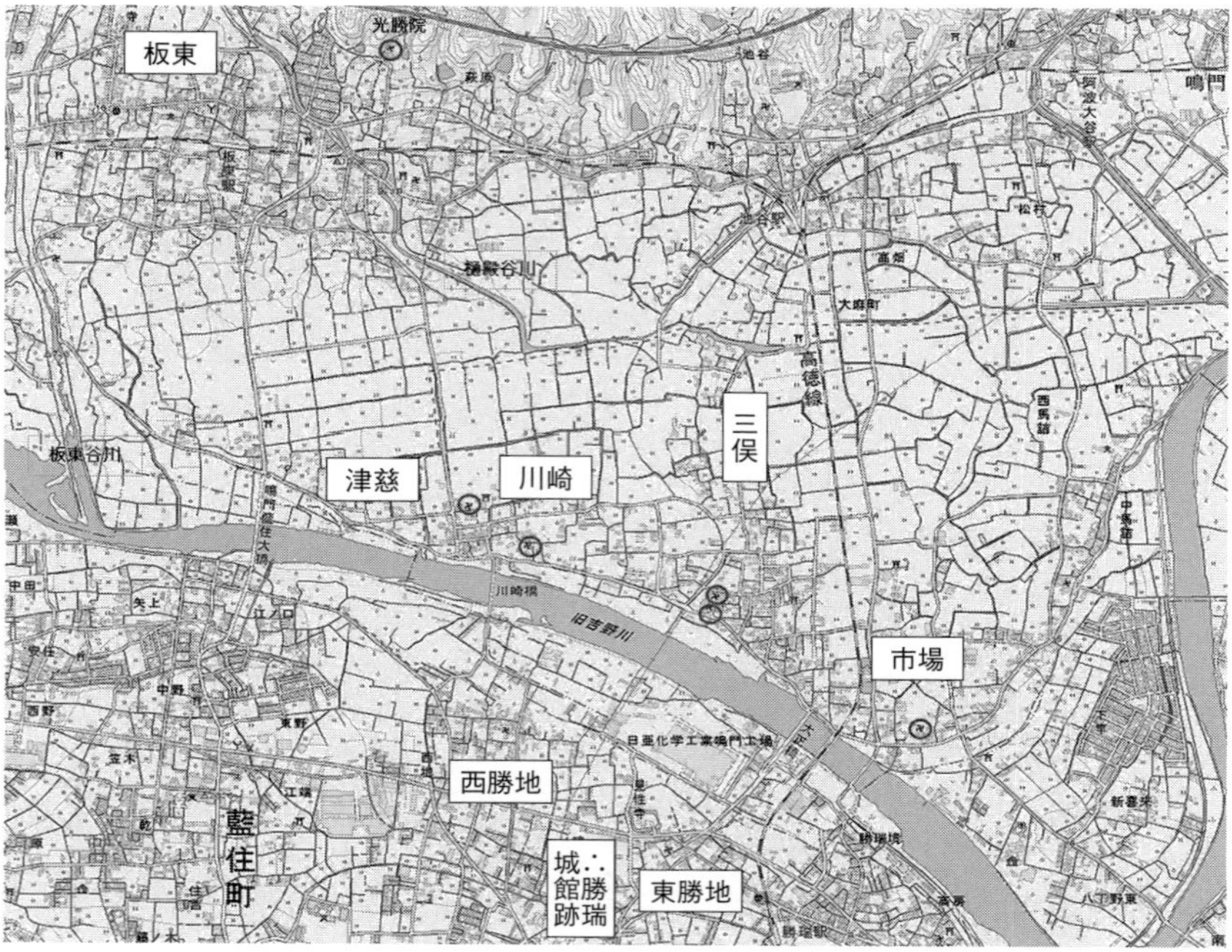

図2　鳴門市大麻町および藍住町勝瑞地区の地形図（2万5000分の1）

さらには、かつて秋月荘に所在した阿波国安国寺（利生塔）と細川氏の菩提寺を統合させたとされる光勝院が大麻町萩原地区に移転されたことも注目される。

このようにこれまでの研究成果を統合すると、鳴門市大麻町においては古くから都市的な場の形成に必要な集落の立地や、みちの存在、寺社の集中などの諸要素を想定することができ、古代以来継続的に発展してきたことが推測される。以下では、大麻町内の各地区における都市的要素について順次確認していきたい。

まず、三俣地区について検討する。地形上に現存する旧河道の痕跡から大谷川はかつて樋殿谷川と合流し旧吉野川に注流していたと思われ、「三俣」という地名は大谷川・樋殿谷川の合流地点であったことが由来であると考えられる[12]。とくに樋殿谷川沿いには自然堤防状の微高地が存在し、地形的に安定した交通の要衝になっていたと推定される。前述した「三俣」付近から川崎地区まで続く、樋殿谷川の旧河道であったと推定される部分は、大正期の旧版地図や治水地形分類図でも確認できるほか、現地にも痕跡は現れている。『阿波志』板野郡佛刹の項には三又村に「観音寺」といった寺院が記載されており、かつて三俣地区には寺院が所在していたことをうかがうことができる。

次に市場・川崎地区においては右岸側の勝瑞地区の規模ほどではないにしても、その背後に自然堤防が発達していることをあげたい。板東谷川の左岸堤防帯は、最下流部が直線的ではなく、勝瑞地区へ近道となるべく屈曲している様子もうかがえる。ここで注目されるのが、板東谷川・旧吉野川左岸沿いの自然堤防上に寺院が列状分布していることである。対岸ではこうした分布はとくに見られない。寺院は板東谷川沿いに荘厳院末寺の吉祥寺（板東地区）、旧吉野川の上流部寄りから荘厳院末寺の妙楽寺（津慈地区）、東林院末寺の西願寺（川崎地区）、東光寺（同）、その末寺の福泉寺（同）、東林院末寺の勧薬寺（市場地区）・長泉寺（西馬詰地区）が立地している。(13)このような寺院の連続的な立地は、この自然堤防上に帯状に集落が立地し、高度な土地利用が行われていたこと、また自然堤防帯が、街道などの交通路として利用されていた可能性を示唆する。

また川崎地区にある東光寺は、「阿州三好記大状前書」によると勝瑞村に所在したとされており、東光寺に隣接して川崎城が所在したと推定されることなどから、三好氏が勝瑞地区に居住した戦国期において川崎地区は勝瑞地区の対岸に位置しながら、守護町勝瑞と都市機能を分有していた可能性を推定することができる。

一方、阿讃山麓においても前掲の「板東古地図」から、いくつかの都市要素を読み取ることができる。まず、板東地区では、区域内を横断する古代南海道や周辺地区の条里地割とは方角を異にするほぼ一〇〇メートル四方の方格地割の形状が見られる。また、霊山寺から大麻比古神社にかけての参拝道でも同様の地割を観察することができる。さらに、光勝院周辺部でも板東地区よりやや小区画で範囲も小さいが、寺前面部の周縁に最大一町程

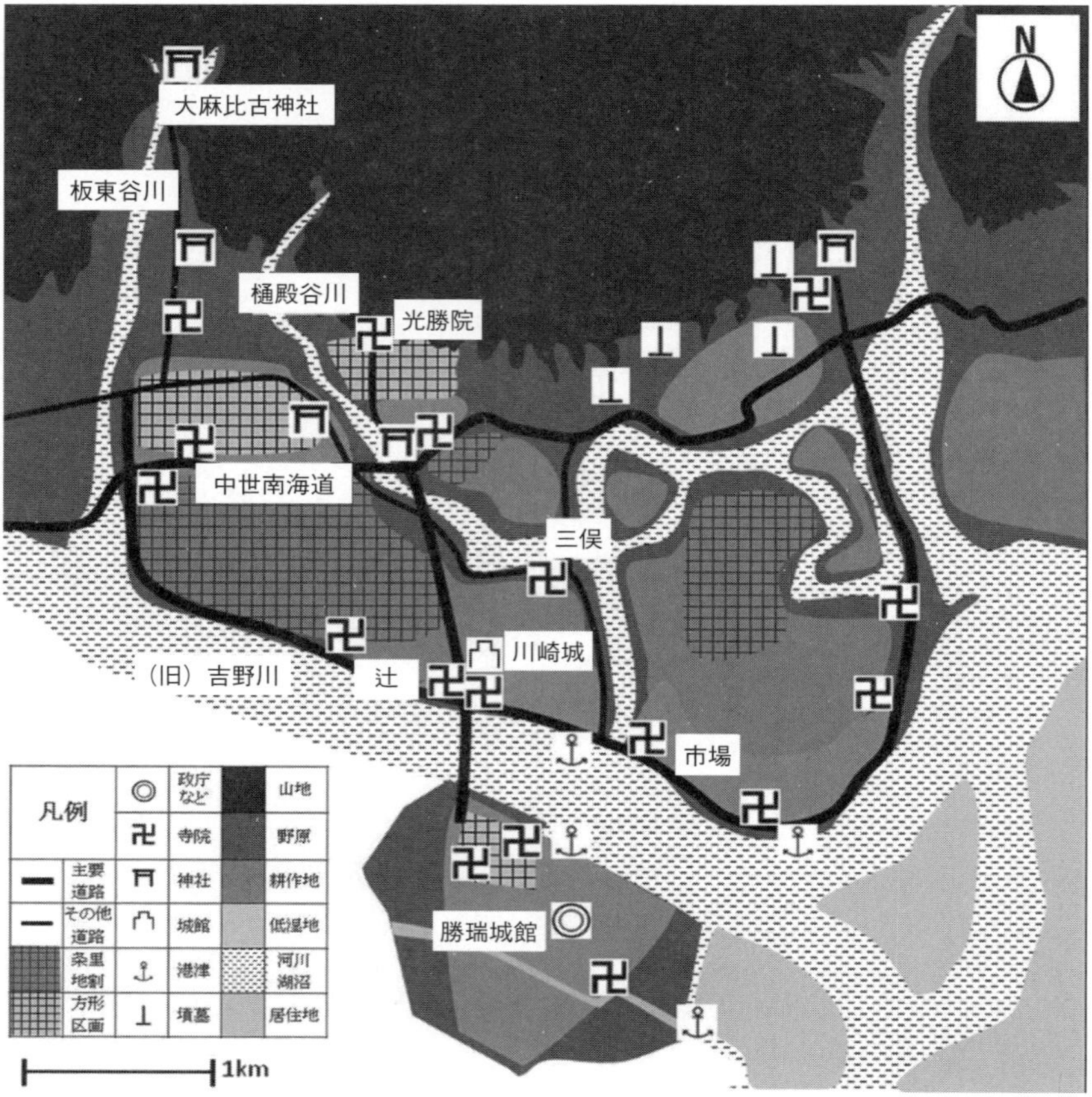

図3　鳴門市大麻町および藍住町勝瑞地区の景観復原模式図

度の方形区画が確認される。このようなことから、これらの地域において何らかの都市計画が施された可能性を推定できる。

以上、鳴門市大麻町の中世的都市要素の痕跡について歴史地理学的各手法により析出してきた。重要寺社の存在以外にも、中世の都市に関連すると思われる方形地割の存在や道路に沿った寺院の列状分布、中世にさかのぼると思われるみちの痕跡を析出することができた。

おわりに

ここでは改めてこれまでの検討内容を整理し、今後の研究の方向性について言及したい。本稿では、主に歴史地理学的手法を用いて、地元に残された地理情報の検討をおこなった。その結果として大麻地区は、

①古代以来、地域拠点としての性格を持っていたこと

②中世においては光勝院や大麻比古神社など、細川氏関連の由緒をもつ寺社が立地し、一定の機能を果たしたと思われること

③市場・川崎地区に代表される旧吉野川左岸の自然堤防上には、列状に分布する寺院や集落の立地など高度な土地利用が確認でき、勝瑞地区と大麻地区をつなぐ都市的要素を想定しうること

などを確認することができた。

これまでの研究では、「守護町勝瑞」の範囲設定が限定的で勝瑞地区のみに研究焦点が絞られており、地方政治都市の全体像を俯瞰する視座が欠如していたために、その全体像を把握しきれていなかったように思う。今後は、今回検討の対象とした大麻地区をはじめとする周辺の都市要素を俯瞰的に検討することにより、守護町勝瑞の全体像をより的確に把握できるようになるのではないか。このことを指摘し稿を閉じたい。

（1）本田昇「守護所秋月城存立期間についての一考察」（『史窓』第二一号、徳島地方史研究会編集委員会、一九九〇年）。
（2）福家清司「勝瑞の位置と歴史」（『勝瑞城館跡第七次発掘調査概要報告書』藍住町教育委員会、二〇〇二年）。
（3）羽山久男「守護町勝瑞の復原的研究」（『高校地歴』第一二号、徳島県高等学校教育研究会地歴学会、一九七六年）。
（4）重見髙博「阿波の守護所」（仁木宏ほか編『守護所と戦国城下町』高志書院、二〇〇六年）。
（5）山村亜希「地籍図と微地形から考える勝瑞の景観」（『第四〇回一六一七会勝瑞例会資料』二〇〇九年）。
（6）重見髙博「細川氏守護館跡」（『徳島県の中世城館　徳島県中世城館跡総合調査報告書』徳島県教育委員会、二〇一一年）。
（7）木原克司「古代阿波国麻植郡・名方郡西部および板野郡東部の条里と交通路」（『徳島地理学会論文集　第八集　寺戸恒夫先生傘寿記念号』徳島地理学会、二〇〇五年）。
（8）網野善彦ほか編『四国・九州地方の荘園』（吉川弘文館、二〇〇五年）。なお、興国五年（一三四四）二月七日の伊賀守国宗奉書に「阿波国河崎保可令知行給之旨、国宣所候也、仍執達如件」とあり、「河崎保」を大麻町川崎地区に比定する説もあるが、南朝方元号を使用していることや「池田」掃部左衛門尉宛ての奉書であることから、三好市の山岳部である池田町川崎地区とする説がより有力であろう。
（9）『鳴門市史』上巻に付図されている。
（10）本稿で推定した板東地区での中世南海道ラインは、板東地区での小字界上にもほぼ沿っている。
（11）福家清司「院政期における阿波国一宮社とその成立事情について」（『徳島地方史研究会創立二〇周年記念論集　阿波・歴史と民衆Ⅱ』教育出版センター、一九九〇年）。なお、細川氏入部以前から大麻比古神社が一宮であったとする説もある。石尾和仁「中世阿波国の一宮をめぐって」（『史窓』第二一号、前掲註1）。
（12）小字界からもかつての大谷川の流路を推定することができる。なお、「三俣」の地名について木原氏は、古代南海道とそれに附属する南北道路との合流地点のことであるとの見解を示しているが、三俣地区と合流地点との位置はやや異なっている。
（13）文化一二年（一八一五）成立の藩撰地誌『阿波志』より。こういった寺院の状況が中世にまで遡ることができるかどうかについては、なお検討を要する。

第8章　勝瑞と修験道——戦国期阿波国における顕密仏教・寺院をめぐる一視点——

長谷川賢二

はじめに

中世阿波国を代表する都市とされている勝瑞は、未だ実態が明確にはなってはいないものの、細川氏が設置した守護所と三好氏の居館を核として形成され、発展した政治都市ととらえられている。こうした都市は修験道のイメージとはそぐわないと思われるかもしれない。修験道は山岳宗教であり、庶民的なものと思われがちだからである。だが、実際には修験道は都市や権力とも親和的である。

中世の修験道を代表する存在であり、中世後期には天台寺門派の修験道組織である本山派を形成していく核となる熊野三山検校《けんぎょう》（以下「三山検校」）を例にとれば、寺門派の門跡寺院から輩出され、権門寺院勢力に位置を占めるとともに、自身は摂関家など貴種の出身であった。また、王家・公家・武家の加持祈禱を担うものでもあった。修験道の末端を構成する山伏は、民衆の信仰と深くかかわっており、それを管理する存在であったが、権力と結びつくことも珍しくはなく、「民衆のため」に存在し、活動するとは限らないのである。修験道については、こうした全体構造を認識する必要があるといえる。(1)

ところで、これまで勝瑞をめぐっては、徳島県教育委員会や藍住町教育委員会による発掘調査の進展と相俟って、文献史学や歴史地理学の成果も蓄積されてきた(2)。しかし、修験道と結びつけて勝瑞について考えようとする観点はなかったと思う。また、勝瑞という都市を具現させた細川氏や三好氏と宗教とのかかわりについても、前者は禅宗、後者は日蓮宗に、それぞれ意識が向けられてきたが(3)、後述するように、勝瑞で影響力をもっていた宗教は、これら二宗だけではないという事実を踏まえ、視野の拡大を考えなければならないであろう。とりわけ、中世社会に根を張り巡らせていたと考えられている顕密仏教・寺院に関する実態の把握と位置付けが不可欠である。修験道は、顕密仏教の一部として展開した宗教であり、その意味でも注目すべき対象といえる(4)。

本稿では、こうした認識により、勝瑞とのかかわりを中心としながら、戦国期阿波国における修験道に関する状況を検討する。以下ではまず、勝瑞における顕密仏教・寺院や山伏の存在について確認する。次いで、明応二〜三年（一四九三〜九四）における三山検校・聖護院門跡道興の勝瑞逗留の実態や意義について考える。さらに、戦国期阿波国の修験道・山伏に関する基本史料として、筆者がしばしば利用してきた「阿波国念行者修験道法度」について、俗権力や都市・港津《こうしん》と山伏の関係を重視して再解釈することで、勝瑞と修験道の関係についての検討を試みたい。

第一節　勝瑞における山伏の様相

(1)　勝瑞と顕密仏教・寺院

修験道・山伏の問題に入る前に、勝瑞における顕密仏教・寺院の位置づけをとらえる必要がある。その理由は、冒頭で述べたように、顕密仏教・寺院が中世社会に浸透していたと考えられている割には、勝瑞や細川氏・三好氏との関係においては注目されることがなかったからである。そうはいっても、これを追究するための素材は乏しい。数少ない文献史料として、近世初頭にまとめられたといわれる「阿州三好記大状前書《だいじょうまえがき》」「阿州三好記並寺《てら》立屋敷割次第《たちやしきわりしだい》」や一九世紀初頭の藩撰地誌『阿波志』(5)などが手がかりになるが、ここでは天正三年（一五七五）のいわゆる法華騒動を取り上げておくことにしたい。これについては、すでに別に検討したことがあるので(6)、詳細はそちらを参照願いたいが、ごくかいつまんで紹介しておくと、次のような事件である。史料としては、同時代の記録には日蓮宗の僧日珖《にちこう》による『己行記《こぎょうき》』という日記があり、時代が降ったものでは『三好記』『みよしき』『昔阿波物語』などの軍記がある(7)。

『己行記』天正三年条によれば、理由ははっきりしないが、「阿州ヨリ問答ノ義注進」があり、日珖は勝瑞に下向した。そして、「浄土宗与往復別紙在之」と言い、「浄土宗事、法詰候而理運ノ感状ヲ取上」た。続いて、「高野ヨリ円正ト申学匠、阿州呼下当宗難状入之、三問三答如別紙、是又法詰理運之感状取候」という。すなわち、日蓮宗（日珖）と浄土宗、真言宗（高野山から下向した円正）との間で宗論が行われ、日珖は両宗を論破したというのである。

一方、軍記によれば、三好義賢《よしかた》（実休）の息子である長治《ながはる》が、父祖の信仰した禅宗を捨てて、日蓮宗を狂信し、阿波国中に対する強制改宗政策をとったため、旧来の宗教秩序の改変に反発する真言宗などの諸宗派が結集し、勝瑞城下での宗論におよんだという。『みよしき』や『昔阿波物語』のように、真言僧や山伏のデモンストレーションが行われたとして、日蓮宗への憎悪の様を強調するものがあるが、後日談を含めて考えると、日蓮宗と他宗の併存ということで落ち着いたことがうかがえる。

事実としては、すでに長治の父・実休は日珖に帰依しており、長治が突如として改宗したのではないうえ、「騒動」というほどの内実があったかどうかは疑問視される。ただ、『己行記』と軍記が一致する宗論については間違いなく行われたもので、三好氏と癒着して教線を拡大する日蓮宗とそれを敵視する他宗との対立があったことは疑いないだろう。しかも、高野山の円正が勝瑞に入ったことは日珖も明記していることから、反日蓮宗の中心は真言宗であったとみられ、高野山との結びつきの深さが知られる。こうしたことからかえって、戦国期の勝瑞には日蓮宗以外の宗派が展開していたことが知られるし、真言宗の勢力が大きかったと考えられよう。したがって、顕密仏教・寺院のありようを無視しては、当時の宗教環境を明確にとらえることができなくなると思われる。

(2)　勝瑞における山伏

では、そうした中にあって山伏は、どのような位置にあっただろうか。法華騒動に際してのデモンストレーションは軍記における言説であるが、三好長治に関するものではほかに、『三好記』中巻の「九　三好長治公御家夭怪之事」に、天正三年のこととして、屋形の上に身長五丈ばかりの山伏が現れるという話が見られる。同様に、『みよしき』には「御屋敷の中を日暮候へは山ふしかまいり、御家の上にたけ五間斗有人形」とあり、『昔阿波物語』には「夜ハ山伏か御屋形の中をまハ」ること、「屋形の上に、たけ五間計に見ゆる人きやうなと有」ることが見える。また、同書には、「実休様、和泉の久米田にて打死被成候時、永禄四年三月三日ニ打死被成候に、同三月朔日に、山伏壱人来て申様ハ、実休様ハ久米田にて打死被成候か、御傍にて人数六拾果候」と、三好実休の戦死を山伏が予言し、その後は「山伏をも尋候ても、跡もなく候」ということがあったとされている。これらは山伏と怪異が結びつけられており、そうした類の山伏の描写は阿波国関係の軍記だけに見られるものではないことから、虚構といえるかもしれない。

しかし、天正一三年（一五八五）閏八月二日、織田信雄に仕えていた佐久間不干《ふかん》が、阿波入部直後の蜂須賀家政に宛てた次の書状(8)に注目してみるとどうだろうか。

以上

一筆令啓上候、其表早速相済珍重存候、北国之儀御存分被仰付、近日御馬納申由候、次此山伏其国之仁候、前篇三好祈禱共申、大峯方之代参以下被申付候、然者為届此中致牢人も、只今御国相済付而、以其筋目罷下候、我等数年存来仁ニ候、被成御引廻候て可被下候、拙者ゟ具可申入旨候条、如此候、為御見廻不日罷下可得御意候、恐惶謹言、

壬八月二日　　　　不干斎

自遁（花押）

蜂須賀小六殿様

人々御中

この史料によれば、「此山伏其国之仁候、前篇三好祈禱共申、大峯方之代参以下被申付候」という山伏が家政に紹介されており、三好氏と山伏の現実的な関係がうかがえるのである。すなわち、三好氏が山伏を一種の護持僧として登用しており、祈禱や大和の大峰山への代参を依頼していたことが知られるのである。この例からすると、三好氏は山伏と日常的に接触しており、おそらく彼らがもつ呪力や情報力を必要としていたものと思われる。したがって、勝瑞は、日常的に山伏が活動する舞台であり、軍記に山伏が描かれたのも、それなりの実態があったからこそといってよいであろう。

第二節　聖護院道興《どうこう》の勝瑞逗留

（1）聖護院道興

明応二〜三年（一四九三〜九四）の年末年始を挟む半年ほどの期間、西国・四国下向中の三山検校・聖護院門跡の道興が、阿波・三河の守護を歴任した細川成之《しげゆき》に迎えられて、勝瑞に逗留した。これ自体は周知の事実であるし、勝瑞には様々な文化人が来訪していることから、とくに珍しいことではない。しかし、成之の身辺を詳細に検討した若松和三郎の研究(9)に従えば、成之と交流した宗教者のうち、顕密僧は道興だけのようであり、特筆すべき存在といえる。また、三山検校職に就いていた道興は、修験道史において注目されてきた人物でもあり、彼の行動が阿波国における修験道や山伏とどのような関係があったのかということが問題である。そこで本節では、この時期の道興にかかわる四国や九州の史料・伝承の内実を検討したうえで、勝瑞逗留の意義を考えたい。まず、道興の生涯について概観しておこう。(10)

道興は、永享二年（一四三〇）、近衛房嗣の子として誕生した。弟に教基、政家がおり、後者は日記『後法興院記』(11)を残している。道興は、幼くして園城寺に入室し、後に聖護院門跡義観の入寂とともに聖護院を相承した。三山検校職のみならず、京都の新熊野を統括する新熊野検校職にも就き、園城寺長吏をも歴任した。寛正六年（一四六五）には、准三宮（准后）宣下を受けた。また、将軍護持僧としての活動も知られている。

道興は、その生涯を通じて頻繁に巡礼や修行などの旅を繰り返している。それは宗教活動を主としているが、次項で見るように、政治的な活動が行われることもあった。『後法興院記』から知られる旅の事例を列記してみると、次のとおりである。

文正元（一四六六）　　諸国巡礼（尾張〜安芸）

文明一八～一九（一四八六～八七）　熊野那智山参籠（～一四六八）
北陸・東国二〇か国修行（このときの歌日記が『廻国雑記』[12]であり、道興の文人としての側面を伝えるものである）
延徳二（一四九〇）　大峰山入峰
明応二～三（一四九三～九四）　西国・四国下向、勝瑞逗留
なお、文亀元年（一五〇一）に病没していることから、勝瑞に逗留したのは晩年のことであったことが分かる。

（2）　西国・四国下向

道興の西国・四国下向について、事実として確認できるのは『後法興院記』の記載の範囲に留まる。そこで、同書の記述を、年表的に抽出しておこう。四国や九州の「足跡」とされている史料・伝承を検討する前提として、明確になる事実を確認する必要があるからでもある[13]。

明応二・八・六　早旦向石蔵、就聖門四国下向之儀、為餞送相伴実門参聖門
八・一三　聖門今日西国進発也、辰刻許被来、有一盞事、則被帰、今日可被下着芥河云々
一二・三　細河伊豆守政誠来、聖門備前児島ニ下着以後、就彼社領事、与讃州一家上野執合、一向留通路及難儀由有風聞、昨日仰伊豆守相尋讃州処、去月十九日、自児島讃岐之ヒケタヘ下着、慈雲院進御迎、せウスイト云在所ニテ致御越年之用意之由、近日有注進之由、有返答
一二・一五　自聖護院准后有書状、国之儀無殊事云々、大概以前如風聞也、せウスイト云在所ニテ可有越年云々、書状日付十一月廿八日也、阿州ヨリトアリ

明応三・六・八　聖門兵庫津迄上洛云々

六・一五　寿阿弥来、聖門来十八日可有京着、直公武可参賀、内々可伺時宜由被命之、又人夫少可召給云々

六・一八　聖門上洛被参公武、今日不被来此亭、来廿四日可被来云々

これによると、道興は明応二年八月一三日に京都を出発し、まず備前国児島へ向かい、「彼社領」をめぐる相論の調停を行った。「彼社領」は、児島の新熊野社の所領の意と考えてよかろう。「細川讃州」は、阿波国守護細川氏であり、すでに成之の出家後であることから、息子の義春を指すとみられるが、その被官である上野氏の押領があったことが知られる。

下向に先立つ四月一九日、道興に随行していた「小嶋山伏両人」が近衛政家のもとを訪れているが、おそらくは道興下向の伏線であろう。所領相論の調停を依頼することが訪問の目的であったのではないかと思われるとともに、道興と児島山伏の関係の深さがうかがえる。

そして、一一月一九日には讃岐国引田に到着して四国に上陸した。「慈雲院」、すなわち細川成之により勝瑞に迎え入れられ、そのまま越年することになった。道興が四国へ赴いたのは、やはり所領の問題がかかわっているであろう。阿波国守護細川氏の被官に関する問題処理が必要であったため、勝瑞での交渉も不可欠であったと理解できるのである。一一月二八日の道興からの書状には「国之儀無殊事」と記されていたというので、一応の成果をみたと思われる。

このように備前国児島の問題に道興が関与したのは、単に個人的な親近感からではない。児島山伏は、もとはといえば熊野本宮長床衆《ながとこしゅう》の分派であり、天台寺門派や三山検校の配下にあった。さらに、京都の新熊野社の別当を務めたり、東寺灌頂院弘法大師御影供という重要な法会の資金を調達する執事を勤仕したりした者もいた(14)。し

たがって、三山検校・聖護院門跡である道興にとって、児島山伏は重要な存在であり、だからこそ所領相論の解決に自ら動いたものであろうし、児島山伏が下向に同行した可能性も十分にあるだろう[15]。

道興の下向について記録した史料として、児島の新熊野社所蔵の『新熊野山縁記』が知られている[16]。原本は近世に作成されたものらしいが、それに収められた古文書写が興味深い。幕府の実権を掌握していた細川政元が発給した書状が二通あり、そのうちの一通は成之に宛てられたものである。これらの書状では、道興の下向を「西国御修行」としつつも、この機に所領の問題を解決することを求めている。文書の信憑性には疑念があり、そのまま事実を物語る史料として扱うのは避けるが、児島において、道興の下向は純然たる修行ではなく、所領相論がテーマとなったものであり、歴史的に重要な出来事として伝承されていたことは疑いない[17]。

先に示したように、『後法興院記』における道興に関する記載は一二月一五日をもって途切れる。次の記載は翌年六月八日で、すでに兵庫津まで戻ってきていることが記されている。この間、道興が何をしていたのか、まったく分からない。三山検校・聖護院門跡だから山伏の組織化を進めたとみることもできようが、その根拠はない。一方で、伊予、土佐、豊前に道興が行ったという史料や伝承が知られているので、これらを道興の「足跡」とみなしてよいかどうか検討してみよう。もしも、それらが史実として認められるなら、勝瑞を起点とした道興自身の修行や広域的な山伏の組織化があった可能性が濃厚になるからである。逆にそうでないなら、別の角度から考える必要があるといえる。

（３）道興の行動をめぐる史料・伝承の検討

①伊予国

まず、伊予国についてである。同時代史料は存在しておらず、享保一〇年（一七二五）の序をもつ『宇和旧記[18]』の明石村条に、道興に関する伝承が見られる。その内容とは、四国霊場四三番札所明石寺について、「明応三年甲寅正月廿五日、聖護院門跡二品道興法親王、辺路の砌、被遊置とて札あり、文字不見」というものである。また、寛文五年（一六六五）に児島の長床大先達報恩院隆澄から上之坊に宛てた書状が引用されており、そこには「聖護院御門跡道與（興）親王、四国・九州御廻国之砌、明石寺被聞召及御寄進被遊御碑伝被立置候」と見える。

　これらの記述をもとにすると、先に触れた空白期間において、辺路（八十八か所巡礼としての四国遍路の前身である四国辺路の修行の意であろう）の旅、あるいは四国・九州の廻国に際して明石寺に道興が足跡を残したと伝えられていたということになる。道興を法親王とするのは明らかな誤りで、近世の聖護院が宮門跡であったことからの思い込みによるものだろう。明応三年一月という時期、四国あるいは四国・九州を巡歴したとするのは、次に挙げる土佐国の事例との整合性が念頭にあった可能性もある。

　明石寺には、室町時代の作とされる熊野曼荼羅図（愛媛県指定文化財[19]）があり、熊野信仰とのつながりの深さはよく知られている。そうしたことから、三山検校である道興の来訪があっても不思議ではないにせよ、明応三年やそれに近い時期の史料はないため、事実としては断定も否定もできない。現状では近世に定着していた伝承として位置づけるしかないと考える。

②土佐国

　次に土佐国では、四国霊場三八番札所金剛福寺に、明応三年一月に道興が描いたといわれる不動明王像（土佐清水市指定文化財）がある。これには、次のような画賛がある。

三井高祖智証門人、南瀧千日籠、鷲峰斗薮四箇度、観音卅三所巡礼、冨士・立山・白山各禅定、東八箇国并出羽・奥州修行、四州海岸・九州辺路、八千枚七度、伝法灌頂大阿闍梨耶十五過度、公武大法秘法阿闍梨数箇度、法華経数十分、最勝王経全部書写、不動明王尊像数千体并八万四千本塔婆、一筆遂書功畢、熊野三

山・新熊野検校、法成寺・平等院手印、園城寺前長吏、千光院、法輪院、如意寺、双林寺、桂園院、香園院、
宝昭院、常住院、一天護持棟梁衆僧一座宣旨、聖護院准三宮道興行年六十五
旹明応第三暦初陽仲幹候、為蹉陀山金剛福寺別当法務権僧正善快、片時之間奉描之畢、冀為当山秘尊至阿逸
多会、長可令安置者也、明王薫修行人（花押）

この作品自体は実見できなかったので、既刊の図版や近藤喜博の研究(20)をもとに考えるしかない。ただし、筆者には不動明王像についての美術作品としての評価はできないため、画賛についてのみ検討することにしたい。なお、金剛福寺には、応永二五年（一四一八）、三山検校である聖護院道意の意を受けて院家乗々院から発給された奉書があり、熊野先達職が安堵されたことが知られる(21)。四国では、もっとも古く聖護院配下に編成されていたことが知られるが、それが明応三年まで継続したのかどうかは分からない。

さて、画賛には、道興の経歴などが詳細に記されており、興味深い。同時に不審な点がある。まず、「鷲峰斗《じゅぶと》藪《そう》」である。「鷲峰」は仏教語としては、古代インドにあった霊鷲山《りょうじゅせん》を意味し、この名を付けられた山や寺院はいくつもある。しかし、一五世紀末までに、斗藪（山岳修行）の場として広く知られた鷲峰という山はない。先述した道興の経歴からすると、修験道の修行地として著名な大和の大峰山を指すと考えるのが妥当と思われる。そこで、一二〜一三世紀に集成されたとみられている『諸山縁起』の「大菩提山仏生土要事」に「大峯是仏生国巽、金剛窟坤方一分也」とあることに注目しよう。「金剛窟」は霊鷲山であり、大峰山はそれから分かれたものとされているのである(22)。このことからも大峰山を霊鷲山に擬すことはあり得るといえるものの、大峰山を霊鷲山と記すことは一般にはないため、「鷲峰斗藪」という記載は不自然でもある。道興自身が「大峯斗藪」と記したとされている例がある(23)だけに違和感が拭えない。

次に、北陸や東日本での修行に関する部分である。一つは「富士・立山・白山各禅定」である。禅定とは、高

山で山頂を目指す修行であるが、『廻国雑記』によれば、道興は白山・立山については明確に「禅定」と記しているが、富士山では山麓の記載はあるものの、禅定については触れていないことから、入山しなかったとみられる。また、「東八箇国幷出羽・奥州修行」とあるが、やはり『廻国雑記』を見る限り、北陸・東国修行の際、出羽には行っていない。現状で確認できる道興の行程との不整合が気にかかるのである。

さらに、「四州海岸・九州辺路」も問題である。四国の海岸と九州の辺路修行ということだが、ここでの記載は修行の履歴とみられることから、すでに四国・九州を巡ったという前提があっての表現ととらえられる。しかし、道興は、少なくとも明応二年までは四国に渡っていない。同時に、明応三年一月までに九州へ赴いたという事実も確認できず、後述のように同年三月の「痕跡」があるだけである。仮に、四国は巡歴の途中で記したといえるかもしれないが、九州についていては疑念は残る。

加えて、歴任した諸寺院の役職等が列挙された箇所である。「法成寺・平等院手印」の「手印」は「執印」の宛字であろうが、道興の立場からするとこうした宛字を使うとは考えにくい。また、すでにこの時点では聖護院に吸収されている寺門派の門跡常住院[24]が見られるのも違和感がある。

あわせて画賛の構成も見ておこう。「三井高祖智証門人～行年六十五」という部分と「旹明応第三暦初陽～明王薫修行人（花押）」という部分から成り、それぞれに完結した形態となっている。形式的な問題ではあるが、二重の画賛というべきもので、いささか不自然に思われる。

以上のように、画賛には疑点が多く、この不動明王像は道興に仮託されて作られたものとみるべきと思えるのである。それゆえ、明応三年一月に道興が金剛福寺を訪れたと断定するのは難があろう[25]。

③豊前国

九州豊前国の山岳霊場として知られる求菩提山には、明応三年三月に道興が奉納したとされる和歌二首がある。

襲奉呈求菩提山権現御宝前二首和歌
我も下化衆生のために分入て
上求菩提と名のる山かな
御熊野のやまの山守まちえてや
神もこころ花をみすらむ
　明応三年三月八日
熊野三山顕教准三宮道興（印）

これも実見できてはいないが、既刊の図版(26)によって確認した。主観的ではあるが、書体は近世のものという印象があるし、落款印も気にかかる。それ以上に、「熊野三山顕教」はありえない宛字といえる。三山検校であった道興自身が、まったく意味の異なる漢字を宛てるとはまず考えられない。よって、これも道興に仮託されたものとみるべきで、明応三年三月に道興が求菩提山に行ったことを示す史料とするのは無理があろう。

以上、伊予・土佐・豊前の三国における道興に関する史料や伝承とされるものを検討してきた。少なくとも現状では、これらが道興の行動を示すものとはいえないと考えざるを得ない。おそらく、道興の勝瑞逗留の事実は、例えば児島山伏の活動などを通じて広く知られていた可能性がある。そうした情報が記憶され、聖護院門跡であり、近衛家という貴種出身の高僧が来訪したという伝承が創作されたとみるのが妥当であろう。その時期は近世であり、聖護院を頂点とする修験道本山派の展開とかかわって、寺社や地域の権威ある由緒として定着していったものと思われる。

また、近世における道興に関する「記憶」の定着に関しても、児島との関係に留意する必要がありそうである。先述した『宇和旧記』所収の書状に見える長床大先達報恩院隆澄は、備前国児島のいわゆる五流修験に属しており、伊予国は報恩院の霞場《かすみば》（勢力圏）でもあったことが興味深い。[27] 道興の下向を自らの歴史の中で重視する児島山伏の、中世から近世における四国での展開の実態こそ重要な問題となりそうである。その点に立ち入るには、まだ調査が不足しているし、本稿の主題から外れるので、今は指摘だけに留めておきたい。

以上から、明応二～三年の道興の動きについては、信頼できる史料としては『後法興院記』があるだけで、これにもとづいて理解するほかはないと考える。したがって、道興は長期間、勝瑞に留まったものとするべきであり、四国や九州を巡歴したという説はいったん棚上げにしなければならない。あわせて当該地域における広域的な山伏組織化の可能性はないものとみるしかない。では、道興の勝瑞逗留の意義とは何なのか、考えてみよう。

（4）勝瑞逗留の意義

明応二～三年の間、道興が勝瑞に留まっていたとするなら、どのような意味をもつものであっただろうか。そもそも道興と、彼を勝瑞に招いた細川成之とは、文明一四年（一四八二）、道興の別荘岩倉長谷坊にて将軍足利義政が主催した連歌会にともに参加しているということから、若松和三郎が推測するように、明応初年以前から文芸を介しての交流があったものとみられる。[28] 道興が逗留したのは、備前国児島の所領問題に関する交渉だけではなく、こうした文芸的な関心も背景にあっただろう。

一方で、阿波国内の修験道や山伏に関してはどうだろうか。残念ながら、阿波国には道興についての痕跡は何もなく、伝承すら知られていない。[29] 先に触れた『後法興院記』明応二年四月一九日条にあったように、児島山伏を同伴して行動していた可能性は十分にある以上、阿波国の山伏との接触があったとしても不思議ではない。しかし、そうだとしても、若松が推測するような、恒常的な山伏の編成につながったとは考えにくい。[30] もし道興と阿波国の山伏に何らかの関係があったとしても、一時的なものに止まったのではないだろうか。そう考える理由は、次節で述べる。

細川成之と交流した人物としては珍しい顕密僧であり、修験道ともかかわりの深いことで著名な道輿ではあったが、現状では、勝瑞逗留中に阿波国に何かを残したとは考えがたく、一過性の出来事に過ぎなかったというべきである。

第三節　勝瑞と山伏集団——「阿波国念行者修験道法度」再考——

定条々

阿波国念行者修験道法度之事

一喧嘩口論可停止之事

一諸賊道衆なふるへからす之事

一当国ニ居住之山伏駈出之砌、於国中ニ時料仕儀、可為停止、但遠国之衆各別也

一其念行者之内、大峰之願参御座候所、為余人不可到之事

一於念行者之内、何之衆成共、立願被籠候共、其念行者ニ可被上之事

一御代参之事、大峰・伊勢・熊野・愛宕・高越、何之御代参成共、念行者指置不可参之事

一御沙汰事、依方贔負（屓）不申、御中之評儀次第ニ可仕候、此人数何様之儀出来候共、注進次第ニ持飯米ニ而可打寄事

右条々、従先年有来候雖為御法度、近来猥ニ罷成候条、得国司御意相改候間、此度能々相守候事尤ニ候、若於相背者、御衆中罷出可為停止者也、依而如件、

天文弐拾壱（一五五二）壬子年十一月七日

会定柿原別当坊　岩倉白水寺
大西畑栗寺　河田下之坊
麻植曾川山　牛嶋願成寺
浦妙楽寺　大栗（粟）阿弥陀寺
田宮妙福寺　別宮長床
大代至願寺　大谷下之坊
河端大唐国寺　高磯地福寺
板西南勝房　同　蓮花寺
矢野千秋房　蔵本川谷寺
一之宮岡之房　合拾九人

道興の勝瑞逗留から半世紀ほど後、右の「阿波国念行者修験道法度」(31)が定められた。阿波国北部の「念行者」という有力な山伏たちによるものであるが、阿波一国を視野に入れており、理念的には国を単位とする結合組織であった。この文面を見る限りでは、聖護院との関係は見いだせず、在地に自生したものと考えるのが妥当である。

ほぼ同時期に、三山検校である聖護院道増が定めた「修験中法度」(32)があるので、全文を掲げてみよう。

（道増）（花押）

定修験中法度之事

一近年関東之族、当山入峯云々、前々無之上者、堅致停止訖、若違犯之輩在之者、可致徹却（ママ）頭巾・袈裟事、
一六拾三郡（ママ）聖、近年動、令引導伊勢・熊野導者旨、有其聞、前代未聞次第也、所詮訪捜、堅可有成敗事、

一号国峯修行、令踈両峯之芉藪事、冥顕尤以有其憚、向後未修行之輩、導者引導不可然事、

已上

天文十六年（一五四七）五月　日

増梁（花押）

光頼（花押）

第一条は、関東の先達・山伏による当山方としての入峰を禁じている。(33) 第二条の「六拾二郡聖」は六十六部聖とみられ、聖護院配下の熊野先達・山伏との職分の競合を問題視し、取り締まるよう命じている。第三条は、地元の「国峯修行」をしているからといって、大峰・葛城山系における「両峯之芉藪」を行わない先達・山伏がいることから、両峰修行を経験せずに先達の職務を行うことを禁じている。先達・山伏をめぐる秩序の混乱がうかがえるとともに、聖護院から末端の先達・山伏に向けての規制を図るのが、「修験中法度」の主旨であることが分かる。制定主体も内容も、「阿波国念行者修験道法度」とは性格を異にするものといってよいであろう。

こうした法度の対比からも、道興の勝瑞逗留が、阿波国における修験道・山伏のあり方に対し、継続的な影響（換言すれば聖護院を頂点とする修験道本山派への編成）を残したとは考えられないのである。

さて、「阿波国念行者修験道法度」については、現在は複数の写本が存在するだけであるが、内容には問題はないと考え、戦国期阿波国の修験道・山伏の状況を物語るものとしてすでに検討したことがある。(34) かいつまんでまとめると、「従先年有来候雖為法度、近来猥ニ罷成候条、得国司御意相改候」とあることから、「国司御意」を得て従来からあった法度が改定されたものとみることができ、俗権力を安全弁とした、山伏の自律的結合組織の存在を示すものとした。また、一九の関係諸寺（坊）の分布（図1参照）は、吉野川下流や鮎喰《あくい》川の流域に密であることから、水運や経済の先進性と山伏の基盤の対応関係が想定できるが、この点は勝瑞との関連という視点から改めて後述したい。さらに大きな特徴として、あくまでも近世の状況からの遡及に過ぎないものの、天台宗、

図1　阿波国における「念行者」諸寺(坊)の分布

真言宗が混在しており、宗派や本末関係による系列化ではなかったとみられる点がある。[35] 近世には、麻植《おえ》曾川山《そがわさん》と浦妙楽寺は修験道本山派の、岩倉白水寺は修験道当山派の、それぞれ阿波国触頭となっていた有力な存在であったが、これらがいずれも属していたことも、集団の超宗派的な性格の一端を示すといえるであろう。

本稿の主題からすると、俗権力である「国司御意」の位置づけが重要である。そこで注目すべきなのは、天文二一年という年紀である。というのも、同年またはその翌年、「勝瑞騒動」といわれる事件が起き、三好実休が守護細川持隆を謀殺したからである。これにより、守護代から成長した三好氏が守護細川氏を抑え、阿波国支配の実権を掌握したといわれている。ただ、三好氏は単独で細川氏同等の権威・権力をもちえたのではなく、細川氏の守護権に依存することによってのみ正統性を得たのである。そう考えると、「国司」は阿波国守護の意味で、その実態は細川氏またはそれを背景とする三好氏と見なすのが妥当であろう。[36] ただし、「国司」の関与は一方的な介入ではなく、「近来猥ニ罷成候」という状況を受けてのものであり、加えて「会定」と称する柿原別当が全体の統括をしているという中でのことであった。

なお、三好氏の場合であれば、先述した護持僧としての山伏の存在を接合して考えると、山伏の統括にも意を払っていたと思われるのである。

また、「念行者」諸寺(坊)[37]の分布を見ると興味深い。勝瑞の外港で、畿内方面との出入口に相当する撫養《むや》、木津、別宮と勝瑞を結ぶルート上に位置するものがある。大代至願寺、大谷下之坊、別宮長床が該当し、これらが港津周辺の山伏の活動拠点であり、水運や経済活動と山伏の関係を示唆するとみてよかろう。一方、勝瑞は、中世においては板東郡に属したが、もとはといえば板西郡とあわせての一郡（板野郡）内にあった。板東郡の河端大唐国寺や右に挙げた至願寺、下之坊、長床、板西郡の板西南勝房、同蓮花寺、さらには板西郡に接して、名西郡の吉野川北岸部にあった高磯地福寺が、勝瑞と同じ「板野郡圏域」に属したとみることができる。

以上のように考えたとき、「念行者」一九か寺（坊）のうち三分の一ほどが、勝瑞に関連した配置ととらえることも可能である。(38) そうだとすれば、俗権力との関係とあわせて、修験道・山伏と都市勝瑞との親和性が反映されているといえるのではないだろうか。

おわりに

以上、勝瑞に視点を置きながら、戦国期阿波国における顕密仏教・寺院のあり方の一つとしての修験道・山伏について検討してきた。大まかにまとめておこう。

まず、勝瑞における顕密仏教・寺院の存在に注目し、とくに真言宗の勢力が大きかったととらえた。そして、勝瑞あるいはそこに拠点を置いた三好氏と山伏の親近性について明らかにした。

次いで、明応二〜三年（一四九三〜九四）における三山検校・聖護院門跡道興の西国下向と勝瑞逗留について考えた。四国・九州に見られる道興の巡歴に関する「物証」を批判的に検討し、それらの信憑性に疑問を呈し、道興は長期間、勝瑞にいたものと想定した。また、勝瑞逗留については、細川成之と交流のあった僧侶の中では珍しい顕密僧であったが、宗教的に、とくに修験道に関して、何かを残すことはなかったととらえた。

最後に、従来から筆者が研究材料として用いてきた「阿波国念行者修験道法度」について再検討した。同時期に三山検校・聖護院道増が出した「修験中法度」との比較により、道興の勝瑞逗留が阿波国における山伏の組織化を果たすものではなかったことを指摘した。また、俗権力や都市・港津と山伏の関係を重視して「阿波国念行者修験道法度」を再解釈することで、勝瑞と修験道・山伏の親和性を見通した。

史料に恵まれていないため、本稿での検討は、問題提起と試論の域を出ない。しかし、勝瑞をめぐる研究に新たな視点を付与することにはなったものと考える。今後の研究の進展を期待し、擱筆することにしたい。

（1）現段階での修験道史の理解については、時枝務・長谷川賢二・林淳編『修験道史入門』（岩田書院、二〇一五年）を参照。また、都市や権力と修験道の関係については、川崎剛志編『修験道の室町文化』（岩田書院、二〇一一年）、黒嶋敏「山伏と将軍と戦国大名」（同『中世の権力と列島』高志書院、二〇一二年、初出二〇〇四年）などが興味深い。

（2）例を挙げるなら、徳島県教育委員会編『徳島県の中世城館』（徳島県教育委員会、二〇一一年）、徳島県教育委員会編『勝瑞　守護町勝瑞遺跡検証会議報告書』（徳島県教育委員会、二〇一四年）などがある。

（3）阿波国関係の宗教史研究の成果は多いとはいえず、三好昭一郎『阿波の仏教史』（徳島県教育会、一九六五年）や『徳島県史』二（徳島県、一九六六年）のような一九六〇年代のものはあるが、それ以降はまとまった研究はない。そうした中での大まかな傾向として、細川氏と禅宗、三好氏と日蓮宗への注目があるといえる。

（4）中世社会における顕密仏教・寺院の存在感については、『黒田俊雄著作集』二・三（法藏館、一九九四・一九九五年）、黒田俊雄『寺社勢力』（岩波書店、一九八〇年）、平雅行『日本中世の社会と仏教』（塙書房、一九九二年）、大石雅章『日本中世社会と寺院』（清文堂出版、二〇〇四年）などを参照。また、時枝・長谷川・林編、前掲註(1)書を参照。

（5）徳島藩儒であった佐野山陰の編著。文化一二年（一八一五）完成。

（6）拙稿「天正の法華騒動と軍記の視線」（天野忠幸編『論集　戦国大名と国衆一〇　阿波三好氏』岩田書院、二〇一二年、初出二〇〇四年）。

（7）『己行記』は『日蓮宗宗学全書』一九（一九六〇年）および矢内一磨「堺妙國寺蔵「己行記」について」（『堺市博物館報』二六、二〇〇七年）に、『三好記』は『続群書類従』二二下に、『昔阿波物語』は小杉榲邨編『阿波国徴古雑抄』（日本歴史地理学会、一九一三年）に、『三好別記』は『群書類従』二一に、それぞれ所収のものを参照した。以下では、出典の註記を省略する。
(8)『大日本史料』一一―一八、天正一三年八月六日条。
(9)若松和三郎「細川成之」(同『中世阿波細川氏考』原田印刷出版、二〇〇〇年)。
(10)道興については、萩原龍夫「道興准后の生涯と信仰」(同『中世東国武士団と宗教文化』岩田書院、二〇〇七年、初出一九八〇年)が詳しい。道興の経歴については、これに従った。
なお、萩原は道興が主体的に山伏の組織化を進めたとして「中世修験道の輝ける星」と評価し、従来同様の認識が一般的だった。しかし、近年、近藤祐介ⓐ「修験道本山派における戦国期的構造の出現」(『史学雑誌』一一九―四、二〇一〇年)、同ⓑ「聖護院門跡と「門下」」(『学習院大学文学部研究年報』五七、二〇一一年)は、道興の行動や発給文書の実態から、こうした認識を疑問視している。
(11)本稿では、『続史料大成　後法興院記』(臨川書店、一九七八年)を用いた。
(12)本稿では、『群書類従』一八所収のものを用いた。
(13)西国・四国下向については、三宅克広「荘園・寺社の様相と海に向かう地域」(『新修倉敷市史』二、倉敷市、一九九九年)五六九～五七一頁、若松、前掲註(9)論文、三二四～三二八頁を参照。
(14)三宅、前掲註(13)論文、同「中世後期の山伏と東寺」(中野栄夫編『日本中世の政治と社会』吉川弘文館、二〇〇三年)を参照。
(15)萩原、前掲註(10)論文、三一三頁には、児島山伏二人が同行したと断定的に記されているが、『後法興院記』の記載からそのようにいうのは無理がある。あくまでも可能性に過ぎない。
(16)『倉敷市史』二(名著出版、一九七三年)三一九～三二七頁。
(17)政元書状は、前掲註(16)書、三二〇～三二一頁に掲載されている。また、『新修倉敷市史』九、三三六・三三七号。若松、前掲註(9)論文、三二六～三二七頁は、『新熊野山縁記』所収の古文書写を信頼しているが、注意が必要である。
(18)清水真良編『予陽叢書』二(愛媛青年処女協会、一九二八年)による(胡光氏からコピーの提供を受けた)。『宇和旧記』の諸本についての比較研究に、石野弥栄「「宇和旧記」の基礎的研究」(『愛媛県歴史文化博物館研究紀要』九、二〇〇四年)がある。

(19) 愛媛県歴史文化博物館編『四国遍路と巡礼』(イヨテツケーターサービス、二〇一五年)作品番号一―四四。

(20) 図版は、中日新聞本社編『弘法大師と四国霊場八十八ヵ所展』(中日新聞本社、一九八二年)作品番号一〇。また、翻刻については、近藤喜博『四国遍路』(桜楓社、一九七一年)一二九～一三〇頁。

(21) 山本大「村落の人びと」(同編『図説高知県の歴史』河出書房新社、一九九一年)に掲載の写真「金剛福寺文書」。

(22)『諸山縁起』の引用・解釈については、桜井徳太郎・萩原龍夫・宮田登校注『日本思想大系　寺社縁起』(岩波書店、一九七五年)九〇・三四二頁による。

(23)「道興筆細字法華經奥書」(和歌山県立博物館編『特別展　熊野』和歌山県立博物館、二〇一四年、図版番号七一)を参照。

なお、元徳二年(一三三〇)六月以後のものと推定される「大仏殿三七日廻向文」(『鎌倉遺文』三一〇八九号)には、「擬鷲峯旦徳之苦行、修大峯・葛木之難行」と見えており、「鷲峯」と「大峯」を対置する用例といえる。ただし、大峰山を霊鷲山や鷲峰と呼称したということではない。

(24) 酒井彰子「中世園城寺の門跡と熊野三山検校職の相承」(『文化史学』四八、一九九二年)、近藤ⓑ論文を参照。

(25) 仏教美術に詳しい武田和昭氏のご教示によれば、この絵画は室町時代の作とみられるとのことであり、道興の時期とさほど大きなズレはないのかもしれない。「四州海岸・九州辺路」という表現があることは興味深く、四国遍路史に関する史料として注目される。

(26) 重松敏美編著『豊州求菩提山修験文化攷』(豊前市教育委員会、一九六九年)一五頁。

(27) 五流修験は、児島の尊瀧院、太法院、建徳院、伝法院、報恩院の五か寺を中心とする集団である。児島山伏集団が近世に至り、この体制をとるようになったとみられている。岡野浩二「児島修験の再検討」(『吉備地方文化研究』二二、二〇一二年)を参照。

(28) 若松、前掲註(9)論文、三二四頁。また、近藤、前掲註(20)書、一三〇～一三一頁を参照。

(29) 例えば、『阿波志』(前掲註5参照)などの近世の地誌に道興への言及は見られない。

(30) 道興が三山検校・聖護院門跡であることからといって、その行動が即時的に修験道編成に結びつくとするべきではなく、具体的な痕跡がなければ認識を改めなければなるまい。この点、近藤ⓐ論文を参照。若松の見解については、同、前掲註(9)論文、三二八頁に、道興が「阿波の修験道の発展興隆にも力を尽くしたものと想像される」とある。
(31)「良蔵院文書」(小杉編、前掲註7書)一八一～一八二頁。
(32)「青山文書」三二号(『福島県史』七、一九六六年)。
(33)関口真規子「『関東真言宗』と修験道」(同『修験道教団成立史』勉誠出版、二〇〇九年)を参照。
(34)拙稿「阿波国吉野川流域における山伏集団の展開」(拙著『修験道組織の形成と地域社会』岩田書院、二〇一六年、初出一九九二・一九九八年)を参照。
(35)宗派・本末関係とは無関係の結合という見方は、中世の近江国の事例を踏まえて想定したものである。拙稿「中世後期における寺院秩序と修験道」(前掲註34書、初出一九九〇年)を参照。
(36)新見明生「勝瑞騒動以後の阿波三好氏権力について」(天野編、前掲註6書、初出二〇〇六年)を参照。
(37)山村亜希「戦国期吉野川デルタにおける勝瑞と港」(天野編、前掲註6書、初出二〇一一年)を参照。
(38)このようなとらえ方の当否は、今後、検討しなければならない。福本孝博「室町期地方政治都市「勝瑞」の成立と変容」(『四国中世史研究』一二、二〇一三年)、本書第7章が、勝瑞を隣接地域とのセットで形成された都市としての視点を示していることにヒントを得た仮説である。

第9章　勝瑞をとりまく村・町・モノ

島田豊彰

はじめに

戦国期の阿波における政経および軍事の中心である勝瑞城館（以下「勝瑞」と呼称）は、最大幅一五メートル、深さ三メートルの堀によって区画された、一辺一〇〇～二〇〇メートル規模の方形曲輪の集合体である。その内部には、掘立柱建物だけでなく、多くの礎石建物が検出されている。最大の礎石建物は床面積三〇〇平方メートルを超える規模をもつ主殿とされる建物で、その南には大規模な池泉庭園が築かれる。また隣接する曲輪には会所とみられる礎石建物と枯山水庭園とがセットで設けられる。

出土遺物には、大量の中国産陶磁器の碗皿類とともに、盤や鉢、梅瓶《めいびん》や壺などの大型品も見られる。中国以外では交趾《こうち》三彩桃形水滴やベトナム製陶器壺など東南アジア産の陶磁器類、唐物の茶入や天目碗など多彩な船来品に彩られる。国産陶器でも瀬戸美濃焼では鳥餌鉢、備前焼の角形花生などの珍品が見られる。茶道具や香道具のほか、紅皿や鉄漿壺・皿といった化粧道具、独楽や賽子などの遊興具など多彩な奢侈品をもつ。加えて、京都系を含むかわらけが大量に出土しており、饗応儀礼が頻繁に行われたことを示す。また純金製の太刀装具や鍍金された香箸、金箔かわらけなど、金の多用も大きな特徴である(1)。

このように勝瑞は遺構や遺物から見て、戦国期阿波における政治・経済・文化の中心地として、一国の頂点に立つに相応しい内容をもつという評価に異論を挟む余地はないだろう。しかし当時の阿波国には勝瑞だけが存在していたのではない。国全体を俯瞰すると、地域を治める大小の領主の館や、その下で生産活動に従事する人々が暮らす集落、また港や市といった町場などが各地に点在し、それら町や村が勝瑞をとりまいていたといえる。徳島県では調査地点に偏りがあるものの(2)、実際に発掘調査によって戦国期の遺跡が確認され、個々の遺跡の内容については報告書等によって整理されている。

当時の社会では、勝瑞を頂点とするヒエラルキーの中でこれらの遺跡が位置付けられると想像できるが、個々の遺跡にどういった階層の人物が暮らしていたかについては不明な点が多い。本稿ではこれらの遺跡に焦点を当てて、発掘調査データの分析からその実態に迫るとともに、周辺遺跡と勝瑞との関係について考え、戦国期阿波の姿に迫りたい。

第一節　戦国期阿波の集落遺跡と勝瑞

（1）これまでの中世集落研究

本論に入る前に、中世集落遺跡についての先行研究を簡単に整理しておきたい。研究の嚆矢となるのは橋本久和氏で、大阪府の宮田遺跡（一一世紀後半～一二世紀）で見つかった三区画の屋敷地について、建物規模の差異から下層農民層・一般農民層・富豪層の屋敷地が隣接するとした。一三世紀以降には周囲に溝を巡らせた方形区画屋敷地の事例が増加し、大阪府和気遺跡では屋敷地区画の内外で階層差がみられること、滋賀県横江遺跡では大規模屋敷地の周囲に小規模屋敷地が配置されていることから、在地領主層の屋敷地を中心に一般農民層の居住地が取り巻く集落形態であるとみた[3]。広瀬和雄氏は、一〇～一二世紀の集落における建物規模と配置から、A型の零細小農民層（下層農民）・B型の小経営農民層（上層農民）・在地における有力者層の館であるC型に分類し、一四世紀にかけて在地領主の館を核にした集落が主流化するとした[4]。原口正三氏は、北摂地域の集落遺跡の分析から、屋敷地内に名主・小百姓・下人の居住域と倉を想定した。なかでも郡家川西遺跡では、井戸を中心に一辺二メートル前後の小型竪穴住居が群集し、出土遺物に瓦器椀など最小限の生活必需品しかもたない状況から、これを下層民の住まいに位置づけた[5]。これらの研究は、屋敷地の内外あるいは屋敷地どうしの規模や内容の優劣によって、居住者の階層を推測している。筆者も基本的に同様の手法を用いる。

佐久間貴士氏は、集落を構成する屋敷地の数や密度に着目し、散村や疎塊村が一二世紀以降に集村化し、一五世紀の環濠集落はその最終形態であるとした。また集落を構成する屋敷地は、規模や内容から階層差が見いだせるとしている[6]。

石尾和仁氏は、沖積平野上では水田経営の必要から集村化が進展する一方で、洪積台地上（山麓）に展開する集落について、畠地主体の地域では屋敷地が一ヵ所に固まる必要がないため、散在的な集落景観を示すとしている。石尾氏の集落論は、区画溝の機能と、平地・台地の立地に着目し、生業の違いによって集落構造が異なるため、単純に散村から集村に移行しないと説く。また、区画溝を伴う屋敷地を「周溝屋敷地」と名付け、連続した周溝屋敷地は鎌倉期後半以降、散村から集村に移行した段階の沖積低地における一般的な村落景観で、周溝は水利調節・生活用水・運河・境界・害獣防止・防御といった複合的な機能をもつとしている[7]。

さて、調査事例の増加に伴って、区画溝を伴う屋敷地は、今や西日本から東日本の沖積平野部における一般的な中世集落景観であると認識され、徳島県下でも事例が増加している。あわせて本県では山麓の集落遺跡について、資料の蓄積がある。屋敷地には多様な形態があり、その主体者や階層を特定することは容易ではないが、遺

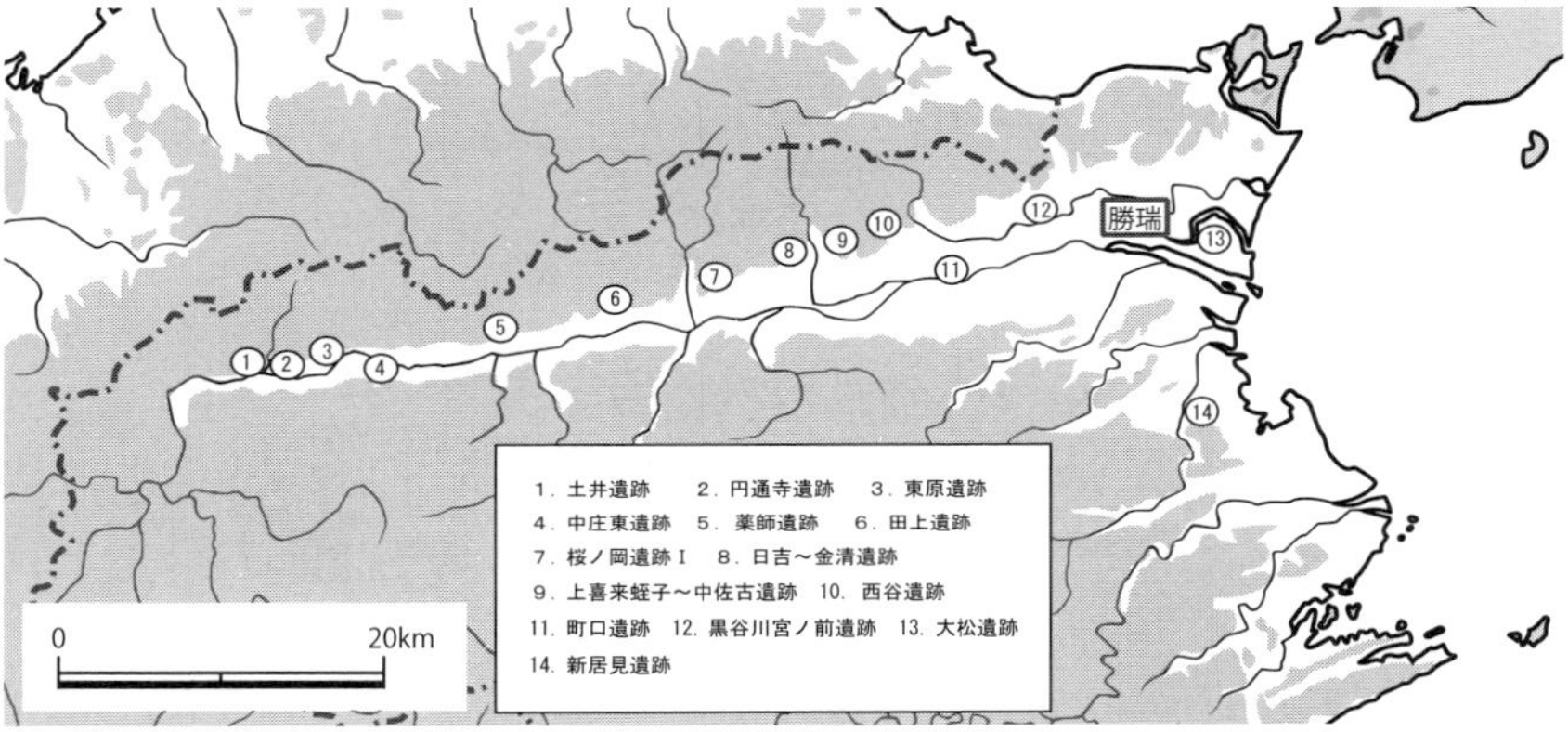

図1　戦国期における阿波の中世集落（本文掲載遺跡）

構と遺物の両面からアプローチしていく。

（2）勝瑞をとりまく集落遺跡

徳島県内において発掘調査が実施され、勝瑞と存続時期が重なる一五〜一六世紀代の集落遺跡[8]のうち、データ収集が可能な調査面積を有する遺跡として、土井遺跡、円通寺遺跡、東原遺跡、中庄東遺跡、薬師遺跡、田上《たねえ》遺跡Ⅲ、桜ノ岡遺跡Ⅰ、日吉〜金清《かねきよ》遺跡、上喜《かみぎ》来蛭子《らいえびす》〜中佐古遺跡、西谷遺跡、町口遺跡、黒谷川宮ノ前遺跡、大松遺跡、新居見遺跡を取り上げる。

記載する基本項目としては、所在地・立地・来歴・遺構・遺物である。遺構では、屋敷地区画の有無、区画溝・屋敷地の規模、建物規模[9]について、遺物では貿易陶磁器[10]や国産陶器[11]・かわらけ、火鉢・風炉類、茶道具・香道具・化粧道具・遊興具等・金製品等の奢侈品、武具や文具などについて記す。また日用雑器についても、特異な出土状況を示す搬入品については、遺跡の性格付けに必要なデータとして詳述する。また存続時期が長期に及ぶ遺跡であっても、一五〜一六世紀を主体に記述する。

①土井遺跡（三好郡東みよし町昼間[12]）

吉野川中流域北岸に形成された旧三好町の平野部中央、吉野川を

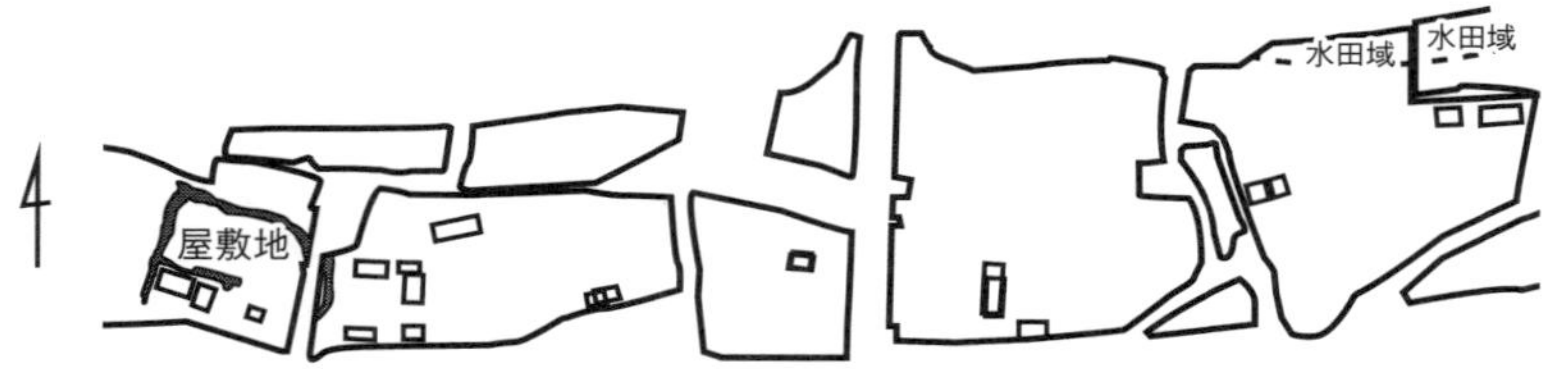

①土井遺跡

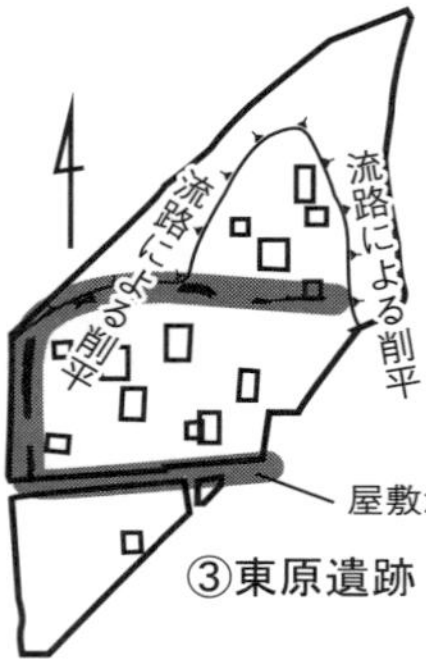

③東原遺跡

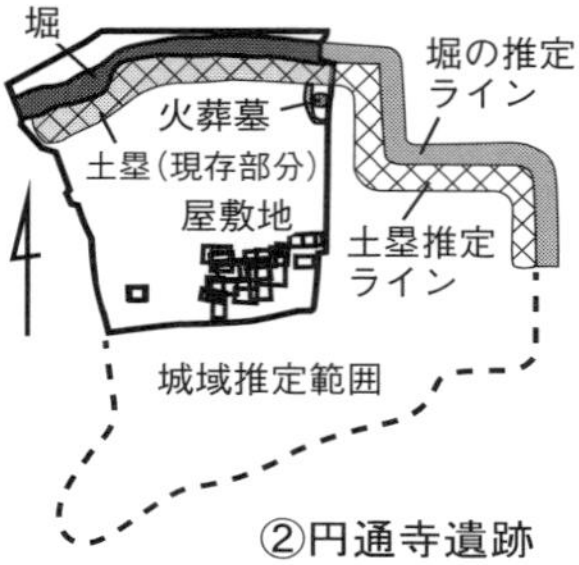

②円通寺遺跡

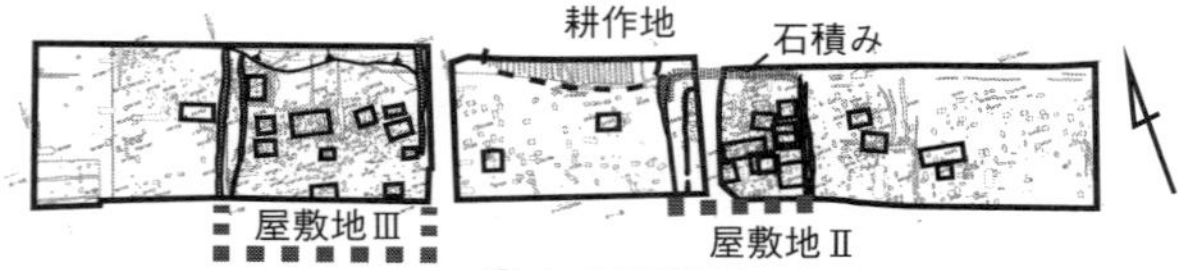

④中庄東遺跡

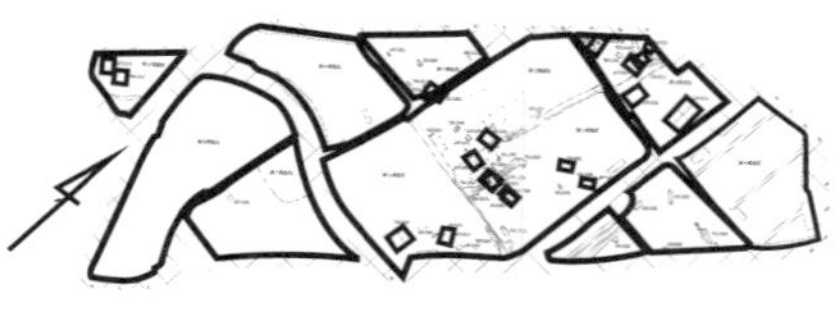

⑦桜ノ岡遺跡（Ⅰ）

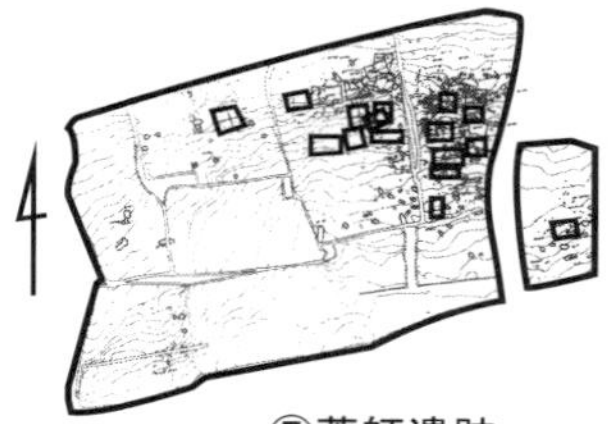

⑤薬師遺跡

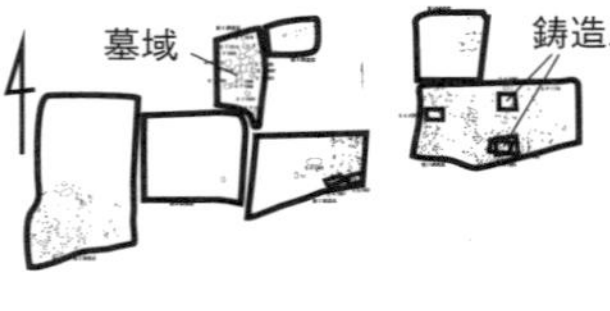

⑨上喜来蛭子～中佐古遺跡

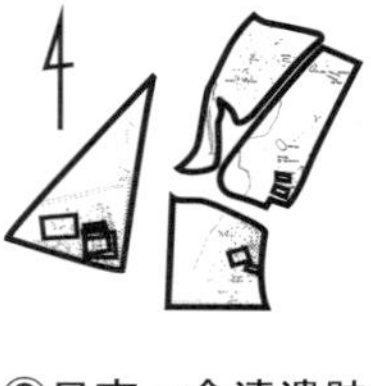

⑧日吉～金清遺跡

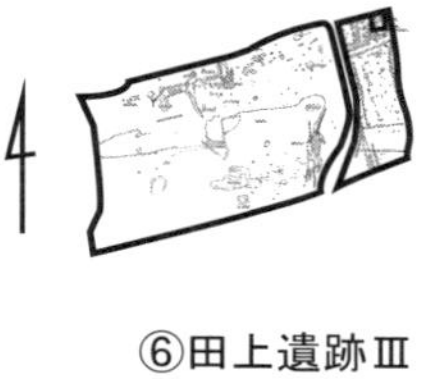

⑥田上遺跡Ⅲ

0 50m

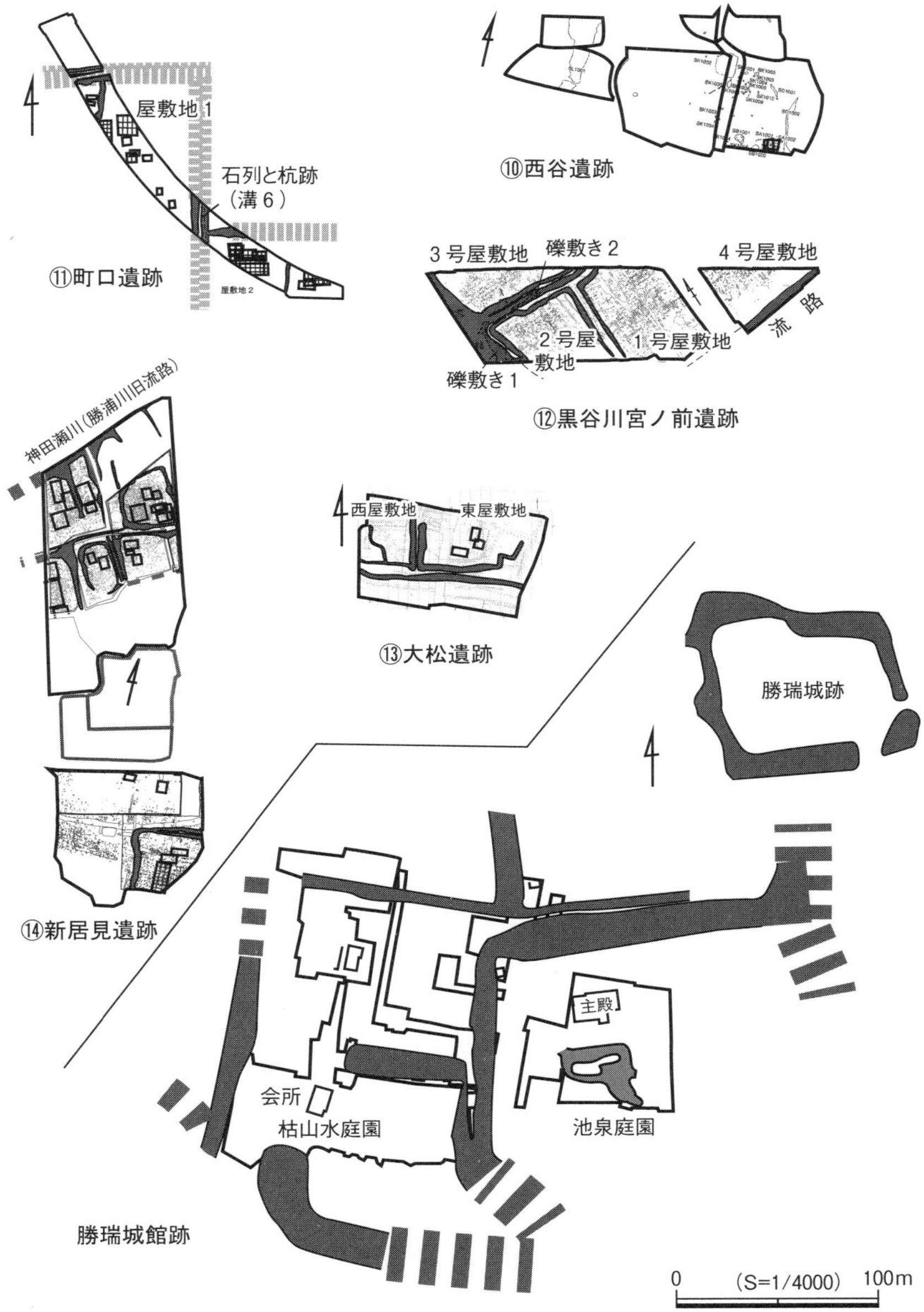

図２　集落遺跡と勝端（4000分の１遺構平面図）

注：各図はそれぞれの報告書の掲載図および報告会資料に加筆、一部改変。

望む段丘上に位置する。ここでは幅二・八メートル深さ〇・五メートルの溝に囲まれた、一辺三五メートルの方形屋敷地一区画を確認し、区画内では四〇平方メートルの庇付き総柱掘立柱建物一棟を検出した。屋敷地周囲には六六平方メートルを最大とする掘立柱建物二三棟が検出されたものの明瞭な屋敷地区画は見いだせない。遺物には瀬戸美濃窯製品がやや目立ち、若干の茶道具をもつほかは、貿易陶磁器は碗皿類が主体で数量も多くない。

②円通寺遺跡（三好郡東みよし町足代）(13)

旧三好町の平野部中央、吉野川の景勝地である美濃田の淵を見下ろす段丘端部に位置し、水運を扼するポイントに立地する。本遺跡は一三世紀に、石清水八幡宮領三野田保の荘官館と見られる、区画溝を伴う半町四方規模の屋敷地から始まる。一五世紀代には区画溝をもたない掘立柱建物群が調査地南側に展開し、一五世紀末には幅五メートル深さ三メートルの堀と、幅七メートル現存高一・四メートルの土塁を構築し、東西一五〇メートル南北一〇〇メートル規模の城館となる。城館化以前の建物は、九二平方メートルの大型建物を主屋として九棟あり、城館化後は七棟で、最大は四八平方メートルである。この時期の遺物は、貿易陶磁器の碗皿類のほか、勝瑞以外では県下二例目となる唐物天目碗、国産陶器では瀬戸美濃焼卸皿といった日用品だけでなく灰釉盤や天目碗などの優品を含む。このほか碁石や石硯、また時期は特定できないが笄や鍍金された切羽なども出土している。

③東原遺跡（三好郡東みよし町足代）(14)

旧三好町の平野部東端の、吉野川に面した標高七六メートルの低位段丘端部に立地し、南は吉野川の現河道に接する。中世を通して営まれ、近世まで継続する。勝瑞併行期の掘立柱建物は一四棟が確認でき、このうち最大四九平方メートルの建物を含む一〇棟が総柱建物である。東西八〇メートル南北五〇メートル規模の屋敷地区画をもつ可能性があるものの、区画溝の深度が〇・三メートルときわめて浅く不整形であるため確定できない。出土遺物は、貿易陶磁器では青磁水注・盤・青白磁合子など、国産陶器は瀬戸美濃焼の碗・皿・天目碗が一定量見られ、豊富な搬入品が見られる。このほか瓦質火鉢、風炉、土師質茶釜などの喫茶関連遺物も確認できる。なお、一四世紀段階では円通寺遺跡と同形の土師杯など共通する土器様相をもつことから、この二遺跡は三野田保の荘域にあったと考えられる。

④中庄東遺跡（三好郡東みよし町中庄）[15]

吉野川中流域南岸、旧三加茂町平野部東半の吉野川沿いに形成された自然堤防上に立地する集落遺跡である。古代から近世初頭まで継続し、平安時代末から鎌倉時代にかけて蓮華王院領のち醍醐寺領金丸荘の荘域となり、一辺一二〇メートル四方の荘官館（屋敷地Ⅰ）が調査地西部に営まれる。

荘官館廃絶後の一四世紀後半には、屋敷地Ⅰの東五〇〇メートル地点に東西三五メートル南北三〇メートル以上の屋敷地Ⅱが単独で出現し、一六世紀前半にかけて営まれる。屋敷地の東西は幅二メートル深さ〇・五メートルの溝で区画し、北は緩斜面に石積みを施して大規模に盛土整地し平坦面を確保する。屋敷地内部には四二平方メートルの掘立柱建物一棟を含む九棟の建物が確認された。また貯蔵に使用されたと見られる備前焼の大甕を用いた埋甕遺構も二基検出された。周囲には区画をもたない建物や耕作地が散在する。

一六世紀後半には、屋敷地Ⅱの西五〇メートルに屋敷地Ⅲが出現する。規模は東西五〇メートル南北三八メートル超で、東と西は幅約二メートル深さ〇・五メートルの溝によって区画される。溝の一部には護岸と見られる石列が確認される。掘立柱建物は七棟復元されるが、二〇平方メートル台以下の小規模なものである。しかし、遺物にはベトナム産陶器壺などの貿易陶磁器、瀬戸美濃焼天目碗や備前焼輪花皿（鉄漿皿）、瓦質火鉢などの奢侈品のほか、金銅製の鏡台飾り金具や京都系土師皿など、ステイタスの高さを示す遺物が出土している。なお、京都系土師皿は、内面をナデ上げる技法と、肥厚させた口縁形状や全体のプロポーションが勝瑞出土品と共通しており、強い関係性が窺われる。

さて屋敷地Ⅱの東一〇〇メートル地点には鍋・鋤先・鰐口などの鋳造関連遺構が、さらに東二〇〇メートル地点では二トンもの鉄滓を伴う大規模な鍛冶関連遺構群が確認された。その規模から長期にわたる操業が窺われ、地域における鉄製品生産拠点の一つであったと推測される。時期が推定できる遺物として、静止糸切り底の杯や口縁が内彎する土師質擂鉢Ⅲ類の年代(16)から、おおむね一六世紀代と見られ、時期的に屋敷地Ⅱ・Ⅲと重なる。加えて屋敷地の風下側に十分な距離を取った位置に配置されていることから、屋敷地Ⅱ・Ⅲが工房経営に深く関与していた可能性が推測できる。

金丸荘は一三七九年に西・中・東の三庄に分裂する。それまで金丸荘の中心地にあった屋敷地Ⅰの廃絶とともに、屋敷地Ⅱが金丸中庄地区のほぼ中心に移動した契機になった可能性がある。

⑤薬師遺跡（美馬市美馬町芝坂(17)）

吉野川中流域北岸、標高一一五メートルの阿讃南麓段丘上に立地する。中世前半を盛期とし、一五〜一六世紀にかけてやや低調ながら継続する。掘立柱建物は二二棟検出され、最大は三五平方メートルである。明瞭な区画溝は確認できない。貿易陶磁器は青磁の碗・皿が一〇点、青白磁合子一点、国産陶器では瀬戸美濃焼の碗・卸皿などをもつ。

⑥田上遺跡Ⅲ（美馬市脇町西田上(18)）

吉野川中流域北岸、標高一〇六メートルの中位段丘上に展開する、一五世紀から近世まで継続する遺跡である。戦国期には三好笑岩（康長）の本拠であった岩倉城の出城である「西の坊」に位置すると見られる。掘立柱建物は二〇平方メートルの一棟のみで、屋敷地区画は見られない。貿易陶磁は碗皿類のみだが、瀬戸美濃焼の花瓶や卸皿のほか風炉・火鉢は多い。加えて勝瑞出土と同文の青海波軒平瓦や同形の京都系かわらけが出土していることから、勝瑞との直接的な繋がりを示すといえ、岩倉城の一部あるいは関連施設の存在を窺わせる。

⑦桜ノ岡遺跡Ⅰ（阿波市阿波町桜ノ岡）(19)
阿讃山脈南麓、標高八四メートルの段丘上に立地する。一二〜一六世紀にかけて断続的に営まれた集落遺跡で、掘立柱建物は一九棟、最大四二平方メートルの総柱建物の他は一〇平方メートル以下の小型建物で構成される。屋敷地区画は認められない。貿易陶磁器は青磁碗片四点のみで、鍋釜といった生活必需品も少ない。

⑧日吉〜金清遺跡（阿波市市場町尾開）(20)
阿讃山脈南麓、標高一〇三メートルの段丘上に立地する。始期は一三世紀で、一五世紀後半〜一六世紀前半に盛期を迎える。掘立柱建物は九棟確認され、最大は五二平方メートルである。屋敷地区画は確認できない。小規模な集落で貿易陶磁器は碗皿類のみだが、瀬戸美濃焼の天目碗や小壺、土師質茶釜などの非日用品も散見される。また土壙墓も確認されている。

⑨上喜来蛭子〜中佐古遺跡（阿波市市場町上喜来）(21)
阿讃山脈南麓、標高六六メートルの段丘上に立地する。一五〜一六世紀が主体で近世には継続しない。掘立柱建物は一一棟あり、最大の四九平方メートルと次点の三九平方メートルの建物は鋳造工房で、鍋・羽釜などの雑器、鰐口・梵鐘などの仏具を生産する。他の建物は二〇平方メートル以下で、屋敷地区画は確認できない。一六基の土壙墓が検出されている。貿易陶磁器はほぼ碗皿類で占められるが、青磁盤一点や、土師質茶釜一点などわずかに奢侈品ももつ。阿讃山麓の鉄製品生産遺跡の様相を知ることができる遺跡である。

⑩西谷遺跡（阿波市土成町高尾）(22)
阿讃山脈南麓、標高五〇メートルの段丘上に立地。一五〜一六世紀代の短期に営まれる。掘立柱建物は二棟で、最大でも二一平方メートルと小型で、きわめて小規模な集落である。貿易陶磁器は青磁碗七点・白磁碗一点のみで、鍋釜類など日用品も乏しい。

⑪町口遺跡（阿波市吉野町町口）(23)

吉野川下流域北岸、標高約一二メートルの沖積平野上に立地し、吉野川河道までは四五〇メートルの距離にある。一五～一六世紀代の方形屋敷地が二区画隣接して検出された。規模は推定で東西一一〇メートル南北九〇メートルで、幅約五メートル深さ約一メートルの溝で区画される。区画溝の一部には船着きと見られる石列やテラスが設けられ、繋留用と見られる杭跡も確認された。区画内部では掘立柱建物二五棟が復元され、最大は四×七間、一二三平方メートルの庇付き総柱建物で、勝瑞を除いて県下最大である。出土遺物には貿易陶磁器の碗皿類が数多く見られるほか、県下では本遺跡と木津城（鳴門市）にしか出土例がない青磁酒海壺（蓋）や、青磁盤、白磁壺・小坏などの奢侈品も見られる。国産陶器では瀬戸美濃焼の碗や皿もまとまって出土している。

⑫黒谷川宮ノ前遺跡（板野郡板野町犬伏）(24)

吉野川下流域北岸の低湿デルタに形成された、標高三・五メートルの微高地上に立地する。微高地の西と南は大規模な流路によって画され、微高地上は幅四メートル深さ二メートルの溝によって区画された方形屋敷地四区画が確認された。本遺跡では流路や微高地の形状などの地形に規制されているためか、屋敷地の平面形は整った方形ではなく、面積も二八〇〇～四九〇〇平方メートル（推定）とばらつきがある。掘立柱建物は一六棟確認され、最大建物は三八平方メートルである。

本遺跡は古代から開発が始まるが、方形区画屋敷地が集合する景観が整ったのは一五世紀代で、区画溝が埋没する一六世紀前半まで継続する。出土遺物には貿易陶磁器の碗皿類のほか青白磁合子や青磁盤、建窯産と見られる唐物天目碗の小片が一点確認されている。国産陶器では瀬戸美濃焼の壺や天目碗、瓦質風炉や茶釜といった喫茶関連遺物も見られる。また屋敷地廃絶後の土層から、勝瑞と同型の京都系かわらけが二一点まとまって出土しており、強い関係性を窺わせる。

⑬大松遺跡（徳島市川内町大松）[25]

吉野川河口域北岸、標高〇メートルの低湿デルタに形成された島状微高地上に立地する。北は旧吉野川、南は別宮川が流れるなど河川や旧河道が交錯し、遺跡の東はラグーン状の入り江に近接していたと推測される。[26]古代から近世にかけて継続する遺跡だが、東調査区では一四世紀後半～一六世紀前半に屋敷地二区画が隣接して営まれる。東屋敷地は東西三六メートル南北二五メートル超の規模で、幅四メートル深さ一メートルの区画溝が巡る。西屋敷地は東西二〇メートル南北三二メートル超の規模で、区画溝は幅二メートル深さ〇・六メートルで東屋敷地と比較して小規模であることから、東屋敷地に付随する区画と見られる。さらに両屋敷地の南には幅五メートルの東西溝を設ける。掘立柱建物は五棟が確認され、最大建物は三〇・六平方メートルである。

出土遺物としては、貿易陶磁器は数量は多いものの碗皿類が大半である。国産陶器は備前焼の日用雑器が占め、奢侈品には茶釜等の喫茶関連遺物と、備前焼鉄漿壺などわずかである。

一方で本遺跡出土煮炊具の七割超は兵庫県東部産の播磨型羽釜と播丹型鍋で、香川県産の讃岐型煮炊具が圧倒的多数を占める吉野川流域ではきわめて特異な比率を示す。また、堺で多く出土している瓦質擂鉢や甕、羽釜など、本県では出土事例に乏しい遺物も確認されている。さらに西調査区では勝瑞出土品と同形の京都系かわらけが一二点出土していることから、勝瑞との密接な関係性を窺わせる。

⑭新居見遺跡（小松島市新居見町柳内他）[27]

勝浦川下流域南岸、田野山地北麓の沖積地上に立地する。遺跡の北は勝浦川旧流路である神田瀬川に接する。鎌倉期には居住域が拡大し、近世に継続する遺跡で、戦国期には一辺一五～三〇メートル、面積三三〇～八八〇平方メートルの小規模屋敷地八区画が集合する。屋敷地を囲う区画溝は幅〇・五～四メートル深さ〇・五メートル前後で、防御能力はきわめて低い。屋敷地の平面形状は方形を意識しているものの四隅が角張らず、楕円形に近い形状あるいは台形状を呈するものが多い。また区画溝を二重に巡らせるものもある。掘立柱建物は二一棟検出され、最大は約一〇〇平方メートルと県下の集落遺跡でも最大クラスとなる。

出土遺物は、貿易陶磁器では碗皿類のほか青磁盤が複数確認され、国産陶器では瀬戸美濃焼茶入れや鳥形水滴（いずれも完形品）などの優品、天目碗や皿など、県下では希少な瀬戸美濃焼製品がまとまって出土している。このほか青銅製の和鏡や鋲、流通貨幣でない大型銭、硯、小柄・笄などバラエティーに富む非日用品をもつ。加えて全国的にも類例が少ない木棺を伴う子墓が検出されるなど特異な遺跡である。

（３）遺構・遺物のデータからみる優劣

勝瑞およびこれまで列挙した各遺跡について、遺構の規模、出土遺物などのデータから、その優劣について推測したい。

屋敷地の規模については、二町四方クラスの勝瑞をトップとして、一町四方クラス（円通寺遺跡・町口遺跡）、半町クラス（中庄東遺跡屋敷地Ⅲ・黒谷川宮ノ前遺跡）、三分の一町クラス（土井遺跡・大松遺跡）、さらに小規模なもの（新居見遺跡）に分類できる。

堀あるいは区画溝の規模は、勝瑞の幅一五メートルに次いで、五メートル幅（円通寺遺跡、町口遺跡）、四メートル（黒谷川宮ノ前遺跡・大松遺跡東屋敷）、幅〇・五〜四メートルだが深さ五〇センチメートル程度ときわめて浅いもの（土井遺跡、中庄東遺跡屋敷地Ⅱ・Ⅲ、大松遺跡西屋敷、新居見遺跡）がある。

建物の規模は、勝瑞の主殿三二五平方メートルの礎石建物を筆頭に、一二三平方メートル（町口遺跡）、一〇〇平方メートル（新居見遺跡）、九二平方メートル（円通寺遺跡）、六六平方メートル（土井遺跡）、五二平方メートル（日吉〜金清遺跡）、四〇平方メートル台（東原遺跡・中庄東遺跡屋敷地Ⅱ・桜ノ岡Ⅰ・上喜来蛭子〜

中佐古遺跡）、三〇平方メートル台（黒谷川宮ノ前遺跡・薬師遺跡・大松遺跡）と続き、二〇平方メートル台（中庄東遺跡屋敷地Ⅲ・田上遺跡Ⅲ）が最小クラスとなる。なお、勝瑞を除く集落遺跡の建物に礎石建物は皆無で、すべて掘立柱建物となる。

出土遺物のうち、勝瑞を基準にすると、もっともランクが高いものとして、金製品あるいは金銅製品、唐物の天目や茶入れ、東南アジア産陶磁器、瀬戸美濃焼の鳥餌鉢、香道具等が挙げられよう。次点としては、中国産貿易陶磁器の壺・瓶・合子・水滴・盤、瀬戸美濃焼の水滴や茶入・瓶、和鏡、火鉢等の暖房具などが列挙される。国産天目碗や風炉などの茶道具がかなり目に付くことから、喫茶文化についてはある程度下層まで受容していたものと考えられる。また勝瑞以外の遺跡において出土する京都系かわらけについては、その数が数点～二一点ときわめて少量であることから、大量に消費する饗応の場に供されたという解釈は成立せず、勝瑞との有機的な繋がりを示す遺物のひとつとして捉えるべきであろう。

以上を踏まえたうえで遺跡の居住者について考える。

（4） 山麓の集落遺跡

立地で見ると平地と山麓の遺跡ではいくつか様相が異なる点が指摘できる。

阿讃山麓の段丘上に展開する集落遺跡では、存続時期が中世に限定され、比較的短期で終わる傾向がある。屋敷地区画を確認できた事例はなく、建物規模も五〇平方メートル超の大型建物は日吉～金清遺跡の一棟のみである。西谷遺跡に至っては、建物規模がきわめて小さく、鍋釜等の生活用具すら少ない状況から、生業に伴う季節的な作業小屋で、定住すら疑われる事例も見られる。同様に桜ノ岡Ⅰ遺跡でも存続期間が長期にわたる割には遺構・遺物ともに少なく生活感に乏しいことから、生業に伴う一時的な滞在地かと推測される。

<table>
<tr><th colspan="3">出　土　遺　物</th></tr>
<tr><th>ランク１</th><th>ランク２</th><th>ランク３</th></tr>
<tr><td>唐物茶器、東南アジア陶磁器、瀬戸美濃餌鉢、香道具、金製品</td><td>中国産壺・瓶・合子・水滴・盤、瀬戸美濃焼水滴・茶入・瓶・壺、鉄漿皿、和鏡</td><td>中国産磁器碗皿類、瀬戸美濃焼天目碗・雑器、火鉢・風炉・茶釜</td></tr>
<tr><td>多種・多量</td><td>多種・多量</td><td rowspan="2">多種・多量</td></tr>
<tr><td>数種・少量
〜
２種・２点</td><td>数種・少量</td></tr>
<tr><td>１種１点</td><td>数種・数点</td><td>数種・少量</td></tr>
<tr><td>なし</td><td>なし</td><td>数種・多量</td></tr>
<tr><td>なし</td><td>数種・少量</td><td>数種・多量</td></tr>
<tr><td>なし</td><td>なし</td><td>数種・少量</td></tr>
<tr><td>なし</td><td>１種・１点</td><td>数種・少量</td></tr>
<tr><td>なし</td><td>１種・１点</td><td>数種・数点</td></tr>
<tr><td>なし</td><td>１種・１点</td><td>１種・１点</td></tr>
<tr><td>なし</td><td>なし</td><td>１種・４点</td></tr>
<tr><td>なし</td><td>なし</td><td>２種・８点</td></tr>
</table>

表１　屋敷地のランク

屋敷地の主体	遺跡名	屋敷地規模	濠・区画溝 幅×深さ（m）	最大建物
大名居館	勝瑞城館	一～二町四方の 方形曲輪集合体	15×3.5	315㎡ 総柱礎石建物
在地領主居館	円通寺遺跡	一町半 方形曲輪複合	5×3	以下、掘立柱建物 120㎡
	町口遺跡	一町四方 方形曲輪集合	4×1	90㎡
	中庄東屋敷地Ⅲ	半町四方 方形区画単独	2×0.5	20㎡
有力者屋敷地 （在地領主に付随）	黒谷川宮ノ前遺跡	半町前後 方形区画集合体	4×2.8	38㎡
有力者屋敷地 （流通関連）	大松遺跡	三分一町 方形区画集合体	4×1	30㎡
	新居見遺跡	15～30m 方形区画集合体	0.5～4×0.5	100㎡
集落内の有力者	土井遺跡	三分一町 方形区画単体	2.8×0.5	66㎡ （屋敷地外）
山麓の定住集落	薬師遺跡	なし	なし	35㎡
	日吉～金清遺跡	なし	なし	52㎡
山麓の鋳造工房	上喜来蛭子～ 中佐古遺跡	なし	なし	49㎡ （工房）
山麓の一時的滞在地か	桜ノ岡遺跡Ⅰ	なし	なし	42㎡
山麓の作業小屋か	西谷遺跡	なし	なし	21㎡

しかしながら、薬師遺跡では建物も比較的多く、日用品以外の陶磁器を保有しており、日吉～金清遺跡でも少数ながらも瀬戸美濃焼の奢侈品をもち、土壙墓も伴う。このことから季節的な居住でなくある程度の定住性が窺われ、これらは山を生業の舞台とした集落と見られる。

上喜来蛭子～中佐古遺跡や近世の前田遺跡（阿波市土成町）では鋳造工房、薬師遺跡では鎌倉時代の土器焼成窯や木炭窯などの生産遺跡の事例がある。これらは鋳造や土器生産など大量の燃料を必要とする工房にとって、豊かな山林資源を背景に燃料材の確保を図った選地といえよう。なかでも上喜来蛭子～中佐古遺跡は、戦国期の山麓部に展開する工房集落の様相を示す遺跡として、定点の一つとなり得る。また例外として田上遺跡Ⅲは、建物は貧弱なものの出土遺物については瓦質風炉や火鉢、瀬戸美濃焼の天目等のほか、勝瑞と同文瓦の出土から、岩倉城関連施設の一部である可能性が高いものである。

以上のように、山麓の集落は出土遺物は平地の遺跡と比較して数量・種類ともに格段に少ない。貿易陶磁器は碗皿といった食器類や、国産陶器も日常雑器が主体で、バリエーションに乏しい。奢侈品はわずかで、生活必需品が大半を占めるという傾向が見られる。以上から、山麓の集落は基本的に農耕を生業の主体としない集団の居住域であったと推測され、これらが勝瑞をとりまくもっとも縁辺に位置する集落の姿といえよう。

(5)　平地の集落遺跡の様相

存続時期について、平地の集落遺跡では古代や中世前期から集落形成が始まり、時期ごとに盛衰は見られるものの近世まで継続する事例が多く、安定的であるといえる。また区画溝を伴う屋敷地については、区画が不明瞭な東原遺跡を除くすべての遺跡で確認された(28)。建物は五〇平方メートル超の大型建物が四遺跡に認められ、このうち二棟は一〇〇平方メートルを超える。出土遺物には貿易陶磁器や国産陶器の量も多く、ある程度の奢侈品が含まれる傾向があり、かなりの優品を伴う遺跡も見られる。

①在地領主クラスの居館

円通寺遺跡では、戦国期に幅五メートルの堀と土塁を構築して城館化を遂げた時点で一五〇×二〇〇メートル規模に拡大し、出土遺物も在地領主の居館として相応しい唐物天目碗や鍍金された切羽などの優品をもつ。本遺跡では、一四世紀代に屋敷地の鬼門に当たる北東隅に積石火葬墓を造営する。蔵骨器にきわめて稀少な中国宜興《ぎこう》窯《よう》産の褐釉陶器四耳壺を用いていることから、三野田保を管理運営した荘官の墓と考えられる。この火葬墓は遺跡が廃絶する一六世紀代まで意識して残されていることから、被葬者の系譜をひく者が代々居住していたと見られ、三野田保荘官の系譜上にある者が在地領主化したものと考えられる。このように荘官館から発達を遂げ城館に至る過程とハイレベルな出土遺物から、在地領主居館としての定点に位置付けられ得る遺跡である。

中庄東遺跡における屋敷地Ⅱは三分の一町規模で、区画溝も幅二メートルと小規模である。しかし屋敷地Ⅲでは半町規模となり、区画溝は屋敷地Ⅱと同規模ながら護岸とみられる石列を伴う。金銅製鏡台飾り金具やベトナム産の壺といったきわめて希少な遺物の存在から、在地領主クラスの館として認められる。京都系かわらけから勝瑞との関係性も垣間見える。

町口遺跡の屋敷地は一一〇×九〇メートルでほぼ一町四方の規模を有し、少なくとも二区画が隣接する。当初、調査地点の北東四〇〇メートル地点に近世阿波九城の一つとなる西条東城《さいじょうひがし》が位置すること、大規模ではあるが二区画が隣接していることから、西条東城に付随する屋敷地群で、在地領主よりワンランク下位に位置するのではと考えた。しかし近世の西条東城については発掘調査等がなされていないことから、実態については不明である(29)。本遺跡の屋敷地や区画溝がきわめて大きいことと、一二三平方メートルの建物は勝瑞を除けば県下最大であること、城館クラスの持ち物である酒海壺も出土していることを勘案すれば、複数の曲輪によって構成される在地領主居館と見ても過大な評価ではないと考える。

②有力者層の屋敷地を伴う集落

在地領主層より下位の有力者層の住まいとして、ひとつは小型屋敷地の集合体という集落形態をとるものが当てはまる。このような集落形態では屋敷地規模に大小はあるものの、傑出した規模の区画やランク１・２に分類される優品が極めて少ないことから、屋敷ごとの優劣はあっても基本的に横並びの階層と考えられる。黒谷川宮ノ前遺跡は、幅四メートルの溝で区画された小型屋敷地の集合体で傑出した規模のものが見られず、最大建物も三八平方メートルと小型である。出土遺物には唐物天目片が一点と、合子や盤のほか喫茶関連遺物もあるが、日常雑器が主体である。自然流路の対岸に在地領主居館の存在を窺わせる「殿屋敷」の字名が遺ることから、在地領主より下位に位置する複数の有力者の集住地であると考えられる。

一方、土井遺跡では集落内に三分の一町規模の屋敷地を単独で構えるものの、出土遺物は日用雑器が主体であることから、屋敷地の主は在地領主的な地位ではなく、一集落における有力者であると推測される。

③流通拠点

大松遺跡は播磨型煮炊具をはじめとする搬入品がきわめて高比率を呈することから、流通に関連する人物の居所と考えてよい。しかし屋敷地規模が三分の一町と小規模で、奢侈品に乏しいことから在地領主層の屋敷地とはいえない。

小型屋敷地の集合体である新居見遺跡は、建物は大きく、多数の奢侈品をもち、喫茶文化を受容する富裕層の集住地であるが、防御的にはきわめて薄弱で、かつ屋敷地は小規模で歪な平面形状を呈するなど、かなりアンバランスな感がある。しかし、本遺跡は、中世阿波の代表的港津のひとつである小松島津と、木材の一大産地である勝浦川上流域を結ぶ物流の大動脈である神田瀬川（勝浦川旧流路）に隣接していることから、河海の流通に関わった集団の拠点としての性格をもった遺跡ではないかと考えられる。

屋敷地区画が不明瞭な東原遺跡も同様に、立地と搬入品の量から流通拠点的性格が推測される。東原遺跡は、北西五〇〇メートルに足代城の比定地があることから、その平地居館という見方もあるがやや距離がある。むしろ平野の最東端で吉野川河道の直近に占地し、豊富な搬入遺物をもっていることから、かつての三野田保を起原とする領域における流通拠点であった可能性を考えたい。

（６）戦国期阿波の勝瑞とその周辺遺跡

以上のことから、屋敷地の規模や構造とあわせて、出土遺物のランクが遺跡の性格や屋敷地の主体者像を考えるうえで重要な要素であることがわかった。頂点は一国を治める大名居館の勝瑞城館である。その下には大小の地域単位を治める在地領主層が存在し、ここでは円通寺遺跡と中庄東遺跡および町口遺跡が該当する。在地領主の下で農地や工房の経営あるいは物流等に携わる有力者層の屋敷地群として、黒谷川宮ノ前遺跡や大松遺跡、新居見遺跡が該当する。また一集落内の有力者の屋敷地として土井遺跡が該当する。生活必需品が主体となるものの、若干の茶道具も見られることから、この階層までは喫茶文化を受容していたと見られる。これより下位には一般農民層、従属層が想定される。これらの階層の居住地については不明瞭であるが、桜ノ岡遺跡Ｉや西谷遺跡等が該当する可能性がある。これらの遺跡では、生活必需品の比率が高く、下位に行くに従って保有する量も減少すると考えられる。

第二節　モノからみた周辺遺跡と勝瑞

（1）播磨型煮炊具の搬入ルートと勝瑞

吉野川下流域における中世後半期の煮炊具は、底部に格子タタキ成形を施した香川からの搬入品である讃岐型羽釜が圧倒的シェアをもつ。一方で大松遺跡では、出土した煮炊具の七割超が、外面に平行タタキを施す兵庫南東部産の播磨型煮炊具というきわめて特異な出土状況を示す。

大松遺跡は、石清水八幡宮領萱島《かやしま》荘域に位置し、その南東三キロメートルには中世阿波の代表的港津のひとつである別宮《べっく》があり、大松遺跡と別宮はラグーンで接続する。文安二年（一四四五）の税関記録である『兵庫北関入船納帳』には、別宮籍船が灯油原料の荏胡麻四一・五石を兵庫北関経由で京進したことが記される。これを遡ること一世紀あまり前の元徳元年（一三二九）には、大山崎油座神人の荏胡麻が吉野川を輸送中に押し取られたとある。(30)大山崎油座神人は、石清水八幡宮の保護下で荏胡麻の仕入れ、輸送、灯油生産から販売までを専業としていた集団である。石清水八幡宮は吉野川（別宮川）河口の萱島荘と別宮を積み出し基地として押さえるとともに、川を遡った上流域の拠点として三野田保を得たと見られ、ここを起点に荏胡麻を買い集め、別宮で海船に載せ替え、兵庫北関経由で大山崎に達したと考えられる。さて、大量の播磨型煮炊具は荏胡麻輸送の下り便で京都方面からの物資とともにを積載したものと推測される。(31)

別宮は吉野川の河口に設けられた河海の結節点であり、細川氏が一四世紀後半から支配の手を伸ばし、応永七年（一四〇〇）には将軍足利義満から細川頼長に安堵され、以来勝瑞の外港としての役割をもった重要な港津として認識されていたことがわかる。天正五年（一五七七）、細川真之に追われた勝瑞城主三好長治が脱出を図って目指したのも別宮湊であることから、この頃には三好氏の影響下にあったと見られる。さて勝瑞では煮炊具の四分の一が播磨型で占められることから、これらは別宮から旧吉野川を経由してもたらされたものと推測できる。加えて大松遺跡では、徳島県下では稀な堺あるいはその周辺産の瓦質擂鉢や甕が一定量出土しており、三好氏が押さえていた堺との往来を示すものと考えられる。

（２）　備前焼擂鉢からみた勝瑞の優位性とその周辺

県下の中世遺跡で出土する擂鉢は、岡山県産の備前焼と、在地あるいは讃岐産とみられる瓦質・土師質製品が併存する。備前焼は高温で長時間かけて堅緻に焼き締められ、擂目がかなり摩耗するまで使用されている。さらに口縁を大きく発達させることで剛性を増している。一方、瓦質・土師質焼成の非備前製品は軟質で、擂目が摩耗する以前に破損している事例も多く、備前焼が製品として圧倒的に優れていることは明らかだ。

筆者は県下における中世後半期の擂鉢についてカウントした[32]結果、鉢全体に占める備前焼の比率は、勝瑞を除く吉野川河口～下流の徳島市域や板野郡内では五六・八パーセント、阿波市四七パーセント、美馬郡三三パーセント、三好郡一五パーセントで、吉野川を遡るほど備前焼が減少することから、遠隔地ほど製品が届きにくい流通事情を反映していると見られる。

しかし三好郡でも、東原遺跡では備前焼が四四・八パーセントという高い値を示し、城館である円通寺遺跡の二三パーセントを大きく上回る。東原遺跡では瀬戸美濃焼など多くの搬入品に恵まれており、備前焼は東原遺跡の流通拠点としての可能性を補強する材料となる。美馬郡では岩倉城関連遺跡である田上遺跡で過半を占め、阿波市域では在地領主の居館と推測される町口遺跡で半数近くを占めるなど、地域の拠点的遺跡で多い傾向が窺える。

さて勝瑞では多数の擂鉢が出土しているが、ごく少数の輸入品や瀬戸美濃焼製品を除けば、ほぼ備前焼で占め

表2　徳島県下における中世後半期の遺跡から出土した備前焼鉢・非備前焼鉢の数量

地域	遺跡名	遺跡の性格	備前焼	非備前焼								備前焼の割合（%）
			擂鉢 Ⅳ・Ⅴ期	瓦質			土師質				合計	
				捏鉢	擂鉢	不明	捏鉢	擂鉢 Ⅲ類	擂鉢 他	不明		
三好郡	供養地	集落（山麓）					2	3	2		7	0.0
	お塚古墳	集落（山麓）					2	3	2		7	0.0
	東・西州津	集落（山麓）	1	1			5	2	2		10	9.1
	大柿	集落（平地）	10	1		1	12	9	22	2	47	17.5
	土井	集落（平地）					8	2	5		15	0.0
	円通寺	在地領主館	8	2		1	2	1	20		26	23.5
	東原	流通拠点か	13	1			10	3	2		16	44.8
	末石・中庄東	在地領主館	12	14	4	1	15	47	29		110	9.8
	計		44	19	4	3	56	70	84	2	238	15.6
美馬郡	吉水	寺院	4				2	6	2		10	28.6
	薬師	集落（山麓）	5				23		8		31	13.9
	田上	城館の一部か	19	1	1		5		7	1	15	55.9
	計		28	1	1		30	6	17	1	56	33.3
阿波市	日吉谷	集落（山麓）	3	1							1	75.0
	上喜来蛭子～中佐古	生産（山麓）	15	2	5		5				12	55.6
	日吉～金清	集落（山麓）	4				1		9		10	28.6
	乾山～観音	集落（山麓）					2				2	0.0
	町口	在地領主館か	17	2	2		4		10		18	48.6
	計		39	5	7		12		19		43	47.6
板野郡 徳島市北岸	神宮寺	寺院	16	6			5		10		21	43.2
	黒谷川宮ノ前	屋敷地群	44	6	13		7		15		41	51.8
	古町	集落（平地）	2						5		5	29.6
	古城	集落（平地）	1	2	1		1		1		5	16.7
	大松	流通関連	38		8			1			9	80.9
	計		101	14	22		13	1	31		81	55.5
板野郡 徳島市南岸	田宮	集落（平地）	10				1				1	90.9
	中島田	流通関連	8		2		1				3	72.7
	寺山	流通関連	6	4			4		2		10	37.5
	計		24	4	2		6		2		14	63.2
県南部	トノ町	集落（平地）	12								0	100.0
	宮ノ本	集落（平地）	24	1							1	96.0
	大原	集落（平地）	4								0	100.0
	大里	古墳	8								0	100.0
	計		48	1							1	98.0

注：勝瑞の出土擂鉢は、ごくわずかの輸入品や瀬戸美濃焼製品を除き、ほぼ備前焼で占められる。

られる。しかし勝瑞の周辺を見てみると、流通関連遺跡の大松遺跡では八一パーセントで高い比率を示すものの、有力者層の屋敷地群である黒谷川宮ノ前遺跡で五二パーセント、古町遺跡で三〇パーセント、古城遺跡で一七パーセントなど、地理的に備前製品を容易に入手できる環境にあっても非備前製品を少なからず使用している。これは高価な備前製品を廉価版である非備前製品で補完しているものと考えられる。

一方で、県南部に目を向けると、四遺跡のうち非備前製品は宮ノ本遺跡の一点のみで、ほぼすべてが備前製品で占められる。これは『兵庫北関入船納帳』に記載される県南諸港の船籍船が、木材輸送の下り便によって運搬したものと推測され、県南部ほど分布比率を高める播磨型煮炊具や御影石製石造物と同様の経路によって搬入されたと考えられる。

おわりに

戦国期の阿波は勝瑞だけで成り立っていたのではない、という単純な動機から、第一節では勝瑞を取り巻く集落遺跡の分析を実施した。勝瑞と複数の周辺遺跡のデータを比較検討することによって、戦国大名―在地領主―有力者層が、どのような規模の屋敷地に住み、どのような物を持っているのかについて大まかながら整理した。遺構では屋敷地や区画溝の規模、家屋の大きさや構造、遺物では、優品の格やバリエーションおよび数量の多寡とともに、生活必需品の比率から、階層差を導き出した。当時の階層構造の頂点に位置したと思われる勝瑞が、居館の規模や構造においても、出土遺物の内容においても、際立って上位に位置することが改めて確認された。一方で山麓の集落を営んだ人々や、流通に携わる人々の居住形態についても、その一端に迫ることができた。しかしながら、在地領主や有力者層の屋敷地については、その規模・構造と出土遺物の優劣が必ずしも連動していない例も散見され、当時の階層構造がそのまま集落構造に投影されないケースが確認された。この課題については、さらに多くの事例を集めて継続して取り組んでいきたい。

第二節では、県下の遺跡から出土する土器の分布や数量から、勝瑞との関係に迫ることを企図した。通常は讃岐型羽釜が圧倒的多数を占める吉野川下流域にあって、播磨型煮炊具が卓越する大松遺跡は別宮と連動した流通拠点である。勝瑞においても煮炊具の二五パーセントを占める播磨型は、別宮から旧吉野川や別宮川を通って勝瑞にもたらされたということができるのである。また鉢の比率についても、勝瑞の優位性を示すものとなり、田上遺跡などの城館関連遺跡や、在地領主居館と推測される町口遺跡、流通拠点である東原遺跡や大松遺跡でも高比率となることが示され、当時の大名権力や在地領主等が流通の掌握に意を注いでいたことについての傍証が得られたといえよう。

第一節・第二節とも、勝瑞をとりまく阿波全土の遺跡を掘り下げることによって、勝瑞だけでは分かり得なかったことを明らかにすることができたといえる。県西部や県南部ではまた異なる土器様相をもつことから、今後は様々な側面から勝瑞を見上げていきたい。

（1）重見髙博「守護町勝瑞遺跡の発掘調査成果」（城下町科研・徳島研究集会実行委員会『阿波の守護所・城下町と四国社会』二〇一四年）。

（2）徳島県では四国縦貫道の建設に伴う発掘調査によって、吉野川北岸の遺跡についてはデータが充実しているものの、吉野川南岸の名西郡から麻植郡域、また県南域についてはまだまだデータが不足しており、偏りが生じている。

（3）橋本久和「中世村落の考古学的研究」（『大阪文化誌』一巻二号、一九七四年）、および「畿内の村」（河原純之編『古代史復元一〇　古代から中世へ』講談社、一九九〇年）。

（4）広瀬和雄「七　中世への胎動」（『岩波講座日本考古学六　変化と画期』一九八六年）および「中世農村の考古学的研究」（シンポジウム「中世集落と灌漑」実行委員会編『中世集落と灌漑』一九九九年）。

（５）原口正三「古代・中世の集落」（『考古学研究』九二号、考古学研究会、一九七七年）。
（６）佐久間貴士「発掘された中世の村と町」（『岩波講座日本通史』九、岩波書店、一九九四年）。
（７）石尾和仁「中世低地集落の変容」（鳴門史学会編『鳴門史学』第一〇集、一九九六年）、および「中世阿波における集落の展開」（徳島考古学論集刊行会編『論集阿波の考古学』二〇〇二年）。
（８）本稿で取り扱う集落遺跡は、屋敷地や屋敷地群、平地居館のほか工房を核とした遺跡、流通関連遺跡などの集住地とする。
（９）建物規模については、庇部分も含めた面積とする。
（10）貿易陶磁器はこれまで奢侈品として認識される遺物であったが、碗や皿については中世遺跡の発掘によって数量の多寡はあるものの普遍的に出土することから、日用食器の部類に数える傾向がある。ただし、碗皿類であっても個別の優劣や全体の数量については遺跡の性格付けに関わるものと考えられる。奢侈品としては、非日用品である壺・瓶・水注・水滴などのほか、中国以外の産地のものは稀少である。
（11）国産陶器としては、当時の西日本に普遍的に流通している備前焼の擂鉢と甕については日常雑器であるため、特段の理由がない限り省略する。一方で瀬戸美濃焼製品は、本県では出土遺跡が限定され数量も少ないことからとくに注意したい。
（12）大北和美編『土井遺跡』（徳島県埋蔵文化財センター調査報告書第三八集、二〇〇二年）。
（13）辻佳伸編『円通寺遺跡』（徳島県埋蔵文化財センター調査報告書第二八集、二〇〇〇年）。
（14）小泉信司編『東原遺跡』（徳島県埋蔵文化財センター調査報告書第五〇集、二〇〇四年）。
（15）島田豊彰編『末石遺跡　中庄東遺跡』（徳島県埋蔵文化財センター調査報告書第七四集、二〇〇八年）。
（16）島田豊彰「中世阿波の捏鉢・擂鉢」（『真朱』徳島県埋蔵文化財センター研究紀要第一〇号、二〇一二年）。
（17）横田温生編『薬師遺跡　坊僧遺跡』（徳島県埋蔵文化財センター調査報告書第三四集、二〇〇一年）。
（18）久保脇美朗編『田上遺跡Ⅰ・Ⅱ・Ⅲ』（徳島県埋蔵文化財センター調査報告書第二七集、二〇〇〇年）、および木本誠二他「岩倉城跡」「西の坊」（徳島県教育委員会編『徳島県の中世城館　徳島県中世城館跡総合調査報告書』二〇一一年）。
（19）湯浅利彦編『桜ノ岡遺跡（Ⅰ）桜ノ岡遺跡（Ⅲ）』（徳島県埋蔵文化財センター調査報告書第三集、一九九三年）。

(20)久保脇美朗編『日吉～金清遺跡　西谷遺跡』（徳島県埋蔵文化財センター調査報告書第一二集、一九九五年）。
(21)辻佳伸編『上喜来蛭子～中佐古遺跡』（徳島県埋蔵文化財センター調査報告書第七集、一九九四年）。
(22)前掲註(20)と同じ。
(23)久保脇美朗『町口遺跡』（徳島県埋蔵文化財センター調査報告書第四九集、二〇〇四年。
(24)早渕隆人『黒谷川宮ノ前遺跡』（徳島県埋蔵文化財センター調査報告書第九集、一九九四年）。
(25)氏家敏之編『試掘調査総括　大松遺跡』（徳島県埋蔵文化財センター調査報告書第八五集、二〇一五年）。
(26)山村亜希「勝瑞から一宮、徳島へ――港・城・町の立地と形態から考える――」（城下町科研・徳島研究集会実行委員会『阿波の守護所・城下町と四国社会』二〇一四年）。
(27)島田豊彰「新居見遺跡調査報告――室町時代の屋敷地群と、そこに暮らした有力者の生活」（徳島県埋蔵文化財センター編『二〇一五発掘とくしま講演会・調査成果報告会』二〇一五年）。
(28)本稿で取り上げていない平地の集落遺跡で、大柿遺跡や古町遺跡など屋敷地区画が確認されていないものもある。
(29)西城東城について記述されるのは近世の『古城諸将記』や『城跡記』などである。また絵図としては『板野群西条村給地絵図』が残されているが、江戸時代後期のものである。よって戦国期の状況はまったく不明といわざるを得ない。
(30)元徳元年（一三二九）、柿原師房と国衙雑掌が吉野川に新関を構え、大山崎油座神人が輸送中の荏胡麻を押し取った（離宮八幡宮文書）。
(31)島田豊彰ほか「中世後期における阿波の流通」（『中近世土器の基礎研究』二四、日本中世土器研究会、二〇一二年）。
(32)前掲註(16)と同じ。

第10章　戦国阿波の政治史から考える勝瑞

天野忠幸

はじめに

室町時代、四国・中国・近畿・中部地方の守護は基本的に在京し、足利将軍家の下で幕府政治に参加してきた。しかし、応仁・文明の乱の末期になると、東軍・西軍を問わず、多くの守護が分国に下り在国するようになった。ただ、この時期はまだ、将軍の求心力は失われた訳ではなく、守護はその上洛要請に応じており、将軍との結びつきを求めていた。ところが、明応二年（一四九三）に細川政元が将軍足利義材《よしき》（後の義尹《よしただ》、義稙《よしたね》）を追放した明応の政変がおこると、一部の守護を除き、将軍の要請に応じて上洛する者はほとんどいなくなり、守護在京制はほぼ崩壊してしまった(1)。

在京していた守護は、在国する宿老や守護代層に対抗するため、軍事的才幹を持つ側近らを率いて下国した。そして、守護やその文書発給を担う奉行人らが集住したことで、守護所の機能は強化され(2)、分国支配が本格化していくことになる。

そこで、阿波守護細川氏や、その側近として活動が見え始める三好氏の政治動向と、両者の文書発給に見える奉行人や取次たちから、勝瑞の発展を検討していきたい。

第一節　阿波守護細川氏の在国と勝瑞

(1)　細川成之の下国

阿波の守護所である勝瑞の形成において、もっとも重要な役割を果たしたのは、細川成之《しげゆき》（後の道空）であろう。成之は将軍の相伴衆を務め、阿波と三河の守護職を有した(3)。文明一七年（一四八五）に重臣の東条氏が阿波で反乱を起こすと、成之とその長男の政之は、三好氏や河村氏を率いて下国し、これを平定した。その後、成之らは京都に帰還するが、長享二年（一四八八）に政之が死去すると、成之の次男の義春が守護になり、幕政に参加する。このように、応仁・文明の乱後も、阿波守護細川氏の当主は在京し、幕府を支える姿勢を崩していない。

それに対して、成之自身は延徳三年（一四九一）以降、頻繁に阿波に下国するようになっていく。成之は同年三月二日に萩原の光勝院において、祖先の細川頼之の百年忌法要を営み、一七日には勝瑞において、寵愛していた子のために統宗院石地蔵を創建した。さらに明応五年（一四九六）には、丈六寺を整備している。

成之は、義春死後の明応七年に上洛するが、文亀元年（一五〇一）には再び阿波に下国しようとして、将軍の足利義澄や細川政元に強く慰留されている。結局、翌文亀二年頃に阿波に下り、その後は在国し続けたが、これこそが、勝瑞の発展の一大画期となっていく。

東条氏の反乱を鎮圧する際、成之の先陣を務めた三好氏は、一五世紀中期から阿波守護家の被官として、活動が見られるようになる(4)。三好氏は主に二系統に分かれていた。式部少輔を官途とする系統は、阿波西部の三好郡・美馬郡・麻植《おえ》郡もしくは阿波郡を指す「三郡」や「上郡」を管轄する守護代として活動した。それに対して筑前守を官途とする系統は、在京する守護家当主の側近として活動していた。当初は公家社会であまり認知され

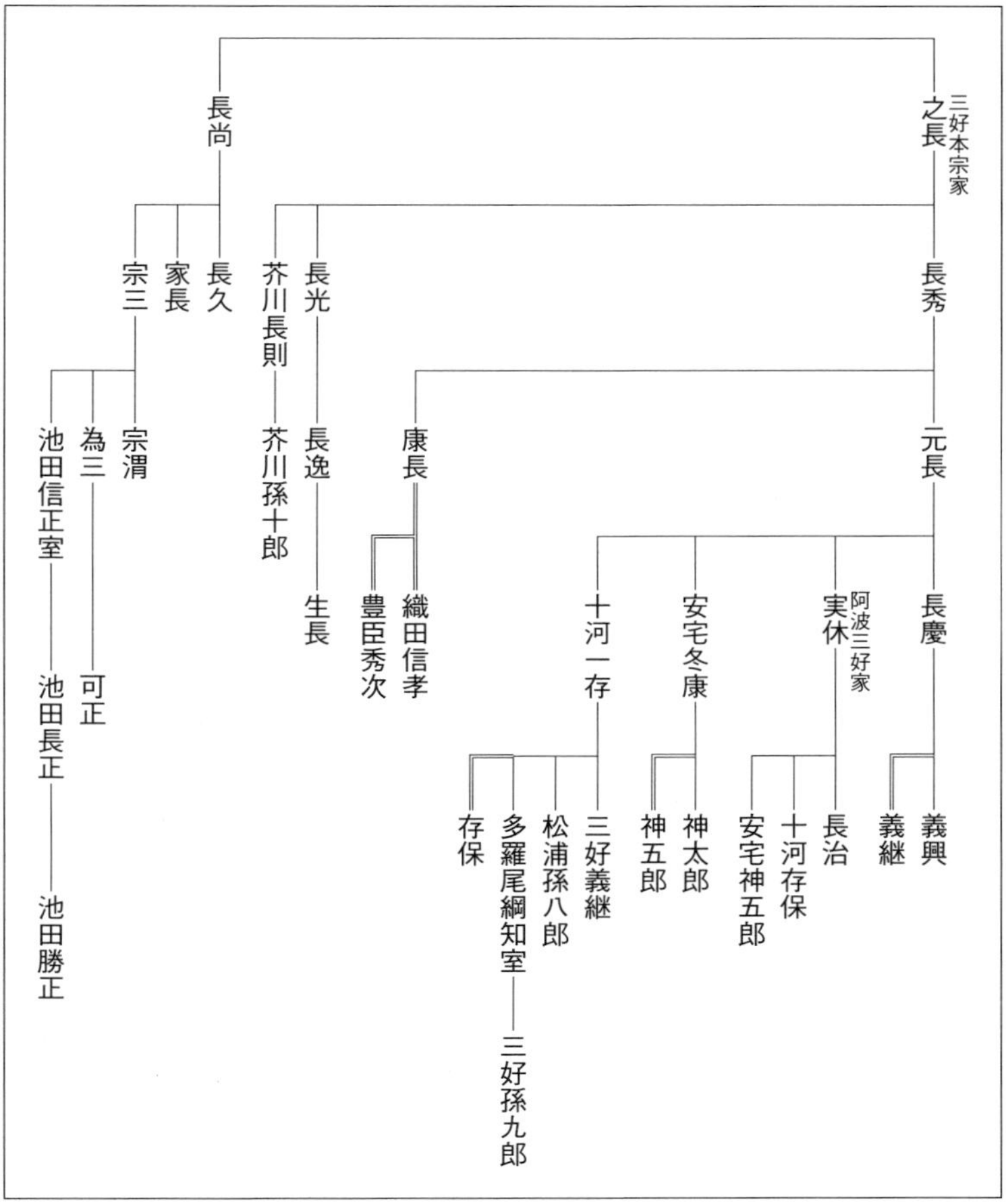

三好氏略系図

注：二重線は養子関係を示す

ておらず、「吉見」や「三吉」と日記などに記されたが、在京する阿波守護の軍事力としての役割を果たした。

三好氏は細川義春が死去すると公家の記録にも活動が見えなくなるので、おそらく成之とともに文亀年間に阿波に下国したのであろう。その後、細川一門の惣領家である京兆家当主の政元に実子がなく、五摂家の九条家から澄之《すみゆき》、細川氏庶流の野州家から高国、阿波守護家から義春の子の澄元が養子として迎えられた。このため、永正三年（一五〇六）には三好之長《ゆきなが》も澄元の後見人として上洛した。三好之長の「之」は細川成之か政之からの偏諱と考えられ、阿波守護家当主から相当の信任を得ていたことがうかがえる。

永正四年には、家督の継承に不安を抱いた澄之が政元を暗殺したため、高国と澄元が共同して澄之を討った。ところが、翌永正五年に阿波で内乱がおこり、之長がその鎮圧のため下国している間に、京都では澄元と高国の関係が悪化し、ついには両者の間で家督をめぐる戦争が始まった。永正六年に澄元と之長は京都の如意嶽《にょいがたけ》で高国と戦うが大敗し、阿波に退去した。永正八年にも澄元と之長は挙兵するが失敗し、成之も病没している。この後、澄元と之長は永正一六年まで、八年間にわたって阿波に逼塞することになった。

この頃、細川成之より発給された文書を次に挙げる。

【史料1】[5]

就国忩劇之儀、被仰付三好筑前守（之長）子細在之、随彼下知可被致忠節、若令難渋者、就註進主名、一段可有御成敗之由候也、仍執達如件、

永正五年

二月廿三日　之連（花押）

祖山

阿佐殿

阿波で起こった内乱を鎮圧するため、成之は軍事指揮権を三好之長に与えたので、阿佐氏などの国人に之長の指揮下に入ることを命じている。この成之の命は、奉行人の飯尾之連《ゆきつら》の奉書によって伝えられた。すなわち、成之とともに本来在京していた飯尾之連ら文書の作成に関わる奉行人も、阿波に下り、勝瑞に在住していたのである。

また、澄元が高国と細川京兆家の家督を争っていた時期も、澄元と之長は劣勢になって、度々阿波に退却していた。とくに永正八年から一六年にかけては、長期間まとまって阿波に在国している。永正九年には澄元の兄で阿波守護家を継ぐ予定であった之持が死去しており(6)、澄元にとっては、上洛よりも阿波支配の立て直しが目下の急務であった。このため、澄元と之長も勝瑞に屋敷を構えていたであろう。

勝瑞は明応の政変の直前より、細川成之の在国の拠点となっていった。ただ、阿波守護細川氏においても、在国が常態化するのは、他国と同様に明応の政変後であった。細川義春が京都で死去し、その父の成之が阿波に下国すると、阿波守護が在京することはなくなった。他の守護と異なるのは、澄元が細川京兆家の家督候補者となったため、幕府や畿内との関係が途絶することがなかった点である。

そして、阿波守護家細川氏の奉行人である飯尾氏だけでなく、京都で細川京兆家の家督を争い戦争を繰り返した細川澄元や、その後見人となった三好之長もまた、多くの期間を勝瑞で過ごしていたのである。

(2)　三好元長による見性寺の勝瑞招致

永正一六年（一五一九）、三好之長は細川高国への反攻を開始する。之長は京都に攻め上るが、細川澄元が病気のため従軍できず、翌永正一七年になると、之長は高国に敗れて自害し、澄元も病死した。

之長とともに畿内に出陣していた孫の三好元長（千熊丸）は阿波に帰国すると、同年一二月一八日には、美馬

表1　阿波三好家当主発給文書にみる取次と副状発給者

年月日	西暦	史料名	宛先	取次	文書名	内容
永正17年12月18日	1520	三好元長(千熊丸)書状案	郡里安楽寺		阿波・安楽寺文書(三〇)	還住 ※差出に花押なし
		篠原長政副状	郡里安楽寺		阿波・安楽寺文書(三一)	還住
享禄4年7月12日	1531	三好元長請文	松梅院雑掌	加地為利、塩田胤貞	筑波大学所蔵北野神社文書(七四)	河内国八ヶ所代官職補任
享禄5年2月23日	1532	三好元長(開運)書下	南禅寺真乗院		山城・真乗院文書(八六)	所領安堵
		森長秀副状	南禅寺真乗院		山城・真乗院文書(八七)	所領安堵
(天文20年)9月21日	1551	三好実休(之相)書状	東寺木食上人	篠原長政	山城・東寺百合文書(三一六)	制札調進
(天文21年)7月18日	1552	三好実休(之虎)書状	小河式部丞	二郎左衛門尉	宮内庁書陵部所蔵文書(三四一)	三好長慶への取り成しを請け負う
(弘治3年以前)11月27日		三好実休(之虎)書状	池田基好、池田正朝、池田正秀、池田正村	加地盛時	池田助一氏所蔵文書(八〇五)	摂津にある阿波細川家領への押領停止
(弘治3年以前)11月30日		加地盛時副状	池田正村、池田正秀、池田正朝、池田基好		池田助一氏所蔵文書(八〇六)	摂津にある阿波細川家領への押領停止
永禄2年6月26日	1559	三好長治(千鶴丸)書状	塩屋惣左衛門尉	三好康長、加地盛時、篠原実長	木戸太平氏所蔵文書(五五七)	阿波において徳政免除 ※差出に花押なし
		篠原実長・加地盛時・三好康長連署副状	塩屋惣左衛門尉		木戸太平氏所蔵文書(五五八)	阿波において徳政免除
(永禄2年)12月20日	1559	三好実休書状	村上通康	篠原長房	東京大学史料編纂所所蔵村上文書(五八〇)	讃岐天霧攻めの加勢を謝す、三好盛長と紀伊守を指し置く
永禄4年8月14日	1561	三好実休書下	観心寺衆僧中		河内・観心寺文書(七七三)	諸役免許

		加地盛時副状	観心寺衆僧中		河内・観心寺文書（七七四）	寺領安堵
（元亀4年）5月15日	1573	細川真之書状	木屋平形部丞、木屋平越前守	三好長治	阿波・松家家文書（一六六三）	篠原長房攻め、働き比類なし
		三好長治副状	木屋平刑部丞、木屋平越前守	年寄共	阿波・松家家文書（一六六四）	篠原長房攻め、伊沢右近大輔と篠原長秀へ注進
天正3年1月27日	1575	三好長治書状写	大河内又介	篠原実長（自遁）	阿波国徴古雑抄所収三好松永文書（一七三二）	佐渡守知行分を給与
（天正3年）5月25日	1575	三好長治書状	吉益助秀	篠原実長（自遁）	畠山義昭氏所蔵文書（一七三四）	和睦、森下信濃守を通じ音信
（天正11年）2月18日	1583	三好存保書下	寺内坊主衆中		興正寺文書（一九四五）	讃岐野原の寺内を移転し再興
天正11年3月6日	1583	東村政定・三木通倫連署副状	寺内坊主衆中		興正寺文書（一九四六）	讃岐野原の寺内を移転し再興
（天正11年）8月19日	1583	三好存保（義堅）書状	由佐長盛	東村政定	讃岐・由佐家文書（一九五三）	知行宛行

注：文書名の番号は『戦国遺文三好氏編』の番号。

郡里《こおざと》の浄土真宗寺院である安楽寺に、諸役を免除するので還住するよう命じている。この際、まだ花押もない幼少の元長の書状には、篠原長政の副状が付けられた（以後、阿波三好家発給文書の取次や副状発給者については表1を参照）。篠原長政は三好氏の重臣として、当主である幼少の元長を補佐する存在であり(7)、元長とともに勝瑞に在住している必要があろう。

そして、元長は、宝治二年（一二四八）に阿波守護小笠原長久が創建したとされる美馬郡脇町《わきまち》の宝珠寺を勝瑞に移転させ、祖父の之長の院号である見性寺殿に因んで、見性寺に改称したという(8)。勝瑞の西勝地《にしかつち》には馬木《うまき》の地名が残るが、その由来は脇町の馬木と考えられ、見性寺（宝珠寺）だけでなく、その周辺住民も脇町から勝瑞に移されたのではないだろうか。

大永六年（一五二六）五月に之長の七回忌に合わせて作成された之長の画像は、阿波守護細川家の菩提寺である光勝院の雲臥周適によって賛が記され、見性寺に収められている。その後、元長の一周忌に作成された画像にも、周適が賛を記して、見性寺に収められた。細川澄元・晴元親子を補佐・意見する周適と、[9]軍事的に支えてきた三好之長や元長の間には深い交流があったようだ。

元長は大永七年二月、堺に渡海するにあたって、之長の菩提を弔うために「井隈之内勝瑞分壱町壱段」を見性寺に寄進している。[10]元長はこの他にも勝瑞で土地の集積を行っていたであろう。

元長や晴元は、永正一七年から約七年にわたって、晴元の弟で阿波守護となった細川持隆とともに勝瑞に在住していたが、大永六年に足利義維《よしつな》を擁して堺に渡海し、細川高国や足利義晴を軍事的に圧倒していった。この間、元長の配下である塩田胤光・胤貞父子や加地為利、加地尚次、市原胤吉、市原信胤、市原氏久、森長秀、逸見政盛らが、山城のそれぞれの郡代を務めるなど畿内で活動している。[11]

このうち、元長の発給文書の取次となったり、副状を付したりしたのは、加地為利や塩田胤貞、森長秀であった。元亀三年（一五七二）成立とされる『故城記』や、天正一三年（一五八五）以降に成立した『古城諸将記』『城跡記』によると、塩田氏は美馬郡三谷城主で、森氏は阿波郡切畑城主であるなど、彼らの多くは吉野川中流域の在地領主であった。ただ、加地氏は元々伊予国宇摩郡の郡代であったが没落した後、三好氏の被官となっていたので、阿波国内には権力基盤がなく、勝瑞の三好館かその周辺に在住していたのではないだろうか。また、阿波で元長を補佐していた篠原長政は、畿内に出兵している様子はうかがえないので、勝瑞で留守居を務めていたのであろう。

享禄四年（一五三一）、元長が高国を滅ぼすと、元長と晴元は対立した。持隆は両者の仲裁を試みるが、晴元が聞き入れないとわかると、享禄五年三月に帰国した。このため両者の対立は不可避となり、六月に本願寺証如と結んだ晴元は、元長を自害に追い込んだ。

三好元長の段階は、単なる細川氏の側近ではなく、独自の権力編成や志向が見られ始める時期である。元長は之長の菩提を弔うため、見性寺を脇町から勝瑞に移転した。この後、見性寺は三好氏歴代（之長、元長、実休、長治）を祀る菩提寺となっていき、三好氏にとって勝瑞における一大拠点となった。また、勝瑞の発展にとっても、脇町の馬木から周辺住民を伴っての移転が想定される見性寺の成立は、大きな画期となったであろう。この頃には、阿波守護細川氏の奉行人である飯尾氏の活動は見られなくなる一方で、三好氏の文書発給を支える篠原氏や加地氏など、三好氏の側近層が拡大し始めており、彼らは勝瑞に在住していたようだ。

第二節　阿波三好家の成立と勝瑞

（1）三好実休の権力構造

三好元長の死後、筑前守系の三好氏は、本宗家と阿波三好家に分かれていく。三好本宗家は元長の長男長慶に継承された。長慶は天文二年（一五三三）六月以前に畿内に復帰し、以後はどのような軍事的苦境に陥ろうとも阿波に帰国することはなかった。長慶は天文八年に越水《こしみず》城、天文二二年に芥川山城、永禄三年（一五六〇）に飯盛城に居城を移し、その嫡子の義興や養子の義継（元長の四男十河一存の子）が畿内近国の支配を受け継いでいく。

それに対して、阿波三好家の始まりは元長の次男実休であった。実休は勝瑞を拠点に、阿波をはじめとし讃岐や淡路南部を支配し、永禄三年以後は河内南部も勢力下におさめた。このような支配は、実休の子の長治・存保兄弟に継承されていった。

天文八年一〇月、細川持隆と三好実休は、瀬戸内へ南下する尼子氏に備えるため、讃岐に出陣し、両者は白峯寺に禁制を発給した。実休の禁制には「仍依　仰下知如件」[12]という文言があり、その効力は持隆によって担保されていた。

天文一五年になると、細川氏綱・遊佐長教方に苦戦する細川晴元・三好長慶方を支援するため、持隆と実休は堺に渡り、翌天文一六年には舎利寺の戦いで遊佐方を破った。この際、実休配下の篠原長政と伊沢河内守が、摂津の勝尾寺より兵粮米を借用している[13]。伊沢氏は阿波郡伊沢城主で、塩田氏や森氏と同様に吉野川中流域に拠点をおく領主であった。

しかし、天文一七年に、長慶が晴元から離反し氏綱と結ぶと、持隆が畿内に出兵することはなくなった。その後は、実休が単独で天文二〇年、天文二一年と畿内への出兵を繰り返した。天文二〇年に実休は東寺の木食上人に禁制の発給を承知したことを伝えた際、その書状の末尾は「猶篠原大和守（長政）可申候、恐々謹言」[14]と結ばれており、実休の禁制の効力は、持隆ではなく、取次を務めた譜代の重臣である篠原長政によって支えられるようになった。長政は実休に従って畿内に出兵すると、京都の諸寺院に単独で禁制を発給できる程[15]、畿内でもその実力が認められていた存在であった。

実休の取次には、篠原長政の他にも某二郎左衛門尉と加地盛時が確認されており、篠原氏と加地氏という父元長以来の譜代家臣が継承されていることが確認される。

『細川両家記』によると、天文二二年六月九日に、実休やその弟の十河《そごう》一存《かずまさ》が細川持隆を殺害している。一存は讃岐の十河氏を継承したが、管見の限り讃岐には一存の発給文書が一点もなく、活動の形跡が窺えないことから、ほとんど勝瑞に在住していたのであろう。

その後、実休は持隆の子の真之を殺害することなく養育した。長慶も敵対する晴元の子の六郎（後の昭元、信元、信良）を養育している。他の大名を見ると、北条氏康は敵対した古河公方足利晴氏の子の義氏に娘を嫁がせており、織田信長は対立した尾張守護斯波義銀《よしかね》を一時追放するが、後には義銀の娘を弟の信包と結婚させ、織田一族として遇した。実休や一存も政治的に長慶と対立するようになった持隆を排除しただけで、阿波守護家自体を断絶させるつもりはなかった。氏康や信長も敵対した旧主家を断絶させることなく保護下においており、実休や一存の行動も同様に理解できる。持隆の死後も、細川氏の館は廃絶することはなかったであろう。

弘治二年（一五五六）一一月二八日から一二月一一日にかけては、天王寺屋津田宗達らが阿波の実休の下を訪れている。おそらく、勝瑞で歓待されたと考えられる。

実休は天文二三年一〇月に播磨へ、一二月には京都へ出兵し、弘治二年三月には京都へ、永禄元年（一五五八）には畿内へ、永禄二年には讃岐へと絶え間なく国外出兵を繰り返した。永禄元年の畿内、永禄二年の讃岐出兵にあたっては、篠原長政の子の長房が実休に従軍しているが、このような実休の不在時に、阿波で発給されたのが次の文書である。

【史料2】(16)

当国（阿波国）徳政事、任実休御折紙之旨、令免許上者、不可有相違候、尚孫七郎（三好康長）、加地又五郎（盛時）、篠原弾正忠（実長）可申候、謹言、

永禄弐

六月廿六日　　千鶴丸（三好長治）

塩屋惣左衛門尉殿

【史料3】(17)

当国《阿波国》徳政事、被成御免許通、被出御折紙上者、向後不可有相違由、可申旨候、恐々謹言、

永禄弐

六月廿六日

篠原弾正忠

実長（花押）

加地又五郎

盛時（花押）

三好孫七郎

康長（花押）

塩屋惣左衛門尉殿

実休が国外に出兵した際には、嫡子の長治（千鶴丸）が留守居となった。しかし、花押もないような幼少の長治では保障力が十分ではないため、篠原実長・加地盛時・三好康長の三名が連署して副状を付した。実長は長房と同じ篠原一族で木津城や今切城の城主となる。加地盛時は永禄三年からの実休の畿内出兵に従軍し、実休の書状の取次となったり、副状を発給したりしていた。三好康長は系図上では、実休の父元長の弟とされる人物である。彼らは若年の長治に近侍し補佐する存在であり、勝瑞に在住していたであろう。

永禄三年からの河内攻めでは、加地盛時や三好康長、篠原長房や篠原長秀などが実休に従軍しているが、篠原実長の姿は見えず、実長が勝瑞の留守居となったようだ。実休は、永禄四年には十河一存死後の岸和田城も管轄したが、永禄五年三月に久米田の戦いで畠山高政と根来寺の連合軍に敗れ戦死した。

三好実休は細川持隆を討つが、阿波守護細川氏自体が断絶した訳ではなく、その館も存続したであろう。また、三好氏の文書発給体制に組み込まれ、勝瑞に集住したと考えられる被官は、元々阿波の国内に基盤を有しなかったが、三好氏当主の信任を得て譜代家臣化していった篠原氏と加地氏や、三好康長らの三好一族に限られたよう

だ。

（2）三好長治の権力構造

永禄五年（一五六二）五月、三好長慶が教興寺の戦いで畠山高政を破ったため、三好長治は阿波や讃岐だけではなく、河内南部を領有することになる。

そのため、阿波三好家の拠点は複数に分立した。阿波の勝瑞には、三好長治と細川真之、篠原実長が在住したと考えられる。実休の戦死後に分国法「新加制式」を定めた篠原長房も勝瑞にいたであろう。また、見性寺とは別に、長治は実休の院号を「龍音寺殿」とし、勝瑞の北の川端に所在していた龍音寺も三好氏の菩提寺と位置づけた[18]。龍音寺は後に蜂須賀家政の命によって見性寺と合併し、龍音山見性寺となる。

三好氏は、勝瑞の西の馬木に之長に因む見性寺を置き、実休を追善する寺院として、北の川端にある龍音寺を位置付け、東の正喜地《しょうきち》に所在する正貴寺《しょうきじ》を三好氏の祈願所とした。このように、勝瑞の町を三好氏所縁の寺院で囲い込むことで、細川氏の守護所から三好氏の城下町へと変貌させていった。

和泉の堺には、十河一存の嫡子である重存《しげまさ》（後の三好義継）が三好長慶の養子となったため、新たに十河氏を継いだ長治の弟の十河存康《まさやす》（後の三好存保）が在住した。また、堺には三好実休が帰依した法華宗僧で、会合衆の油屋伊達常言の子である日珖《にちこう》が実休の菩提寺として妙国寺を建立し、追善供養をおこなっていく。

河内の高屋城には、篠原長秀・加地盛時・三好康長・矢野虎村・吉成信長・三好盛政・三好盛長・市原長胤・伊沢長綱らが在城し、起請文を作成して長治への忠節を誓った[19]。阿波三好家の権力中枢を担う国人は、吉野川中流域や勝瑞在住の者だけでなく、鮎喰《あくい》川流域の府中に近い名西郡矢野城の矢野虎村や、勝瑞近郊の吉成《よしなり》の吉成信長までも含み込み、拡大していった。

永禄七年に長慶が死去すると、その後継者となった義継は永禄八年五月に将軍足利義輝を討った。しかし、義継は家中をまとめることができず、三好本宗家は松永久秀派と三好三人衆派に分裂する。そうした中、阿波三好家は阿波公方足利義維の子の義栄《よしひで》の擁立を掲げ、三好三人衆に味方するかたちで、三好本宗家に介入した。永禄九年六月には篠原長房が摂津へ出陣し、永禄一〇年三月には三好長治が実休の七周忌のため堺へ渡海している。そして、永禄一一年二月には義栄を将軍に就任させることで、長治や長房は畿内政局の中心になっていった。

同年九月に織田信長が畿内に進攻したため、長治と長房、細川真之は阿波に帰国し、義栄も病死した。ただ、長治はこの頃から本格的に反信長の旗頭として活躍し始める。永禄一二年には篠原長房が信長と結ぶ毛利元就に対抗するために讃岐へ出兵し、元亀元年（一五七〇）九月には、三好三人衆と結んだ本願寺顕如を支援するため、長治と細川真之、篠原長房とその嫡子の長重や一族の実長が摂津に渡海した。こうした三好三人衆と阿波三好家、本願寺の動きに、六角氏や浅井氏、朝倉氏や延暦寺も呼応し、いわゆる「元亀争乱」が始まる。

信長は長治との和睦を求め、松永久秀の娘を自らの養女として、長治に嫁がせることを約束したため、長治は年末に阿波に帰国した。これ以後、長治が畿内に出兵することはなくなる。それに対して、篠原長房は、備前の浦上宗景と結んで、元亀二年三月に毛利氏と戦い、元亀三年には再び畿内へと出陣した。このような絶え間のない長房の国外出兵に疲労していった長治は、反信長の方針に迷いを見せ始める。

【史料4】[20]

先日者従河嶋相動候処、早速被懸合即時被追崩之由、伊右（伊沢右近大輔）・篠玄（篠原玄蕃助長秀）迄注進之候、誠無比類仕立候、然者一昨日至引田、御屋形（細川真之）様御供申着岸候、来十八日彼表江可打越候条、被得其意、当日可被相動事肝要候、尚様体年寄共可申上候、恐々謹言、

（元亀四年）五月十五日　　長治（花押）

木屋平刑部丞殿
木屋平越前守殿

元亀四年（天正元年、一五七三）五月に長治は、細川真之を擁して、対信長主戦派である篠原長房・長重親子を河嶋の戦いで攻め滅ぼした。長治の下には篠原長秀と伊沢右近大輔を取次とする体制がつくられ、美馬郡の国人である木屋平刑部丞や越前守との連絡にあたった。長治は末尾に「年寄共」が様子を申し上げると記しており、譜代の重臣を討つという行為を弁明するかのように、重臣層の同意を強調している。

天文年間から実休の畿内出兵に従軍してきた伊沢氏が、譜代の名門である篠原氏に並ぶ地位に就いた。その篠原氏では篠原実長（自遁）と長秀の親子が長房の地位を継承した一方で、長房の次男である松満らと多くの篠原一族が紀伊雑賀に亡命し(21)、分裂することになった。

その後、長治は信長に和睦を求めたが、信長は同年一二月に同盟する毛利氏の使僧である安国寺恵瓊《えけい》に対して、三好氏を許容しないと答えている。また、天正三年になると、信長は長治方の畿内における拠点である堺近郊の新堀城を攻略し、高屋城の三好康長を降伏させた。また、毛利氏も長治と結ぶ備中松山城の三村元親を五月に滅ぼし、六月には上野隆徳の備中常山城を落城させた。そして、一〇月には浦上宗景を備前から追放する。

この時、三村元親は、天正二年に三好長治や細川真之の誘いを受け、出雲の尼子氏らとも結び、毛利氏と戦っていた。しかし、長治の援軍がなかなか来ないため、讃岐の由佐秀盛に備中の戦況を伝え、「此一書伊沢・岡田両所へ御届可畏入候(22)」とあるように、長治の家臣の伊沢右近大輔と岡田権左衛門に伝えるよう要請している。伊沢右近大輔は篠原長房が排除された頃から、長治の取次となっている。岡田権左衛門は毛利氏と敵対した村上水軍を助けるため、阿波から塩飽《しわく》水軍とともに救援に向かうなど瀬戸内の情勢に通じていた(23)。三村氏からの援軍要請など、取次としての役目を果たした伊沢右近大輔と岡田権左衛門も勝瑞に在住した可能性が高い。

篠原氏や伊沢氏など三好長治を直接支える家臣が勝瑞に集住し、見性寺・龍音寺・正貴寺といった三好氏所縁の寺院が勝瑞の町の境界に置かれた。勝瑞の南の在地領主である吉成氏が取立てられ、『故城記』『古城諸将記』などによると、勝瑞の西の守りである矢上《やかみ》城には矢野氏が配置された。そして、旧吉野川河口の木津城に篠原氏を、土佐泊城に森氏を置き、別宮川流域の今切《いまぎれ》城には篠原氏を、鮎喰川と別宮川の双方の河口にある渭山《いのやま》城に森氏を配した。勝瑞の防衛や、河川交通と港の支配を意識した三好氏による戦略が窺え、勝瑞を中心としたゆるやかな集住状況が生み出された。

第三節　織田政権との戦いと勝瑞

(1)　三好長治の滅亡

三好長治は江戸時代に成立した軍記物では、暗君として評価は芳しくない。その一つが天正三年（一五七五）の「勝瑞宗論」と、長治がその後に領民を強制的に法華宗へ改宗させようとしたために起こった「天正の法華騒動」であろう。

「勝瑞宗論」に参加した、堺の法華宗僧の日珖は、三好実休一家が帰依する僧侶であった。その日珖の記した『己行記《こぎょうき》』によると、(24)九月末に阿波より「問答」の注進があったので、一〇月五日に堺を出発して紀伊の加太《かだ》を経て、勝瑞に赴いた。そして、浄土宗と宗論を行い勝利する。ところが高野山より真言宗僧である円正が阿波にやってきたため、三問三答で宗論を行い再び勝利した。日珖は一〇月三日には勝瑞を出発して、淡路の福良《ふくら》から洲本、和泉の貝塚を経て八日には堺に帰った。

一次史料では、長治による強制的な改宗騒ぎを確認することはできない。(25)この翌年の天正四年一二月、長治は細川真之に攻められ、別宮で自害したため、結果論として暗君となり、その原因として創作されたのであろう。

三好長治は一次史料では、永禄末期に足利義栄を将軍に擁立した畿内政治の一つの大きな核であった。元亀年間から天正初年にかけて行われた織田信長と大坂本願寺の戦争の前半においては、本願寺顕如の最大の支援者であり、反信長勢力の中核として、もっとも期待される存在であった。『三好家譜』では信長が真之を支援していたと記されているが、信長は天正元年以来、讃岐では細川信良と香川信景など、細川氏とそれに連なる国人を支援して、長治に対抗させているので、真之も信長の支援を受けて阿波国人を糾合し、長治を攻めたとしてもおかしくはない。

長治の滅亡は、江戸時代に創作された軍記物に見るような阿波国内での失政による結果ではない。信長が畿内の新堀城や高屋城を攻略し、信長と結ぶ毛利氏が長治方の備前・備中の国人を滅ぼし、信長の支援を受けた細川氏が自派の阿波・讃岐の国人を糾合するなどした三好氏包囲網の結果であった。

この長治と真之の戦いにおいて、勝瑞は使用された形跡がない。防御施設などが万全ではなかったのであろう。そもそも阿波の首都である勝瑞に軍勢が迫るような危機的な事態は、戦国時代を通じてなかった。信長による、広範な地域を巻き込む大規模な戦争が阿波に迫る中で、勝瑞の要塞化の必要性が喫緊の問題として生じてきたのである。

(2) 勝瑞を維持できない三好存保

天正五年（一五七七）になると、無主の地となった阿波や讃岐を確保するため、反信長派の本願寺と毛利氏、さらには長宗我部氏が進攻した。しかし、結局、天正六年に三好長治の弟の存保が、毛利氏や本願寺の支援を受けて堺から阿波に帰国し、反信長派として阿波三好家を再建した(26)。本願寺の下に保護されていた篠原松満らの帰国も叶い、存保に仕えることになった。三好長治を滅ぼした細川真之は、阿波を確保できなかった。ここに至って、信長は長宗我部元親を支援することに決め、元親の息子に偏諱を与え、「信親」と名乗らせた[27]。

こうした状況下で、天正八年一月には、再び三好氏が勝瑞を失う事件が起こる。篠原一族は長治に与した実長と、雑賀に亡命した長房の次男の松満に分裂したが、両者は存保に服した。ところが松満とともに亡命した庄村《しょうむら》継《つぐ》は、実長への恨みを忘れず、一宮成助と結ぶことで実長を排除しようとしたのである。この動きを察知した存保は讃岐へ、実長は木津に退去した。そして、勝瑞は成助に占領された。

ところが、その後、長宗我部元親が羽柴秀吉へ、「大坂を逃下牢人共紀州・淡州相催、阿州勝瑞へ被渡及再籠、一宮之城を取巻候」と通報したように、三月になると、信長と和睦して大坂を退去した牢人たちが、紀州衆や淡州衆と結んで、成助から勝瑞を奪還し、逆に一宮城を囲んだのである[28]。このため、篠原松満や庄村継とともに亡命した篠原政安が仲介し、松満と存保を和睦させたので、存保は天正九年初頭には勝瑞に復帰を果たした。

勝瑞は天正四年の長治の滅亡以降、単なる阿波国内の領主の勢力争いではなく、信長の全国統一戦争に巻き込まれていった。本願寺や毛利氏の支援を受ける一方で、早くから十河氏の養子になり、堺に在住していた存保は阿波国内に基盤を有せず、勝瑞を安定的に確保すること自体、困難になっていた。勝瑞の城主は、存保から一宮成助、大坂牢人と変転し、再び存保が入城するような状況だったのである。

存保が勝瑞を追われた一方、長宗我部元親の阿波侵攻も行き詰っていた。長宗我部方の一宮成助は大坂牢人に城を囲まれ、新開道善は元親から離反した。元親は細川真之や一宮成助と結んで挽回を図っていたが、信長も元親を支援するため、服属していた三好康長を四国に派遣する計画を立てた。さらに信長は、六月に康長を介して元親の弟の香宗我部親泰へ、三好式部少輔と相談しながら阿波に出兵するように指示し、一一月にはさらに踏み込んで、康長に阿波と讃岐の支配を命じた[29]。そして、『信長公記』によると、天正一〇年二月九日に、康長へ四国出陣を命じている。この頃には、信長は明らかに長宗我部氏から三好氏へ四国政策の重心を移しており、五月には三男の信孝に対して、自らの四国出陣を予告し、康長に阿波を、信孝に讃岐を与えると国分案を示し、康長を養父とするよう命じた(30)。この際、土佐と伊予は信長が淡路に渡海した段階で決めることになっており、元親は明らかに信長に敵対する状況になっていた(31)。康長だけでなく、信長が自ら出陣する本格的な四国政策が遂行されようとしたが、本能寺の変で頓挫した。

信長が明智光秀に討たれたことで、すでに阿波に渡海していた三好康長は畿内に撤兵した。阿波では信長という外圧がなくなったことで、従来通り三好存保と長宗我部元親が争う構図となった。元親は八月になると阿波に侵入し、二八日に中富川で存保を破った(32)。敗れた存保や篠原太郎左衛門は勝瑞に籠城し、一カ月にわたって激しい戦いを繰り広げた。

この勝瑞籠城戦に際して、元親は阿波公方足利義助や、牛岐《うしき》に在城していた細川信良と結び、篠原実長に調略を仕掛けるなど、存保を追い詰めていった。それに対して、山崎の戦いで光秀を討ち、本能寺の変に乗じて、元親と結んだ菅達長《かんみちなが》が挙兵した淡路も平定した羽柴秀吉は、勝瑞救援を計画する。秀吉は、淡路の志知《しち》城に派遣した黒田孝高《よしたか》より阿波の報告を受け、「勝瑞弥堅固之由尤候」と安堵すると、生駒親正に対して、淡路衆を派遣することや、篠原実長から人質を取るように命じている(33)。

また、秀吉は孝高に次のような書状を送っている。

【史料5(34)】

猶以舟儀者入次第、梶原弥介方可申候、以上、

阿州自遁(篠原実長)かたより如此注進候、然者、勝端之城何之道ニも相渡候ハヽ、権兵衛(仙石秀久)ニ淡州衆召連可令入城候由申遣候、生甚(生駒親正)・明与(明石則実)四者、自遁城(木津城)迄可令渡海候、左様候者、其方早々被相越、野孫五(野口長宗)城(志知城)ニ在城候て、右之両人を自遁城へ可相越候、為其申遣候、恐々謹言、

秀吉は孝高を志知城に留める一方、仙石秀久に淡路勢を率いて勝瑞へ、生駒親正や明石則実を木津へ派遣しようとしていたのである。

筑前守
秀吉（花押）

九月十二日
黒田官兵衛殿（孝高）

勝瑞城攻防戦は元親と存保が阿波支配を懸けて争った、一地方の局地戦ではなかった。秀吉は元親を抑えるために存保を救援するなど、信長が遂行してきた全国統一の戦争の一環として戦った。ただ、秀吉の援軍は間に合わなかったようである。九月二一日、存保は勝瑞城を明け渡し、讃岐へ退去した。

天正一三年の羽柴秀吉の長宗我部攻めでは、勝瑞は主戦場とはならなかった。その後の四国国分では、秀吉に与したにもかかわらず、存保は阿波国主に復帰することができなかった。三好氏の家臣団も解体され、篠原・森・野口氏らは新たに阿波を拝領した蜂須賀家政へ仕えることになった。

すなわち、勝瑞に戦乱の危機が迫ったのは、一〇〇年近い戦国時代でも信長との戦争が本格化した天正四年末から一〇年の五年程の間であった。この時期に平地居館であった勝瑞の要塞化が、喫緊の問題として浮上してきたのである。しかし、天正一三年の秀吉と元親の戦いの中では、勝瑞は使用された形跡がない。山城である一宮城や木津城のような防御性もなく、土佐泊城のような海上輸送の拠点としての役割も期待できない勝瑞は、秀吉段階の大規模な軍勢の動員により、兵站《へいたん》が重視される物量戦には適さなくなっていたのであろう。

おわりに

阿波の守護所である勝瑞の発展の契機となったのは、細川成之の在国であった。成之は京都より側近の三好氏や奉行人の飯尾氏を伴って下向しており、勝瑞は政治的機能を高めるとともに、彼らが集住する空間や、消費生活を送るための経済的機能も作り出されたであろう。また、成之の孫の澄元は、細川京兆家の家督をめぐって細川高国と激しく争ったことで、畿内における活動が注目される傾向があるが、三好之長とともに阿波に在国する期間も長かった。彼らも勝瑞に在住したであろう。

そうした勝瑞の発展に、三好氏が大きく関与していく。一つは、三好元長による脇町からの見性寺の移転であった。寺院だけでなく馬木という地名も脇町と勝瑞に共通することから、寺内や門前の住民も伴う移転であったと想定される。もう一つは、元長段階になると、細川氏奉行人の姿が見えなくなる一方、三好氏の文書発給を支える篠原氏や加地氏などの側近層が形成されることである。彼らは阿波の在地領主の出身ではなく、三好氏当主との信頼関係に基盤を置くため、勝瑞に在住したであろう。

三好実休は細川晴元と対立した三好長慶に批判的な細川持隆を討ったが、阿波守護家という家自体の断絶は望んでおらず、細川館も存続したと考えられる。実休は毎年のように阿波国外に出兵を繰り返しており、その留守は譜代家臣化し取次の役目を担った篠原氏や加地氏、一部の三好一族によって守られ、後には伊沢氏や岡田氏もこれに加わった。

実休末期から長治期にかけて、勝瑞の町は西に見性寺、北に龍音寺、東に正貴寺と三好氏の菩提寺によって囲い込まれ、勝瑞の近郊から旧吉野川河口部にかけての諸城には、篠原氏や森氏、矢野氏、吉成氏など、三好氏が権力基盤とした吉野川中流域の重臣などが配された。

三好長治は元亀年間から天正初年にかけて、本願寺顕如と結び信長包囲網の中核となった。それに対して、信長も毛利氏や細川氏と結んで、長治を挟撃した。このような中での長治の滅亡は阿波一国の問題ではなく、勝瑞が全国的な戦争に巻き込まれていくことを意味する。そうした中で、長治の後を継いだ三好存保は本願寺や毛利氏の支援を受けて阿波に入国するが、そもそも阿波国内に基盤がなく、勝瑞を維持することすら難しくなっていく。とくに天正八年は、勝瑞の主は、存保から一宮氏、大坂牢人と変転し、翌年にようやく存保が復帰した。

このような阿波を支配するため、信長は長宗我部元親を支援するだけでなく、三好康長も併用していくが、この方針は元親の離反を招いた。信長の四国政策は三好康長が中心となり、信長の親征も計画されたが、本能寺の変で頓挫する。信長の圧力がなくなった中で、存保と元親の間で中富川の戦いが行われた。しかし、信長の戦争の枠組みは羽柴秀吉に継承されており、秀吉は元親に対抗するため、勝瑞へ援軍を派遣することを企図した。中富川から勝瑞籠城戦に至る戦いも、阿波国内だけの視点ではなく、信長の統一戦争の一環として捉えることが必要である。

天正一三年、羽柴秀吉は四国に侵攻したが、その際、勝瑞が使用されることはなかった。山城のような防御性もなく、海上補給の拠点でもないため、戦略的な価値はなくなっていたのであろう。

秀吉は元親の降伏を許容した直後に、すでに新たな阿波の中心として、内陸部の勝瑞ではなく、小河川の乱流域であるが、渭津《いのつ》を擁し、海にも通じた「い丶の山（渭山、猪山）」、すなわち後の徳島を構想していた(35)。四国平定後、秀吉より讃岐を与えられた仙石秀久は、最初は引田港を見下ろす引田城に入った後、宇多津の背後にある聖通寺城に移った。同様に伊予を拝領した小早川隆景は、三津浜に面した湊山城を居城としている。豊臣政権は勝瑞のような内陸の都市ではなく、大規模な戦争を支える兵站に適した海港をおさえることを意図していたのである。

（1）　上田浩介「守護在京解体の画期と幕府求心力についての一考察」（『新潟史学』六九、二〇一三年）。

（2）　福島克彦「戦国期畿内近国の都市と守護所」、仁木宏「室町・戦国時代の社会構造と守護所・城下町」（内堀信雄・鈴木正貴・仁木宏・三宅唯美編『守護所と戦国城下町』高志書院、二〇〇六年)。
(3) 阿波守護細川氏の動向については、若松和三郎『中世阿波細川氏考』(原田印刷出版、二〇〇〇年、戎光祥出版より『阿波細川氏の研究』として二〇一三年に再刊)による。
(4) 三好氏の動向については、拙稿「阿波三好氏の系譜と動向」(同編『論集　戦国大名と国衆一〇　阿波三好氏』(岩田書院、二〇一二年)、同『増補版　戦国期三好政権の研究』(清文堂出版、二〇一五年)、同「三好長治・存保・神五郎兄弟小考」(『鳴門史学』二六、二〇一二年)、同「織田・羽柴氏の四国進出と三好氏」(四国中世史研究会・戦国史研究会編『四国と戦国世界』岩田書院、二〇一三年)による。
(5)『阿佐文書』「細川成之奉行人飯尾之連奉書」永正五年二月二三日付(『戦国遺文三好氏編』第一巻、東京堂出版、二〇一三年、参考三号)。以下『戦国遺文三好氏編』は『戦三』と略す。なお第二巻は二〇一四年、第三巻は二〇一五年の刊行である。
(6) 馬部隆弘「細川澄元陣営の再編と上洛戦」(『史敏』一四、二〇一六年)。
(7) 篠原氏は、『昔阿波物語』によると、近江国篠原の出身で、篠原宗半が多賀神社の神官の荷物を持って阿波へ下った際、三好之長に仕えたという。すなわち、篠原氏は本来、阿波の在地領主ではなく、三好氏当主の側近として近侍するようになり、麻植郡上桜城などの城主へ取り立てられていったと考えられる。
(8)『板野郡誌』では寺記に見えるとする。
(9) 註(6)参照。
(10)『見性寺文書』「三好元長寄進状」大永七年二月二日付(『戦三』第一巻、三五号)。
(11) 馬部隆弘「三好元長の下山城郡代」(『日本歴史』七九二、二〇一四年)。
(12)『白峯寺文書』「三好実休禁制」天文八年一〇月付(『戦三』第一巻、一三一号)。
(13)『勝尾寺文書』「瓦林家次等連署状」(天文一六年)五月一五日付(『戦三』第一巻、一九三号)。
(14)『東寺百合文書』「三好実休書状」天文二〇年九月二一日付(『戦三』第一巻、三二六号)。
(15)『妙蓮寺文書』「篠原長政禁制」天文一六年三月二一日付(『戦三』第一巻、一八六号)、『妙顕寺文書』「篠原長政禁制」天文一六年四月一日付(『戦三』第一巻、一九〇号)、『知恩寺文書』「篠原長政禁制」天文一六年四月三日付(『戦三』第一巻、一九一一号)。
(16)『木戸太平氏所蔵文書』「三好長治書状」永禄二年六月二六日付(『戦三』第一巻、五五七号)。
(17)『木戸太平氏所蔵文書』「篠原実長・加地盛時・三好康長連署副状」永禄二年六月二六日付(『戦三』第一巻、五五八号)。
(18)『昔阿波物語』
(19)『森田周作氏所蔵文書』「高屋城在城衆起請文」永禄五年一一月二九日付(『戦三』第二巻、八六五号)。
(20)『松家家文書』「三好長治副状」(元亀四年)五月一五日付(『戦三』第三巻、一六六三号)。
(21)武内善信「天正三年の雑賀年寄衆関係史料」(『本願寺史料研究所報』二七、二〇〇二年)。
(22)『由佐家文書』「三村元親書状」(天正三年)三月一八日付(『戦三』第三巻、一七三二号)。
(23)『萩藩閥閲録所収内藤六郎右衛門文書』「毛利輝元書状写」(元亀二年)七月二七日付(『戦三』第三巻、参考一一九号)。
(24)矢内一磨「堺妙國寺蔵「己行記」について——史料研究を中心に——」(『堺市博物館報』二六、二〇〇七年)。
(25)長谷川賢二「天正の法華騒動と軍記の視線——三好長治の「物語」をめぐって——」(高橋啓先生退官記念論集『地域社会史への試み』原田印刷出版、二〇〇四年)、天野忠幸編『論集　戦国大名と国衆一〇　阿波三好氏』(岩田書院、二〇一二年)に再録。
(26)三好存保の動向については、中平景介「天正前期の阿波をめぐる政治情勢——三好存保の動向を中心に——」(『戦国史研究』六六、二〇一三年)なども参照。
(27)『土佐国蠹簡集』「織田信長書状写」(天正六年)一〇月二六日付、『林原美術館所蔵石谷家文書』「忠秀・中島重房連署状」(天正六年)一一月二四日付(浅利尚民・内池英樹編『石谷家文書　将軍側近のみた戦国乱世』吉川弘文館、二〇一五年)。
(28)『吉田文書』「長宗我部元親書状写」(天正八年)一一月二四日付(『戦三』第三巻、参考一三九号)。
(29)①『香宗我部家伝証文』「織田信長朱印状」(天正九年)六月一二日付(『戦三』第三巻、一九一六号)、②『香宗我部家伝証文』「三好康長副状」(天正九年)六月一四日付(『戦三』第三巻、一九一七号)、③『東京大学史料編纂所所蔵志岐家旧蔵文書』「松井友閑書状」(天正九年)一一月二三日付(『戦三』第三巻、一九一九号)。拙稿「織田・羽柴氏の四

国進出と三好氏」（四国中世史研究会・戦国史研究会編『四国と戦国世界』岩田書院、二〇一三年）で天正八年と比定していたが、藤井譲治「阿波出兵をめぐる羽柴秀吉書状の年代比定」（『織豊期研究』一六、二〇一四年）により、天正九年に改める。

①三好式部少輔《康俊》事、此方無別心候、然而於其面被相談候旨、先々相通之段、無異儀之条珍重候、猶以阿州面事、別而馳走専一候、猶三好山城守《康長》可申候也、謹言、

六月十二日　　信長（朱印）

香宗我部安芸守《親泰》殿

②爾来不申承候、仍就阿州表之儀、従信長《織田》以朱印被申候、向後別而御入眼可為快然趣、相心得可申旨候、随而同名式部少《康俊》輔事、一円若輩ニ候、殊更近年就忩劇、無力之仕立候条、諸事御指南所希候、弥御肝煎、於我等可為珍重候、恐々謹言、

六月十四日　　康慶《康長》（花押）

香曾我部安芸守《親泰》殿

御宿所

③（封紙上書）「十一月廿三日宮内卿法印より、
安富筑後守・同又三郎へ被遣候状壱通入」

今度淡州之儀、皆相済申候、於様子者不可有其隠候、就其阿・讃之儀、三好山城守《康長》弥被仰付候、其刻御人数一廉被相副、即時ニ両国不残一着候様ニ可被仰付候、可被得其意之旨、慥可申届之通、上意候間、其元□□□□《御馳走憑候カ》、尤専用候、猶追々可申候、恐々謹言、

十一月廿三日　　宮内卿法印

友感《閑》（花押）

安富筑後守殿

安富又三郎殿

御宿所

(30)『寺尾菊子氏所蔵文書』「織田信長朱印状」天正一〇年五月七日付（『戦三』第三巻、一九二五号）。

(31)『林原美術館所蔵石谷家文書』「長宗我部元親書状」(天正一〇年)五月二一日付(『戦三』第三巻、参考一四三号)では、元親は信長に屈服し、海部と大西を除く阿波と讃岐を放棄する意思を示していたが、元親を滅ぼすにせよ、降伏を認めこれらの所領を受け取るにせよ、康長・信孝・信長の出陣自体は避けられなかった。

(32)『篠原数三郎氏旧蔵篠原家文書』「仙石秀久副状」(天正一一年)一二月一五日付、『戦三』第三巻、一九五七号)。秀久は篠原太郎左衛門の働きを、「先年中富之合戦幷勝瑞之龍城之次第、貴殿無比類御手柄之様体被申出候、実度々御忠節無比類被思召候旨被成御感状候、末代之御面目無極候」と称賛している。

(33)『九鬼男爵所蔵文書』「羽柴秀吉書状」(天正一〇年)九月八日付(『阿波国徴古雑抄』日本歴史地理協会、一九一三年)。

(34)『黒田家文書』「羽柴秀吉書状」(天正一〇年)九月一二日付(『戦三』第三巻、参考一四六号)。拙稿「織田・羽柴氏の四国進出と三好氏」(前掲)で天正八年と比定していたが、藤井譲治「阿波出兵をめぐる羽柴秀吉書状の年代比定」(前掲)により、天正一〇年に改める。

(35)拙稿「蜂須賀家政の徳島城築城をめぐって」(『戦国史研究』六一、二〇一一年)。

〔付記〕脱稿後、馬部隆弘「細川晴元の取次と内衆の対立構造」(『ヒストリア』二五八、二〇一六年)が発表された。細川晴元が阿波に在国している際に文書発給に携わった側近として、阿波国人の古津元幸・湯浅国氏、摂津国人の瓦林在時、近江国人の篠原之良らの存在を指摘している。併せて参照されたい。

補論2　絵図資料からみた勝瑞

平井松午

はじめに

　これまで、「勝瑞」地名の所見は『後法興院記』の明応二年（一四九三）一二月三日条の「せウスイ」とされ[1]、一五世紀後半には勝瑞に細川氏の守護所、一六世紀後半には三好氏の居城「勝瑞屋形」が置かれたと考えられてきた（重見二〇〇六）。

　しかしながら、戦国時代の城館や初期城下町については、同時代における地図的資料を欠いているため、後世の絵図資料や考証図などからその立地や形態・構造が考察されることになる（山村二〇〇七）。勝瑞についても同様に地図的資料を欠くが、そもそも中世〜戦国期における阿波国関係の絵図・地図資料自体がまったく確認されていない。それゆえ、羽山（一九七六）は明治初期の地籍図などを用いて「守護町勝瑞」の町割復原を試みているが、近年の発掘成果からは羽山が想定した都市的要素を見いだすことは困難な状況にある。

　そこで本稿では、近世期の絵図を手がかりに、三好氏の城館跡が残る勝瑞の歴史地理的様相についてみていくことにしたい。

第一節　慶長度の阿波国絵図と勝瑞

「国絵図」は、江戸幕府が軍事・地方支配を目的に諸藩（絵図元大名）に提出させた「郷帳」の付図で、一国単位で作成された大型の手書き見取図である。江戸時代前期に幕府は絵図元大名にいくども国絵図の調進命令を出している。阿波淡路両国支配の大名であった蜂須賀氏は、慶長一〇年（一六〇五）頃、寛永一〇年（一六三三）頃、寛永一八年（一六四一）頃、正保三年（一六四六）、寛文五年（一六六五）頃、元禄一三年（一七〇〇）[2]頃の六度にわたって幕府（勘定所）ならびに巡見使に国絵図を提出しているが、全国的にみてもこれだけの回数を提出しているのは稀である（平井二〇〇五）。ただし、蜂須賀氏が淡路国支配を命ぜられるのは慶長二〇年（一六一五）であることから、慶長度の国絵図は阿波国分のみであるのに対し、他の五度の調進時には阿波国・淡路国の国絵図が一対で作成されている。

　慶長度の阿波国絵図は、近世初頭の阿波国の状況を示す見取図であるが、本来は東西方向に長い阿波国の形状が南北長に描かれるなど、地図としての精度は粗い。本図には四一四ヵ所の村形地名が確認でき、その大半は不揃いな形状の小判型村形記号の中に地名（村名）が記載されている（平井二〇〇〇）。このうち、「撫養」「わき」「大西」「富岡」「わしき」「と毛」の六ヵ所については、大きな丸輪の村形記号が用いられていて郷町を示すと考えられる[3]。

　本図（図1）では、「姥嶋」（藍住町祖母ヶ島《うばがしま》）[4]付近で二筋に分かれた吉野川が「市場」「高房」付近でさらに今切川《いまぎれ》や榎瀬江湖川《えのきぜえこ》を分流し[5]、榎瀬江湖川が「ゑの木せ」「たいの濱」付近で別宮川《べっく》（現・吉野川）に直接注いでいる様子が描かれていて、勝瑞が位置する現・藍住町域周辺が吉野川と別宮川とに挟まれた川中島を呈していた状況が明瞭に伺える。この川中島の中に「板東郡《ばんどう》」[6]と記された郡付記号の北側、すなわち吉野川（現・旧吉野

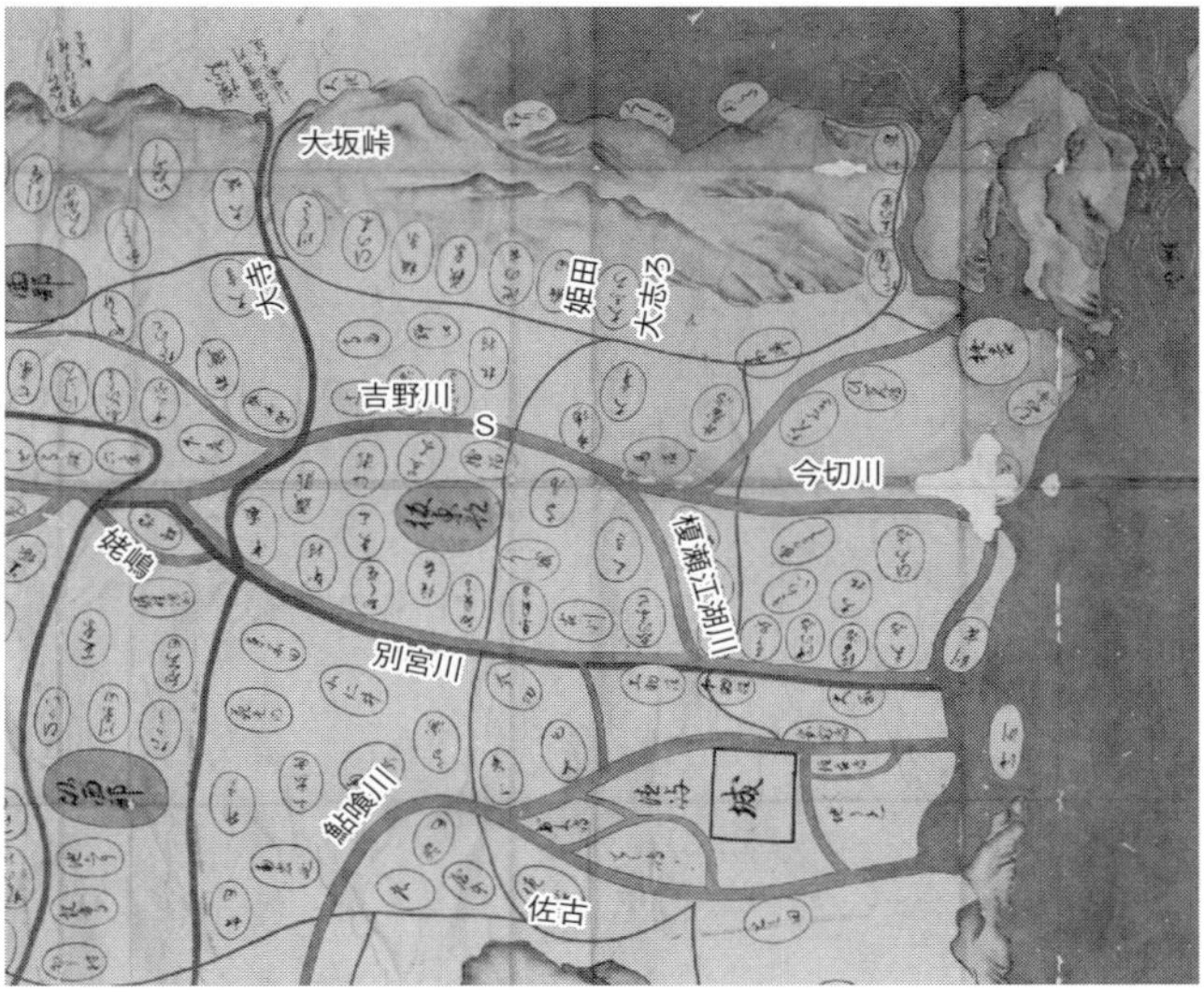

図１　慶長度の阿波国絵図（部分）
（徳島大学附属図書館蔵、徳１）　Ｓは勝瑞　原本 縦227×横175cm

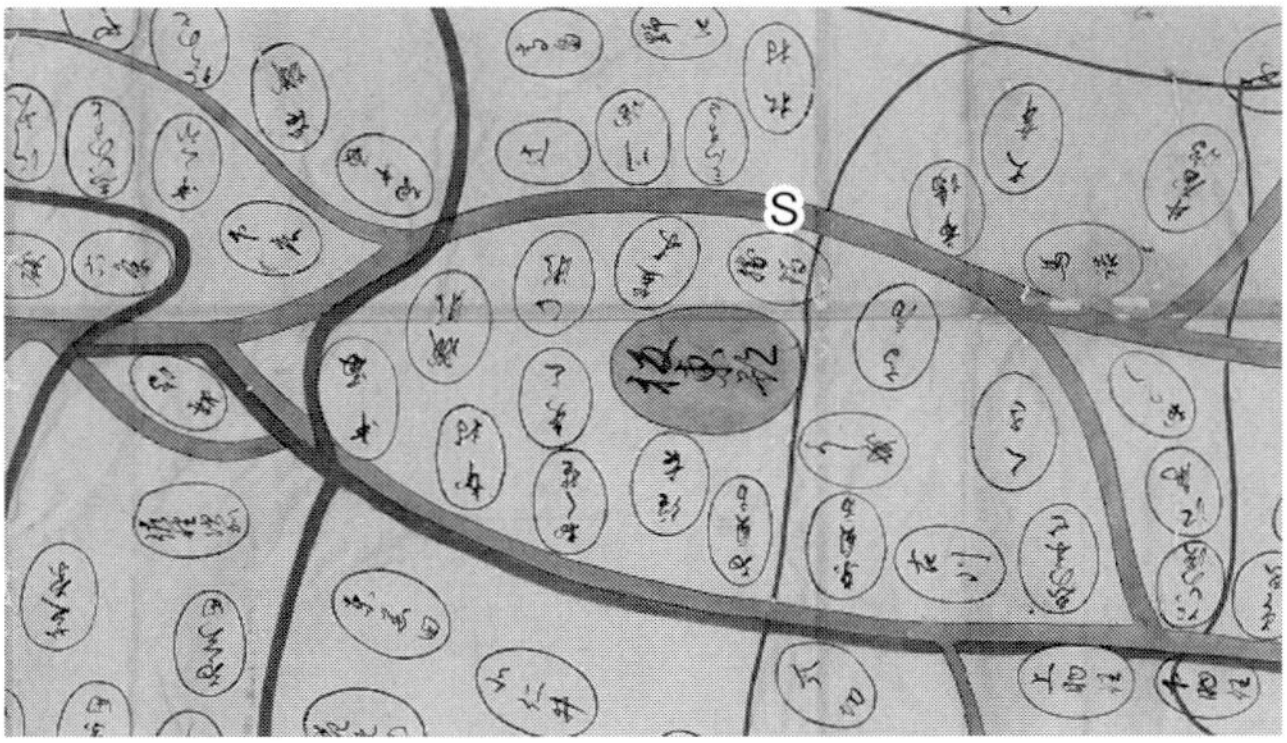

図２　慶長度の阿波国絵図（勝瑞周辺）
（徳島大学附属図書館蔵、徳１）　Ｓは勝瑞

川）南岸に「勝瑞」の村形記号を見ることができる（図２）。「勝瑞」については、小判型村形記号が用いられていることから、他の村々と同様に在方として扱われている。ちなみに、本図は絵図に記載された「勝瑞」の初見資料になる。

また、本図では太朱筋で郡界、細朱筋で主要道が示されていて、図２では村形記号「勝瑞」の右端（東）を横切る形で讃岐街道が描かれている。(7)この慶長度の阿波国絵図に示された讃岐街道は、阿讃山地の大坂峠を越えて「讃州引田へ出ル大道」であった。当時の讃岐街道（図１）は、徳島城鷲ノ門を起点に城下の新町から名東郡佐古村で伊予街道と分岐して北上し、鮎喰《あくい》川（高崎川）を歩渡《かちわたり》して、通称「さがり松」地点で別宮川（現・吉野川）を舟渡りし、別宮川北岸の板野郡「東貞方《さだかた》」村・「勝瑞」村を抜けて、「大志ろ」村もしくは「姫田」村付近で撫養《むや》街道と合流し、「大寺《おおでら》」村で再度分岐して讃岐国に至る大坂峠を越えていたとみられる（平井二〇〇四）。

この道筋は、正保期や元禄期の讃岐街道ルートに比べてより東側のルートを通過していることになるが、戦国期における三好氏の拠点であった勝瑞と徳島城下を結びつけるルートであったという点で注目される。勝瑞城館は天正一〇年（一五八二）に長宗我部元親勢によって破却されたが、羽柴秀吉による四国平定に伴い同一三年に入国した蜂須賀家政は、徳島城の築城や徳島城下町の整備にあたって勝瑞城の石垣や寺社建築物を移転したとされる（三好・高橋編一九九四、一三二～一三三頁）。それゆえ、慶長年間当時においても主要な街道の一つとして、勝瑞を通るこの讃岐街道が機能していたとみられる。なお、勝瑞城館跡に隣接する住吉村には、家政と同じく四国平定戦に参加し、慶長八年（一六〇三）に徳島藩領に編入される旧置塩《おしお》領一万石を領有した赤松則房が居城を置いたとされる(8)（平凡社地方資料センター編二〇〇〇、一一四頁）。

第二節　寛永前期の阿波国絵図と勝瑞

寛永一〇年（一六三三）の幕府による西国巡見使派遣時に作成されたとみられる寛永前期の国絵図でも小判型の村形記号が用いられ、枝村も含めて七五二ヵ村が図示されている（図3）。交通注記の小書きがある本図には、「居城」とする徳島城のほかに、三好家・土佐家（長宗我部氏）の「城所」や阿波九城を示す「古城」が記載されている。具体的には、「志やうずい村」「川嶋村」「にう村」の「三好家城所」、「木津村」「西条村」「一ノ宮村」の「土佐家城所」、「むや村」「富岡町」の「古城」、それに「わき　古城」「大西　古城」「海部《かいふ》　古城」である。この他に、本図の畾紙《らいし》凡例書きに「三好家土佐家城所／勝瑞　木津　一ノ宮　川嶋　西条　仁宇《にう》」と記載されている。

「志やうずい村」の「三好家城所」とは、三好氏の本拠地であった勝瑞城館のうち、環濠が今も残る勝瑞城跡を指すとみられる（図4）。川島城は三好氏家臣の河島兵衛之進の築城とも伝えられ、天正一三年（一五八五）の羽柴秀吉による四国平定戦後には蜂須賀家与力の林図書助能勝と兵三〇〇名が配置された。那賀川中上流域の仁宇谷の入口に位置する仁宇（丹生）城には、天正一〇年以前には仁宇伊豆守正廣あるいは湯浅対馬守が居城していたとみられるが、同一三年には蜂須賀家の重臣山田織部と兵三〇〇名が置かれている。

他方、三好氏の重臣であった篠原肥前守自遁《じとん》の居城で堅守を誇った木津城には、天正一〇年の長宗我部氏の阿波侵攻後に土佐方に帰順した旧桑野城主関之兵衛が入城し、同一三年の羽柴秀吉による四国平定戦時まで守衛したとされる。西条城もまた、天正一〇年までは細川氏・三好氏に与した一族の平城で、天正一三年の蜂須賀家政入部時には重臣森監物《けんもつ》が兵三〇〇名と入城し、阿波九城の一角をなした。一宮城の歴史は古く、南北朝初期の暦応元年（一三三八）に阿波守護小笠原長房の子長久の四男長宗が築いて居城としたとされ、その子孫は一宮氏として後に守護細川氏に被官している。天正一〇年の長宗我部元親による阿波国侵攻後、阿波国経営の拠点となった一宮城には元親の家臣江村親俊・谷忠澄が城番として置かれた。同一三年の四国平定戦時には開城され、秀吉から阿波国を拝領した蜂須賀家政が一宮城に入城し修築したが、ほどなく徳島城に移り、一宮城には益田宮内少輔が兵三〇〇名とともに配置された（以上は徳島県教育委員会編二〇一一による）。

阿波九城は、天正一三年の蜂須賀家政による阿波国入部以降、蜂須賀家重臣による城番制の下に阿波国内に配置された支城で、元和元年（一六一五）の一国一城令後の寛永一五年（一六三八）までにすべて破却されたとみ

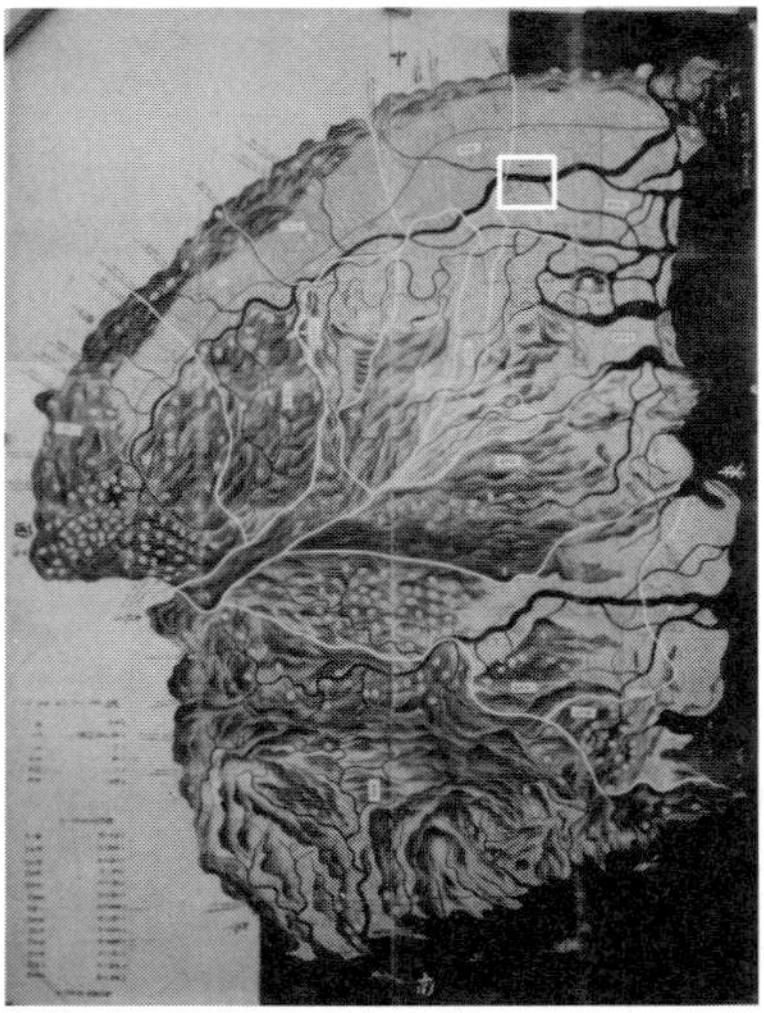

図３　寛永前期の阿波国絵図

（国文学研究資料館蔵　蜂須賀家文書1197－２）

原本 縦275×横200cm

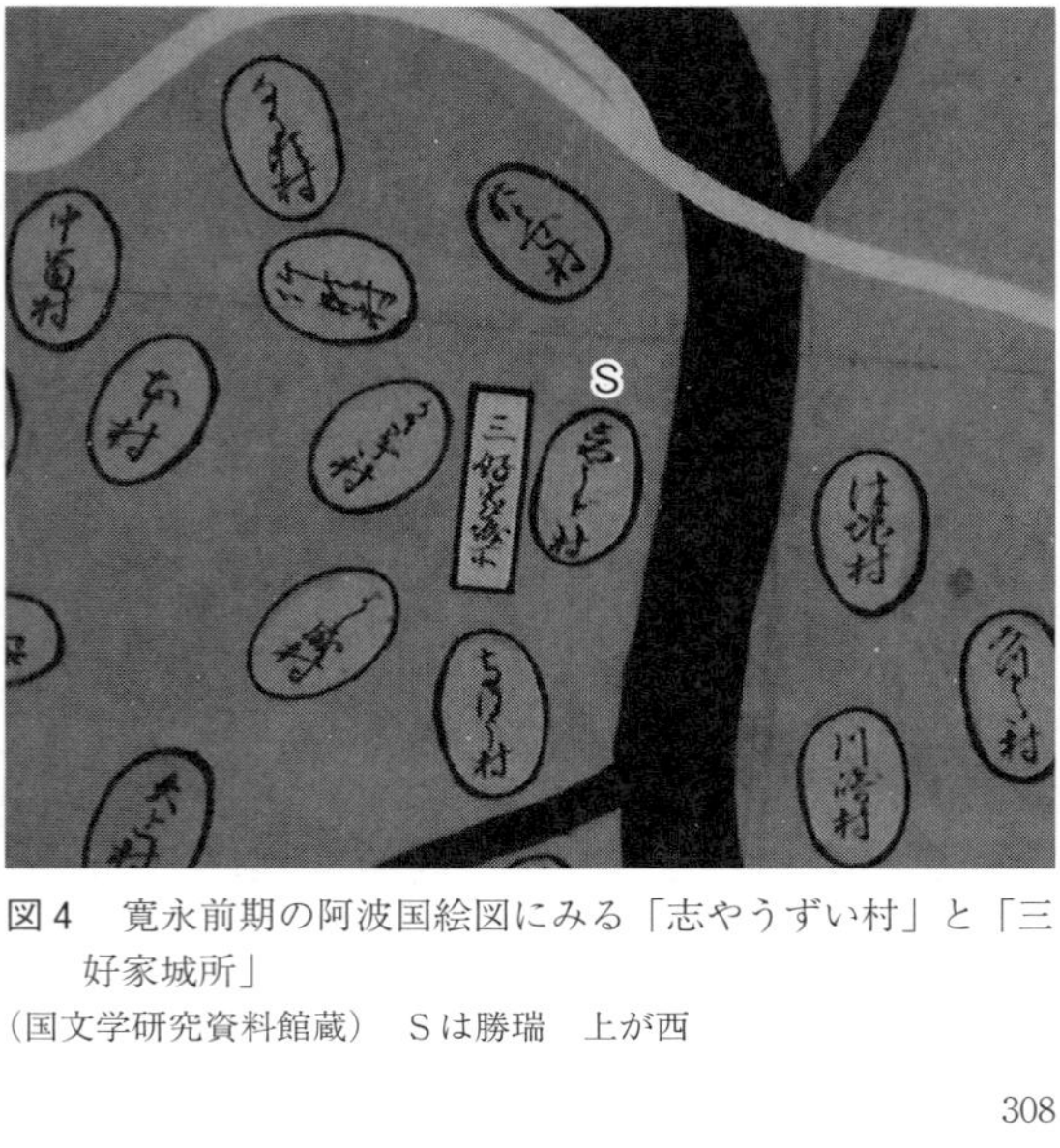

図４　寛永前期の阿波国絵図にみる「志やうずい村」と「三好家城所」

（国文学研究資料館蔵）　Sは勝瑞　上が西

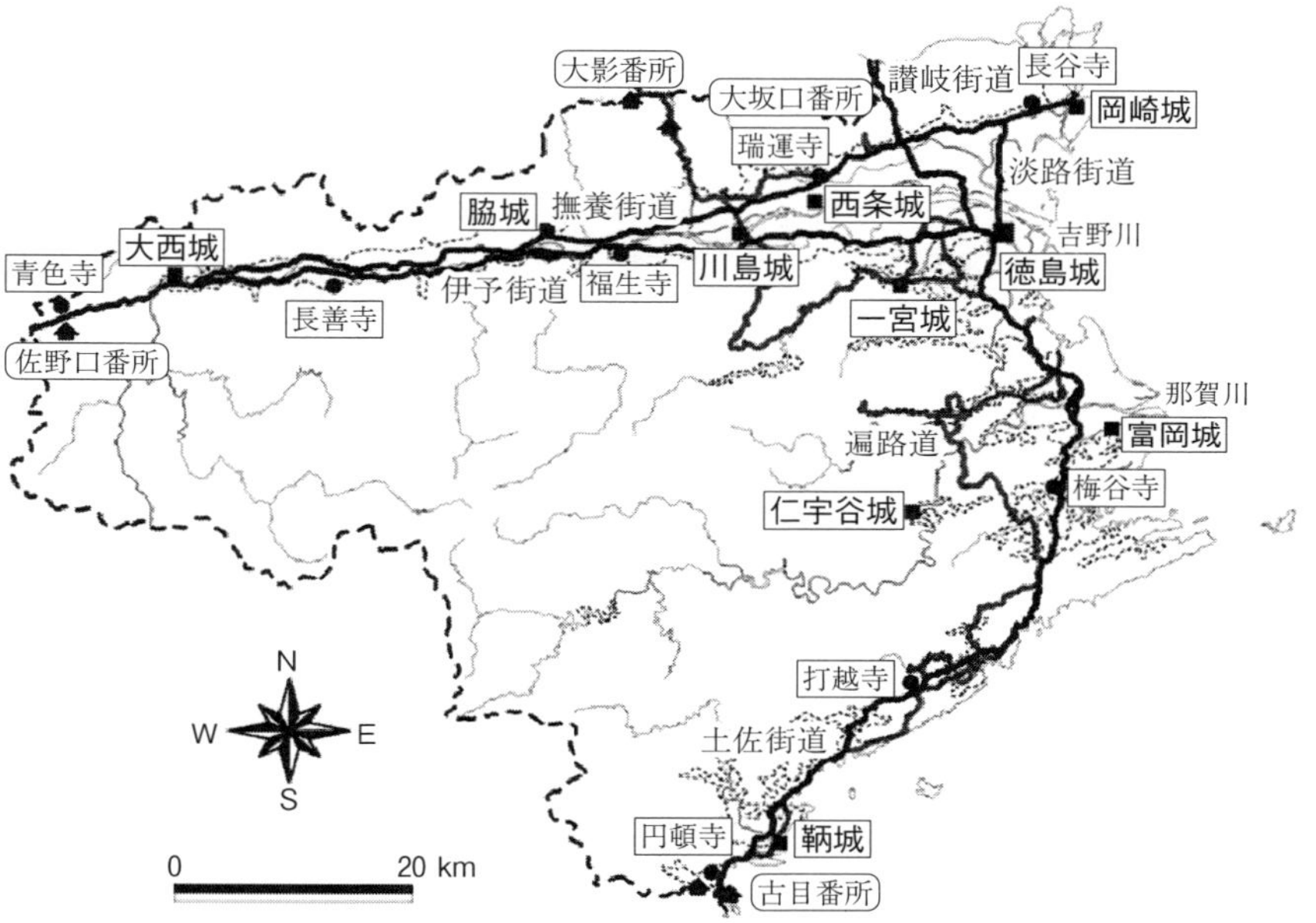

図５　阿波五街道（正保期）および阿波九城・駅路寺の配置

られる。阿波九城（図５）は、吉野川流域の北《きた》方《がた》に一宮城・撫養《むや》（岡崎）城・西条城・川島城・脇城・大西城、那賀郡・海部郡の南方《みなみがた》に牛《うし》岐《き》（富岡）城・仁宇谷城・海部（鞆《とも》）城が配されていて、この寛永前期の阿波国絵図ではこれら九城すべてが「城所」あるいは「古城」として記載されていることになる。そうした点で、寛永前期の阿波国絵図は、戦国末期における阿波国の情勢を物語る数少ない貴重な絵図資料であるともいえる。

第三節　寛永後期の阿波国絵図と勝瑞

寛永一八年（一六四一）頃の作成とみられる寛永後期の阿波国絵図（図６）にも「古城」表記がみられ、凡例では「村付ハがく」（短冊型村形記号）、そして「古城ハ四角」とされる。「古城」が表記されているのは、撫養（岡崎）城、勝瑞城、脇城、大西城、本庄城、牛岐（富

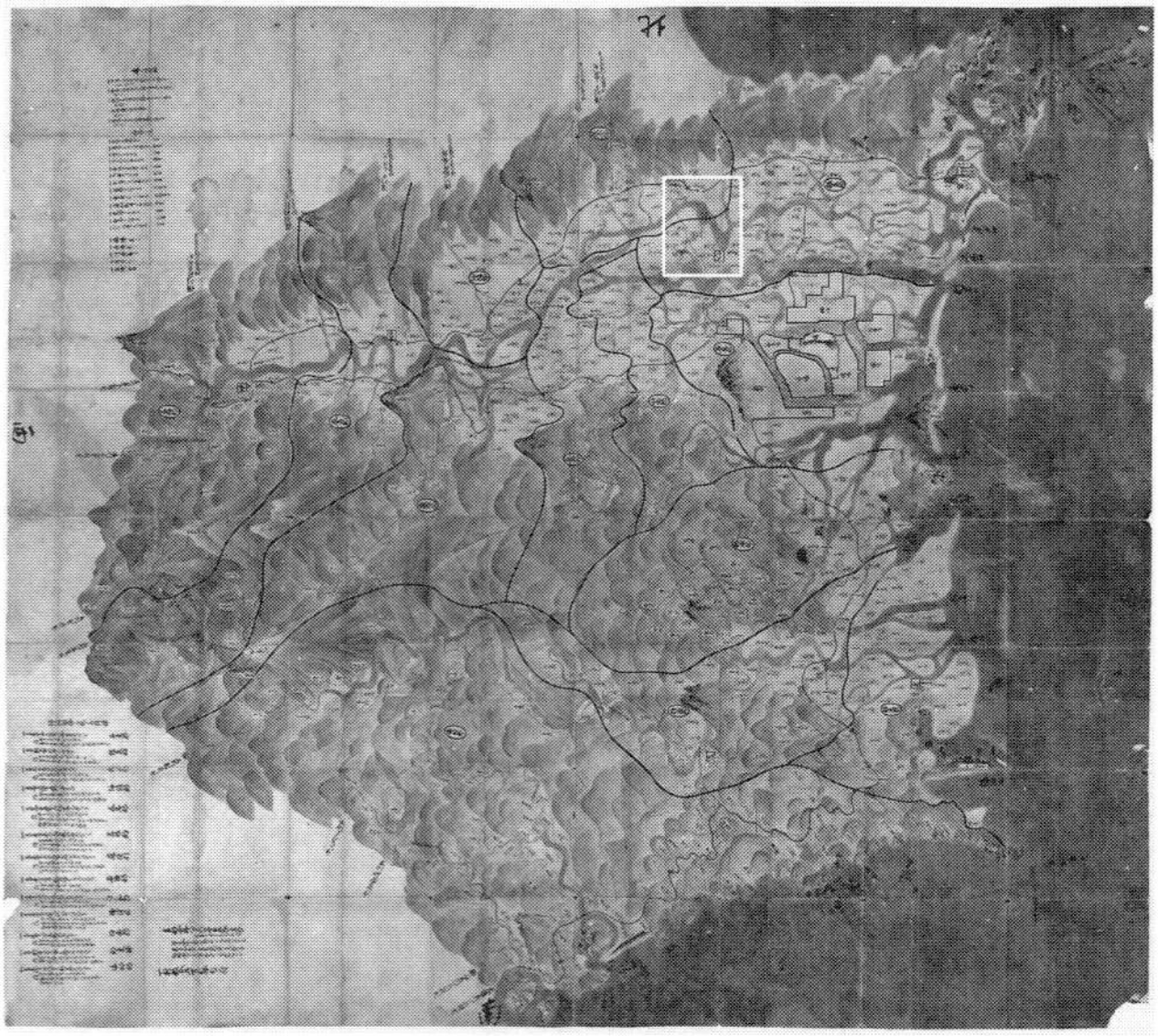

図６　寛永後期の阿波国絵図
（徳島大学附属図書館蔵、徳３）　原本 縦284×横263cm

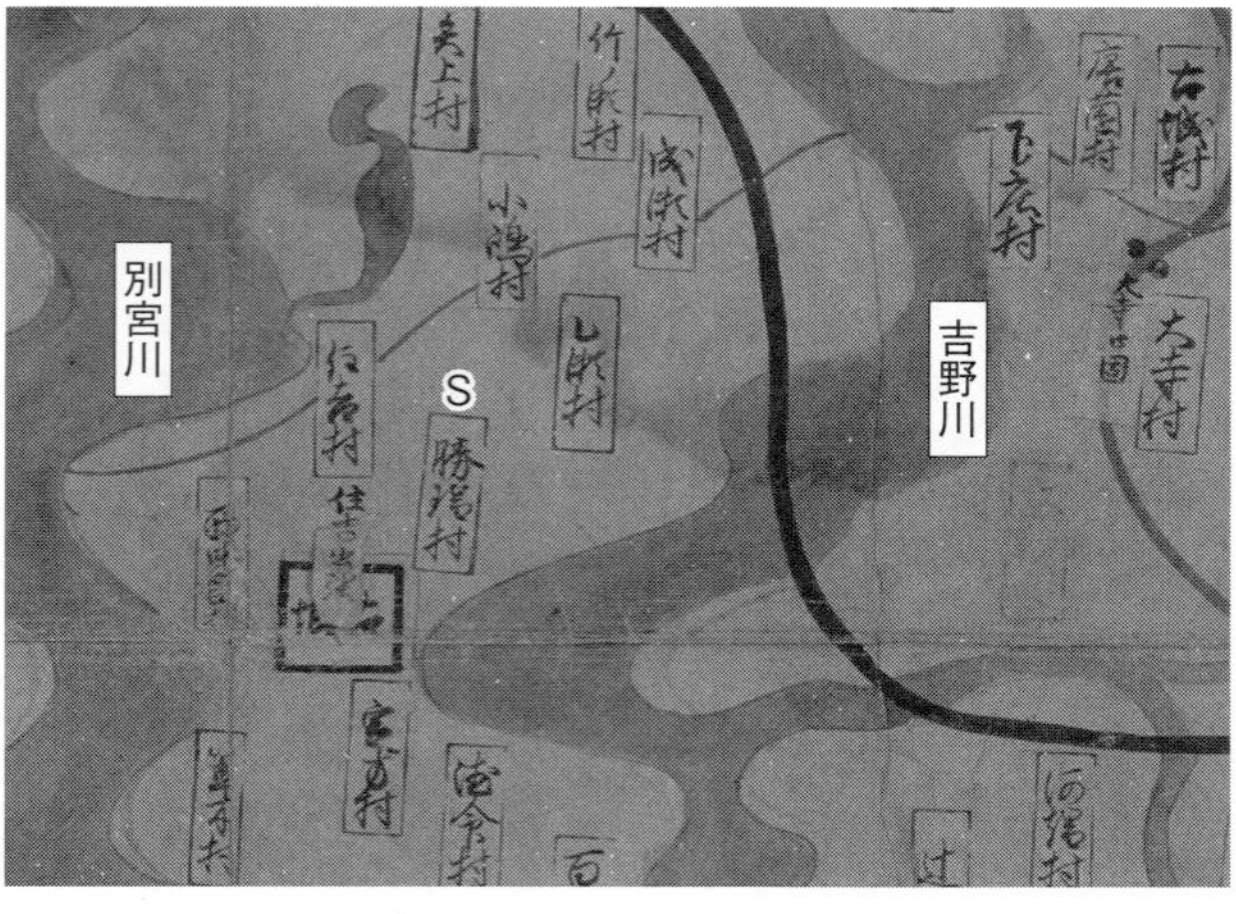

図７　寛永後期の阿波国絵図にみる「古城」記号
（徳島大学附属図書館蔵）　Ｓは勝瑞　上が西

岡）城、和食《わじき》（仁宇谷）城、海部城である。

このうち、本庄城は阿波九城ではないが、細川氏・三好氏ともつながりのあった清原高国の居城とみられている。和食城は、那賀川右岸の那賀町和食郷字南川にある蛭子《ひるこ》神社付近に比定されていて、その約二キロメートル上流左岸に位置する仁宇（丹生）城と同じく、阿波九城の一つである仁宇山（谷）城と推定され、天正一三年（一五八五）以降は蜂須賀家重臣の山田織部が城番を勤めた（徳島県教育委員会編二〇一一）。それゆえ、阿波九城のうち、本図に「古城」が記載されていないのは、西条城、一宮城、川島城の三城となる。

この寛永後期の阿波国絵図では、吉野川・別宮川やそれらの分流が蛇行を繰り返している様子が伺え、勝瑞村の「古城」は吉野川と別宮川とに挟まれるように位置している（図７）。他方、慶長度の阿波国絵図では「勝瑞」の村形記号の東端を横切るように讃岐街道が描かれていたのに対し（図２）、本図において細朱筋表記の讃岐街道は住吉村―小嶋村―成瀬村ルートに変更されている。すなわち、讃岐街道は慶長期よりもやや西側にルートが変更され、勝瑞村が讃岐街道から外れた状況が読み取れる。慶長五年（一六〇〇）に赤松氏の置塩領(9)が廃されたことも影響しているものと思われるが、大坂峠に直結する讃岐街道が勝瑞を通らなくなったことは、勝瑞が持っていた中心機能の低下を示すものと受け取れる。

正保元年（一六四四）の江戸幕府による国絵図調進命令では国絵図の仕立様式が統一され、その結果、国絵図において古城表記などはみられなくなる。それゆえ、以後の正保度・寛文度・元禄度の阿波国絵図では、「勝瑞村」についても小判型の村形記号に村名と村高（六三三石余）だけが記載されることになり、それらの国絵図からは往時の勝瑞の面影を探ることはできない。一八世紀後半の作成とみられる徳島藩作成の藩用図「阿波国大絵図」では、「勝瑞村」に「城跡」として台形の土盛りが描かれているが、実像を示すものではない（平井・根津編二〇〇七、三四頁）。

第四節　「板野郡勝瑞村分間絵図写（仮称）」の分析

平井（二〇一四）や羽山（二〇一五）によれば、徳島県には一九世紀前期に作成された実測分間絵図や知行絵図など、精度の高い近世村（藩政村）レベルの絵図が多数残されていて、それらの村絵図を利用することで近世村落の景観復原が可能となる。

勝瑞村については、そうした絵図として「板野郡勝瑞村分間絵図写（仮称）」（以下、「勝瑞村分間図」と略す）が唯一確認できる。当図は、徳島県板野郡住吉村土御門天皇御聖蹟敬仰奉賛会編『土御門上皇勝瑞御聖蹟ニツイテ』（一九三九年）に収録されている謄写版刷りの単色手書き模写図で、大字勝瑞地内の字東勝地・字成長付近が描かれている（図8）。本来は、文化年間（一八〇三～一八一八年）中に作成された絵図面二寸一町（約一八〇〇分の一）の縮尺を有する勝瑞村一円を描いた実測分間絵図とみられ[10]、本図はその部分模写図である。図中にイ・ロ・ハの記号が三ヵ所打たれている。イを土御門上皇にちなむ勝間御所、ロを南陽離宮、ハを井隈火葬所とするが、本論とは直接関係しない。

謄写版の手書き模写図には、今も残る勝瑞城跡の環濠や慶長度の讃岐街道と推定される大道沿いに列状に建ち並ぶ東勝地集落の家屋群が確認できる。本節では、この「勝瑞村分間図」から勝瑞城館周辺の近世的景観を読み取り、可能な限り戦国期勝瑞に関わる地図情報を探ることにしたい。ただし、本来は彩色手書きの精緻な絵図仕立てをもつ実測分間村絵図であるが、本図は保存状態のあまりよくない謄写刷であるため、記載内容の判別が難しい。

そこで本図の分析にあたっては、徳島県立図書館[11]などに所蔵されている同系統の実測分間絵図を参考に、以下のように分類した。

図８　「板野郡勝瑞村分間絵図写（仮称）」
（藍住町教育委員会提供）　上が北

「道」　本来は細朱筋（実線）で描かれていることから、「勝瑞村分間図」の単線（細実線）表記については道とした。

「藪地」「勝瑞村分間図」では、単線にケバを施した表記がこれに相当すると判断した。本来はケバ状の細線を施した緑青系の太筋もしくは細筋が用いられ、家屋の周囲や河岸などに表記されることが多い。表現内容から樹種は主には竹林とみられる。

「樹木」　松・榎のような独立樹として描かれる記号で、他の分間村絵図の記載からも樹木と判断されるが、樹種は不明である。「勝瑞村分間図」では、山王権現社や天神社の境内、勝瑞古城付近、さらには水路沿いや家屋周囲の一部などに確認できるが、図像が不鮮明で正確には読み取れない個所もある。

「建物」　実測分間村絵図では一般に、建物屋根の瓦葺き・茅葺き、木造家屋（主屋）・白壁土蔵、社寺建築物などが描き分けられているが、「勝瑞村分間図」ではそれらの判別が難しいことから、すべて一括して「建物」と表記した。同一敷地内に建物が二～三棟確認される場合があり、これらは主屋・土蔵・納屋などとみられるが、これらについても判別が困難なため同一記号とした。なお、主屋の多くは南東方向に向いている。

「水部」「水路」　道などと同一色ではあるが、ぼかした表現が採られていることから、水部・水路と判断した。水濠のような幅広のものについては「水部」、用水路などの線状のものについては「水路」とした。

「荒地」　本図の南東部（字成長付近）に草地のような記号が用いられている。他の分間村絵図では川中洲や河川敷にこうした表記がみられることから、ここでは「荒地」と表記した。

以上の前提に立って「勝瑞村分間図」を分析していくが、分析は次の手順で行った。

①ＧＩＳソフト（ArcGIS）上に、公共測量座標値を用いて数値地図化した昭和五七年（一九八二）作成の二五〇〇分の一藍住町都市計画図をベースマップとして展開し、その上に「勝瑞村分間図」の画像データ（レイヤー）を重ね合わせる。

ただし、実測分間村絵図の精度は高いものの、近世期の測量・製図技術によるため、実際の形状や地物の位置には多少の誤差を伴う（平井二〇一四）。ましてや、今回の分析には粗い模写図を用いること、都市計画図が作成された昭和五七年頃には藍住町の住宅化が進み始めて道路・水路の形状や土地割がかなり変更されていることもあって、「勝瑞村分間図」は必ずしも都市計画図と狂いなく重なるわけではない。

②そこで、「勝瑞村分間図」と都市計画図で同一地点と確認できる三九地点についてコントロールポイント（ＣＰ）を設定し、この三九地点を基準にジオリファレンス（位置補正・幾何補正）することで、二つの図を重ね合わせることとした。作業の結果、一次多項式（アフィン）変換後の両図三九地点間の平均誤差（ＲＭＳ）は一四・二メートル（最大二七・一メートル、最小一・三メートル）であった。他村の検証事例（平井二〇一四）

からすると誤差値（同一地点のズレ）は大きいが、本図が描写の粗い模写図であることを斟酌しなければならない。なお、最終的には、このズレを最小限に抑えて重ね合わせの精度をあげるためにスプライン変換[12]を行った。

③こうしてレイヤー同士を重ね合わせた「勝瑞村分間図」（画像データ）に記載された道・水部・家屋などの地物記号を、ポイント・ライン・ポリゴン（多角形）のGISデータとしてトレースした。これにより、GISデータ化された地物記号はそれぞれが位置情報（座標値）を有し、位置情報を有する他の地図・地形図や基盤地図情報・空中写真[13]との重ね合わせが可能になる。

図9は、五メートルDEMデータ[14]から作成した標高五〇センチ間隔の標高段彩図上に、「勝瑞村分間図」に記載された地物記号のGISデータを図示したものである。これによれば、東勝地の集落の大半は標高三・五〜四・五メートル、勝瑞館跡は標高四メートル、勝瑞城跡も標高五メートル付近の自然堤防上に位置する。北に向かって標高が高くなるこの自然堤防は、北側を東西方向に流れる吉野川（現在の旧吉野川）の堆積物によって形成されたと考えられるが、その南縁部を慶長期の讃岐街道と推定される大道が南西〜北東方向に横切っている。この大道の南東側は標高が三メートル以下の低湿地が続いていたとみられる。近世期の勝瑞村では畠作が卓越していたが[15]、これは水はけのよい（水持ちの悪い）砂質壌土からなる自然堤防上が主たる生産の場であったことによる。東勝地集落の西側に点在する山王権現社や鎮守、さらに三好氏の祈願寺とされる南東部の正貴寺も微高地上に立地していることから、勝瑞城館を象徴するランドマークとなり得た可能性がある。

次に、「勝瑞村分間図」の記載内容について検討してみることにしたい。第一に、精度に問題はあるにしても、模写図である「勝瑞村分間図」が原図を忠実にトレースしているという前提に立てば、北千間堀が現状のように東西に連続する水路として描かれていない点が注目される。すなわち、図9中のA地点で北千間堀は途切れており、少なくともいったん南側に大きく迂回する形をとる。北千間堀は、戦国期には内陸水路として重用されたと

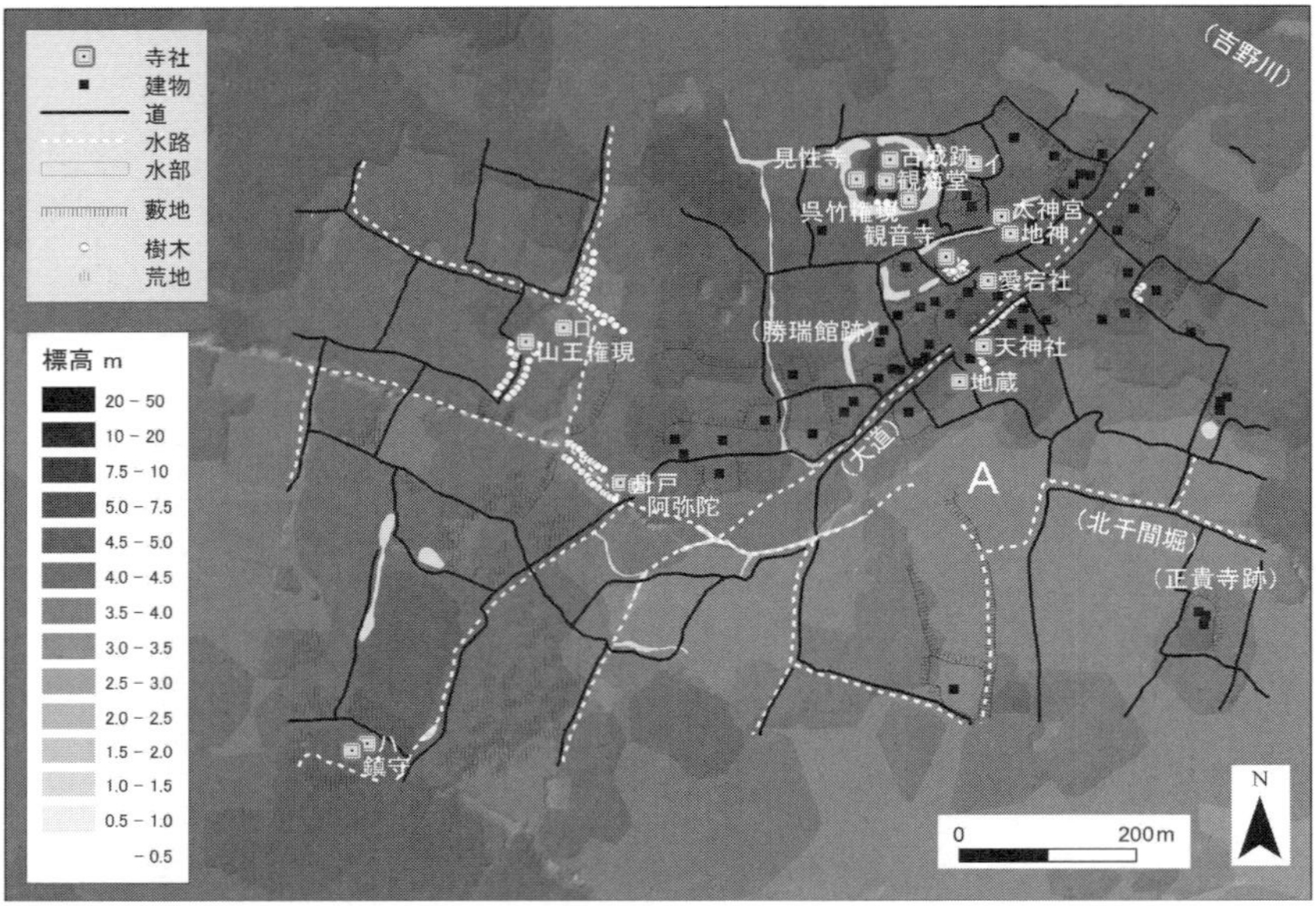

図９　「勝瑞村分間図」（東勝地周辺）に記載された地図情報と標高図

標高データは国土交通省四国地方整備局徳島河川国道事務所提供の５mDEMデータを使用。

図10　「勝瑞村分間図」に描かれた東勝地集落部

（空中写真は1947年米軍撮影 USA R519－１－５　国土地理院提供）

みられるが（山村二〇一四）、一九世紀前期にはその機能を著しく低下させた可能性がある。

さらに注目されるのは、東勝地集落付近に卓越する水壕と藪地である。図10は、農村景観を色濃く残す昭和二二年（一九四七）米軍撮影の空中写真上に、スプライン変換した「勝瑞村絵図」記載の地物記号を重ね合わせた東勝地集落付近の拡大図である。本図によれば、現在も残る勝瑞城跡の環濠と東勝地集落の大道沿い水路との間に、四ヵ所の水路・水部を確認することができる。いずれも集落の北縁や西側を限っている(16)。しかしながら、集落自体が微高地上に位置することから、これらの水部・水路は旧河道とは考えにくく、また吉野川（現在の旧吉野川）が氾濫した際には北側あるいは西方から流水・流木などが押し寄せることから、その方向に洪水対策として水濠をあえて設けることも理解しがたい。それゆえ、最大幅八～一〇メートルを有するこれらの水部・水路については、何らかの防御的意味の下に造営された水濠の可能性が考えられる。

地神・観音寺あるいは集落部の北縁や西側を取り囲むように東西方向に伸びる水壕は、中世後期の豪族屋敷村や環濠集落にみられる水濠の形状に近い。勝瑞館跡の発掘調査では、曲輪状の複数の水濠跡が確認されている（図10）。この東勝地集落部の水濠が、勝瑞館跡の一連の水濠と関連するものなのか、あるいは本来は個別に曲輪状の形状を呈していたかどうかについては、成立時期も含めて現時点では不明である。

しかし、勝瑞館跡の水濠が防御的機能を失い、近世期には埋められて農地として再開発されたのに対し、集落部の水濠は一部にせよ近世期には維持されてきたとみられる。中世後期に造営された環濠が灌漑用水として機能維持されてきたことは、早くから指摘されてきたところである（谷岡一九六三、二二四～二三二頁）。東勝地の水濠についてみれば、集落部や寺社を囲繞することから、灌漑用水のほかに防火用水・雑用水としてこれらの水濠が利用されてきたと推定される。

さらに、東勝地集落では多くの家屋が藪地で囲繞されていて、そうした景観は昭和二二年の空中写真でも確認することができる。同年撮影の空中写真で周辺集落と比較すると、西勝地や吉成などの団塊的集村をなす集落ではこうした藪地は少ないものの、東勝地と同様に道沿いに発達した小規模家屋群からなる疎塊村などでこうした個々の屋敷地を囲繞する藪地が確認できる。それゆえ、藪地で屋敷地を取り囲む集落景観は必ずしも東勝地集落だけに特異なものではないものの、「勝瑞村分間図」では出入り口のみを開口して周囲をすべて囲繞する家屋も確認されることから、外部からの遮断性は高いとみられる。こうした藪地が防御を意図してのものか、あるいは季節風・洪水対策や竹材利用の生活対策のためのものかは判断しがたいが、結果として、藪地が外部から集落内部を視覚的に遮断していることに違いはない。

おわりに

本稿では、国絵図レベルで近世前期における勝瑞の地理的状況を、そして「板野郡勝瑞村分間絵図写（仮称）」の分析を通して近世後期の勝瑞村における集落景観の一断面を概観してきた。

近世前期のいくつかの国絵図からは、「三好家城所」あるいは「古城」といった旧蹟地として勝瑞村が描写されていること、そして讃岐街道の変遷からも勝瑞村の中心性が失われていった過程をみることができた。

一方、文化年間（一八〇四～一八）作成とみられる「板野郡勝瑞村分間絵図写（仮称）」からは、今も残る勝瑞城の環濠や勝瑞館跡の水濠群との関連性や、藪地で囲繞されて遮断性が高い東勝地の集落景観を読み解くことができた。しかしながら、これらの特徴は戦国期の勝瑞城館との関連性を示唆する状況証拠であって、その関係性を直接示すものではない。しかも、絵図資料はきわめて限られている。それゆえ、今後は東勝地集落の水濠跡や藪地跡などの検証を進めることで、戦国期における勝瑞城館の実像に迫ることが期待される。

（1）最近、福家清司によって、「勝瑞」地名の初出を応永年間（一三九四～一四二八）後半期とする説も出されている。詳細については本書の福家論文を参照のこと。

（2）調進年代はいずれも平井（一九九四・二〇〇五・二〇〇七）の推定。

（3）これらの丸輪型村形記号の所在地を藩政初期の支城であった阿波九城とする説もあるが（川村一九八四）、阿波九城所在地であった一宮・西条・川島には小判型村形記号が用いられている。

（4）藍住町大字東中富の字慶長、字貞享、字東安永、字西安永付近。

（5）本来、榎瀬江湖川は今切川の分流であることから、当図の表記は間違えている。

（6）「板東郡」は、寛文五年（一六六五）の郡改めにより、板西郡と合わせて「板野郡」に改称されて現在に至っている。

（7）正保三年（一六四六）の「阿波国徳島之図」（正保城絵図、国立公文書館蔵）には徳島城下の田宮口に「北方道　田宮口　板野郡大坂越讃岐境目迄五里」とあることから、近世初頭までは讃岐国と阿波国との境である大坂峠に至る「北方道」とも呼ばれていたとみられる。なお、正保四年（一六四七）［明暦三年（一六五七）写］の「阿波海陸道度帳」（国文学研究資料館蔵）に、撫養本道・淡路本道・讃岐本道・伊予本道・土佐本道の阿波五街道が明記されている。また、正保元年以降に隣国との境界に境目番所が設けられることから、城番制の廃止や徳島城下町の再編を背景として、正保初期に五街道が整備されたとみられる（平井二〇〇四）。

（8）屋敷は徳島城下佐古にあったとされる。なお、「慶長二年分限帳」によれば赤松氏の置塩領は板東郡内の二三ヵ村に及び、その多くは現在の藍住町域およびその周辺の村々からなったが、勝瑞村は置塩領には含まれていなかった。これは、蜂須賀家が勝瑞村を重要視し、直支配地に組み込んだと考えることもできる。

（9）図7中の「古城」について、本論では勝瑞城と推定しているが、かつて赤松氏の居城が「住吉村」に所在し、その住吉村の村形記号に「住吉出張」の付箋が貼り付けられていることから、この「古城」を住吉城跡と解釈することを否定するものではない。

（10）稿本『阿淡両国絵図面』（徳島県立図書館蔵呉郷文庫）などによれば、徳島藩における実測分間絵図作成の責任者であった岡崎三蔵の下役山瀬佐蔵は、文政二年（一八一九）までに板野郡ほか七郡の分間村絵図の作成を終えているとされる（平井二〇一四）。

（11）徳島県立図書館所蔵絵図のデジタル版については次のサイトを確認のこと。
http://www.library.tokushima-ec.ed.jp/digital/ezu/ezulist.htm（二〇一六年八月二六日閲覧）。
（12）スプライン変換は、内挿手法によりサーフェス（地図画像）全体の曲率を最小限に抑える数学関数を使用する幾何補正法である。
（13）「勝瑞村分間図」の位置補正（幾何補正）にあたっては、藍住町都市計画図のほかに、昭和二二年（一九四七）に米軍が撮影した空中写真ＵＳＡ　ＲＡ五一九―一―五（国土地理院地図・空中写真閲覧サービス）も参考とした。
http://mapps.gsi.go.jp/maplibSearch.do#1（二〇一六年八月二六日閲覧）。
（14）五メートル間隔の地点ごとに標高値がデータ化されたＤＥＭデータについては、国土交通省四国地方整備局徳島河川国道事務所提供のものを使用した。
（15）文化一二年（一八一五）編纂の藩撰地誌『阿波志』巻五（稿本）によれば、勝瑞村の「土田」は水田一に対して陸田九を占めた。
（16）羽山（一九七六）が明治初期の地籍図を用いて復原した字東勝地の地割図でもこれらの水部・水路は確認できるが、水部は用水路のように幅が狭まっている。

【参考・引用文献】

川村博忠『江戸幕府撰国絵図の研究』（古今書院、一九八四年、六五～六七頁）。

重見髙博「阿波の守護所」（内堀信雄・鈴木正貴・仁木宏・三宅唯美編『守護所と戦国城下町』高志書院、二〇〇六年、三五九～三七〇頁）。

谷岡武雄『平野の地理』（古今書院、一九六三年）。

徳島県教育委員会編『徳島県の中世城館　徳島県中世城館跡総合調査報告書』（同会、二〇一一年）。

羽山久男「守護町勝瑞の復原的研究」（『高校地歴』一二号、一九七六年、三〇～四一頁）。

羽山久男『知行絵図と村落空間――徳島・佐賀・萩・尾張藩と河内国古市郡の比較研究――』（古今書院、二〇一五年）。

平井松午「阿波の古地図を読む」（徳島建設文化研究会編『阿波の絵図』同会、一九九四年、八九～一〇六頁）。

平井松午「淡路国・阿波国」（川村博忠編『江戸幕府撰　慶長国絵図集成　付江戸初期日本総図　解題』柏書房、二〇〇〇年、九九～一〇八頁）。

平井松午「国絵図にみる阿波五街道の成立」（日下雅義編『地形環境と歴史景観――自然と人間の地理学――』古今書院、二〇〇四年、一七一～一七九頁）。

平井松午「阿波国」（国絵図研究会編『国絵図の世界』柏書房、二〇〇五年、二五五～二五八頁）。

平井松午「徳島藩の測量事業と実測分間絵図」「実測分間絵図の精度に関するＧＩＳ検証」（平井松午・安里進・渡辺誠編『近世測量絵図のＧＩＳ分析――その地域的展開――』古今書院、二〇一四年、七七～一一一頁）。

平井松午・根津寿夫編著／徳島市立徳島城博物館編『阿波・淡路国絵図の世界』（徳島市立徳島城博物館、二〇〇七年）。

平凡社地方資料センター編『日本歴史地名大系三七　徳島県の地名』（平凡社、二〇〇〇年）。

三好昭一郎・高橋啓編『図説　徳島県の歴史』（河出書房新社、一九九四年）。

山村亜希「回憶のなかの戦国城下町――吉田郡山古図の景観表現とその変化――」（藤井譲治・椙山正明・金田章裕編『大地の肖像　絵図・地図が語る世界』京都大学学術出版会、二〇〇七年、二二四～二四六頁）。

山村亜希「勝瑞の立地と景観」（徳島県教育委員会編『勝瑞――守護町勝瑞検証会議報告書――』二〇一四年、一〇三～一一一頁）。

終　章　守護町勝瑞と権力・地域構造――阿波モデルの構築――

仁木　宏

はじめに

勝瑞の発掘調査が開始されて今日にいたる二〇年間は、日本中世都市史研究が新しい研究段階を迎え、発展してきた時代と重なる。この間、日本の中世都市研究は、文献史、考古学、地理学、建築史（都市史）などの学際的視角から進められ、都市の空間構造の解明を基礎に、その政治的性格、経済流通や文化交流、地域社会における都市の配置など、多面的な分析がなされてきた。

そうしたなかにあって勝瑞では、城館が積極的に発掘調査されるとともに、「守護町勝瑞」とよばれる周辺都市域についての研究も多面的に進展してきた。その結果、勝瑞の歴史的意義はかなりの程度明らかになってきたといいえよう。

本稿は、そうした勝瑞が、中世都市の歴史のなかでどのような位置を占めるのか、いくつかの視点から論じようとするものである。その際、終章（結論）としての役割を意識し、本書の成果をできるだけまとめることにつとめたい。

第一節　日本の中世都市

日本の中世都市を大まかに分類した場合、政治都市、交通都市、宗教都市の三類型をあげることができる。政治都市の代表は京都である。古代の都城である平安京が変質して一〇世紀には中世都市・京都が成立する。一一～一二世紀に京都の郊外にできた鳥羽、白河、六波羅などの都市も政治都市といえる。また奥州藤原氏がつくった平泉、幕府がつくった鎌倉なども第一義的には政治都市である。

これとは別に、各地に地方政治都市が設けられていた。古代の国府・国衙を継承して中世前期には府中・府内が成立した。一四世紀後半以降、武家が地方政治を完全に掌握すると、守護の拠点である守護所が府中を継承した。一五世紀後半、多くの守護が管国に下向すると守護所の中心性は高まり、都市としての発展を遂げる。さらに一六世紀第2四半期になると戦国大名の権力強化にしたがい、守護所は戦国期城下町へと変質してゆく（府中から守護所への変遷以降の展開については、第二節で詳述する）。

政治都市が地域社会において大きな比重を占めるようになったのは、一五世紀後半以降である。それまでの日本においては交通都市、就中、港町が地域におけるもっとも主要かつ普遍的な都市であった。古代の港町は、大津・国府津などとよばれ、国府・国衙の外港としての役割をはたすものが多かった。中世社会の展開にともない、地方でも交通・流通がよりいっそう盛んになるのに応じ、港町は遠隔地流通における集散地、地域社会における経済的中心地としての地位を高めていった。

船体構造や航海技術の相対的未熟さから、中世の航海は数多くの港湾に立ち寄ることで実現した。社会全体の分権的傾向もあり、近世よりも小規模ではあるが多くの港町が成立した[1]。こうして瀬戸内海をはじめ、北陸・山陰・東海・四国南岸・九州などでは港町が密度濃く分布したのである。

海岸沿いに成立した港町に対し、内陸部や山間地域の主要な都市として宗教都市も多くみられる。旧仏教系宗教都市には、平野部に位置するものもあるが、多くは山寄り、山際に立地した。これらを「山の寺」と呼んでいる。「山の寺」は真言系・天台系の寺院を核に、数十の坊院を付属するもので、畿内を中心に、北陸・東海・山陰などで顕著な展開が確認される。必ずしも境内に交易空間をともなうわけではないが、人口、技術・文化の蓄積などは地域社会のなかで卓越しており、その中心地性の高さから「都市」として評価すべきものと考えている。(2) これとは別に、一六世紀になると、浄土真宗(一向宗)の寺院を中心とする寺内町が畿内を中心に族生する。寺内町は、周辺農村の経済的成長の成果を集約し、大坂を中心とする都市ヒエラルキーを形づくった。

このように、日本の中世都市を説明する際、政治都市、交通都市、宗教都市などのカテゴリーにわけてそれぞれ解説することは可能である。しかし、実際には、明確な分類分けがむずかしい都市も多かった。京都は政治都市の代表であるが、都市の内部や近郊には多くの寺社が立地する。大徳寺・東寺など境内町・門前町をもつ寺院も多いし、法華宗寺院のように寺内町を形成していたと想定されるものもある。つまり、中世京都には宗教都市としての性格も色濃く刻まれているのである。

丹後府中、若狭小浜、越中放生津、越後直江津などは、いずれも室町・戦国時代の守護所・城下町であり、政治都市といえる。しかし、これらはそれ以前からの港町であり、港町としての性格は城下町時代にも根強く残っている。(3) さらに、これらには有力な寺社が多く立地し、そうした寺社門前の集積が港町になっているともいえる。

このように日本の中世都市の大半は、複数の性格を合わせもつ複合都市であった点に特徴が認められるのである。そして、それら多くの都市は、一五世紀末から一六世紀の経済成長に応じて爆発的に勃興したものであった。

日本史における一六世紀は、日本各地でさまざまな性格をもった都市が、数多く成立し、発展した時代であり、これほどたくさんの都市が存在した時代は日本の歴史上、他にない。その意味で、一六世紀日本は「都市の時代」とよべるであろう。

第二節　守護所と戦国期城下町

（1）府中から守護所へ

中世の地方政治都市は、先述したように、古代の国府を基本的に継承した府中（府内）からはじまった。平安時代後期から鎌倉時代においては、府中の政庁機関に周辺豪族らが「国衙在庁」として結集して、一国レベルの政治を掌っていたと考えられている。

府中は、名称としては南北朝時代から室町時代にも継続した。ただし、南北朝時代後半から室町時代（一四世紀後半から一五世紀前半）になると、府中は守護の地方支配拠点となってゆく。すなわち、室町幕府配下の各国の守護が、府中を拠点に定め、それぞれ管下の国の支配に乗り出したのである。

この段階の守護の支配拠点は守護所とよばれる。(4)前代以来の府中の地を継承したものも多いが、それとは異なる立地の守護所も少なくない。国内随一の穀倉地帯を選んだり、主要港湾に隣接する場所が守護所になっている事例も多い。さらに一国内でも、その国の地理的中心ではなく、首都京都に近い地域に立地する守護所もある。これは、当時の守護が京都の幕府との密接な相互関係のもとで政治を行っていたことによるのだろう。守護所が次々と移転する国もあった。美濃国や甲斐国が代表例であるが、(5)交通の要衝を押さえたり、当該国全体をバランスよく見渡して支配できる地域を選んだりしたと考えられる。

守護所は、府中を継承するものであってもなくても、平野部の中や港湾の一角に設けられた。背後に山をもつものはあっても、狭い谷の内部に立地することはなかった。交通の要衝を選んでいたことはまちがいない。交通は、府中であれば最初から申し分なかったが、新設の守護所の場合もたいてい国の主要街道に隣接して立地した。

守護所の中核である守護館は、一辺八〇メートルから時には二〇〇メートルにもおよぶ方形の居館であった。守護館のまわりには、一回り小さい守護代の館や一族の館、家臣団屋敷などが立地することが多かった。守護館がそのなかで最大の規模をもつことはまちがいないが、守護代以下の館と邸宅様式に差はなかった。小規模な土塁や堀をともなうことも多くみられる。守護の菩提寺、あるいは他国の客人を迎える迎賓館的な性格をもつ寺院も、守護館の近くに占地した。

こうした居館群を中心に構成される守護所の道路は多くの場合、直線的にひかれていた。中世の都市内の道路がしばしば自然地形に規定されてカーブするのに対し、守護所の道路は直線で通すことに意識的であったようである。自然地形を「克服」して守護権力の力量を見せることに意義があったのであろう。さらに、美濃国福光や能登国府中では、方格地割（グリッドプラン）による都市計画も実施されていたらしい。このように守護所は方形館の群集やそれらを結ぶ直線道路、また方格地割からなっており、方形プラン・方格プランをしばしば特徴としていた。

守護所にともなう町場については、さほど発達していないのが特徴であった。むしろ、守護所の近辺に、港町や宿、宗教都市など既存の町場が立地する場合が多い。守護権力はそうした町場に寄生して、その交易や富の力を得て守護所を経営していた。なかには、港町の内部に守護居館を設け、一見すると守護館が町場に「埋没」しているような事例もある。

そもそも、一五世紀後半に応仁の乱が激化するまでは、多くの守護は「在京」が原則であった。東は越中国・駿河国、西は中国・四国地方までの各国の守護は、基本的に京都で生活し、幕府政治に関与した。管国は守護代に任される場合が多かったが、守護代も在京し、「又守護代」が現地のトップである場合もあった。また、管国内の武士で、守護の被官となっていたものは、守護所に屋敷を構えたとしても、日常的には自分の支配地において在地領主として生活を送っていた。武士のなかには奉公衆となって将軍と直接的な関係を結んだため自国の守護とほとんど関係を有さないものもいた。

つまり、守護所とはいっても、日常的には少数の役人、警備役その他が常駐するにすぎなかったと思われる。それゆえ、守護館のなかには、独立した屋敷をかまえず、寺院の一画を間借りするような事例も見られたのである。

このように、一五世紀後半までの守護所は、武家による地方支配の政治拠点ではあっても、一六世紀以降の城下町とは大きく性格を異にしたのである。

(2) 戦国期城下町

一五世紀末になると、各管国の政治情勢が不安定になり、圧倒的多数の守護は国に下向する。なかには初めて管国に入る守護もあっただろう。その後の展開はさまざまである。守護がそのまま政治を主導し、戦国大名へと成長してゆくパターンも多い。守護が在国するが、下克上があり、守護代やその下の階層の武士が実権を握る事例もある。なかには完全な下克上が行われ、守護が追放されて、別の出自の者が戦国大名となることもあった。

そうした政治展開の多様性とも密接に関連し、戦国大名、戦国期地域権力の都市づくりは、守護所のそれとは大いに異なっていた。一六世紀の第2四半期、そうした戦国期城下町が各地に成立してゆく。

多くの守護所のように、平野部の真ん中や港町の一画に居館をすえる者は減り、大名たちは背後に山を背負う地に新しい城下を建設してゆく。山の上に山城が築かれ、山の下に居館が立地する場合が多かった。当初は、山下の居館が居住空間で、山城は籠城用施設であったが、やがて山城にも居館が整備されてゆく。発展した戦国期城郭において山上と山下の居館をどのように使い分けていたのか。山下の居館がハレの場で、政務や接客一般に使われたのに対し、山上の居館はケの場で、生活や、親しい客の接待に使われたという説もある。これは織田信長の美濃国岐阜の事例をもとにしているが、他で確認されることは少ない。むしろ文献史料からは、山上の居館が政務や日常的な生活の場であることが確認される事例が多い。

大名は、山上の空間で日常的に生活し、政務を執ることによって、山下の屋敷や町場に暮らす家臣・住民、さらには領国の人びとに対して、大名権力の優越性を示そうとしたのであろう。実際、山上で裁判がなされている例が多い。この視覚効果、標高差が示す支配・被支配関係の落差は重要であろう。

山下に展開する家臣団屋敷も守護所段階にくらべると増加したと考えられる。ただし、この時代の家臣団屋敷を評価するうえで重要なのは家臣の「定住性」である。つまり、そこに屋敷があったとしても、屋敷の主である家臣がそこに日常的に住んでいるのか、普段は本拠地に住んでいて、儀礼・出兵準備などの時だけ城下の屋敷にくるのかで屋敷の意味合いは異なる。さらに家臣自身がそこに住んでいたとしても、正妻・嫡子が本拠地に住んでいる場合もある。(6)

では、その定住性を高める要素は何か。従来は、大名の主従制的な支配権が強くなると、家臣たちは強制的に城下に集められたと考えられていた。しかし、近年の研究によるとそうではなく、城下に集まった家臣たちは権力の意志決定の場である「評定」に参加したり、権力意志を発動する文書（年寄奉書、奉行人奉書など）に署判するために城下に集っていることがわかってきた。つまり公権力の一員としての義務をはたすため、城下に集住しているのである。家臣団集住は、主従制ではなく、官僚制の問題として解く必要がある。

戦国期城下町においては町場も拡大し、その住民も増加した。戦国期城下町には家臣団凝集域の町場と、「楽」である市場が明確に別個のものとして存在しているとの説もあった。しかし、その実証性には問題があり、実際、そうした二元構造をとっていない城下も多い。二元構造をとる、とらないにかかわらず、戦国期になると常設店舗の数が増え、市場も繁栄していた。町場では、程度の差はあれ両側町の結びつきが生じ、地縁的な共同体の萌芽が生じていたと推量される。

こうして戦国期城下町は、大名による権力統制の核としても、町場のあり方においても、守護所のレベルを超越していったのである。

(3) 大名権力と拠点都市

戦国期城下町の多くに共通する要素から説明すれば上記のようになる。しかし、実際の城下町はより個性的である。守護所では、幕府とのつながりの濃さ、ヨコ（他国）の類似性を遵守しようとする志向の強さによって、都市構造がいずれもよく似ているのに対し、戦国時代は地域の自立性がより高まったからである。

そうした観点からすれば、戦国大名のうち、守護大名以来の系譜をもつ大名の城下町に一定の規範が認められる点は興味深い。これらの大名は、一六世紀中葉から後半、多くの大名が山城に本拠を移す段階になっても、相変わらず平地の方形居館を本拠としつづけた。これは、甲斐武田氏、駿河今川氏、周防大内氏、豊後大友氏などに共通する。守護職の伝統と、平地の方形居館が密接に関係していることを示す。今川氏、大内氏などは、ドラスティックな権力崩壊のあり方を示したため、その権力基盤は脆弱なものと思われがちである。しかし、桶狭間合戦や陶晴賢の反乱などは「突発的な」事件であり、それまでの今川氏、大内氏はきわめて強力な大名であった。おそらくそれゆえ、籠城用の山城は有しつつも、方形居館にこだわったのであろう。

大規模な港町に城下町が寄生する事例も多くみられる。越後上杉氏の府中（直江津）、越中畠山氏の放生津、能登畠山氏の所口・府中（のちの七尾）、若狭武田氏の小浜、因幡山名氏の布勢などである。もともとの府中が海から離れていたのに、守護所の段階以降、港町に隣接する場所に移転した例が多い。日本海側のしかも若狭以束に多いことも特徴である。日本海側は、冬の気候が厳しく、良港となりえる自然地理的条件をもつ港は限られている。それゆえ、港の分布密度が瀬戸内海などよりずっと低い。逆に、それぞれの港のもつ中心性は高い。こうした港のもつ卓越性の高さが大名権力を吸引したのであろう。

ただし、上杉氏、能登畠山氏の場合は、権力としての成長の過程でいったん、港町から距離をおいて山城に本拠を移すことになる。上杉氏の春日山城（一五四八年、長尾景虎〈上杉謙信〉入城）、畠山氏の七尾城（一五二五年までに居城化）などである。これらは単に軍事的な要衝に移ったというだけでなく、大名は港町から距離を置くことによって、かえって支配を強化することをねらったものではないかと考えられる。港町の住人との密接な関係を断ち、支配者と被支配者、武士と商人の格差を明確にするための施策であったのではなかろうか。ちなみに、次の段階の権力、すなわち越後の堀氏（一六一二年、福島城入城）、能登の前田氏（一五八二年頃、小丸山城築城）は再び拠点城郭を港の近くに移し、今度は港町を完全に支配下に置いた城下町を築き上げている。

宗教勢力の拠点と戦国期城郭が重なっている事例が近江国で見られる。六角氏の観音寺城、京極氏の上平寺城はいずれも「山の寺」と同じ場所に営まれた城郭である。浅井氏の小谷城も、前身に山岳寺院があったといわれている。従来は、大名が「山の寺」を乗っ取り、寺院を追い出したと考えられがちであったが、近年は、共存していたと想定されるようになった。観音寺城下の石寺城下町については、そこに六角氏が進出してくる前から観音寺（寺院）の山下の門前町であった。これら近江の事例ほど顕著ではなくとも、畿内近国の城郭が立地した山上には、多くの場合、先行する宗教施設があった。その場合、そうした宗教施設のもつ中心性を城郭が継承することが広く認められると思われる。

前項で、戦国期城下町の特徴であると示した条件を多く備えている城下町を築いたのは、越前朝倉氏、美濃斎藤氏、尾張織田氏、安芸毛利氏、土佐長宗我部氏などである。いずれも、守護の直接的な系譜をもたない大名である。彼らこそ、平地の方形居館に対する思い入れを有さず、山城と山下の居館のセット、複雑な地形を利用した城と城下町づくりなどに邁進したのであろう。

こうした観点からすれば、越前朝倉氏の一乗谷城下町を戦国期城下町の典型と見るのはある意味妥当であろう。しかし、尾張小牧、安芸郡山、土佐岡豊のいずれもが、平地に城下町を展開させているのにくらべて、せまい谷に城下町の中心を置く一乗谷はかなり異例である。むしろ一乗谷城下町は戦国期城下町のなかでも特殊な事例であることを認識したうえで、朝倉氏の権力の特色をさぐるべきである。

この一乗谷の評価は象徴的であるが、じつはいずれの戦国期城下町も一定の規範性・共通性はもちあわせているものの、それ以上に個性、特殊性の強さが注目される。これは、それぞれの戦国大名のちがい、振れ幅の大きさを表したものであり、当然である。

守護所段階とは異なる、各地の城下町のちがい、個性に注目し、それがそれぞれの大名の権力のあり方をどのように反映しているのか、一つずつ検討してゆくことが現在の戦国期城下町研究の課題となっている。

第三節　細川氏・三好氏権力と守護町勝瑞

前節まで守護所、戦国期城下町にかかわる事実の整理、研究視角の提示を行ってきた。これを前提に、本節では、守護町勝瑞について論じる。その際、本書で各論者が提示した成果をできるかぎり組みこむこととしたい。(7)

（1）勝瑞以前の守護所秋月

細川氏の最初の守護所は秋月（阿波市）にあった。秋月は吉野川中流域の北岸に位置し、勝瑞から西へ二十数キロメートルの場所にあたる。

本書須藤論文が記すように、細川氏は鎌倉時代末期に秋月荘の地頭をつとめており、建武三年（一三三六）、細川和氏が阿波国守護に補任された時、その支配拠点を秋月に設けたという。ただ、守護が一国支配の拠点である守護所を設ける際、旧来の国府の地や、その伝統をひく府中地区を利用する場合が多いことは先述した。阿波国でいえば名東郡国府（徳島市西部）あたりである。細川氏がここに入らなかったのは、そこには南朝に味方する強力な旧国衙勢力の武士がいたからではなかろうか。それゆえ、吉野川上流の、必ずしも交通至便とはいえない秋月が、細川氏の由緒によって選ばれたのであろう。

かつて、秋月氏の本拠は、指谷川に面した「秋月城」にあると考えられていた。しかし、この「秋月城」と伝承される微高地を一九九八〜九九年に発掘調査したところ、顕著な遺跡は発見されず、同地が城跡であるとは認められなかった。一方、秋月集落付近には、東西一〇〇メートル余、南北約二〇〇メートルの方形の区画が認められる。他国の守護所によくある方形プランが想定されるが、いまのところ付近の発掘調査では明確な遺跡は確認できていない。ただ、この付近には「御屋敷」という地名も残されており、この方形区画周辺に守護館か、付属施設があった可能性は残る。

さらに、この方形区画の北側の山寄りに安国寺が立地する。現在、同寺は山際の一画に境内を占めるのみであるが、同寺の前面にも方形の区画が形成されており、その規模は東西四〇〇メートル、南北一〇〇メートル以上におよぶ。これは、中世段階の補陀寺・宝冠寺などの境内地の広がりを示すものと考えられている。守護所が補陀寺の敷地内にあった可能性も否定できない。須藤論文では、このような守護関連の寺院が建ちならんでいたことを重視している。ただ、これら寺院境内の方形区画と、「御屋敷」付近の方形区画の方向は軸線がずれており、必ずしも連動していない。

勝瑞に移る前の守護所が秋月にあったことは文献上まちがいないが、その具体的な場所や空間構造の解明は今後の課題である。

（2）勝瑞への移転をめぐって

本書福家論文によれば、勝瑞は守護所が移転してくる以前、「勝瑞津」とよばれる港町であった。旧吉野川から今切川が分流する「三合」地区に広くふくまれ、勝瑞の対岸には市庭が開かれていた（鳴門市大麻町市場）。そして一五世紀初期に、そうした交通拠点を目指して守護所が移転してくるとしている。さらに福家は、守護所の勝瑞への移転にあたって、聖記寺を建立し、その開山として留心安久を招いたが、これが一五世紀初頭だという。そしてこの一五世紀の聖記寺をついだ正貴寺（ともに「しょうきじ」）は、勝瑞地区においては「三合」地区に面する地点に建ち、その堂舎が水運上のランドマークの役割をはたしたのではないかとする。(8)

本書石井論文によれば、伝持明院跡には、守護町勝瑞時代以前（南北朝時代）の石造物が残存しており、守護所移転以前から勝瑞が地域拠点であったことはまちがいない。

阿波国守護所はある段階で秋月から勝瑞へ移転されるのだが、その時期にかかわる研究史については本書須藤論文がふれている。これまでに一四世紀末ごろに移転したとの研究もあるが、確実な史料では一五世紀末になって勝瑞は初めて守護所としてあらわれる。移転の理由については、阿波国全体の領国支配について秋月より便利であること、流通経済の拠点を掌握する必要があったことなどがあげられていると須藤はまとめている。

それでは何故、室町時代前半までは、秋月に守護所が置かれていたのだろうか。守護所が勝瑞に移されるのが、なぜ一五世紀になってからなのか。一五世紀になると領国支配を志す守護にとって、一国支配のためのバランスのよい守護所の立地、経済拠点の掌握が焦眉の急となった社会情勢の変化があったのだろう。守護在京原則の崩壊、流通経済の活発化が、秋月から勝瑞への移転の最大の理由であることをいまいちど確認しておきたい。秋月にいては一国を支配できない変化が阿波国に生じていたのである。

ところで、本書論文において福本は、守護所は、秋月から直接、勝瑞に移転したと実証できるのか疑問であるとし、旧吉野川北岸の鳴門市大麻町を重視している。そして、従来から注目されている市場地区だけでなく、三俣地区から萩原地区にかけて、すなわち阿讃山脈の南麓まで細川氏に関連する寺院などが建ちならび、守護所の都市機能を分有していたとしている。

中世の地方政治拠点はしばしば広範囲な広がりを見せ、金田章裕が提示した「市街不連続、機能結節型都市」の様相を示すことはこれまでも明らかにされてきた(9)。福本が注目する大麻地区から勝瑞にわたる広がりの意味するところも同様で、勝瑞に守護所機能が集約されていなかったと推定される。ただし、守護所が、秋月からいったん大麻地区に移ってからさらに勝瑞に最終的に移転したことを示す確実な史料はない。秋月から勝瑞に守護所が移転する際に、守護所機能が大麻地区にも広く分有されたと評価するべきであろう。ただ、福本の指摘はたいへん興味深い。

従来、秋月から勝瑞への守護所の移転は、ある年のある日に、守護所機能のすべてが同時に、一箇所に一気に移ったと考えてきたのではないか。しかし、実際には、守護所移転をもっと段階的、多極的に想定するべきなのだろう。たとえば、守護所以前に守護由縁の寺院が移転し、さらに旧吉野川対岸に関連する施設が散在して移転、建設されてゆく。そうしたあとで、守護館や付属施設、家臣団屋敷などが徐々に勝瑞に建てられはじめ、守護所の機能やその構成員は複数年をかけて秋月から勝瑞へ移ったのではなかろうか。

その一方で、一六世紀中葉以降、三好氏の「都市」形成（守護町整備）の空間は勝瑞にほぼ限定されている。都市の集約化、求心化がはかられた結果である。勝瑞が一五世紀から一六世紀までの間に大きく変貌をとげていると考えることは重要である。西勝地から東勝地への守護所の移動というだけでは簡単に説明できない、複雑な展開があったのだろう。

（3）西勝地と守護所

本書天野論文によれば、阿波守護細川成之は明応の政変（一四九三年）の直前より、勝瑞を在国の拠点にしていたことが確認される。阿波細川氏の奉行人や、細川本家（京兆家）の家督争いを繰り返した細川澄之やその後見人である三好之長も勝瑞に長くいた。澄之や之長は畿内での活動が史料に頻出するため目立つが、勝瑞に居住している期間が長かったという天野の指摘は貴重である。之長の孫の三好元長や重臣篠原氏も勝瑞にいた。武士のイエ支配権の相互不可侵の原則からいえば、彼らはそれぞれ居住する空間が必要であった。

勝瑞の西勝地には、方形プラン、ないし方格プランに近い道路が現況、認められる。西勝地付近は旧吉野川右岸の自然堤防上にあたり、周囲より標高が高く、東勝地よりも地形的には安定している。この点も、古い段階の集落、すなわち守護所の立地点である可能性をうかがわせる。実際、微高地上には、地福寺が立地し、見性寺の伝承地が存在する。この周辺が守護所にふくまれる可能性は高い。

天野は本書論文において、三好元長は、之長の菩提を弔うため、美馬郡脇町の宝珠寺を勝瑞に移転させたという説を紹介している（勝瑞で見称寺に改称）。そして西勝地の「馬木」の地名は脇町の馬木にちなむと考え、寺（宝珠寺）の周辺住民も脇町から勝瑞に移されたと推定している。

西勝地の西側は低くなっていて、現存の田地の形状からみて、歴史時代のある段階に吉野川が湾入し、それが長く水域、あるいは低湿地として残っていたことを推定させる。さらに、その東端付近には、幅約一〇〇メートル、長さ約四〇〇メートルにおよぶ湿地が今も残っている。この部分は、吉野川右岸の堤防が整備（近世と推定）される以前は吉野川につながっていたのではないかと推量される。これらの特徴的な地形の場が港湾部であるとすれば、それは守護所の西直下の港ということになる。吉野川に直接面した部分は、水の流れもあり、船を安定して止めておくことは難しい。川から船を導入できるような、幅のある水域を設けて、そこに川港を造ることは他でも想定されている。

このように歴史地理学的な観点からすれば、西勝地地区は勝瑞のなかでも重要なポイントにあたる。本書重見・小野論文が言及するように、発掘調査の結果、西勝地からは、一五～一六世紀にさかのぼる顕著な遺構は発見されず、考古学的にはそこに守護所を想定することは難しい。しかし、地名、寺院跡、地割などは西勝地が守護所の一部であったことを強く示唆しており、たとえ守護館は当地にはなかったとしても、本書山村論文が指摘するように、守護町勝瑞全体のなかで西勝地には一定の施設が建ちならんでいたと考えるべきだろう。

（4）細川氏・三好二家と東勝地の居館群

本書の論文で天野は、一五二〇年代には、京兆家の細川晴元は阿波守護細川持隆とともに勝瑞に在住しており、三好元長配下のいく人かの武士は勝瑞を本拠地にしていたと推定している。武士たちは三好氏の奉行人層を構成しており、その多くは勝瑞に居住して活動していたのである。

天野によれば、三好本宗家は一五四〇年代以降、摂津・河内の居城を本拠としたのに対し、阿波では阿波三好家が独立し、勝瑞を本拠とした。天文二二年（一五五三）、阿波三好家の実休や弟の十河一存が細川持隆を殺害したが、持隆の子である細川真之をその後も盛り立てており、守護家をほろぼすことはなかった。だとすれば守護館は基本的に継承されたであろう。しかし、屋敷地が替わらなかったかどうかは不明である。

永禄一一年（一五六八）の織田信長上洛以降は、三好長治、篠原長房らが勝瑞を拠点に、反信長方の旗頭の一つとして活動し、淡路・讃岐・備前・備中などに影響力を行使するとともに、畿内で軍事行動をおこす三好三人衆を後援した。三好長慶の時代より、むしろこの時代の方が阿波三好家は広い地域の政治・軍事に関与したことになる。このように天野の研究によって、阿波三好氏だけでなく、三好本宗家や細川京兆家、阿波守護細川氏の屋敷も一定期間、勝瑞にあったことが明らかになった。西勝地は守護細川氏、東勝地は三好氏という、かつての単純な二分論が成立しえないことは明確である。

発掘成果も参考にすれば、東勝地中心部では、方形の武家居館が何度も形状を変えながら増殖し、おおよそ東・北方向に展開していっているようである。守護所や戦国期城下町で、中心施設が方形居館でありつづける場合、たいてい何らかの改造が施されていることは、発掘調査から確認される。しかし、たとえば周防国山口の大内氏館と比較するならば、その変移の振れ幅は東勝地の居館の方がよほど大きい。大内氏館の場合、一五世紀半頃に成立し、弘治三年（一五五七）に居館としての利用が終了する。その間、館の周囲の構造物が土塁、土塀になったり、堀の幅がかわったりしている。しかし、館の広がりそのものは、南方、西方に若干、拡大・縮小するくらいで、基本的には変化しない(10)。

守護や戦国大名の方形居館の圧倒的多くは単郭式である。これはおそらく守護・戦国大名権力の求心性を示し、周囲から屹立した権力の卓越性を示すためのあり方であろう。勝瑞でも、西勝地で想定されている守護館は単郭式である。東勝地については、いまだ不明な点が多いが、中心的な居館の内部を新たに画すような堀が掘られたり、隣接して規模の大きな居館が設けられたりしている。

こうしたちがいの原因は何であろうか。大内氏館が安定した扇状地上に立地しているのに対し、東勝地が大河川近くの微高地上に位置し、地形的により不安定である、ということも理由であろう。しかし、それよりは、大内氏の権力構造がより安定的であったのに対し、東勝地の居館（群）の主が体現する権力がより「不安定」であったことによるのではないか。ここでいう「不安定」とは、弱体であるという意味ではなく、急速に発展する過程にあったという可能性もふくめての表現である。東勝地の居館（群）のあり方は、全国的にみてかなり特徴的であるといえよう[11]。

勝瑞には、戦国時代になっても山城が付属しない。吉野川の自然堤防上に位置し、山城が立地可能な山地からは二キロメートル以上離れているという地理的条件が、山城とのセット関係を形成しない最大の理由であろう。

美濃国土岐氏の場合は、革手・福光・長良（岐阜市）までは平地の方形居館であったが、大桑（岐阜県山県市）から山城をともなう戦国期城下町となった[12]。尾張国の場合は、守護斯波氏は岩倉（愛知県岩倉市）・清須（愛知県清須市）など平地の方形居館を守護所の中心としたが、織田信長は小牧（愛知県小牧市）に本拠を移し、山城を経営した。城下町も小牧から戦国期特有の形態に変化した[13]。

ところが勝瑞は最後までセット関係にある山城をもたなかった。甲斐国府中（甲府）の武田氏が要害山城（甲府市）、周防国山口の大内氏（あるいは毛利氏）が高嶺城（山口市）、豊後国府内の大友氏が高崎山城（大分市）など、籠城用の山城を用意したのに対し、一六世紀第3四半期にいたるまで平地城館だけであった大名の拠点は全国的にみても勝瑞だけだった。大友氏の高崎山城は、府内から一〇キロメートル以上離れており、そうした「遠隔地」に籠城用の城を築くことは阿波国でも可能であったはずである。四国地方のなかで戦国時代の三好氏が圧倒的に強かったことが、山城築城にいたらなかった最大の理由と考えておきたい。

ただ一方で、勝瑞の複数の館がすべて同時に居館として存在したわけではないことにも注意を払う必要がある。本書小野論文によれば、一六世紀において長く中心的な居館であった居館Ⅰが、一六世紀後半（ただし、長宗我部氏によって滅ぼされる以前に）、「否定」されていたという。おそらく、天野が明らかにしたように、猫の目のように変わる権力構造の変化に対応して特定の居館が利用されたり、放置されたりしたのであろう。たまたま発掘調査によって判明した居館Ⅰ以外にも荒廃した居館があった可能性もあり、居館の主が変化したことも十分想定される。

だとすれば、勝瑞城を核として複数の館城がすべて利用され、全体として巨大な平城のように機能したと見ることはできない。また、将軍候補（足利義維）や細川京兆家・三好本宗家の当主なども勝瑞に長期間滞在していたとすれば、特定の居館が同じ家、同じ家格の武士によって継続的に利用されたと想定し、権威空間のあり方を固定的にみることも躊躇される。

守護町勝瑞は、西勝地から東勝地にいたる範囲において、時代の変化のなかでそれぞれの館の主は頻繁に替わり、居館の性格はかなり流動的であったとみるべきであろう。それは勝瑞の「混乱」ではなくむしろ発展性を示すと考えたい。

（5） 都市勝瑞と寺院

守護町勝瑞の大きな特徴は、寺院の多さとその境内地の広さである。戦国時代の勝瑞にどれくらいの寺院があったのか、正確なところは不明であるが、中心居館群の南西からは寺院にかかわる遺物が出土し、「妙蓮寺橋」も存在する。また東勝地の東方には地字「正貴寺」があり、発掘調査によって巨大な鬼瓦をはじめ、寺院の存在を示唆する多くの遺物が発見されている。二〇一三年度の調査でも寺院とみられる建物跡が発見された。

本書石井論文は、勝瑞における寺院伝承地と中世石造物集積地が重なることから、伝承地が中世に寺地であった可能性が高いこと、また文献・地名などからする中世寺院推定地で寺院遺構が検出されていることを解明した。さらに、近世に編纂された史料によってではあるが、勝瑞には相当数の寺院が立地しており、その宗派は新仏教系が多く、阿波国全体の傾向とはまったく異なること、近世徳島城下町の寺町と強い関係性を有することなどを指摘している。また勝瑞の周縁には規模の大きな寺院が立地するのに対し、城館近傍では「大道」沿いに中小規模の寺院が集約的に建てられており、多宗派からなる寺町的なものの成立を推定している。[14]
石井説を確定するのは容易ではないが、伝承や考古学の成果を尊重するならば、かなりの寺院街が東勝地には付属していたことになる。現在確認されている武家居館群の面積にくらべると、異例ともいえるほど寺院の数も多く、寺院境内の面積も広いということになりそうである。

中世における寺院は信仰の場であるとともに、文化・技術が集積された空間でもあった。さまざまな芸術・芸能、書籍・書画のみならず、ものづくりの技術が育成・伝承され、発信されるのが寺院であった。近世においては都市社会がはたすべき文化・技術の中心性を中世に果たしていたのが寺院であった。そうした見地からいえば、東勝地に寺院が集中していたことは、勝瑞という都市空間の格付け、中心地性を高める意義があったのではなかろうか。

勝瑞のもつそのような意味合いは、ここが阿波国、あるいは阿波三好氏領国の「首都」であるという意義を高めるものと推定される。それは領国内の他の集落に対する卓越性を保障するものであり、領民を権力的に支配するための一つの契機になったであろう。だとすれば、多くの戦国大名が一六世紀第2四半期以降、山城の上に政治・生活の場を移すことで、領国や城下の家臣たち、住人たちに対して卓越性を確保し、支配をより安定化させようとしたのと同じような意味で、寺院街の形成による信仰・文化、技術面における中心性の強化、支配の貫徹をねらう意図があったのではなかろうか。

本書天野論文は、三好氏は、勝瑞の西の馬木に見性寺、北の川端に龍音寺、東に正貴寺というそれぞれ禅宗寺院を置いたとしている。また本書長谷川論文によると、勝瑞では真言宗の勢力も強く、一五世紀末には聖護院道興が半年間、勝瑞に滞在している。また三好氏は山伏の間接的な統括を意図し、勝瑞を中心に修験道の拠点が分布していた様相も解明している。さらに長谷川は、阿波一国の交易を担う木津、撫養などと勝瑞を結ぶルート上に修験道の諸寺が位置していたという。真言宗のネットワークと経済流通が深い結びつきを有していたことを推定させる。

いまだ熟さない議論であるが、勝瑞の寺院がもつ意味について以上のような提案をしておきたい。

先に述べたように、細川・三好氏の居館群の展開は流動的であった。寺院についても、それぞれの段階で、さまざまな宗派の寺院が各地に創建されたのであろう。本書山村論文によれば、勝瑞における交易空間も、北千間堀、旧吉野川沿いなど複数の地点が時代的変遷を経ながら想定されるという。守護町勝瑞は、このように多様な機能・性格を帯びた施設や場が地理的条件に左右されながら、時代の変化に応じて展開する都市であったといえよう。

第四節　阿波国における勝瑞の位置

一六世紀初頭、阿波国から畿内へ進出した三好氏は、はじめに摂津国越水城（兵庫県西宮市）に本拠を置いた。越水城は、京都と兵庫津を結ぶ西国街道（中世には「播磨道」などとよばれた）にほど近い地に立地していたが、直接の城下町はもたなかった。その代わり西宮神社（広田社南宮）の門前町であり、港町としてすでに発展していた西宮を城下町として位置づけた。

三好長慶が一五五〇年代の後半に移った摂津国芥川山城（大阪府高槻市）は標高一八〇メートルの山上にあるが、その膝下は谷が深く、大規模な城下町がなりたちえない地形環境にあった。山城から三キロメートルほど離れた西国街道上には芥川宿が発達していた。芥川城下における交易空間としてはこの芥川宿が唯一であったが、一般的な意味でいう城下町としてはあまりに城から遠すぎる。城の麓に、城内での生活を支えるための小規模な集落があったかもしれないが、全体としていえば、三好政権の「首都」である芥川（城）には城下町はなかったのである。

同様のことは、長慶が永禄三年（一五六〇）以降、本拠を置いた河内国飯盛城についてもいえる。飯盛城の西側の山麓を、京都と南河内を結ぶ東高野街道が走っていた。しかし、この街道上にも顕著な城下町は形成されていなかった。近年は、岡山（四條畷《なわて》市）・三箇《さんが》（大東市）などのいくつかの集落が、飯盛城の城下機能をはたしていたことが論じられている[15]が、交易空間としての一定規模の城下町がなかったことにかわりはない。

芥川といい、飯盛といい、経済的な先進地域に属する。こうした地域に支配を展開する武家権力が、どうして城下町を築き、経営しないのか。その理由は、端的にいえば、武家が城下町を振興しなくても、すでにたくさんの商人が活動しており、放っておいても活発な流通が実現したのが畿内社会であったからである。

この時代の権力が城下町を振興し、経営するのは、城下町という交易の場を「上から」設定することで商人を育成し、地域における交通・流通を強制的に活性化しようとしたためである。そうすることが国力の増強につながった。逆にいえば、多くの地方では、そうしなければ、商人の成長、交通・流通の活性化が十分には望めなかったのである。

このような意味をもつ城下町を「造ろう」と思えば、大名はかなりの資材と人材を投入せざるをえなかった。しかし、畿内社会においては、わざわざそんな「努力」をしなくても、すでに流通経済は発達し、加速度的に活性化が進んでいた。三好氏は城下町経営の「努力」を放棄し、京都や堺の商人を「使う」ことで、一定の経済統制に成功していた。よって、城下町を築造し、経営するような「面倒なこと」に手を染めようとしなかったのである[16]。

若狭国一色・武田氏や能登国畠山氏は、一五世紀以前の守護所は内陸にあっても、戦国期になると港湾に近いところに支配の拠点を移した。それぞれ西津・小浜や所口などの港湾都市を直接掌握することを目指したのである。阿波国の細川氏が秋月から、川湊として発展していた勝瑞に守護所を移したのも同様の政治的意図によったものであろう。しかし、細川氏も三好氏も、政治拠点を河口部に移し、直接海に面する港湾を掌握しようとはしなかった。

　鳴門海峡に近い港町である撫養付近に、城郭・城下町に適当な山地・平地がなかったわけではない。だとすれば、三好氏が勝瑞から撫養付近に拠点を移さなかったのは、政治的な判断であったといえるだろう。

　讃岐国の沿岸を東へ向かってきた船は、引田湊（東かがわ市）を経て撫養、あるいは土佐泊（小鳴門海峡をはさんで撫養の対岸の港）にいたる。土佐国から阿波国の太平洋岸を北上してきた船も同じ水域にいたる。なかには琉球・南九州から土佐に渡ってきた船もふくまれていただろう。そして荷物の積み下ろしや艤装を施したうえで、天候や風向きを見はからって鳴門海峡を横断し、淡路島西岸に渡ると明石海峡方面に向かったようである。

　このように撫養は、長距離航路の船の停泊地であり、それは逆に上方から四国・九州方面へ向かう船にとっても同様であっただろう。吉野川流域を下ってきて勝瑞などでいったん集約された産物の一部も撫養に出されたが、その量は瀬戸内や南海方面から集まってくる物資にはおよばなかったのではなかろうか。つまり撫養の集散地としての地位はきわめて高く、阿波一国レベルを超越した港湾であったと推定しておきたい[17]。

　そうした港町に政治拠点を移し、城下町とすることで直接支配する方法を阿波三好氏は選択しなかった。流通は港町に集まる商人や船頭たちに任せ、都市（城下町）の振興という「面倒なこと」を主体的に担おうとしなかったのであろう。撫養に集まる人々が権力の介入を嫌ったことも理由であったかもしれない。

　本書島田論文によって、守護町勝瑞の阿波一国における「位置」がより明確になった。勝瑞の卓越性と、しかしその一方で、勝瑞だけで戦国期の阿波がなりたっているわけではないことが明らかにされた。勝瑞は、多用かつ多段階な国内の領主居館や流通拠点の頂点に位置するのである。

ただ、その卓越性は、畿内や東海などにくらべると屹立しているようにも感じられる。吉野川流域など内陸部にくらべて勝瑞が圧倒的に発達している状況が阿波の特徴である。これは裏返していえば、阿波国は、撫養や太平洋岸の海部・牟岐などの港町をのぞけば、内陸部に市町や宿などが発達するような社会構造を有しなかった。そうした意味では、戦国時代に、そもそも勝瑞を中心核とする経済ネットワークを想定することは不可能であったのかもしれない。

本書天野論文によれば、阿波三好氏の「首都」である勝瑞に敵軍が迫るような事態は戦国時代を通じてなかった。しかし、織田信長による畿内・中国・四国を巻き込んだ大規模な戦争の段階になって、勝瑞の要塞化がはかられたと推定している。つまり、勝瑞城の建設に集約される最終段階の勝瑞改造は、阿波一国の中世城館発達の延長線上や、対長宗我部の二国間戦争の文脈だけでは説明できず、天下統一戦争に巻き込まれた戦略のなかで評価すべきであるという。ただし、それは、天野が強調するような戦争の局面だけに限定されるものではない。阿波国における経済・流通や社会のあり方が全国規模の流動性、活性化に包摂されていったこと。それに対応する拠点の維持・隆盛が政治勢力の課題となっていったことも意味している。

天野によれば、三好氏は、木津城に篠原氏、土佐泊城に森氏、別宮川流域の今切城に篠原氏を、渭山城に森氏を配したという。その一方で、一宮氏ら、旧来の細川氏被官の姿は勝瑞周辺から消えてゆく。三好氏権力から離脱したのであろう。末期の三好氏は、吉野川下流域から海岸沿いの経済拠点に対する一定の影響力行使を試みていた。しかし、撫養に拠点を移すことはなく、最後まで勝瑞に固執した。

ひとつの地域における諸都市の分布や、それぞれの町場の構造は、その地域を支配する大名権力の性格と、地域社会における都市のあり方の両方に規定されて複合的に決まるものである。守護町勝瑞についても、三好氏の権力構造や軍事情勢と、阿波国の経済状況の複雑なからみ合いのなかでその都市構造は造り上げられていったのである。

おわりに

三好氏を逐った長宗我部氏についで阿波国に入部した蜂須賀氏は、天正一三年（一五八五）、一宮城（徳島市）を本拠とした。一宮城は、標高一四〇メートル余の山城であり、北の麓には、山下の居館や家臣団屋敷などが広がっていたことが推定されている。多くの地域で一六世紀半ばに姿を現した典型的な戦国期城郭・城下町の様相を呈していた。

しかし、蜂須賀氏は、翌天正一四年には、猪山城（徳島城）に移り、周囲に大規模な徳島城下町を形成してゆく。平山城を中心に、河口部の低湿地を大規模に埋め立てて広大な城下町を築造する近世的な町づくりに早くも着手したのである。そして木津・撫養や阿南に分散していた港湾機能を徐々に徳島に集中していった。

羽柴秀吉から讃岐を与えられた仙石秀久は、最初は引田港を擁する引田城に入り、ついで宇多津を本拠とした。伊予を拝領した小早川隆景は三津浜に面した湊山城を居城とし、土佐の山内一豊は、はじめ高知湾頭の浦戸を居城とした。全国的、あるいは東アジア海域世界につながる流通にアクセスする港湾をおさえ、対外戦もふくむ大規模な戦争を支える兵站に適した海港が、四国でも地域権力の新しい本拠地となったのである。

蜂須賀氏はまた、国内を統治するため「阿波九城」を配置し、分国支配を進めた。一宮城はこの「九城」にふくまれたが、勝瑞が顧みられることはもはやなかった。勝瑞城や守護町勝瑞はあくまで「中世的な」存在だったのである。

一五世紀後半から一七世紀初頭、日本列島は未曾有の大変動に見まわれていた。武家権力は分裂から統一へ転回し、経済・流通の活性化は著しかった。そうしたなかで諸国ではさまざまな都市が爆発的に成長していた。先行して発達した港町・宗教都市に対し、一六世紀後半からは城下町が族生し、やがて大名権力の支配の核となって地域統合の中心になってゆく。

諸国の守護所には一定の規範性が認められ、豊臣政権期の城下町には「豊臣大名マニュアル」が適用されていたといわれる。しかし、その中間に位置する戦国期城下町（おおよそ一五世紀末から一五八〇年代）の様相は、大名により、地域により千差万別であり、それぞれ独自の展開を遂げた。勝瑞の場合も、三好氏権力のあり方、阿波国の地域性を色濃く反映したものとして登場し、展開した。

こうした視点からすれば、守護町勝瑞は、三好氏や戦国時代の阿波国を考察するうえで欠かすことのできない重要な素材であることがわかる。勝瑞の実態を解明することで、三好政権や三好氏権力のあり方、阿波国の歴史的位置づけの解明が可能になる。その一方で、勝瑞を検証することは、当時の日本のなかで三好氏とはどのような権力であったのか、阿波国の地域社会は全国的にみてどのように措定できるのかを考える指標ともなる。

勝瑞とは、中世都市史における「オンリーワン」であるとともに、三好氏、阿波国を日本の歴史上に位置づける貴重な素材でもあるといえよう。南北朝時代から室町・戦国時代、統一政権の支配を経て江戸時代まで、阿波国は一国レベルのまとまりを途切れさせることなく変移しつづけた。このような国は他にはない。「純粋培養」のなかで都市や社会構造の変容を遂げた阿波国の事例は、「阿波モデル」として一つの規範となり、広く参照されてゆくべきだろう。

（1）拙稿「中世港町における寺社・武家・町人――北陸を中心に――」（仁木宏・綿貫友子編『中世日本海の流通と海運』清文堂、二〇一五年）。
（2）拙稿「「山の寺」研究の方法をめぐって」（『西村山地域史の研究』三〇、二〇一二年）。
（3）拙稿「港津と守護所をめぐる一考察――若狭国小浜と越中国放生津――」（矢田俊文ほか編『中世の城館と集散地』

高志書院、二〇〇五年）、内堀信雄ほか編『守護所と戦国城下町』（高志書院、二〇〇六年）、前掲仁木・綿貫編書註（1）。

（4）以下、拙稿「室町・戦国時代の社会構造と守護所・城下町」内堀ほか編前掲書註（3）、拙稿「城下町――中世都市から天下一統の拠点へ――」（『中世都市研究』一八、山川出版社、二〇一三年）など参照。

（5）内堀信雄「美濃における守護所・戦国城下町の展開」、数野雅彦「中世甲斐の政治情勢と守護所の変遷」いずれも内堀ほか編前掲書註（3）。

（6）光成準治によれば、天正一九年（一五九一）、吉田郡山から広島城に入場した毛利氏家臣団においてさえ、中下層家臣団の集住率は低く、上層家臣団の常住率も高くなかったという。光成「中・近世移行期の城下町の構造と城下集住――毛利期広島城下町を中心に――」（同『中・近世移行期大名領国の研究』校倉書房、二〇〇七年）。

（7）以下、先行研究の引用にあたっては、本書所収の論文を主とする。

（8）ただし、美濃国革手では、守護所移転以前に守護由縁の禅宗寺院正法寺が先行して建てられ、その後、その地に守護所が移転してきた（内堀前掲論文註5）。聖記寺が福家の規定したような性格の寺院だったとしても、聖記寺があるからその時点で勝瑞は守護所となっていたと断定できるかどうかは検討が必要であろう。

（9）山村亜希『中世都市の空間構造』（吉川弘文館、二〇〇九年）。

（10）古賀信幸「周防国・山口の戦国期守護所」内堀ほか前掲書註（3）。

（11）甲斐国武田氏の躑躅ヶ崎館と類似しているといえるかもしれない。躑躅ヶ崎館は、中心の方形居館を中核として、そのまわりに西曲輪、梅翁曲輪などの郭を配置した独特の形状をとっている（数野前掲論文註5参照）。その発展過程については必ずしも正確に明らかになっているわけではないが、中心郭を中心に順次、増殖していったことはまちがいないだろう。東勝地の場合も、原型となる方形居館を中心に、いくつかの郭が増殖していったようである。

（12）内堀前掲論文註（5）。

（13）鈴木正貴「織田信長の都市づくりの源流――尾張守護所の景観復元研究から考える――」内堀ほか編前掲書註（3）。

（14）石井は、勝瑞に日蓮宗系寺院が多いことに結びつけ、畿内では日蓮宗信者の多くは町人層であることから勝瑞にも商職人が一定数集住していたことの傍証になるとしている。さらに、勝瑞から徳島に多くの寺院が移転したことにともなって、町人も勝瑞から徳島に移住したことを推定している。

興味深い分析ではあるが、三好氏自身が日蓮宗に親しい性格をもっており、勝瑞の日蓮宗寺院が武家の需要をみたす存在であったことにも注意をはらうべきであろう。また勝瑞の日蓮宗寺院が阿波国内外の日蓮宗商人の参詣をうながす要因になり、ひいてはそれが守護町勝瑞発展の契機となりえたとしても、商職人がそこに居住するかどうかは別問題であろう。なお慎重な分析を要する。

(15) 中西裕樹「城郭・城下町と都市のネットワーク」(『中世都市研究』一八、前掲註4)。

(16) 実際には、地方の戦国大名城下町の建設・整備にあたり、地域の有力商人の支援を得たり、その差配に任せたりする事例もあった。拙稿「戦国時代の城下町における「町づくり」」(『都市文化研究』一六、二〇一四年)。

(17) 山陰地方の物資を集約した若狭国小浜、北陸地方の物資を集約した越前国敦賀に比すべきであろうか。

あとがき

序章でもふれたが、勝瑞の発掘調査が始まって今年で二四年目を迎える。あと一年で四半世紀の節目である。この時間経過を人間にたとえると、生まれたばかりの幼児が国政選挙に立候補できるまでの期間に該当する。長い取り組みになったものである。発掘を担当した藍住町教育委員会には敬意を表したい。

さて、節目ということで考えると、平成二八年度には、もう一つの大きな意味合いがある。勝瑞における学際的な共同研究がスタートして一〇年の節目にあたるのである。共同研究は「守護町検証会議」の名称で、平成一九年度に始まった。当時徳島では、勝瑞を単なる城館跡にとどめず、その周囲に広がる寺院、町屋、港津などを含めた都市遺跡「守護町勝瑞」として捉え、総合的な活用方策を模索する方向で議論が進んでいた。そのためには、広大な面積を持つ「守護町勝瑞遺跡」の実態把握が不可欠であり、目的達成のためには、まず純粋に学術的な検討が必要であることから、徳島県教育委員会を事業主体に「守護町検証会議」が設置されたのである。

検証会議のメンバーは、各分野の全国レベルのエキスパートに参加を求めた。小野正敏氏（考古学）、仁木宏氏（都市史）、山村亜希氏（歴史地理学）、千田嘉博氏（城郭研究）の各氏であり、後に天野忠幸氏（政治史）が加わった。これに、地元からは平井松午氏（地理学）、須藤茂樹氏（文献史学）、発掘担当であった重見髙博氏が入り、県教委が事務局をつとめた。会議は緊縮予算を反映し、年一回の開催であった。「まるで七夕さんみたいな会だなァ」といいながら、平成二五年度まで七年間継続した。その成果が、本書のベースとなった『勝瑞　守護町検証会議報告書』（徳島県教育委員会、二〇一三）である。

このような検証会議での議論の蓄積をふまえて、各地の研究会との連携ももたれるようになった。平成二一年には、仁木氏が世話人をつとめる一六一七会と連携し、検証会議の中間報告の位置づけで、「シンポジウム　阿波国勝瑞の空間構造を探る――守護所・戦国城下の館・寺・港」を実施した。県内外から多くの研究者が勝瑞を訪れ、踏み込んだ議論の場となった。遠来からコメントをいただいた坂本嘉弘氏、川岡勉氏や、一六一七会発起人の松尾信裕氏、大澤研一氏、山上雅弘氏には大変お世話になった。

平成二五年度、先述の『報告書』の刊行を以て、守護町検証会議はひとまずその役を終えた。一方、同じ年度に城下町科研（基盤研究Ａ「中世・近世移行期における守護所・城下町の総合的研究」研究代表・仁木宏）がスタートし、徳島が研究集会のトップバッターをつとめることになった。中近世移行期の都市をテーマとすることから、ここでも勝瑞研究が中心的な役割を担うことになる。集会は、「阿波の守護所・城下町と四国社会」のテーマで平成二六年度に行われ、これも大盛況のうちに終了した。県外からゲストスピーカーとして報告をいただいた、玉井哲雄氏、坪根伸也氏、山村亜希氏、佐藤竜馬氏、川岡勉氏、市村高男氏には、改めてお礼を申し上げたい。

これら研究会の実施にあたっては、様々な準備会、検討会、勉強会がもたれた。試みに、これまで行われた勝瑞関係の勉強会をカウントしてみると、平成一九年度の検証会議立ち上げ以降、昨年までの時点で約四五回の会合が開かれていた。その時々のニーズに応じた会ではあったが、そろそろこれらの成果をひとまとめにし、世に問うべき時期がきているのではないかと実感した。

他方、我々が勝瑞研究を続けている間に、四国各地では研究成果の集成と公表が相次いだ。香川県における『中世讃岐と瀬戸内世界』（岩田書院、二〇〇九）や、高知県での『中世土佐の世界と一条氏』（高志書院、二〇一〇）などがこれにあたる。また、『日本中世の西国社会』①〜③（清文堂出版、二〇一〇・二〇一一）も刊行され、これに愛媛県の研究者の多くが参画するなど活発な動きが続いた。いわゆる「あとがき愛読派」の私などは、これらの書物に記された、「日本一小さな香川県の若手研究者でも、この程度の成果を挙げられることを広く世に示し、各地で地道な努力を続ける仲間たちに希望を与えよう」(『中世讃岐と瀬戸内世界』岩田書院、二〇〇九)という力強い使命感や、「今回が処女論文となる執筆者の興奮の息づかいが感じられる」(『中世土佐の世界と一条氏』(高志書院、二〇一〇)といった新鮮な高揚感にふれるたびに、「いつかは徳島も」との思いを強くしたものである。

その「いつか」が訪れたのは、平成二六年度である。折しも、大阪市立大学の徳島合宿に同行する車中、仁木氏から、「石井さん、例の『報告書』は書物にしないのですか?」との問いかけがあったのである。正直、「待ってました」の思いであった。ただ、既存の『報告書』をそのままリライトし製本するのでは余りにももったいないと考え、新たに関係する分野の執筆者を募り、「オール徳島」的な体裁をとることにした。このときの求めに応じて、福家清司氏、福本孝博氏、長谷川賢二氏、島田豊彰氏が、新たに執筆陣に加わった。また出版にあたっては、科研費の助成を得るため「独立行政法人日本学術振興会平成二八年度科学研究費助成事業(科学研究費補助金)研究成果公開促進費(学術図書)」に申請を行うことになった。原稿の執筆・編集に加えて、科研費申請手続きが重なり一時は繁忙を極めたが、めでたく申請は認可され、出版に向かっての条件が整った。編集段階では、諸般の事情により原稿提出が遅れるなど、気をもむ場面も幾多あったが、最後は執筆者諸兄の頑張りに助けられた。

今ようやく総べての原稿が出そろい、本書が日の目を見る時が近づいてきた。生まれいずる書物は、はたして世の中に受け入れられていくのであろうか。内心、忸怩たるものがあるが、今はこれが精一杯の到達点でもある。江湖のご批判をお願いしたい。

よく思うことであるが、徳島は本当に小さな県(面積も、人口も)である。それに比例して研究者人口もまた寡少である。仮にラグビーのスクラムワークにたとえるならば、絵に描いたような軽量フォワードということになる。これが、名にし負う重戦車フォワードと組み合っていくときの生命線は「バインディング（結束力）」である。先述の「オール徳島」や、気に入って使っている「徳島惣国一揆」の発想がこれにあたるものであり、これまでの研究集会や、今回の論集刊行も、この思いの延長線上にあるものだと考えている。本当に色々な方々のお世話になってきたのである。そして、これからもよろしくとお願いしたい。

最後になりましたが、思文閣出版の原宏一氏、三浦泰保氏には大変お世話になりました。記して謝意を表します。

平成二九年一月　厳冬の中、春を待ちながら

石井伸夫　記す

年)，共著『神山町史』上巻（神山町，2005年）．

福本孝博（ふくもと・たかひろ）
1972年生．徳島大学大学院総合科学教育部地域科学専攻修了．徳島県県土整備部用地対策課主任．
「室町期地方政治都市「勝瑞」の成立と変容——歴史地理学的景観復原による予察——」（『四国中世史研究』第12号，2013年）．

長谷川賢二（はせがわ・けんじ）
1963年生．大阪大学大学院文学研究科博士後期課程中退（日本中世史）．徳島県立博物館人文課長（学芸員）．
『修験道組織の形成と地域社会』（岩田書院，2016年），共編著『修験道史入門』（岩田書院，2015年），共編著『熊野那智御師史料』（岩田書院，2015年）．

島田豊彰（しまだ・とよあき）
1972年生．近畿大学大学院文芸学研究科日本文化研究コース修了（考古学）．徳島県教育委員会教育文化課社会教育主事．
「勝瑞城館跡出土の銭貨——徳島県下の中世遺跡出土銭貨との比較——」（『出土銭貨』第29号，出土銭貨研究会，2009年），「中世阿波の捏鉢・擂鉢」（『真朱』第10号，公益財団法人徳島県埋蔵文化財センター，2012年），「古代・中世阿波の船着き遺構と流通・交通」（『史窓』第45号，徳島地方史研究会，2015年）．

天野忠幸（あまの・ただゆき）
1976年生．大阪市立大学大学院文学研究科哲学歴史学専攻後期博士課程修了．天理大学文学部准教授．
『戦国遺文　三好氏編』全３巻（東京堂出版，2013～2015年），『三好長慶　諸人之を仰ぐこと北斗泰山』（ミネルヴァ書房，2014年），『増補版　戦国期三好政権の研究』（清文堂出版，2015年）．

平井松午（ひらい・しょうご）
1954年生．立命館大学大学院文学研究科博士課程後期単位取得満期退学（地理学専攻）．徳島大学大学院総合科学研究部教授．
「洲本城下絵図のGIS分析」（HGIS研究協議会編『歴史GISの地平——景観・環境・地域構造の復原に向けて——』勉誠出版，2012年），杉本史子・礒永和貴・小野寺 淳・ロナルド トビ・中野等・平井松午編『絵図学入門』（東京大学出版会，2011年），平井松午・安里 進・渡辺 誠編『近世測量絵図のGIS分析——その地域的展開——』（古今書院，2014年）．

*仁木　宏（にき・ひろし）
1962年生．京都大学大学院文学研究科博士後期課程（国史学専攻）修了．大阪市立大学大学院文学研究科教授．
『空間・公・共同体　中世都市から近世都市へ』（青木書店，1997年），『京都の都市共同体と権力』（思文閣出版，2010年），共編『守護所と戦国城下町』（高志書院，2006年）．

執筆者紹介（収録順，＊は編者）

＊石 井 伸 夫（いしい・のぶお）
1959年生．大谷大学文学部史学科卒業．徳島県立鳥居龍蔵記念博物館学芸課課長補佐．
「中世阿波国沿岸部における城館の立地と港津の支配」（徳島県教育委員会編『徳島県の中世城館』徳島県教育委員会，2011年），「守護町勝瑞遺跡における寺院の立地について」（徳島県教育委員会編『勝瑞　守護町検証会議報告書』徳島県教育委員会，2014年），共著「中世後期における阿波の流通——煮炊具，石造物，港津の視点から——」（日本中世土器研究会編『中近世土器の基礎研究』日本中世土器研究会，2012年）．

重 見 高 博（しげみ・たかひろ）
1970年生．徳島大学総合科学部総合科学科（考古学専攻）卒業．藍住町教育委員会社会教育課主査．
「守護町勝瑞出土の土師器皿」（『中世土器の基礎研究』14，日本中世土器研究会，1999年12月），「徳島県勝瑞館跡出土の貿易陶磁器」（『貿易陶磁研究』No.22，日本貿易陶磁研究会，2002年），「阿波の守護所」（『守護所と戦国城下町』高志書院，2006年）．

須 藤 茂 樹（すどう・しげき）
1963年生．國學院大学大学院文学研究科博士課程後期単位取得．四国大学文学部日本文学科准教授．
編著『戦国武将変わり兜図鑑』（新人物往来社，2010年），共著『戦国武将の肖像画』（新人物往来社，2011年），編著『徳島県謎解き散歩』（新人物往来社，2012年）．

山 村 亜 希（やまむら・あき）
1973年生．京都大学大学院文学研究科博士後期課程修了．京都大学大学院人間・環境学研究科准教授．
『中世都市の空間構造』（吉川弘文館，2009年），「室町・戦国期における港町の景観と微地形——北陸の港町を事例として——」（仁木宏・綿貫友子編『中世日本海の流通と港町』清文堂，2015年），「戦国城下町の景観と「地理」——井口・岐阜城下町を事例として——」（仁木宏編『古代・中世の都市空間と社会』吉川弘文館，2016年）．

小 野 正 敏（おの・まさとし）
1947年生．明治大学文学部考古学専攻卒業．国立歴史民俗博物館名誉教授．
『戦国城下町の考古学——一乗谷からのメッセージ』（講談社選書メチエ，1997年），編著『図解日本の中世遺跡』（東京大学出版会，2001年），編著『戦国時代の考古学』（高志書院，2003年）．

千 田 嘉 博（せんだ・よしひろ）
1963年生．奈良大学文学部卒業．城郭考古学者．奈良大学文学部文化財学科教授．
『織豊系城郭の形成』（東京大学出版会，2000年），『信長の城』（岩波新書，2013年），『真田丸の謎』（ＮＨＫ出版新書，2015年）．

福 家 清 司（ふけ・きよし）
1950年生．愛媛大学法文学部（日本中世史）卒業．公益財団法人徳島県埋蔵文化財センター理事長．
共著『阿波一宮城』（徳島市立図書館，1993年），共著『図説徳島県の歴史』（河出書房新社，1994

守護所《しゅごしょ》・戦国城《せんごくじょう》下町《かまち》の構造《こうぞう》と社会《しゃかい》
—阿波国勝瑞《あわのくにしょうずい》—

2017(平成29)年2月28日発行

編　者　石井伸夫・仁木　宏
発行者　田中　大
発行所　株式会社　思文閣出版
〒605-0089　京都市東山区元町355
電話075-533-6860(代表)

装　幀　小林　元
印　刷
製　本　亜細亜印刷株式会社

ISBN978-4-7842-1884-4　C3021